中等职业教育精品系列教材

办公自动化案例教程

主编 褚玉斐 吕金芳

立信会计出版社

图书在版编目(CIP)数据

办公自动化案例教程 / 褚玉斐,吕金芳主编. —上海:立信会计出版社,2008.7
(中等职业教育精品系列教材)
ISBN 978-7-5429-2077-5

Ⅰ.办… Ⅱ.①褚… ②吕… Ⅲ.办公室—自动化—专业学校—教材 Ⅳ.C931.4

中国版本图书馆CIP数据核字(2008)第106352号

策划编辑 赵新民
责任编辑 赵新民
特约编辑 徐美琪
封面设计 周崇文

办公自动化案例教程

出版发行 立信会计出版社
地 址 上海市中山西路2230号 邮政编码 200235
电 话 (021)64411389 传 真 (021)64411325
网 址 www.lixinaph.com 电子邮箱 lxaph@sh163.net
网上书店 www.shlx.net 电 话 (021)64411071
经 销 各地新华书店

印 刷 常熟市梅李印刷有限公司
开 本 787毫米×1092毫米 1/16
印 张 18.25
字 数 397千字
版 次 2008年7月第1版
印 次 2014年8月第2次
印 数 3 001—5 100
书 号 ISBN 978-7-5429-2077-5/G·0055
定 价 27.00元

如有印订差错 请与本社联系调换

前言

FOREWORD

随着经济、社会的发展和科学技术的进步，办公自动化在社会生产、生活的各个方面有着越来越广泛的应用。作为培养技能型、应用型人才的中等职业学校，在教学中也越来越重视学生的办公自动化实际应用能力的培养与训练，以实现学校教学与社会应用的零距离。目前，在各中等职业学校使用的办公自动化方面的教材有各种各样的版本，也都有其可取之处，但以实际工作为情景的案例形式来阐述教学内容的教材还不多见。为此，我们编著了这本《办公自动化案例教程》。

本书以办公自动化实际应用和当前流行软件作为出发点，精心设计了一系列的案例，每一个案例均采用情景主题引导、任务驱动。案例的设计力求突出其代表性、典型性和实用性，任务的设计灵活多样。这些案例既能贯穿相应的知识体系，又能与实际工作紧密联系，使学生不再是单纯地学习知识技能，而是能将技能应用到实际工作中，让技能为办公自动化工作的实际需要服务。

本书的体例特点是以刚加入办公文秘工作者行列的实际工作为情景设计案例任务，展示案例效果以激发学生的学习热情和求知欲望；之后通过“知识剖析”对案例中运用的软件知识及技能进行系统的剖析；在“案例实现”中给出完成案例效果的详尽步骤；通过“疑问与解答”以问答的形式对与案例相关的重要知识技能进行必要的拓展和补充，使学生的知识技能体系更加完备；以“小窍门”的形式告诉学生在实际应用中的技巧，对学生知识技能进行进一步的补充；最后在“习题与实训”中根据所学内容给出一定数量的理论题（覆盖知识要点）和实训题（类似的设计任务）。“实训题”突出实际应用，并在必要时对完成任务的思路给出提示，使学生能较好地掌握知识要点并能用于完成类似的任务，从而达到举一反三的目的。

全书共分5篇19个案例：第1篇是Word 2003办公案例（案例1～8）；第2篇是Excel 2003办公案例（案例9～13）；第3篇是PowerPoint 2003办公案例（案例14～15）；第4篇是Internet使用案例（案例16～17）；第5篇是办公设备的使用与维护（案例19～20）。每一个案例的教学共4课时，其中2课时由教师授课讲解与演示，2课时由学生在机房动手实现，使教学课的量与质实现最大化。本书内容通俗易懂，形式活泼生动，适合于中等职业学校各专业学生学习使用，也可作为计算机应用培训班教材和办公自动化软件操作人员的实用技术手册。

本书由褚玉斐主编，吕金芳参与了编写。第1、第3、第4篇由褚玉斐编写，第2、第5篇由吕金芳编写。在本书的编著过程中，得到了胡吉省、王汝启、楼志良、应森林等专家和同行的帮助与指导，在此一并致谢。

由于作者水平有限，书中难免有不妥之处，请广大读者批评指正。

编著者

2008年7月

目录
CONTENTS

第 4 篇 Internet 使用案例

第 5 篇 办公设备使用与维护案例

第1篇　Word 2003 办公案例

1

小米最近被公司聘为办公室秘书，一想起那天面试的场景还真有点紧张。面试官给大家一人一台电脑，大概介绍了一下该公司最近要搞的几项活动，就要求应聘者根据活动内容，利用Office软件制作一份宣传小海报。小米暗暗庆幸自己择业前的明智之举——参加了学校举办的“办公自动化”强化训练学习班。正因为在训练班小米不懂就问，非常勤奋，所以那天的面试，小米才以美观的版面设计第一个完成任务，从而顺利获取了这份理想的工作。

案例1　建立“产品说明书”文档

上班第一天，小米早早地来到办公室，烧上开水，搞好卫生等待同事们的到来。办公室张主任看到小米的表现喜在心头，他交给小米一份关于《博瑞足浴按摩器产品说明》的草稿，要求先将内容输入到电脑上。这是小米走上工作岗位接受的第一件任务，小米心想要绝对保质保量地完成任务，小米打开电脑启动Word软件，胸有成竹地开始了她的工作……

本案例目标

- ✧ 掌握启动与退出Word 2003的方法
- ✧ 科学管理Word 2003窗口界面
- ✧ 掌握新建文档以及输入文档内容的方法
- ✧ 掌握保存文档、关闭文档与打开文档操作

本案例最终效果图

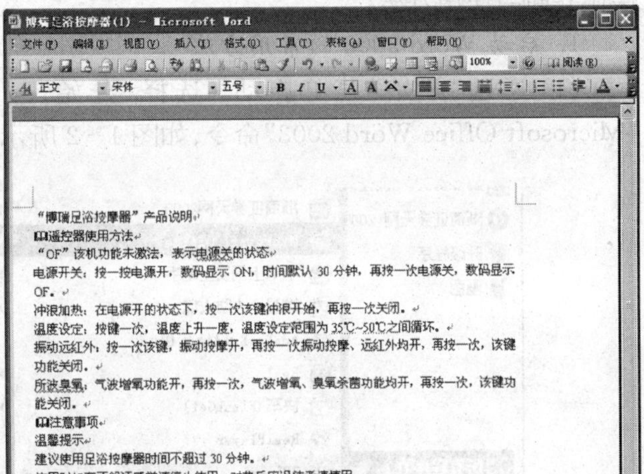

博瑞足浴按摩器(1) - Microsoft Word

“博瑞足浴按摩器”产品说明

遥控器使用方法

“OF”该机功能未激法，表示电源关的状态

电源开关：按一按电源开，数码显示ON，时间默认30分钟，再按一次电源关，数码显示OF。

冲浪加热：在电源开的状态下，按一次该键冲浪开始，再按一次关闭。

温度设定：按键一次，温度上升一度，温度设定范围为35℃~50℃之间循环。

振动远红外：按一次该键，振动按摩开，再按一次振动按摩、远红外均开，再按一次，该键功能关闭。

所波臭氧：气波增氧功能开，再按一次，气波增氧、臭氧杀菌功能均开，再按一次，该键功能关闭。

注意事项

温馨提示

建议使用足浴按摩器时间不超过30分钟。

使用时如有不舒适感觉请停止使用，对热反应迟钝者请慎用。

请勿用沾湿的手拔电源线插头。

不可使用220V以外的电压。

急性疾病人、高血压、孕妇、药物服用者、一个人很难挺身的病患者请勿使用。

使用时洗脚盆里不要踩脚或站立，对产品不要施加力度。

使用时禁止控制面版进水或倒入其它液体。

不要任意自行拆卸产品或改造修产品。

产品发出古怪的声音、气味、冒烟等立即停止使用，请联系当地维修部门。

销售与服务

在产品的上贴有激光防伪标签

在产品出售后三月内发生质量问题，我公司实行包换，三年内负责包修。

全国统一售价：壹仟零玖拾陆元整。

联系电话：021-88123458

网址：http://www.blzuamq.com.cn

博瑞科技园电子科技集团

2008年1月

图1-1　“产品说明书”文档效果

1.1 知识剖析

Word 2003 是 Microsoft 公司开发的办公软件 Office 2003 的组件之一,它的主要作用是对文字进行排版,能够让用户在很短的时间内创建出既美观又专业的各种文档。它的应用非常广泛,无论是学校还是企事业单位,无论是娱乐休闲还是办公科研,只要用到文字之处,都可以看到 Word 窗口那熟悉的画面,所以它是 Office 中使用频率最高,使用人数最多的软件。Word 2003 适用于制作各种文档,如信函、传真、公文、报纸、书刊、简历以及复杂的表格等。

本案例将主要讲述启动和退出 Word 2003、科学管理 Word 2003 窗口界面、文档的建立、文档内容的输入、文档的保存、文档的关闭以及文档的打开等知识。轻松体验 Word 2003 制作"产品说明书"的全过程。

1.1.1 启动与退出 Word 2003

要掌握 Word 2003 的各种功能,需从最基本的启动与退出操作开始,再逐步熟悉它的操作界面与使用方法。

1. 启动 Word 2003 的常用方法

(1) 通过"开始"菜单启动。选择"开始"→"所有程序"→"Microsoft Office"→"Microsoft Office Word 2003"命令,如图 1-2 所示。

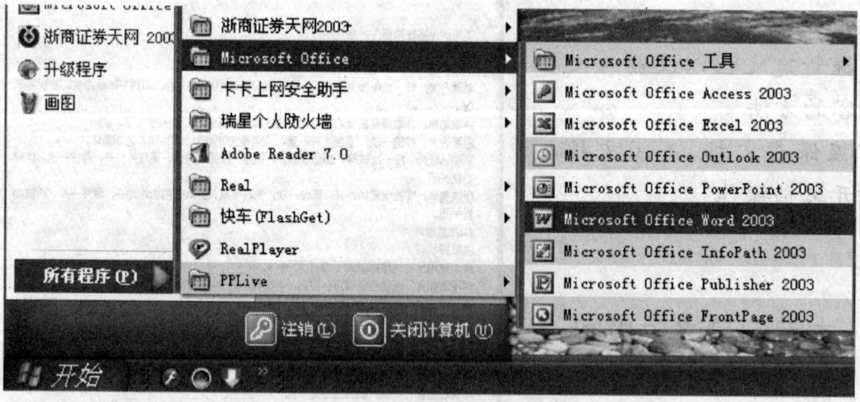

图 1-2 通过"开始"菜单启动 Word 2003

在"开始"→"我最近的文档"菜单中选择最近使用过的文档,也可以启动 Word 2003 并打开该文档。

(2) 通过桌面快捷方式启动。创建了 Word 2003 的桌面快捷方式后,直接双击桌面上的快捷方式图标启动,如图 1－3 所示。

在“开始”菜单的 Word 2003 的相应命令上单击鼠标右键,在弹出的快捷菜单中选择“发送到”→“桌面快捷方式”命令即可在桌面上创建快捷方式图标。

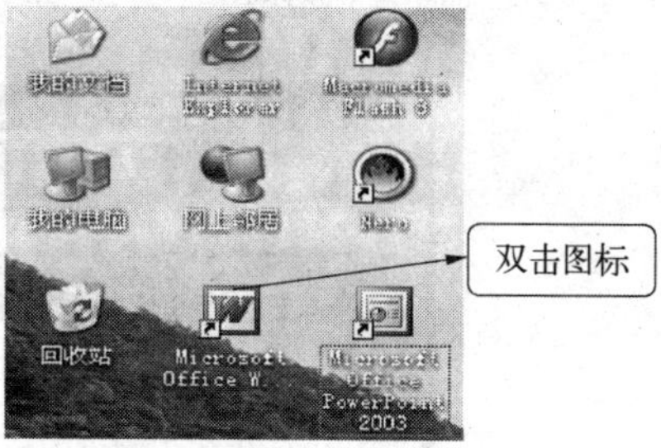

图 1－3 双击快捷方式图标启动 Word 2003

(3) 通过打开文档启动。如果你的电脑中保存有 Word 2003 文档文件,只要双击一个文档文件(Word 文档的图标为“ ”),将自动启动 Word 2003 并打开该文档。

2. 退出 Word 2003 的常用方法

(1) 在 Word 2003 操作窗口中执行“文件”→“退出”菜单命令。

(2) 单击 Word 2003 操作窗口中标题栏右侧的“关闭”按钮“ ”。

(3) 双击 Word 2003 操作窗口左上角的“窗口控制菜单”按钮“ ”。

(4) 在 Word 2003 操作窗口中按[Alt＋F4]组合键。

在退出时,如果有某个文档被修改而没有保存(这里以“文档 1”为例),系统将打开如图 1－4 所示的对话框。询问用户是否进行保存,若选择“是”则保存该文档而退出 Word 2003。在保存过程中,如果该文档从未保存过,将会打开一个“另存为”对话框,让用户指定保存位置与文件名。若选择“否”则不保存文档而退出 Word 2003,若选择“取消”则返回到操作窗口继续编辑。

图 1－4 提示对话框

1.1.2 科学管理 Word 2003 窗口界面

通过“开始”菜单或快捷方式启动 Word 2003 后,系统将自动建立一个空白文档,默认的文档名为“文档 1”,窗口界面如图 1－5 所示。

1. Word 2003 窗口界面

主要包括:标题栏、菜单栏、工具栏、标尺、任务窗格、文档编辑区、垂直与水平滚动条、状态栏等。各部分名称及位置如图 1－5 所示。

(1) 标题栏。标题栏位于窗口的顶端,是用于显示窗口的名称和控制窗口的按钮,如图 1－6 所示。

① “窗口控制菜单”按钮“ ”:双击它可以退出 Word 2003,单击它将弹出一个菜单,选择相应的命令可以对窗口进行最小化、最大化和关闭等控制操作。

② 正在编辑的文档名称:启动 Word 2003 的同时新建一个文档,默认情况下该文档的临时文件名为“文档 1”,若再新建文档文件名为“文档 2”,以此类推。

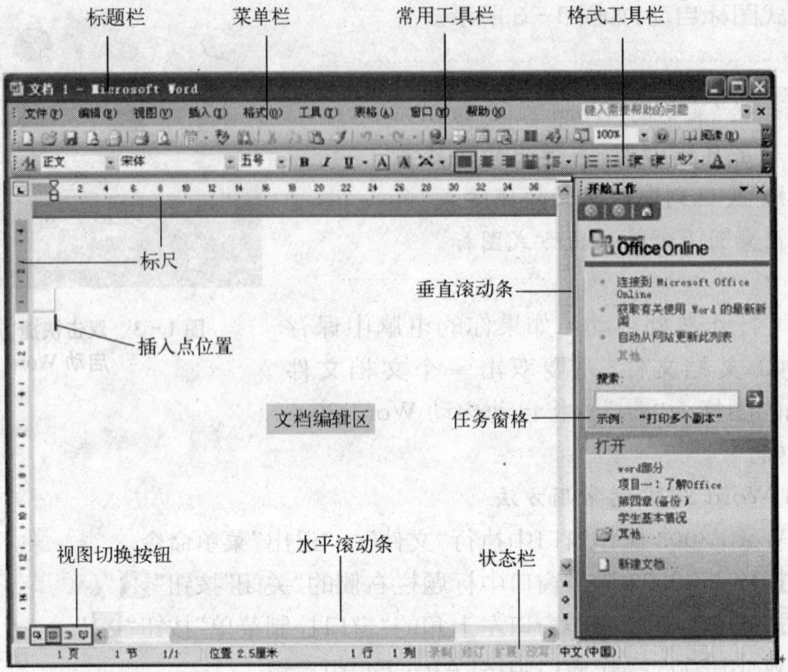

图 1-5　Word 2003 窗口界面

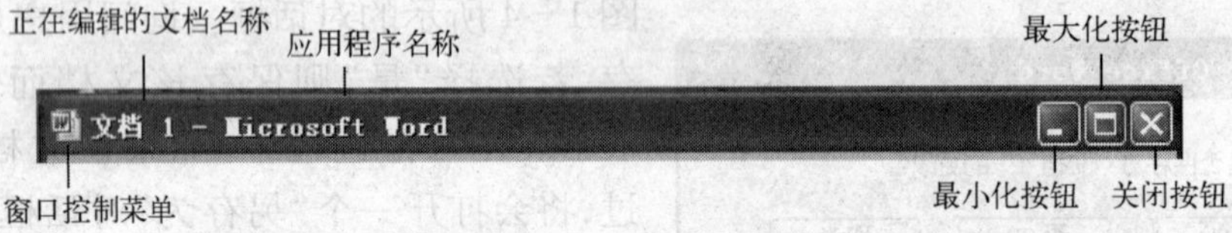

图 1-6　“标题栏”图示

③ 最小化按钮：单击它可以将窗口最小化到任务栏上。

④ 最大化按钮：单击它可以将窗口最大化。

⑤ 关闭按钮：单击它可以关闭文档，退出 Word 2003 状态。

(2) 菜单栏。菜单栏包括 9 个菜单项，单击某个菜单项可弹出相对应的子命令，选择其中的命令便可执行相应的操作。

在 Word 2003 的菜单项中执行菜单命令时，如果在该菜单的结束处显示了“ ”，表示该菜单中还包括其他菜单命令，单击“ ”即可展开该菜单。

(3) 工具栏。工具栏是将一些常用命令以按钮的形式集合在一起，单击某个按钮将执行相应的命令，如图 1-7 所示。工具栏上单击右侧的“ ”按钮，可以显示隐藏的工具按钮或者“添加或删除”按钮。

图 1-7　“工具栏”图示

(4) 文档编辑区。文档编辑区位于窗口中间,是输入和编辑文本的场所。启动 Word 2003 或新建一篇空白文档后,文档编辑区的左上角有一个闪烁的插入光标,表示从这里开始输入文本。

(5) 标尺。标尺包括水平标尺和垂直标尺,用于查看文档的宽度及设置段落的左右缩进和首行缩进等。

(6) 滚动条。滚动条包括水平滚动条和垂直滚动条,拖动它可以查看窗口以外部分的文档内容。

(7) 任务窗格。任务窗格以链接文字的形式提供了多个任务的常用命令,当前任务名显示在顶部。

(8) 状态栏。状态栏用于显示当前的工作状态,包括当前光标所在位置的行号、列号、页码和总页数等信息。

2. 科学管理 Word 2003 窗口界面

(1) 工具栏的显示与隐藏。执行“视图”→“工具栏”菜单或在任一工具栏上右击鼠标,在弹出的“工具栏”子菜单中单击相应的工具栏名称。其中工具栏名称前有“√”表示该工具栏已显示在窗口中,否则表示该工具栏被隐藏。

将鼠标移到工具栏最左端,当其变成“✥”形状时,按住鼠标左键不放进行拖动,可以将工具栏移动到屏幕的任意位置。

(2) 标尺的显示与隐藏。执行“视图”→“标尺”菜单,单击“标尺”命令即可隐藏或显示标尺。

(3) 状态栏和滚动条的显示与隐藏。执行“工具”→“选项”菜单,打开“选项”对话框中的“视图”选项卡,然后分别单击“水平滚动条”、“垂直滚动条”和“状态栏”复选框,可以控制它们的显示与隐藏。如图 1-8 所示。

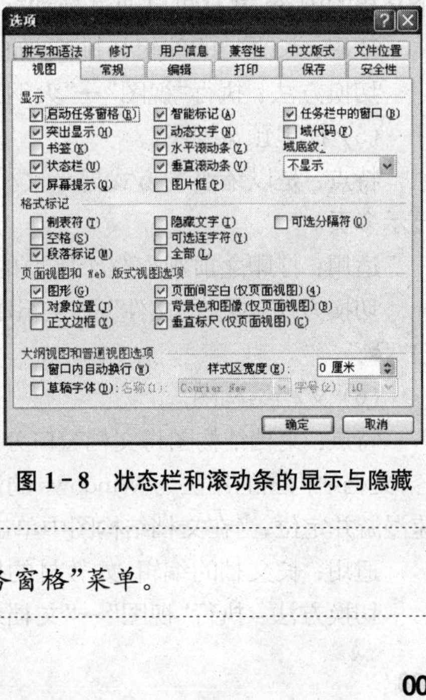

图 1-8 状态栏和滚动条的显示与隐藏

(4) 任务窗格的操作控制。在任务窗格中可进行的操作有:

① 单击任务窗格左上角的“返回”按钮(“ ”)和“向前”按钮(“ ”),可以查看最近几次浏览过的任务。

② 单击任务窗格右上角的“▼”按钮,在其下拉列表框中可以选择所需的任务。

③ 单击任务窗格右上角的“×”按钮,可以关闭任务窗格。

④ 单击任务窗格中的一个链接或图标,可以执行相应的任务。

任务窗格的显示与隐藏:执行“视图”→“任务窗格”菜单。

3. 合理使用 Word 2003 各种视图模式

所谓“视图”,就是文档在窗口中的显示方式。同一个文档可以在不同的视图下查看,虽然文档的显示方式不同,但是文档的内容是不变的。在 Word 2003 窗口界面水平滚动条的左侧有 4 个视图切换按钮“ ”,从左至右分别是“普通视图”、“Web 版式视图”、“页面视图”、“大纲视图”,单击相应的按钮即可切换到相应的视图模式。

(1) 普通视图。

特点:简化了页面的布局,不显示页眉和页脚、图形等对象,页与页之间用虚线分隔。

适用:文本录入、文本编辑和格式设置。

切换方法:执行“视图”→“普通”菜单,或单击视图切换按钮“ ”。

(2) Web 版式视图。

特点:可以显示文档在 Web 浏览器中的外观,文本自动换行以适应窗口的大小。

适用:适用于处理设置了背景色、声音和视频等 Web 特性的文字和图形。

切换方法:执行“视图”→“Web 版式”菜单,或者单击视图切换按钮“ ”。

(3) 页面视图。

特点:将显示出所有对象在页面中的实际位置,所显示的文档与打印出来的结果完全一致,并显示页眉、页脚、分栏及插入图形对象等,即“所见即所得”。是 Word 2003 的默认视图。

适用:文本的输入编辑以及文档的排版。

切换方法:执行“视图”→“页面”菜单,或者单击视图切换按钮“ ”。

(4) 大纲视图。

特点:以缩进文档标题的提纲式显示方式来显示文档中文本内容,能看到整个文档的结构。在大纲视图中,可以折叠文档只查看标题了解文档的结构,也可以展开文档查看整个文档的内容,并且可以通过拖动标题来移动、复制或重新组织正文。

适用:长文档的编辑与排版,如教材的排版。

切换方法:执行“视图”→“大纲”菜单,或者单击视图切换按钮“ ”。

(5) 打印预览视图。

特点:是以缩小的方式显示文档,以便在打印之前检查文档的布局,一个窗口中可以显示多页。

适用:打印之前观察整个版面的总体情况。

切换方法:执行“文件”→“打印预览”菜单,或者单击“常用”工具栏中的“打印预览”按钮“ ”。

(6) 文档结构图。

特点:文档结构图将文档窗口分两部分,左边窗格显示文档结构,右边窗格显示文档内容,文档结构图的用法与 Windows 的资源管理器相似。可通过文档结构图在修改文档时快速漫游并定位,当在文档结构图中单击某个标题,Word 将在右框中显示该标题下的内容。

适用:长文档的编辑,如教材的排版。

切换方法:执行“视图”→“文档结构图”菜单。

1.1.3 新建空白文档

新建空白文档的方法通常有以下几种。

方法一：启动 Word 2003 后，将自动产生一个新的空白文档，名称为"文档 1"。

方法二：在 Word 2003 状态，单击"常用"工具栏上的"新建"按钮"🗋"，或者执行"文件"→"新建"菜单，单击任务窗格中"新建"栏中的"空白文档"链接。

方法三：利用 Windows 的"新建"命令建立一个空的 Word 文档，双击该文档启动 Word 2003 并打开文档。

【例】 在桌面上创建一个"通知"空文档的步骤如下：

(1) 用鼠标右键单击桌面空位置。

(2) 在弹出的快捷菜单中，选择"新建"→"Microsoft Word 文档"。

(3) 将该文档重命名为："通知"。

(4) 双击"通知"文档，则进入该文档的 Word 编辑状态。

1.1.4 输入文档内容

在文本编辑区，屏幕上不断闪烁的竖直线称为"插入点光标"，简称插入点。在文档中输入文本时，先选择输入法，然后在插入点处输入文档内容。在输入文本过程中，插入点将自动向后移动，当输入的文字到达窗口右边界时，Word 会自动换行，插入点移到下一行；当文本的一个段落输入结束按回车键分段，插入点将移到下一段的段首，同时在段末尾产生一个段落标记"↵"，表示一段结束，如图 1-9 所示；当输入满一页后，光标将自动移到下一页。

利用鼠标在文档的任意空白区域中双击，即可快速把光标定位到该处，称"即点即输"，利用它不需要通过输入空格或回车键来移动光标。

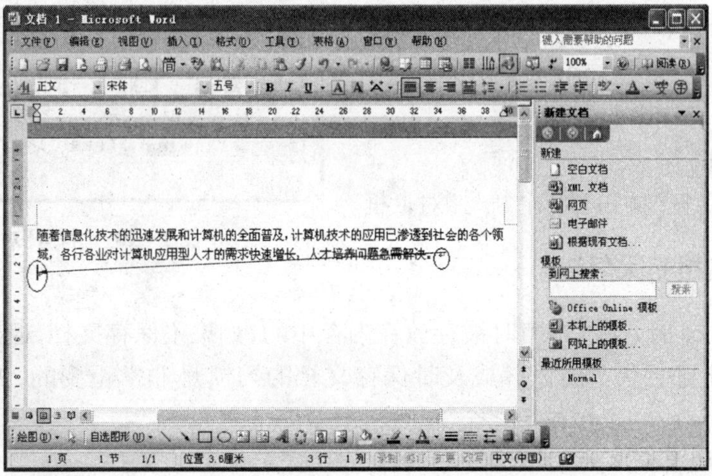

图 1-9 分段输入

1. 输入法的切换

输入法切换常用的方法如下：

(1) 单击任务栏的“输入法指示器”，选择所需的输入法。

(2) 按[Ctrl+空格]组合键：切换中英文输入状态。

(3) 按[Ctrl+Shift]组合键：循环切换各种输入法。

2. 文本输入过程中的注意点

文本输入过程中要注意以下几点：

(1) 开始一个新段落时才按回车键，在各行结尾处不要按回车键。

(2) 输入文本时除段首可以用插入两个空格的方法来对齐文本外，其余不要使用插入空格的方法来对齐文本，而是使用缩进、对齐等功能来对齐文本。

(3) 切换到中文输入法及中文标点状态后才可输入汉字及中文标点符号。

3. 常用标点符号的输入

在中文输入状态下，以下是几个常用标点符号的输入方法：

(1) 按“\”键：输入“、”(顿号)。

(2) 按[Shift+4]组合键：输入“￥”(人民币符号)。

(3) 按[Shift+6]组合键：输入“……”(省略号)。

(4) 在英文标点状态下，按[Shift+－]组合键：输入“________”(下划线)。

(5) 按[Shift+＜或＞]组合键：输入“《”或“》”(书名号)。

(6) 按[Shift+2]组合键：输入“·”(产生在中间的圆点)。

4. 特殊内容的输入

在输入文本时，若要输入一些键盘上没有的特殊符号，除了利用汉字输入法的软键盘外，还可以用以下步骤：

(1) 把插入点移动到要输入的位置。

(2) 单击“插入”→“符号”菜单的“符号”选项卡，打开如图 1-10 所示的对话框。

(3) 在“字体”列表框中选定适当的字体项，单击符号列表框中的符号。

(4) 单击“插入”按钮。

(5) 单击“关闭”按钮，关闭“符号”对话框。

图 1-10 “符号”对话框

1.1.5 文档的保存

在使用 Word 时，文本是暂时被存放在内存中的，如果不保存文档，退出 Word 后编辑的文档内容将全部丢失。所以养成及时保存文档的习惯是非常重要的，否则一旦突然断电或死机，刚刚完成的工作成果将全部丢失。

1. 保存新的未命名的文档

Word 2003 虽然在新建文档时自动为新文档赋予“文档 1”、“文档 2”之类的名称，但在保存新建文档时必须为文档指定一个文件名，Word默认的后缀名是.doc。可以用下列的任意一种方法保存文档。

（1）单击“常用”工具栏的“保存”按钮“ ”。

（2）单击“文件”→“保存”菜单。

（3）直接按快捷键[Ctrl+S]。

当对新建的文档第一次进行“保存”操作时，出现如图1－11所示的“另存为”对话框。在对话框的“保存位置”列表框中选定要保存文档的文件夹，在“文件名”列表框中键入具体的文件名，然后单击“保存”按钮，执行保存操作。文档保存后，仍可以继续输入或编辑该文档。

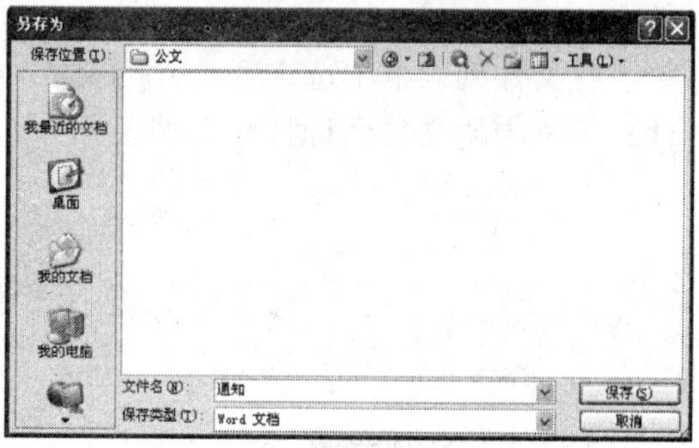

图1－11 “另存为”对话框

2. 保存已命名的文档

对已命名的文档进行编辑或修改后用上述方法保存，此时不再出现“另存为”对话框。

3. 用另一文档名保存文档

若当前正在编辑的文档名为“通知.doc”，如果既想保存原来的文档“通知.doc”，又想把编辑修改后的文档另存为“通知备份.doc”的文档，则具体的操作步骤是：

（1）单击“文件”→“另存为”菜单，出现“另存为”对话框。

（2）根据对话框在“文件名”处输入另一文件名，即“通知备份”，然后单击“保存”按钮。

Word默认情况下每隔10分钟自动保存一次，要修改自动保存时间间隔可通过执行“工具”→“选项”菜单，在“保存”选项卡中进行设置。

1.1.6 文档的关闭与打开

1. 关闭文档

关闭当前活动文档，有以下三种方法：

（1）单击菜单栏右侧的“关闭”按钮。

（2）单击“文件”→“关闭”菜单。

（3）按[Ctrl+F4]组合键。

2. 打开文档

如果要浏览或修改已关闭的Word文档，必须先将其打开。打开文档常用如下两种方法：

（1）若未进入Word状态，在“资源管理器”中找到要打开的文档，然后双击该文档打开。

（2）若已进入Word状态，可以单击常用工具栏的“打开”按钮“ ”，或者执行“文件”→“打开”菜单，出现如图1－12所示的对

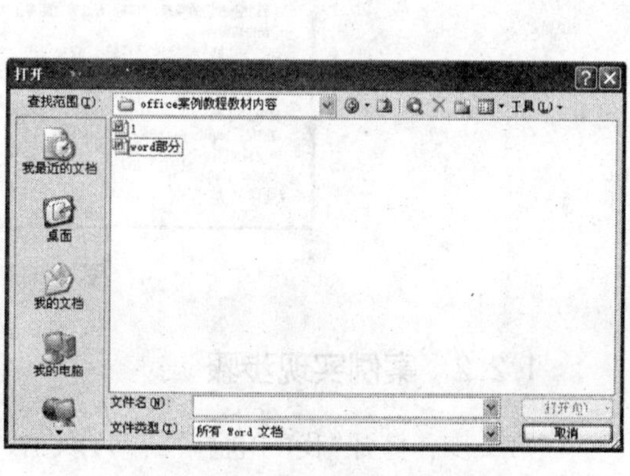

图1－12 “打开”对话框

话框。

在“查找范围”下拉列表框中选定文件所在的位置，如“Office 案例教程教材内容”文件夹。

在文件列表框中选定要打开的文档，如“Word 部分”，然后单击“打开”按钮或双击文件列表框中的文档名称打开文档。

1.2 案例实现

1.2.1 案例要求

在D盘的根文件夹下创建一个名为“公文”的文件夹，然后建立一个新文档，输入如图1-13所示的文档内容，将该文档保存在“公文”文件夹下，取名为“博瑞足浴按摩器产品说明”。通过该案例学习，应领会在 Word 中是如何建立文档、输入文字、标点符号、特殊符号等文本，如何将编辑的文档保存以备后用。

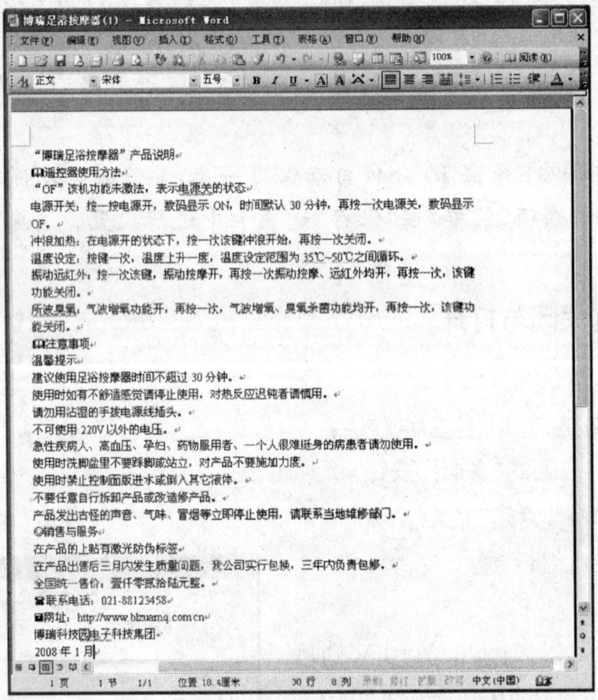

图 1-13 案例文档内容

1.2.2 案例实现步骤

第1步：打开“我的电脑”窗口，双击“D：”驱动器图标打开 D 盘，右击窗口的空位置，出现快捷菜单，单击“新建”→“文件夹”命令，新建一个名为“公文”的文件夹。

第 2 步：执行"开始"→"所有程序"→"Microsoft Office"→"Microsoft Office Word 2003"命令，启动 Word 2003 并自动新建一个名为"文档 1"的空白文档。

第 3 步：执行"文件"→"保存"菜单命令，系统打开"另存为"对话框，在该对话框的"保存位置"下拉列表框中双击 D 盘"公文"文件夹，在"文件名"文本框中输入"博瑞足浴按摩器产品说明"，完成后单击"保存"按钮先将文档保存起来。

第 4 步：选择一种汉字输入法，在文档编辑区左上角插入点处输入"博瑞足浴按摩器产品说明"标题后按回车键，然后进入下一行。

第 5 步：执行"插入"→"符号"菜单，出现插入"符号"对话框，从"字体"下拉列表中选择"Wingdings"，选择"🕮"字符后单击"插入"按钮，然后输入"遥控器使用方法"再按回车键。

第 6 步：插入点到达下一行行首后，开始输入 "OF 该机功能未激法，表示电源关的状态"这部分内容按回车键，插入点到下一段段首。

第 7 步：参照第 6 步继续输入"博瑞足浴按摩器产品说明"文档的其他文本内容，输入到有段落标记" ↵ "处按回车键即可。输入完正文后的文档效果如图 1-13 所示。

第 8 步：执行"文件"→"保存"或单击常用工具栏上的保存按钮" 💾 "，再次保存文档。

第 9 步：单击标题栏右侧的关闭按钮" ✕ "，关闭文档退出 Word 2003。

第 10 步：双击"我的电脑"图标，双击"D："驱动器图标，打开 D 盘双击"博瑞足浴按摩器产品说明"文档，打开刚创建的文档观察创建结果。

文中"℃"符号可用软键盘中的单位符号输入，"≤"符号可用软键盘中的数学符号输入；文中"壹仟零贰拾陆"可参照"窍门 1"中介绍的方法输入。

1.3 疑问与解答

执行"文件"→"保存"命令与"文件"→"另存为"命令在使用上有什么区别？

当新建的文档在第一次保存时，它们两个命令没有什么区别，两者都会出现"另存为"对话框。若非第一次保存文档，两者是有区别的，执行"文件"→"保存"命令不会出现"另存为"对话框直接保存，而执行"文件"→"另存为"命令会出现"另存为"对话框，此时可以以另外的文件名重新保存文档，相当于复制了一个该文档的副本。

有没有什么办法对我的私人文档进行加密呢？

答案是肯定的。利用加密保存文档的方法进行，密码有打开权限密码和修改权限密码两种，可以根据需要同时使用，也可使用其中一种密码。

加密保存文档的方法是：执行“文件”→“另存为”命令，在“另存为”对话框中，单击“工具”按钮，在弹出的下拉列表中执行“安全措施选项”命令，打开“安全性”对话框。

在“安全性”对话框中，分别在“打开权限密码”和“修改权限密码”文本框中输入密码，如图 1－14 所示。完成后单击“确定”按钮，将打开如图 1－15 所示的“确认密码”对话框，在文本框中输入前面设置的密码。单击“确定”按钮将返回“另存为”对话框，单击“保存”按钮，即可完成文档的加密。要打开加密后的文档必须要输入相应的密码，否则不能打开文档。

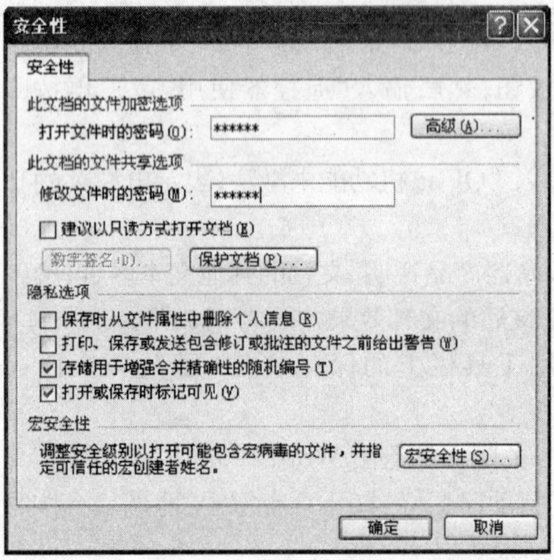

图 1－14 “安全性”对话框

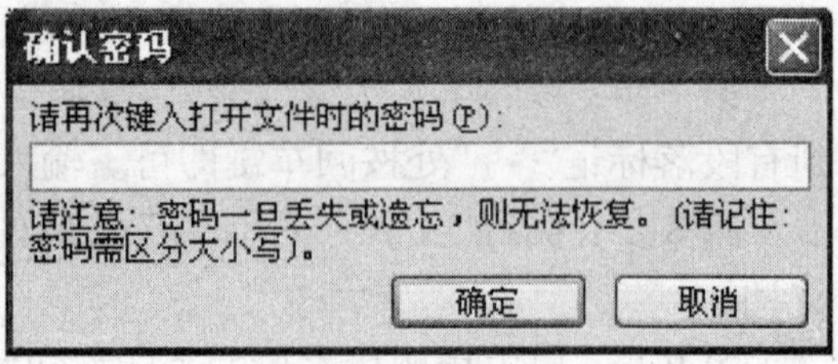

图 1－15 “确认密码”对话框

如果工作中碰到困难时 Word 有没有帮助系统？若有又如何使用？

有帮助系统。通过 Office 助手来获得帮助，使用方法为如下：

第 1 步：显示助手。执行“帮助”→“显示 Office 助手”。

第 2 步：单击助手，出现如图 1－16 所示的对话框。

第 3 步：在“请问您要做什么？”下方的文本框中输入关键字(如：打开文档)，再单击“搜索”按钮即可得到所需的帮助信息。

图 1－16 帮助对话框

1.4 小窍门

小窍门 1　通过“插入”→“数字”菜单命令打开“数字”对话框，可以插入很多不同类型的数字。如本案例中的“壹仟零贰拾陆”，操作方法如下：

插入点移动到要插入文字的位置，执行"插入"→"数字"菜单命令，打开如图1－17所示的对话框，在"数字"文本框中输入"1026"，在"数字类型"处选择"壹、贰、叁……"，如图1－18所示，单击"确定"按钮，即输入了"壹仟零贰拾陆"。

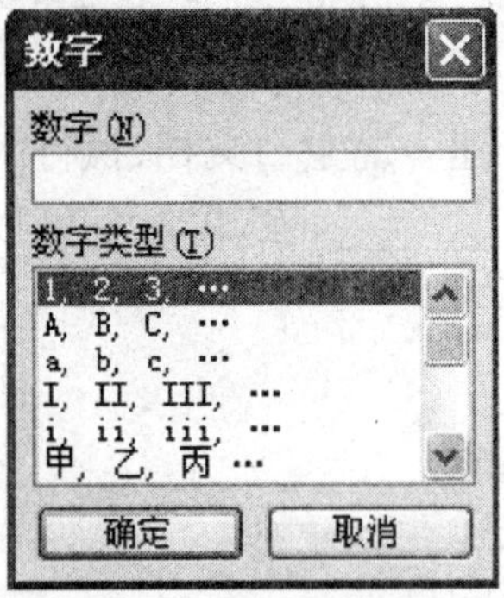

图1－17 数字对话框

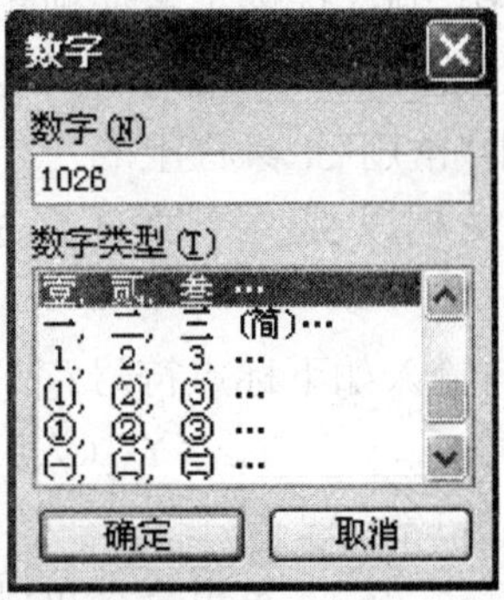

图1－18 数字对话框的设置

小窍门2 对于经常使用的符号，利用快捷键既实用又方便。如给本案例中的"🕮"符号先定义"F5"功能键作为快捷键，该符号的快捷键一旦定义，以后要插入"🕮"符号，只要按一下"F5"键即可。定义快捷键的方法如下：

第1步：执行"插入"→"符号"菜单命令，打开"符号"对话框。

第2步：单击"字体"下拉列表，选择"Wingdings"字体。

第3步：选择经常使用的"🕮"后，单击对话框左下角的"快捷键"命令按钮，打开"自定义键盘"对话框。

第4步：打开对话框后，按键盘上的"F5"功能键，"F5"便会自动出现在对话框中的"请按新快捷键"文本框中，然后单击左下角的"指定"按钮，如图1－19所示。

第5步：指定快捷键后单击"关闭"按钮，返回"符号"对话框，关闭该对话框。

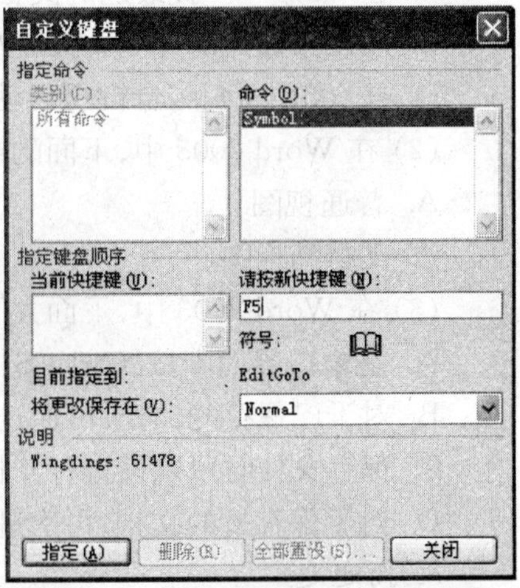

图1－19 用功能键定义符号快捷键

小窍门3 执行"工具"→"字数统计"命令可以统计文档的字数。

1.5 习题与实训

1.5.1 理论习题

1. 填空题

(1) 执行________菜单命令可以启动 Word 2003。在 Word 2003 操作窗口中执行

________菜单命令或单击标题栏右侧的________按钮可以退出 Word 2003。

(2) Word 2003 的操作界面主要包括标题栏、________、________、标尺、________、文档编辑区、________和状态栏等。

(3) Word 2003 提供了普通视图、________、________以及________4 个视图方式，其切换方法可通过________菜单项来实现。

(4) 单击“常用”工具栏上的________按钮可以新建一篇空白文档，执行________菜单命令可以将文档以另一个文件名进行保存。执行________菜单命令可以打开 Word 文档。

(5) 如何输入如下标点符号：

“、”(顿号)________。“￥”(人民币符号)________。

“……”(省略号)________。“《”或“》”(书名号)________。

(6) 执行________菜单命令可以输入键盘上没有的符号。

2. 选择题

(1) 关于下面描述启动 Word 2003 的方法中，不正确的有(　　)。

A. 执行“开始”→“所有程序”→“Microsoft Word”菜单命令可以启动 Word 2003

B. 在“开始”→“我最近的文档”菜单中选择一个 Word 文档命令项可启动 Word 2003

C. 双击桌面上的 Word 快捷方式图标可启动 Word 2003

D. 按[Alt+F4]组合键可启动 Word 2003

(2) 在 Word 2003 中，下面的视图方式是默认的视图方式有(　　)。

A. 普通视图　　B. 页面视图

C. 文档结构图　　D. Web 版式视图

(3) 在 Word 2003 中，下面关于保存文档描述错误的有(　　)。

A. 在窗口界面中按[Ctrl+S]组合键可保存文档

B. 对于已保存的文档，可通过“另存为”操作以新文件名保存起来

C. 保存文件时可以设置打开权限密码和修改权限密码

D. 对于保存过的文档，再次进行保存时仍将打开“另存为”对话框

3. 简述题

(1) 如何显示或隐藏工具栏？

(2) Word 2003 中有哪几种视图？普通视图与页面视图分别有什么特点？

(3) 在文本输入过程中应注意哪些问题？

1.5.2 实训题

实训 1

启动 Word 2003 进行基本训练要求如下：

(1) 显示或者隐藏“常用”和“格式”工具栏。

(2) 移动“常用”或者“格式”工具栏的位置。

(3) 显示或者隐藏“任务窗格”。

(4) 显示或者隐藏“状态栏”。

实训 2

新建一个名为“通知”的文档,要求如下:

(1) 将该文档保存在 D 盘以自己姓名命名的文件夹中。

(2) 在“通知”文档中输入如图 1 - 20 所示的文本内容,输入完毕后保存该文档。

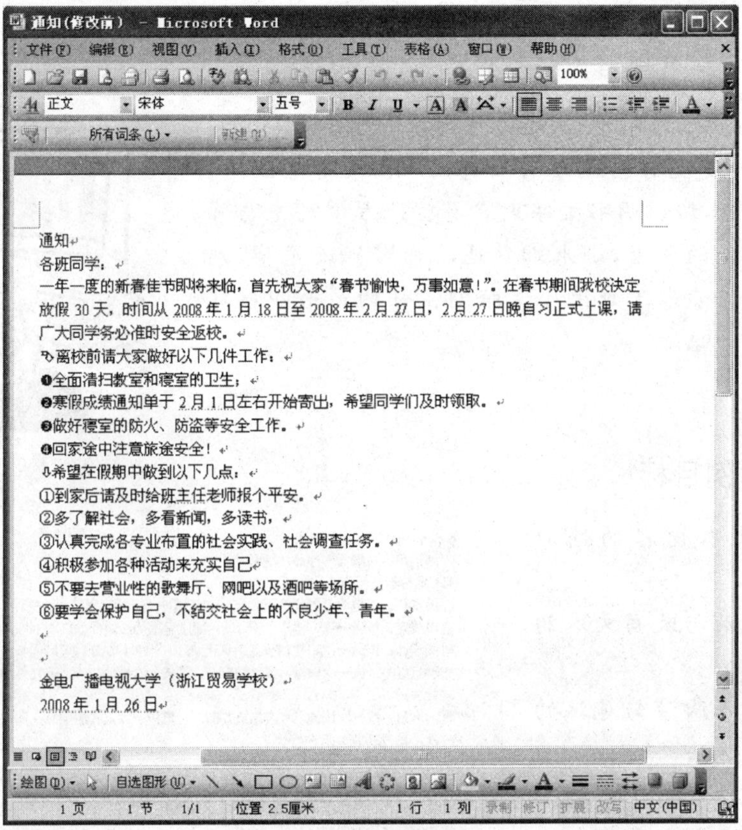

图 1 - 20 “实训 2”效果图

案例 2　编辑与修改“产品说明书”文档

小米很快地完成了“博瑞足浴按摩器产品说明”文档的输入，校对时发现有些地方输入有误。正准备修改时，刘主任告诉小米，该说明书文字内容有些地方需补充与修改。根据刘主任的要求，小米娴熟地将内容修改完毕，刘主任非常满意。看来工作上小米给刘主任的第一印象非常不错。

本案例目标

- ✧ 掌握文本内容的选取方法
- ✧ 掌握插入与改写文本的方法
- ✧ 理解插入脚注与尾注的含义及方法
- ✧ 掌握文本内容的删除、移动与复制方法
- ✧ 能够快速查找与替换文本

本案例最终效果图

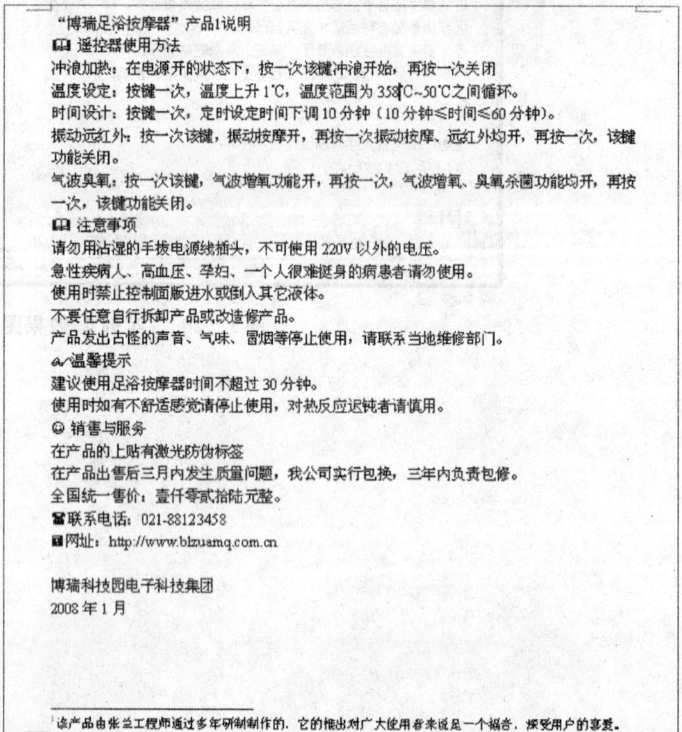

“博瑞足浴按摩器”产品1说明

遥控器使用方法

冲浪加热：在电源开的状态下，按一次该键冲浪开始，再按一次关闭

温度设定：按键一次，温度上升 1℃，温度范围为 358℃~50℃之间循环。

时间设计：按键一次，定时设定时间下调 10 分钟（10 分钟≤时间≤60 分钟）。

振动远红外：按一次该键，振动按摩开，再按一次振动按摩、远红外均开，再按一次，该键功能关闭。

气波臭氧：按一次该键，气波增氧功能开，再按一次，气波增氧、臭氧杀菌功能均开，再按一次，该键功能关闭。

注意事项

请勿用沾湿的手拔电源线插头，不可使用 220V 以外的电压。

急性疾病人、高血压、孕妇、一个人很难挺身的病患者请勿使用。

使用时禁止控制面版进水或倒入其它液体。

不要任意自行拆卸产品或改造修产品。

产品发出古怪的声音、气味、冒烟等停止使用，请联系当地维修部门。

温馨提示

建议使用足浴按摩器时间不超过 30 分钟。

使用时如有不舒适感觉请停止使用，对热反应迟钝者请慎用。

☺ 销售与服务

在产品的上贴有激光防伪标签

在产品出售后三月内发生质量问题，我公司实行包换，三年内负责包修。

全国统一售价：壹仟零贰拾陆元整。

联系电话：021-88123458

网址：http://www.blzuamq.com.cn

博瑞科技园电子科技集团

2008 年 1 月

1 该产品由张兰工程师通过多年研制制作的，它的推出对广大使用者来说是一个福音，深受用户的喜爱。

图 2－1　“产品说明书”文档修改后的效果

2.1 知识剖析

Word 2003 是编辑文本的场所,利用它能够制作出结构清晰、版式精美的各种文档。在[案例 1]中我们已经学会了如何输入文档内容,本案例将主要讲述文本的插入、删除、移动、复制以及查找和替换等文本编辑操作。通过本案例学习,应学会如何将输入后的文档内容进行编辑修改,使内容上更符合文档的要求。

2.1.1 移动插入点

插入点标志着新输入的文字或者插入的对象要出现的位置。

1. 用鼠标移动插入点

对于一篇长文档,可首先使用垂直或水平滚动条将要编辑的文本显示在文档窗口中,然后移动"I"形鼠标指针到所需的位置并单击左键。

2. 用键盘移动插入点

可以利用键盘上的移动键来移动插入点,除此之外若能掌握下表列出的常用键来移动插入点将大大提高移动速度。

键或组合键名	移动插入点
PageUp	上移一屏
PageDown	下移一屏
Home	移到当前行的开头
End	移到当前行的末尾
Ctrl+PageUp	移到上页的顶端
Ctrl+PageDown	移到下页的顶端
Ctrl+Home	移到文档的开头
Ctrl+End	移到文档的末尾

注:还可以利用"编辑"→"定位"或"查找"菜单,将插入点移动到文本的特殊位置。

2.1.2 选定文本

在对文档进行输入操作的过程中，难免会有录入错误或内容重复的文本，此时就需要对文本进行修改、删除和复制等编辑来完成操作。而执行这些操作的前提大多是要先选定文本。在 Word 文档中，被选定的文本默认将以黑底白字显示，如图 2－2 所示。

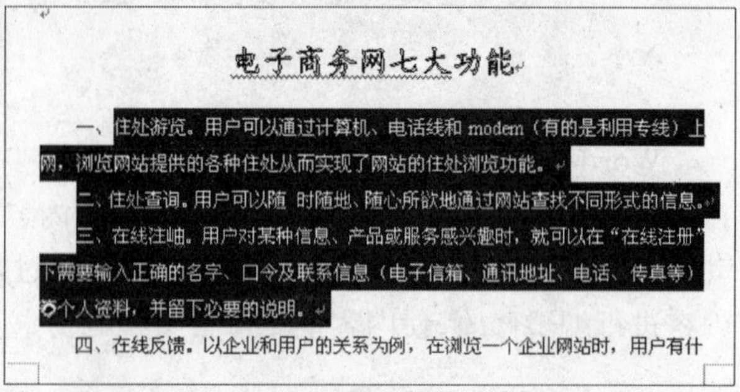

图 2－2　被选择文本的效果

选择文本通常有以下几种类型与方法。

1. 选定任意长度的文本

方法一：用鼠标单击要选定文本的开始处，按住左键拖动鼠标直到要选定的结束处。

方法二：用鼠标单击选定区域的开始处，然后按住"Shift"键，再单击选定区域的末尾。

2. 选定一行或多行文本

将鼠标指针移到该行左侧选定栏上(文档最左边的黑色边框上)，当鼠标变成右斜指的箭头"↗"时，然后单击鼠标左键；若按住鼠标左键拖动鼠标，则可选定若干行文本。

3. 选定一个段落

将鼠标指针移到该段左侧选定栏上，当鼠标变成右斜指的箭头"↗"时，双击鼠标左键。

4. 选定整个文档

将鼠标指针移到文档左侧选定栏上，当鼠标变成右斜指的箭头"↗"时，快速单击鼠标左键三次，或执行"编辑"→"全选"菜单命令，或按[Ctrl＋A]组合键。

5. 间隔选取若干个文本对象

拖动鼠标先选取一部分内容，再按下"Ctrl"键不放，在文档中其他位置拖动鼠标再选另一部分内容即可，选取的效果如图 2－3 所示。

6. 选取矩形块

按下"Alt"键不放，在文档中要选的文本区域开始的第一个字符前单击，再按住鼠标左键不放拖动鼠标，完成选取后松开"Alt"键即可，效果如图 2－4 所示。

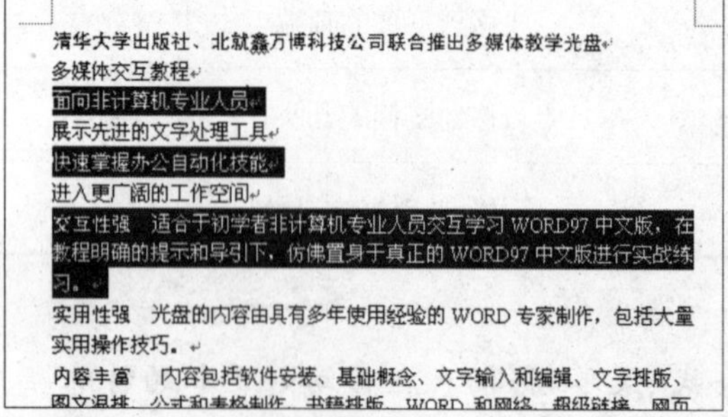

图 2－3　间隔选取多个文本对象效果

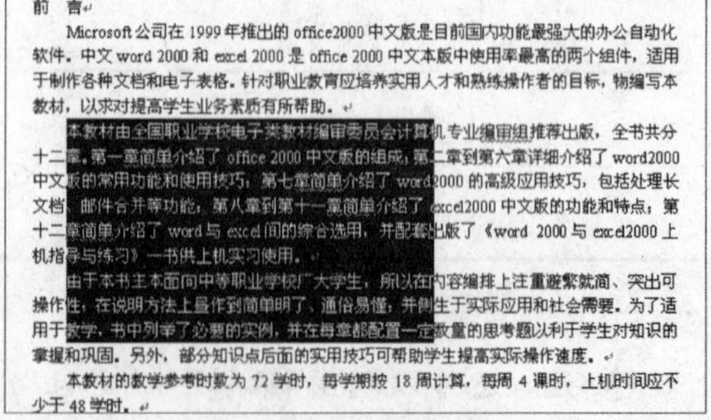

图 2－4　选取矩形文本块

>>>>>>>

2.1.3 插入与改写文本

当状态栏的“改写”呈灰色时，则表示处于插入状态；当状态栏的“改写”呈黑色时，则表示处于改写状态。插入状态与改写状态的切换方法为：双击状态栏的“改写”框，或者按键盘上的“Insert”键。

插入文本的方法：在插入方式下，将插入点移至需要插入的位置，输入新文本。

改写文本的方法：在改写方式下，将插入点移至需要改写的位置，插入点右边的字符将被新输入的字符取代。

> 要改写大块的连续文本，则选定要改写的文本，直接输入新文本。

2.1.4 插入脚注与尾注

插入“脚注和尾注”是指在指定的文字处插入注释。“脚注”和“尾注”都是注释，一般情况下脚注是放在每一页的底端，而尾注是放在文档的结尾处。如“孟浩然诗二首”文档(共二页)的效果，如图 2-5 所示。

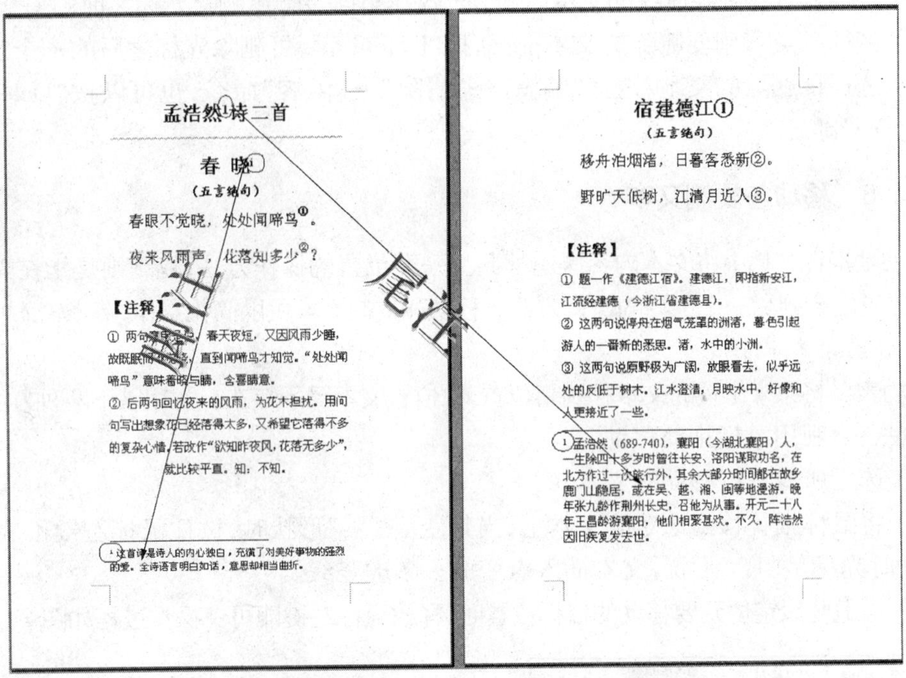

图 2-5 添加了“脚注与尾注”的文档

脚注和尾注由两个关联的部分组成，包括注释引用标记和其对应的注释文本。用户可让 Word 自动为标记编号或创建自定义的标记。插入“脚注与尾注”的方法如下：

(1) 将插入点移到需要插入脚注和尾注的文字之后，如“晓”的后面。

(2) 执行“插入”→“引用”→“脚注与尾注”菜单命令，打开“脚注与尾注”对话框。

(3) 在“位置”处选择“脚注”或“尾注”单选项，如选择“脚注”，在相应的下拉列表中选择“页面底端”，如图 2-6 所示。

(4) 在“格式”处设置注释的编号格式、起始编号与编号方式等，设置完毕单击“插入”按钮。

(5) 自动给出指定的位置，然后输入注释文字，鼠标指针在文档任意处单击一下退出注释的编辑，完成插入工作。

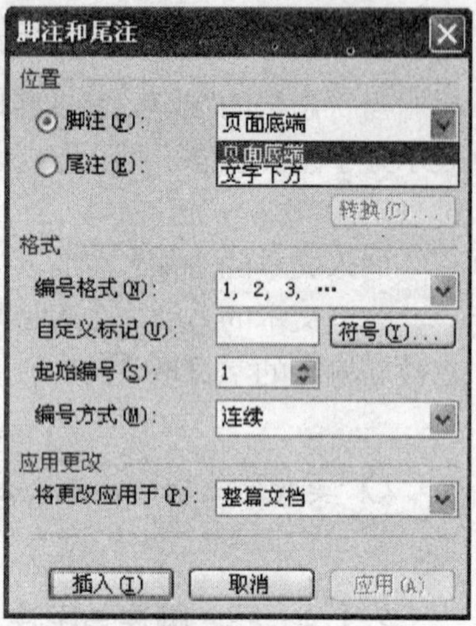

图 2-6 “脚注与尾注”对话框设置

> 如果要删除脚注或尾注，则选定脚注或尾注的编号，按“Delete”键。

2.1.5 删除文本

在输入文本的过程中如果误输入了错误或多余的文本，可将其删除。删除文本的方法有以下几种：

(1) 将插入点移到要删除的文本后面，按“Backspace”键，可删除光标之前的一个字符。

(2) 将插入点移到要删除的文本前面，按“Delete”键，可删除光标之后的一个字符。

(3) 选择要删除的文本，选择“编辑”→“清除”→“内容”命令，也可以按“Delete”键或“Backspace”键。

2.1.6 移动与复制文本

移动是指在文档中将文本内容快速移到另一个位置的操作方法，复制则是指在文档中快速输入重复内容到另一个位置的操作方法。移动和复制文本可以简化操作，节省输入时间。

1. 移动文本

移动表示将原来位置的文本移到新位置，原位置文本已不存在。常用以下两种方法操作。

方法一：利用鼠标拖动移动

(1) 选定所要进行移动的文本。

(2) 将鼠标指针移到选定的文本上，当其变成“ ”形状时，按住鼠标左键不放并拖动鼠标，此时光标呈“ ”形状，文本插入点变成一条虚竖线。

(3) 当虚竖线定位到要移动的目标位置时，释放鼠标左键即可。操作过程如图 2-7 所示。

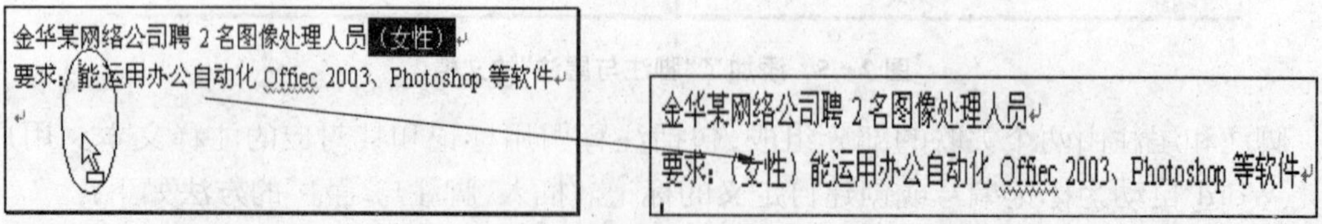

图 2-7 用鼠标移动文本的操作过程

该方法适用于移动对象所在位置与目标位置距离比较近时的操作。

方法二：利用剪贴板移动

(1) 选定所要移动的文本。

(2) 单击常用工具栏的"剪切"按钮"✂",或者单击"编辑"→"剪切"菜单,或者按[Ctrl+X]组合键,将文本移动到剪贴板中。

(3) 将插入点移动到目标位置。

(4) 单击常用工具栏的"粘贴"按钮"",或者按[Ctrl+V]组合键,或者单击"编辑"→"粘贴"菜单,将剪贴板上的文本粘贴到插入点处。

粘贴完成后,在移动内容的右下方将出现一个"粘贴选项"按钮"",单击该按钮,将弹出如图2-8所示"粘贴选项"下拉列表框,可以根据需要选择其中一项,若不作任何选择可以按"Esc"键取消"粘贴选项"。

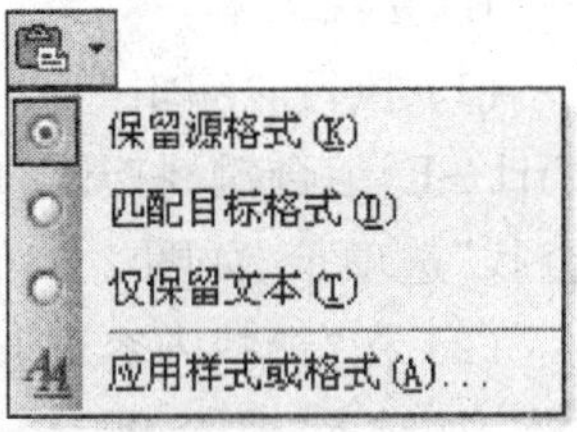

图2-8　粘贴选项下拉列表框

要在大范围内移动大量文本,可通过剪贴板移动。

2. 复制文本

复制文本多用于需要输入与文档中相同的已有的文本,方法常用以下两种。

方法一：利用鼠标拖动复制

(1) 选定所要进行复制的文本。

(2) 将鼠标指针移到选定的文本上,当其变成"↖"形状时,按住"Ctrl"键与鼠标左键不放并拖动鼠标,此时光标呈"↖"形状,文本插入点变成一条虚竖线。

(3) 当虚竖线定位到要复制的目标位置时,释放鼠标左键与"Ctrl"键。操作过程如图2-9所示。

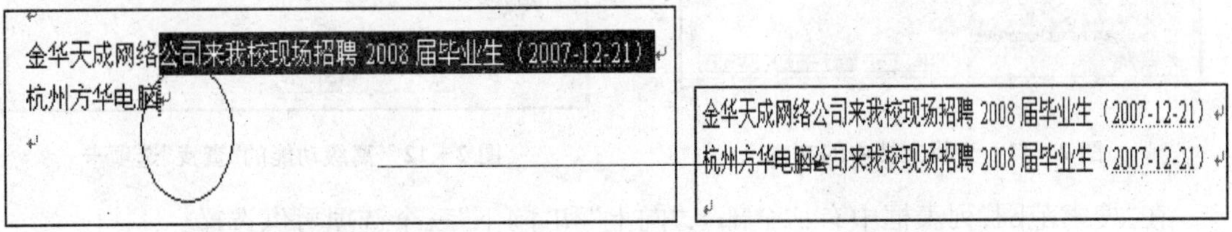

图2-9　用鼠标复制文本的操作过程

方法二：利用剪贴板复制

(1) 选取要复制的文本。

(2) 单击常用工具栏的复制按钮"",或按[Ctrl+C]组合键,也可以执行"编辑"→"复制"菜单命令,将文本复制到剪贴板中。

(3) 将插入点移动到需要复制的目标位置。

(4) 单击“常用”工具栏的“粘贴”按钮“ ”，或按[Ctrl+V]组合键，也可以执行“编辑”→“粘贴”菜单命令，将剪贴板上的文本粘贴到光标处。复制完成后，在复制内容的右下方同样将出现一个“粘贴选项”按钮“ ”，作用同前，不再赘述。

2.1.7 查找与替换文本

在编辑文档过程中，有时要统一将文档中多次出现的文本进行修改，或者把插入点移动到文档中的某个位置，如果用手工逐字进行替换或查找，可能费时又费力，还会有所遗漏。运用 Word 2003 提供的查找与替换功能可以很快完成这些操作。

1. 查找文本

(1) 执行 “编辑”→“查找”菜单命令或按[Ctrl+F]组合键，打开“查找和替换”对话框的“查找”选项卡，如图 2 - 10 所示。

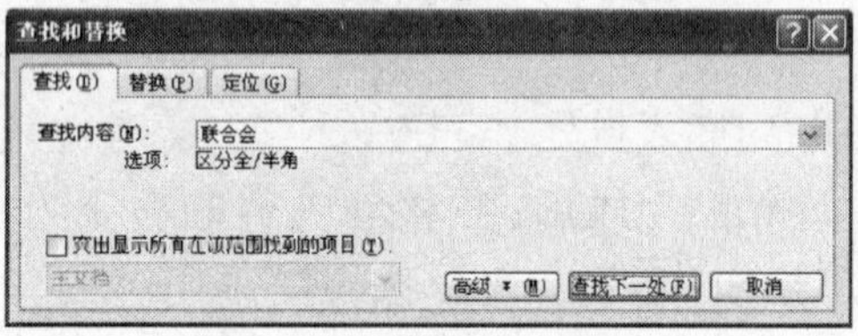

图 2 - 10 “查找”选项卡

(2) 在“查找内容”列表框中键入要查找的文本，如键入“联合会”。

(3) 单击“查找下一处”按钮开始查找，当查找到“联合会”后，将找到的文字选择后显示在窗口上，如图 2 - 11 所示。

(4) 若要继续查找则单击“查找下一处”按钮，直到整个文档查找完毕为止。如果没有找到输入的查找内容，则提示已经完成搜索，未找到搜索项。

如果对查找有更高的要求，单击“查找和替换”对话框中的“高级”按钮，打开“高级”选项设置，如图 2 - 12 所示。

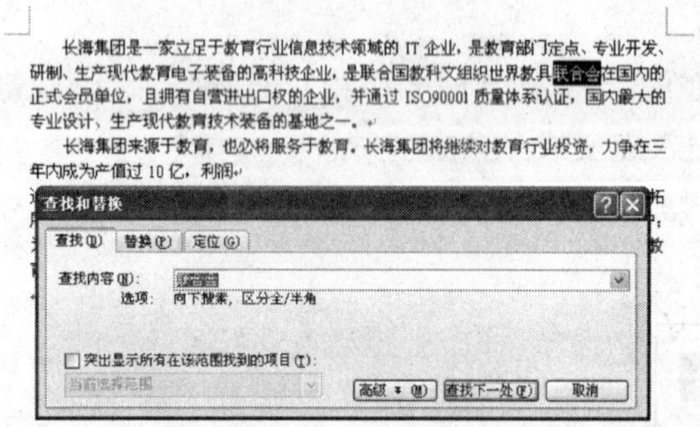

图 2 - 11 查找文档中的文本

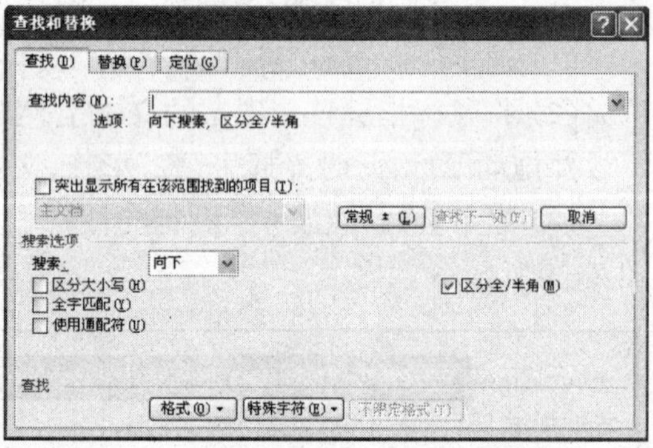

图 2 - 12 高级功能的“查找”选项卡

在“搜索范围”列表框中有：“全部”、“向上”和“向下”三个选项可供选择。

“全部”：在整个文档中搜索指定的查找内容，它是指从插入点处搜索到文档末尾，再继续从文档起始处搜索到插入点位置。

“向上”：从插入点位置向文档起始处进行搜索。

“向下”：从插入点位置向文档末尾进行搜索。

“区分大小写”和“全字匹配”复选框主要用于高效查找英文单词。

“使用通配符”：选择此复选框可在要查找的文本中键入通配符实现模糊查找。例如：

在查找内容中键入"第＊章",那么查找时可以找到"第 1 章"、"第 2 章"、"第 11 章"等。可以单击"特殊字符"按钮,查看可用的通配符。

"区分全/半角":选择此复选框,可区分全角或半角的英文字符和数字;否则不予区分。

"格式"按钮:用于设置所要查找的格式。

"不限定格式"按钮:用于取消指定的所有格式。只有利用"格式"按钮设置了格式之后,"不限定格式"按钮才变为可选。

> 当关闭"查找和替换"对话框后,可以单击垂直滚动条下端的"前一次查找/定位"按钮" "或"下一次查找/定位"按钮" ",继续查找指定的文本。

2. 替换文本

以上叙述的查找只是找到指定的文本,而查找和替换总是密切联系在一起的。常常要将多次分散出现在文档中的某些文本替换为另一个文本,例如,将"计算机"替换成"电脑"等。"替换"操作与"查找"操作类似,具体步骤如下:

(1) 执行"编辑"→"替换"菜单,在出现的"查找和替换"对话框的"替换"选项卡中,单击"高级"按钮打开高级功能,如图 2－13 所示。

(2) 在"查找内容"列表框中键入要查找的内容。

(3) 在"替换为"列表框中键入要替换的内容。

(4) 单击"查找下一处",找到后再单击"替换",反复操作,直到结束;如果要全部替换,可单击"全部替换"按钮就可一次替换完成,单击"关闭"按钮或按"Esc"键关闭对话框。

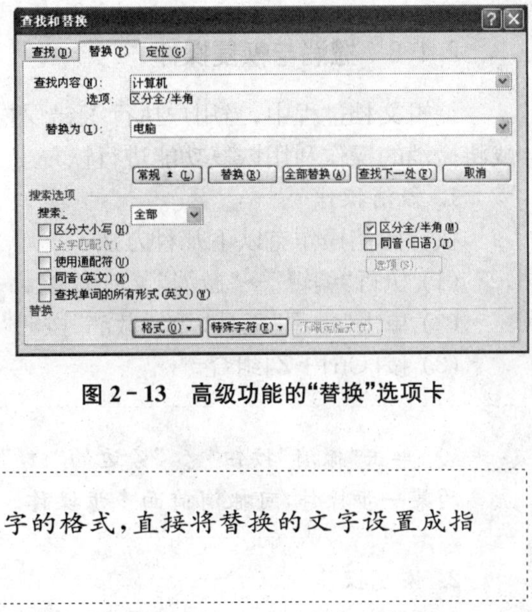

图 2－13　高级功能的"替换"选项卡

> 可以用高级功能设置所查找和替换文字的格式,直接将替换的文字设置成指定的格式。

【例 1】 将全文的计算机替换成电脑。操作要点如下:

(1) 打开"查找和替换"对话框的"替换"选项卡。

(2) 在"查找内容"处输入"计算机",在"替换为"处输入"电脑"。

(3) 单击"高级"按钮,在"搜索范围"下拉列表框中选"全部"。

(4) 单击"全部替换"按钮。

【例 2】 将全文的"计算机"设置成"宋体,3 号,加粗,红色显示"。操作要点如下:

(1) 打开"查找和替换"对话框的"替换"选项卡。

(2) 在"查找内容"处输入"计算机"。

(3) 单击“高级”按钮打开高级功能。

(4) 在“替换为”处，单击“格式”按钮中的“字体”菜单，根据题目要求设置好字体格式。

(5) 在“搜索范围”下拉列表框中选“全部”。

(6) 单击“全部替换”按钮。

【例3】 将第二、三自然段中的“计算机”替换成具有红色，加粗的“电脑”。操作要点如下：

(1) 将第二、三自然段的文本选中。

(2) 打开“查找和替换”对话框的“替换”选项卡。

(3) 在“查找内容”处输入“计算机”。

(4) 单击“高级”按钮打开高级功能。

(5) 在“替换为”处键入“电脑”，然后单击“格式”按钮中的“字体”菜单，根据题目要求设置好字体格式。

(6) 在“搜索范围”下拉列表框中选“向上”或者“向下”。

(7) 单击“全部替换”按钮，出现如图 2-14 所示的对话框，然后选择“否”。

图 2-14 选中部分文本“替换”操作结束对话框

2.1.8 撤消与恢复操作

编辑文档过程中，当用户执行了错误操作后，可以通过撤消操作恢复到先前的状态，或将撤消的操作利用恢复功能进行恢复。

1. 撤消操作

执行撤消操作有以下几种方法：

(1) 执行“编辑”→“撤消”菜单命令。

(2) 单击“常用”工具栏的“撤消”按钮“ ”。

(3) 按[Ctrl+Z]组合键。

单击“撤消”按钮“ ”旁边的“ ”按钮，在弹出的下拉列表中选择要撤消到的某一步操作，可撤消前面多步操作。

2. 恢复操作

如果在撤消操作之后发现原来对文本的编辑是正确的，还可以将其恢复。恢复操作与撤消操作是相对应的。主要有以下几种方法：

(1) 执行“编辑”→“恢复”菜单命令。

(2) 单击“常用”工具栏的“恢复”按钮“ ”。

(3) 按[Ctrl+Y]组合键。

单击“恢复”按钮“ ”旁边的“ ”按钮，在弹出的下拉列表中选择要恢复到的某一步操作，可恢复前面多步操作。只有执行了“撤消”命令后，“恢复”命令才变为可用。

2.2　案　例　实　现

2.2.1　案例要求

打开[案例 1]中创建的“博瑞足浴按摩器产品说明”文档，根据本案例图 2－1 所示的文档内容进行校对，然后进行编辑修改操作，修改后文档的最终效果如图 2－1 所示。

2.2.2　案例实现步骤

第 1 步：从 Windows 资源管理器窗口找到“公文”文件夹中的“博瑞足浴按摩器产品说明”文档，然后双击鼠标打开该文档，或者执行“开始”→“所有程序”→“Microsoft Office”→“Microsoft Office Word 2003”命令，单击常用工具栏的打开按钮“ ”，出现打开对话框，从“查找范围”下拉框中选择要打开的文档所在的“公文”文件夹；在文件列表框中选择要打开的“博瑞足浴按摩器产品说明”文档，如图 2－15 所示，单击“打开”按钮。

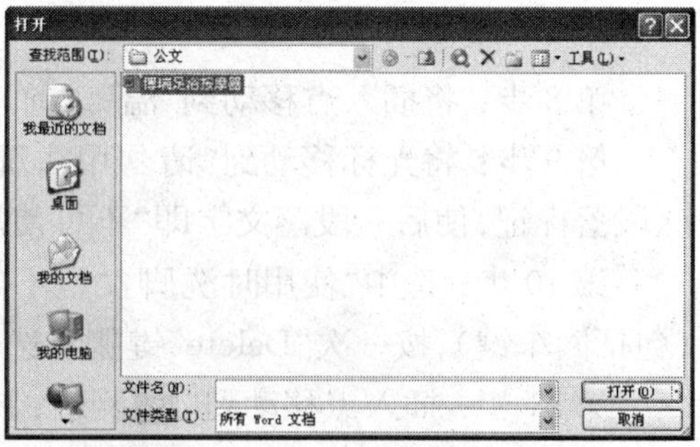

图 2－15　打开“对话框”的选择

第 2 步：将插入点移动到标题“博瑞足浴按摩器产品说明”中“品”的后面，如图 2－16 所示，执行“插入”→“引用”→“脚注与尾注”，出现脚注与尾注对话框，各项设置如图 2－17 所示，单击“插入”按钮。

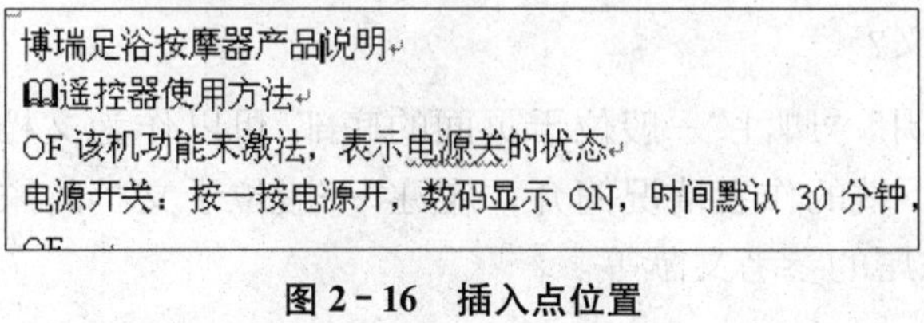

图 2－16　插入点位置

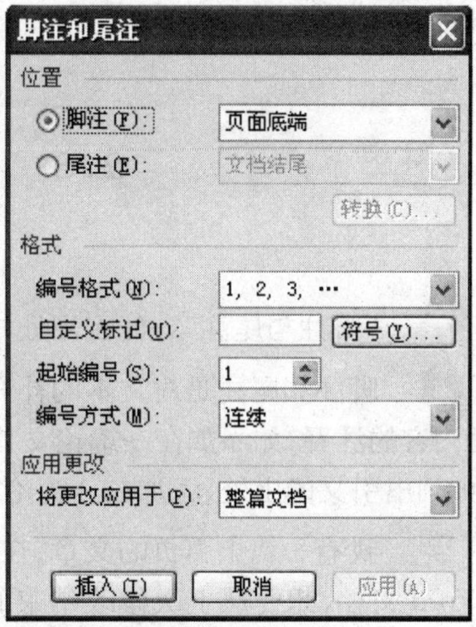

图 2－17　“脚注与尾注”对话框

第 3 步：在自动出现的位置处输入内容“该产品由张兰工程师通过多年研制制作的，它的推出对广大使用者来说是一个福音，深受用户的喜爱。”这段文字。

第 4 步：选中如图 2－18 所示的这段文本，输入“冲浪加热：在电源开的状态下，按一次该键冲浪开始，再按一次关闭”这段文字。

第 5 步：选中第 4 行的“按键一次，”这几个字符，单击常用工具栏的“复制”按钮“ ”，然后将插入点移动到第 5 行“时间设计：”之后，单击常用工具栏的“粘贴”按钮“ ”。

第 6 步：选中第 6 行的“按一次该键，”这几个字符，以第 5 步相同的操作方法将它复制到第 8 行的“所波臭氧：”之后。然后选中“所波臭氧”的“所”字，输入“气”字。

第 7 步：选中如图 2－19 所示的文本，将鼠标指向选中的文本，拖动鼠标到“☺销售与服务”这段文字的段首，将选中的文本移动到该处。

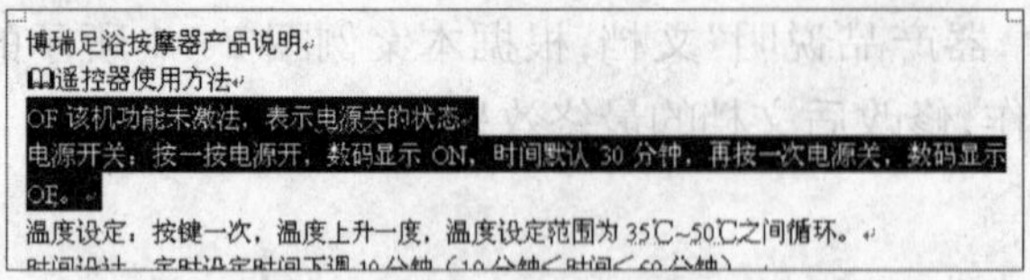
博瑞足浴按摩器产品说明
遥控器使用方法
OF 该机功能未激活，表示电源关的状态
电源开关：按一按电源开，数码显示 ON，时间默认 30 分钟，再按一次电源关，数码显示 OF。
温度设定：按键一次，温度上升一度，温度设定范围为 35℃~50℃之间循环。

图 2－18　第 4 步中选定的文本

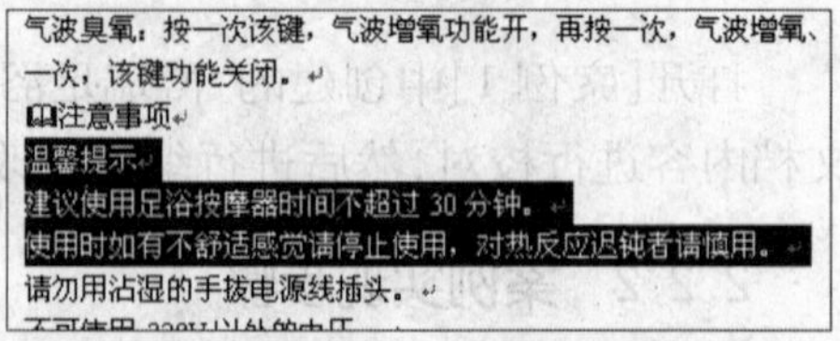
气波臭氧：按一次该键，气波增氧功能开，再按一次，气波增氧、一次，该键功能关闭。
注意事项
温馨提示
建议使用足浴按摩器时间不超过 30 分钟。
使用时如有不舒适感觉请停止使用，对热反应迟钝者请慎用。
请勿用沾湿的手拔电源线插头。

图 2－19　第 7 步中选定的文本

第 8 步：将插入点移动到“温”之前，插入“ ”符号。

第 9 步：将光标移动到“请勿用沾湿的手拔电源线插头。”之后，按一次“Delete”键删除段落标记，使后一段落文字即“不可使用 220 V 以外的电压。”上移。

第 10 步：选中“使用时洗脚盆里不要踩脚或站立，对产品不要施加力度。”这段文字（包括回车键），按一次“Delete”键删除选中的文本。

第 11 步：插入点移动到“ 网址：http：//www. blzuamq. com. cn”后面或“美博瑞科技园电子科技集团”的前面，按回车键，空出一行。

第 12 步：操作到此已完成案例要求，单击常用工具栏的“保存”按钮，将修改完成后的内容进行保存。

2.3　疑 问 与 解 答

“脚注与尾注”有什么用处与意义？

脚注和尾注是对文本的补充说明。“脚注”一般位于页面的底部，可以作为文档某处内容的注释，如添加在一篇论文首页下端的作者情况简介；“尾注”一般位于文档的末尾，如列出引文的出处、添加在一篇论文末尾的参考文献等。

我有一篇上百页的文章，在进行编辑或校对时要经过很多次修改，可是每次打开 Word 文档，想要从上次修改结束的位置接着修改时，总要找很久，有什么办法解决这个问题？

办法是有的，那就是按[Shift＋F5]快捷键。即在刚打开上次修改过的文档时按下[Shift＋F5]键，输入光标会迅速跳到上次结束修改工作的位置，这样，你很快就可以开始继续你的修改工作了。

在文档中经常看到有些文本下面出现红色的波浪下划线，还有些文本下面出现绿色的波浪下划线,这是怎么回事?

默认情况下 Word 2003 具有键入时自动“拼写与语法”检查功能,红色波浪线表明拼写错误,绿色波浪线表明语法错误,这时应该仔细检查提示为错误之处。有些习惯用法 Word 2003 也认为是错误,因为程序会将超出默认以外的词语定义为错误。

2.4 小窍门

小窍门 1 通过“替换”功能可以快速地删除文档中多次出现的文本。

例如,要将全文的“照度”删除,执行“编辑”→“替换”出现替换对话框,在“查找内容”文本框处输入“照度”;在“替换为”文本框处不输任何东西,也不设置任何格式,如图 2-20 所示,单击“全部替换”按钮即可完成删除。

图 2-20 “替换”对话框的设置

小窍门 2 Word 2003 中快速更改英文文字大小写的方法:选择想要更改大小写的文字并按下[Shift+F3]。每次按下“F3”键时,文字格式将在全部大写、首字大写和全部小写之间切换。

小窍门 3 如果你不希望别人看到自己在 Word 2003 上所写的文字,想要隐藏它。你可以选中要隐藏的文字,然后执行“格式”→“字体”菜单命令,在“字体”选项卡中,选中“隐藏文字”即完成了隐藏。

2.5 习题与实训

2.5.1 理论习题

1. 填空题

(1) 执行________菜单命令或按________组合键可选取整篇文档。

(2) 按下________键不放,可以在文档中选取间隔的多个文本对象。

(3) 输入文本时按________键可删除插入点右侧的一个字符,按________键可以删除插入点左侧的一个字符。

(4) 单击“常用”工具栏上的________按钮,或按________组合键,可以将选取的文本复制到剪贴板,再按________组合键进行粘贴。

(5) 执行________菜单命令可以对文档内容进行替换操作。

(6) 按"常用"工具栏的________按钮,可以撤消刚才的操作。

(7) 一般情况下________是放在页面底端的注释,________是放在文档末尾的注释。

2. 选择题

(1) 下面描述选取文档内容的方法中,不正确的有(　　)。

A. 按下"Alt"键不放,可选取不连续的文本

B. 在选定栏上单击可选取一行文本

C. 在选定栏上快速三击鼠标左键可选取整个文档的内容

D. 按下"Alt"键不放,可以在文档中选取一个矩形块的文本

(2) 在 Word 2003 中,下面属于不能移动选取的文本有(　　)。

A. 用鼠标将选取的文本直接拖动到目标位置

B. 单击"常用"工具栏上的"剪切"按钮,再按[Ctrl+V]键粘贴到目标位置

C. 按[Ctrl+X]键后再按[Ctrl+V]键粘贴到目标位置

D. 按[Ctrl+C]键后再按[Ctrl+V]键粘贴到目标位置

3. 简述题

(1) 在编辑文本时如何获知是改写状态还是插入状态?改写状态与插入状态又是如何转换的?

(2) 什么是脚注?什么是尾注?写出插入脚注与尾注的步骤。

2.5.2 实训题

实训 1

打开[案例 1]中创建的"通知"文档进行基本训练,要求如下:

(1) 选定任意的连续文本。

(2) 选定任意的一行文本或多行文本。

(3) 选定任意的一段文本。

(4) 选定不连续的任意的多个文本。

(5) 选定整个文档。

(6) 进行任意文本的插入与改写练习。

(7) 进行任意文本的复制与移动练习。

(8) 进行任意文本的删除练习。

(9) 进行任意文本的替换练习。

练习结束后关闭文档,当出现提示"是否保存文档"对话框时,选择"否",即不保存练习后的文档。

实训 2

再次打开[案例 1]中创建的"通知"文档进行修改,要求修改完成后的内容如图 2-21 所示,并保存该修改文档。

通知

各班同学：

一年一度的新春佳节即将来临，在春节期间我校决定放假时间从2008年1月22日至2008年2月24日，2月24日晚自习正式上课，请广大同学务必准时安全返校。

➔离校前请大家做好以下几件工作：

❶全面清扫教室和寝室的卫生；

❷寒假成绩通知单于2月1日左右开始寄出，希望同学们及时领取。

❸做好寝室的防火、防盗等安全工作。

❹回家途中注意旅途安全！

◎希望在假期中做到以下几点：

①到家后请及时给班主任老师报个平安。

②多了解社会，多看新闻，多读书，

③认真完成各专业布置的社会实践、社会调查任务。

④认真完成寒假作业

⑤积极参加各种活动来充实自己

⑥要多帮你们的家长做一些力所能及的事情。

⑦不要去营业性的歌舞厅、网吧以及酒吧等场所。

⑧要学会保护自己，不结交社会上的不良少年、青年。

最后预祝大家"春节愉快，万事如意！"。

金电广播电视大学（浙江贸易学校）

2008年1月26日

图2-21 "实训2"效果图示

实训3

新建一个Word文档,取名为"面试通知"。要求：先在该文档中输入如图2-22所示的内容,然后运用本案例所介绍的编辑文档操作将输入的原稿修改成如图2-23所示的文档效果。

尊敬的梅梅小姐：

您给我们留下了良好的印象（在6月8日的面试中）。现通知您于6月22日10：00到我公司进行第二轮面试，进一步就双方关心的内容进行详谈。由于您将与多个部门的领导会谈，请你准备3~4小时的时间，并可能受到其他应聘者面试时间延误的影响，请您做好时间安排，请于10：00准时到达公司前台。

此致

敬礼！

人力资源部

张兰

2006年6月28日

金英实业股份有限公司

图2-22 "实训3"图示(一)

尊敬的张小姐：

在6月8日的面试中，您给我们留下了良好的印象。现通知您于6月22日8：00到我公司进行第二轮面试，进一步就双方关心的内容进行详谈。由于您将与多个部门的领导会谈，并可能受到其他应聘者面试时间延误的影响，请您做好时间安排（半天时间），请准时到达公司并在前台登记。

如果您对安排有任何疑问，请致电028-887****转106。

此致

敬礼！

人力资源部

张霞卿

2007年6月28日

精英实业股份有限公司

图2-23 "实训3"图示(二)

案例3 格式化“产品说明书”文档

小米根据刘主任的要求，很快地将“博瑞足浴按摩器产品说明”的内容修改完毕，接下来小米该给“博瑞足浴按摩器产品说明”的文档穿上漂亮的外衣了。俗话说人要衣装马要鞍，文章也不例外。小米用她那娴熟的操作技巧以及独到的审美观，很快就将“产品说明书”打扮得光彩夺目，向刘主任交上一份满意的“产品说明书”作品。

本案例目标

- ✧ 掌握文本格式、段落格式的设置方法
- ✧ 掌握项目符号和编号的使用方法
- ✧ 能灵活设置边框和底纹
- ✧ 能快速复制格式

本案例最终效果图

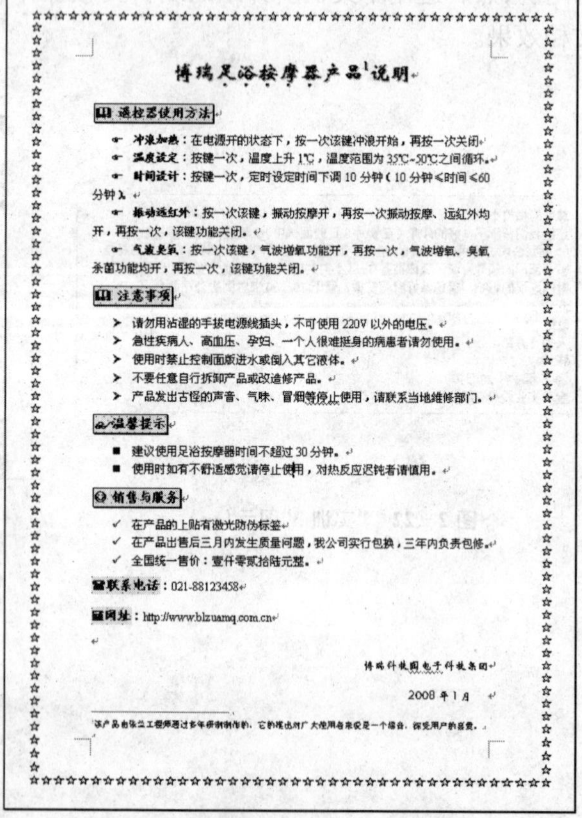

博瑞足浴按摩器产品[1]说明

遥控器使用方法

- 冲浪加热：在电源开的状态下，按一次该键冲浪开始，再按一次关闭
- 温度设定：按键一次，温度上升1℃，温度范围为35℃~50℃之间循环。
- 时间设计：按键一次，定时设定时间下调10分钟(10分钟≤时间≤60分钟)。
- 振动远红外：按一次该键，振动按摩开，再按一次振动按摩、远红外均开，再按一次，该键功能关闭。
- 气波臭氧：按一次该键，气波增氧功能开，再按一次，气波增氧、臭氧杀菌功能均开，再按一次，该键功能关闭。

注意事项

- 请勿用沾湿的手拔电源线插头，不可使用220V以外的电压。
- 急性疾病人、高血压、孕妇、一个人很难挺身的病患者请勿使用。
- 使用时禁止控制面版进水或倒入其它液体。
- 不要任意自行拆卸产品或改造修产品。
- 产品发出古怪的声音、气味、冒烟等停止使用，请联系当地维修部门。

温馨提示

- 建议使用足浴按摩器时间不超过30分钟。
- 使用时如有不舒适感觉请停止使用，对热反应迟钝者请慎用。

销售与服务

- 在产品的上贴有激光防伪标签
- 在产品出售后三月内发生质量问题，我公司实行包换，三年内负责包修。
- 全国统一售价：壹仟零贰拾陆元整。

联系电话：021-88123458

网址：http://www.blzuamq.com.cn

博瑞科技园电子科技集团

2008年1月

[1]该产品由张兰工程师通过多年研制制作的，它的推出对广大使用者来说是一个福音，深受用户的喜爱。

图3-1 格式化后的“产品说明书”文档

3.1 知识剖析

在Word中仅仅输入正确的文字是不够的，既不能突出整篇文档的重点也不美观。因此，在输入文字之后，应该对其进行格式化操作，使之成为赏心悦目的文章。本案例主要讲述如何设置文本格式、段落格式、创建项目符号与编号以及边框和底纹等。通过本案例相关知识点的学习，可以掌握如何在Word中对文本进行一些格式化设置来美化文档。

3.1.1 设置文字格式

通常输入的文字是按默认的字体、字号显示，如果要设置新的字符格式可以在录入文字之前，选择新的格式以改变原来的格式设置，也可以在输入文字之后选定文字，然后设置新的格式。通常情况下，是采用“先输入文字，后设置格式”的办法。

设置文字格式主要包括设置字体、字号、字形、颜色、字符间距、下划线、阴影、上标和下标等。实现文本格式化有两种方法，一是通过“格式”工具栏；二是通过“字体”对话框。

1. 利用“格式”工具栏设置

“格式”工具栏如图3-2所示。

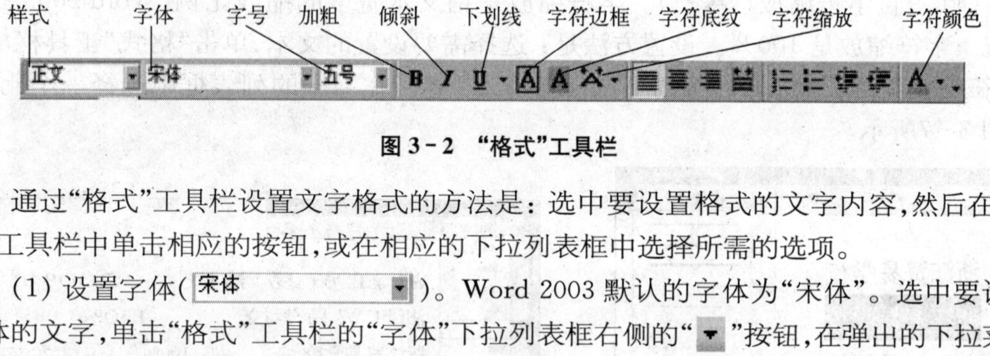

图3-2 “格式”工具栏

通过“格式”工具栏设置文字格式的方法是：选中要设置格式的文字内容，然后在“格式”工具栏中单击相应的按钮，或在相应的下拉列表框中选择所需的选项。

(1) 设置字体(宋体 ▾)。Word 2003默认的字体为“宋体”。选中要设置字体的文字，单击“格式”工具栏的“字体”下拉列表框右侧的“▾”按钮，在弹出的下拉菜单中便可看到各种字体的外观，选择一种需要的字体，如图3-3所示。

> 一般情况下，英文的字体名只对英文字符起作用，中文的字体名对英文和汉字都起作用。

(2) 设置字号(五号 ▾)。Word 2003默认字号为“5号”，它支持两种字号表示方法。一种为中文，如一号、二号、三号、四号……数字越大，文本越小；另一种为数字，如10.5、14、20、24……数字越大，文本越大。

选择要设置字号的文字，单击“字号”下拉列表框右侧的“▾”按钮，在弹出的下拉菜单中选择需要的字号，如图3-4所示。

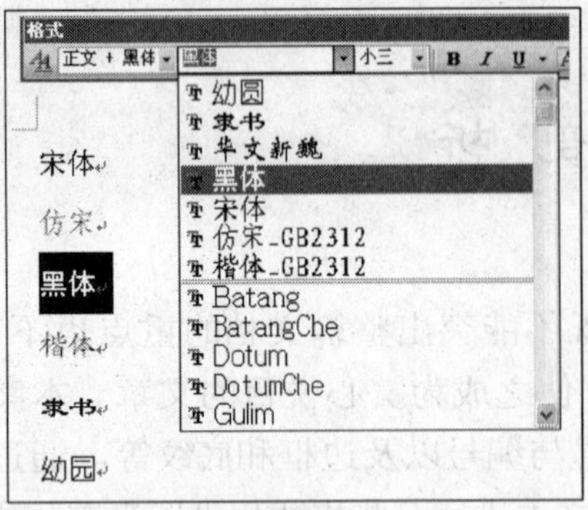

图 3-3　设置文字“字体”以及设置后效果

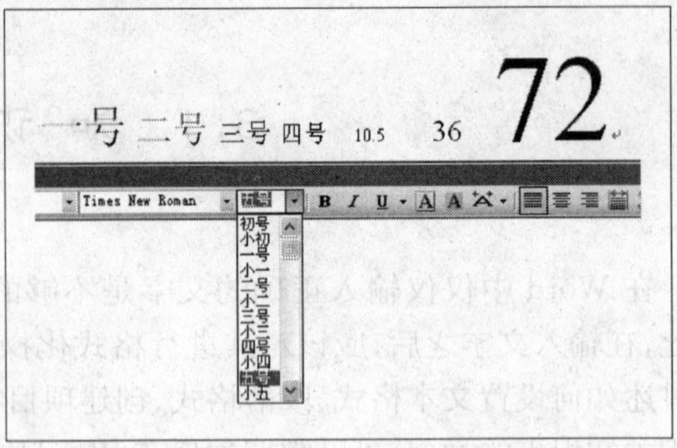

图 3-4　设置文字“字号”以及设置后效果

(3) 设置字形。Word 2003 默认为常规字形，其他字形有加粗、倾斜、加下划线、边框和底纹等。选定要设置的文字，单击常用工具栏上相应的按钮，如图 3-5 所示。

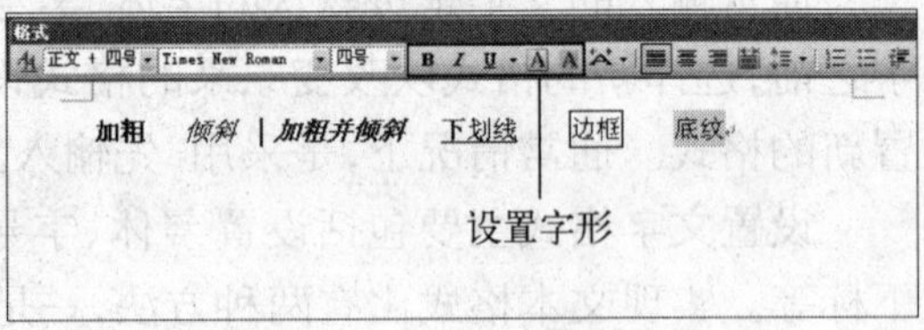

图 3-5　设置文字字形

添加下划线时，根据需要也可选择其他样式的下划线，方法是单击“U ▾”右侧的“▾”按钮，在弹出的下拉列表框中选择所需的下划线样式，同时在“下划线颜色”子列表框中可以设置下划线的颜色，如图 3-6 所示。

(4) 设置字符缩放( )。字符缩放是指文本宽度的缩放比例，Word 2003 默认情况下字符缩放是 100%。设置方法是：选择需要设置的文本，单击“格式”工具栏中的“字符缩放”按钮“ ”右侧的下拉列表按钮“▾”，在弹出的列表框中选择一个比例。如图 3-7所示。

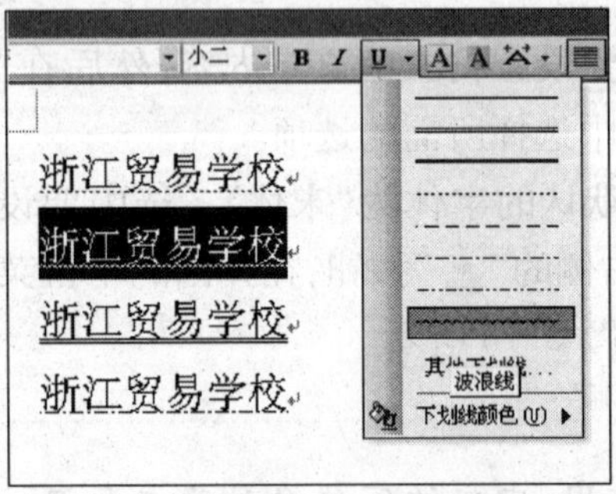

图 3-6　添加其他样式和颜色的下划线

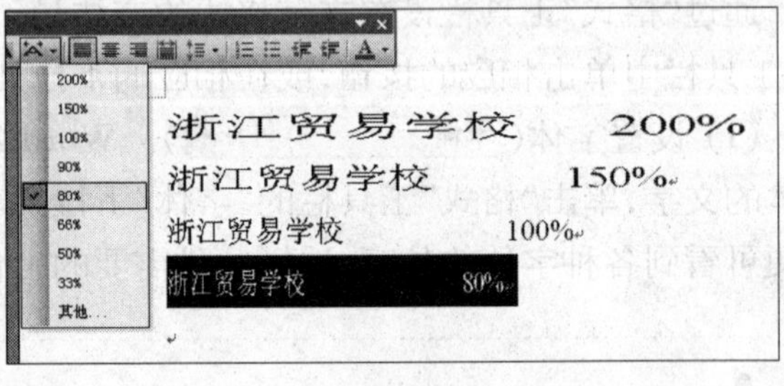

图 3-7　设置字符缩放比例

(5) 设置文本颜色( )。Word 2003 默认的颜色为黑色。在报刊、宣传文章中常常要通过设置字形和颜色来突出重点，使文档看起来更生动、醒目。选取要设置颜色的文本，单击“格式”工具栏的“字体颜色”按钮右侧的“▾”按钮，在出现字体颜色下拉列表中，单击选择一种文本颜色即可，如图 3-8所示。

单击“其他颜色”按钮，将打开如图 3-9 所示的对话框，可以自定义颜色。

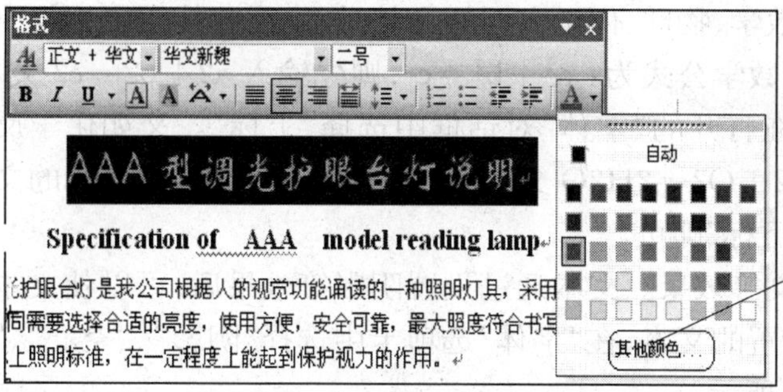

图 3-8 设置文字颜色

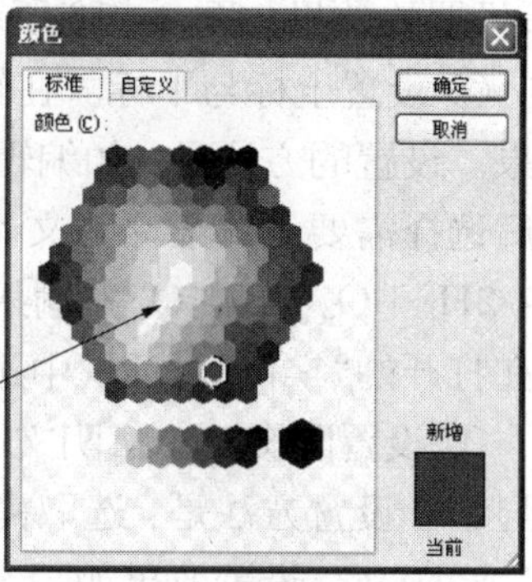

图 3-9 "颜色"对话框

2. 利用"字体"对话框设置

通过"字体"对话框设置文本效果，不但可以实现"格式"工具栏中的所有设置功能，还能设置"格式"工具栏无法实现的一些特殊格式，如改变字符间距和添加文字效果等。

执行"格式"→"字体"菜单命令，打开如图 3-10 所示的"字体"对话框，该对话框共有"字体"、"字符间距"、"文字效果"3 个选项卡。

(1)"字体"选项卡。在"字体"选项卡中，通过设置"中文字体"、"西文字体"、"字形"、"字号"、"字体颜色"、"下划线线型"以及"下划线颜色"等，设置的效果与前面介绍的"格式"工具栏设置效果完全相同，只是设置的方式不同而已，这里不再重复。下面重点介绍该选项卡中一些其他文本格式的设置及效果。

① 设置着重号(着重号: (无))。如果需要提醒阅读者特别注意某处文本，可以为该处文本设置着重号。设置方法是选中需要设置的文本，然后在"字体"对话框的"字体"选项卡中单击"着重号: (无)"下拉列表框，选择"·"，如图 3-11 所示。

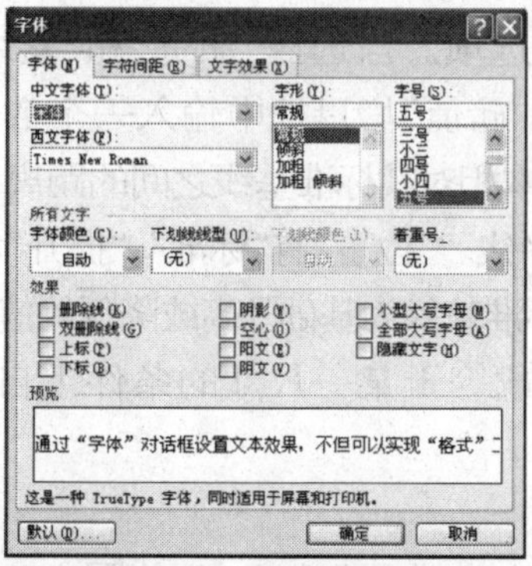

图 3-10 "字体"对话框

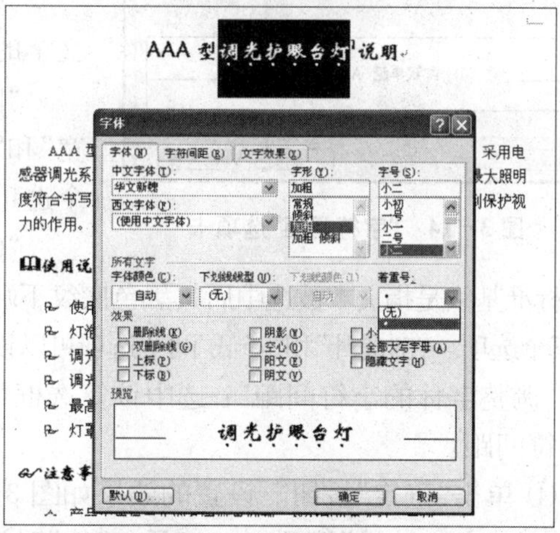

图 3-11 设置着重号

② 设置删除线与双删除线。添加"删除线"或"双删除线"效果的方法是：选中要设置的文本，在"字体"选项卡中选中"删除线"或"双删除线"复选框(两者只能选其中之一)即

可，设置的效果如图 3－12 所示。

③ 设置上标与下标。在输入数学、物理、化学方面的文档时，常需要使用上标与下标效果。设置的方法是：如编辑后的数学公式为：$a^2+b^2=c^2$，则先输入 a2＋b2＝c2 文本，然后选择需要设置上标的文本 2，在打开的“字体”对话框中选择“上标”。又如化学反应式：$2H_2+O_2=2H_2O$，先输入 2H2＋O2＝2H2O 文本，然后选择需要设置为下标的文本 2，在打开的“字体”对话框中选择“下标”即可。

④ 设置阴影、空心、阴文与阳文等效果。文本通过设置阴影等效果后，可以使文本突出显示。设置方法是：选取需要设置的文本，在“字体”选项卡中选择“阴影”、“空心”、“阴文”或“阳文”，设置效果如图 3－13 所示。

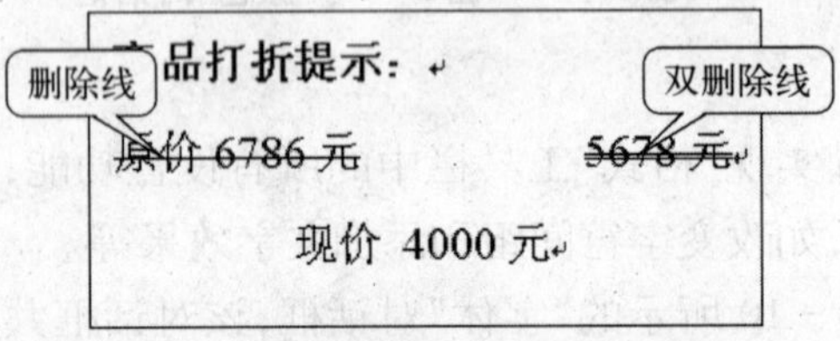

图 3－12　删除线与双删除线效果

图 3－13　阴影、空心、阳文与阴文效果

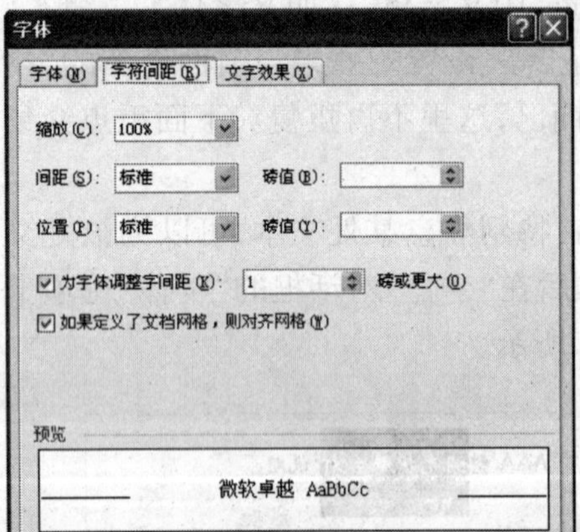

图 3－14　“字符间距”选项卡

(2) “字符间距”选项卡。在“字体”对话框中单击“字符间距”选项卡，如图 3－14 所示，通过该选项卡可以设置字符的“缩放”、“间距”和“位置”等。

设置的具体步骤如下：

① 选定要改变字符间距的文本。

② 单击“字体”对话框的“字符间距”选项卡。

③ 根据需要进行设置并在预览框中查看效果。

“缩放”：设置字符横向缩放的比例。只是对文字的水平方向进行缩小或放大。

“间距”：设置字符的水平间距，有“标准”、“加宽”和“紧缩”三个选项。当选择“加宽”和“紧缩”两个选项时，可以在“磅值”增量框中输入一个数值。

“位置”：指文本相对其标准基线之间的距离，而文本的标准基线是指文本被选中后其黑色底纹下端所在的水平线。“位置”有“标准”、“提升”和“降低”三个选项。在“提升”和“降低”两个选项可以设置字符以标准基线为基础升高或降低的值。

“调整字体的字符间距”：选中该复选框可以在大于或等于某一尺寸的条件下自动调整字符间距。

④ 单击“确定”按钮。设置的效果如图 3－15 所示。

(3) “文字效果”选项卡。打开“字体”对话框，单击“文字效果”选项卡，如图 3－16 所示，可以设置文本的动态效果。动态效果只能在 Word 中显示，不能打印出来。设置方法是，选择要设置的文本，单击“字体”对话框的“动态效果”选项卡，在“动态效果”列表框中选择所需的效果即可。

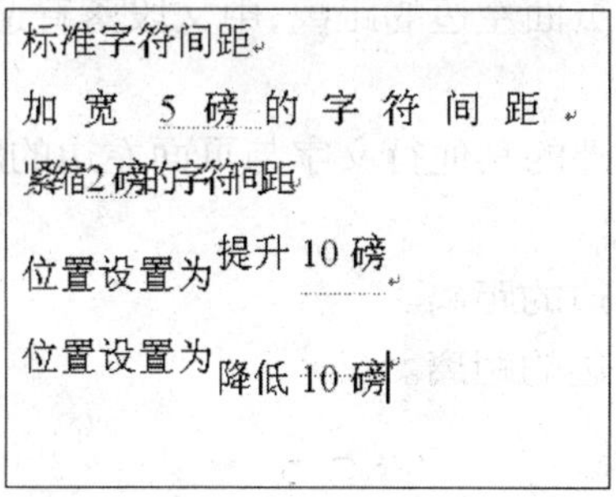

图3-15 文本的字符间距与位置设置效果

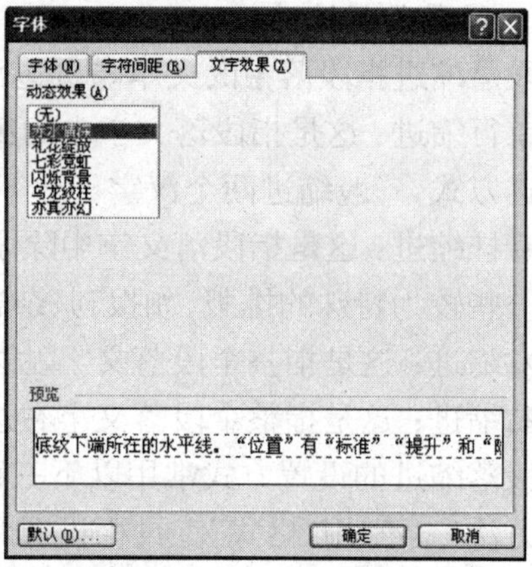

图3-16 "文字效果"选项卡

要删除已设置的字符格式一般情况下是如何设置就如何取消。如：对选定的字符设置了"加粗"，再次选定该字符，单击"加粗"按钮即可取消。

3.1.2 设置段落格式

段落就是指以段落标记"↵"作为结束的一段文字。每按一次"Enter"键就插入一个段落标记。设置段落格式包括设置段与段之间的间距、行间距、对齐方式以及缩进方式等。段落格式可以通过"格式"工具栏和"段落"对话框两种方式来设置。

1. 设置段落对齐方式

段落的对齐方式有："两端对齐"、"左对齐"、"居中"、"右对齐"和"分散对齐"五种，默认方式是"两端对齐"。设置段落的对齐方式一般有以下两种方法。

方法一：利用"格式"工具栏设置对齐

(1) 选定要设置对齐方式的段落或将插入点移到该段落中。

(2) 根据需要单击"格式"工具栏上相应的对齐按钮" "(从左至右分别是："两端对齐"、"居中"、"右对齐"、"分散对齐")。

方法二：利用"段落"对话框设置

(1) 选定要设置对齐方式的段落或将插入点移动到该段落中。

(2) 执行"格式"→"段落"菜单，单击"缩进和间距"选项卡，如图3-17所示。

(3) 单击"对齐方式"列表框的下拉按钮，选择相应的对齐方式。

(4) 单击"确定"按钮。

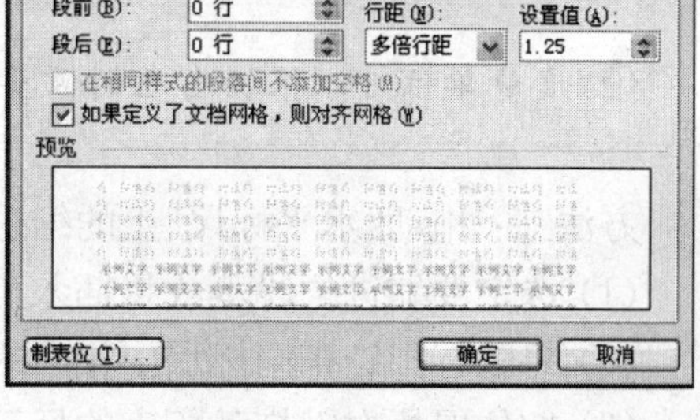

图3-17 设置段落对齐方式

2. 设置段落缩进

段落缩进指段落中的文本与页边距之间的距离，段落缩进包括以下四种。

首行缩进：这是指段落文字中的第一行文本与页面左边的距离，中文段落普遍采用首行缩进方式，一般缩进两个汉字。

悬挂缩进：这是指段落文字中除了第一行文字外的其他行文字与页面左边的距离，常用于一些较为特殊的排版，如报刊、杂志等。

左缩进：这是指整个段落文字左边界与页面左边的距离。

右缩进：这是指整个段落文字右边界与页面右边的距离。

段落缩进的设置方式常用以下三种方法。

方法一：利用“格式”工具栏设置

(1) 选定要缩进的段落或将插入点移到要设置的段落。

(2) 单击“格式”工具栏中的相应缩进按钮“ ”（分别是“减少缩进量”和“增加缩进量”按钮）。

> 这种方法只能完成段落的“左缩进”。单击一次减少或增加一个制表位。

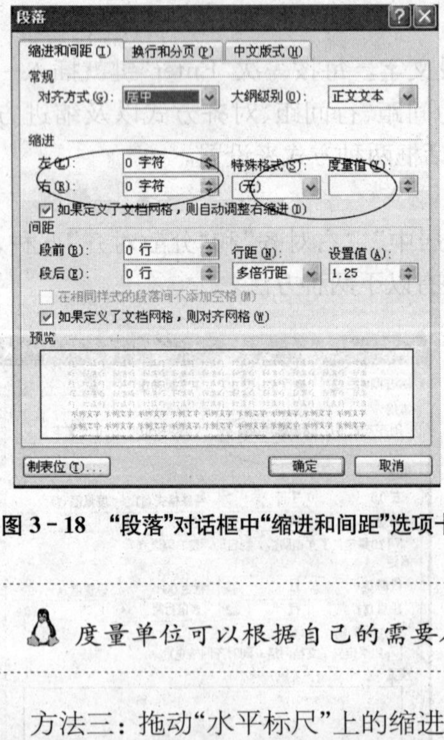

图 3-18 “段落”对话框中“缩进和间距”选项卡

方法二：利用“段落”对话框精确设置段落缩进

(1) 选定要设置缩进的段落或插入点移到要设置的段落。

(2) 执行“格式”→“段落”菜单命令，单击“缩进与间距”选项卡，出现如图 3-18 所示的对话框。

(3) 在“缩进”栏中进行设置。

在“左”的增量框中输入“左缩进”的量，在“右”的增量框中输入“右缩进”的量，在“特殊格式”列表框中选择“首行缩进”或“悬挂缩进”，并在“度量值”框中输入需要的值。

(4) 单击“确定”按钮。

> 度量单位可以根据自己的需要在对话框中直接键入。

方法三：拖动“水平标尺”上的缩进标记

(1) 选定要缩进的段落或将插入点移到要设置的段落。

(2) 将鼠标指针指向标尺中相应的缩进标记上，如图 3-19 所示。

(3) 按住鼠标左键拖动相应的标记到所需的位置，释放鼠标左键即可。

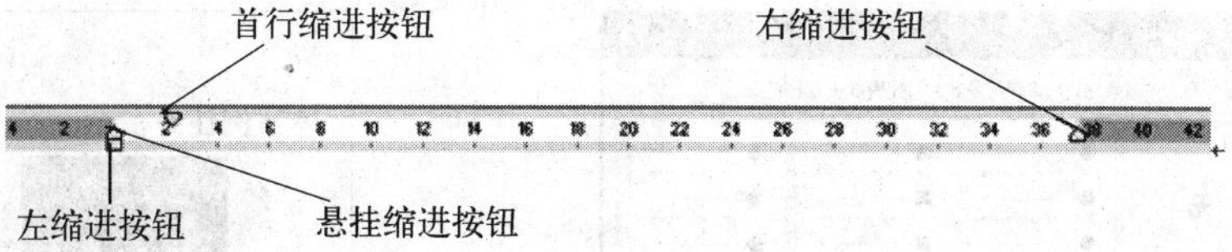

图 3-19 标尺上的缩进按钮

3. 设置段落间距与行间距

段落间距是指段落与段落之间的距离;行间距则是指段落中行与行之间的距离。主要采用“段落”对话框设置。设置方法如下:

(1) 选定要设置的段落或将插入点移至要设置的段落。

(2) 执行“格式”→“段落”菜单命令,选择“缩进与间距”选项卡,打开如图 3-20 所示的对话框。

(3) 在“间距”组中的“段前”和“段后”增量框中输入需要的值。

(4) 单击“行距”列表框的下拉列表按钮,选择所需的行距。行间距有以下几种:

单倍行距:设置每行的高度为可容纳这行中最大的字体,并上下留有适当的空隙。这是默认值。

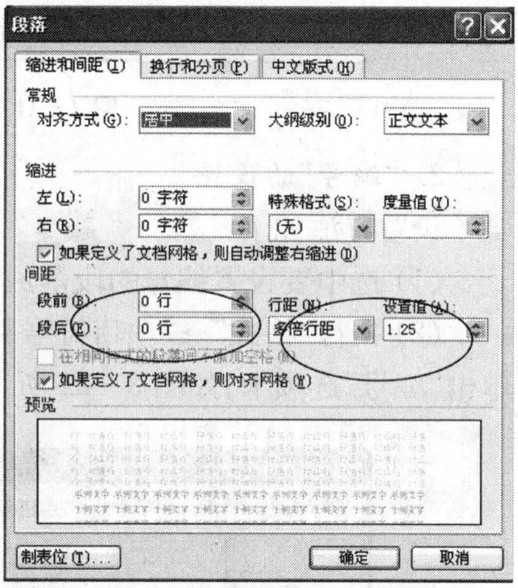

图 3-20 段落间距与行间距的设置

1.5 倍行距:设置每行的高度为这行中最大字体高度的 1.5 倍。

2 倍行距:设置每行的高度为这行中最大字体高度的 2 倍。

最小值:设置 Word 将自动调整高度以容纳最大字体。

固定值:设置成固定的行距,Word 不能自动调节。

多倍行距:允许行距设置成带小数的倍数,如 1.25 倍等。

(5) 预览确认后,单击“确定”按钮。

3.1.3 项目符号与编号

某些段落前加上编号或某种特定的符号(项目符号),可以提高文档的可读性,因此项目符号和编号的使用非常频繁。

1. “项目符号”的设置

设置方法如下:

(1) 选中要设置项目符号的段落或将插入点移到要设置的段落。

(2) 执行“格式”→“项目符号和编号”菜单命令,在打开的“项目符号和编号”对话框中单击“项目符号”选项卡,如图 3-21 所示。

(3) 选择所需要的样式,或单击“自定义”按钮,在打开的对话框中可以进一步设置各种符号,完成后单击“确定”按钮。

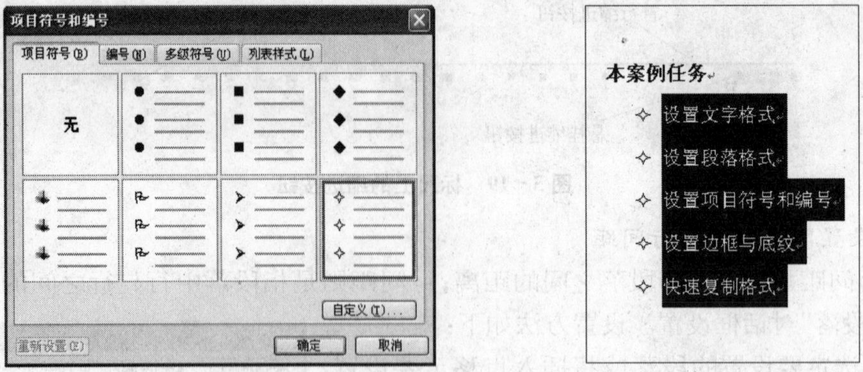

图 3-21 “项目符号”选项卡与设置效果图

2. “编号”的设置

设置方法如下：

(1) 选中要设置编号的段落或将插入点移动到要设置的段落。

(2) 执行“格式”→“项目符号和编号”菜单命令，在打开的“项目符号和编号”对话框中单击“编号”选项卡，如图 3－22 所示。

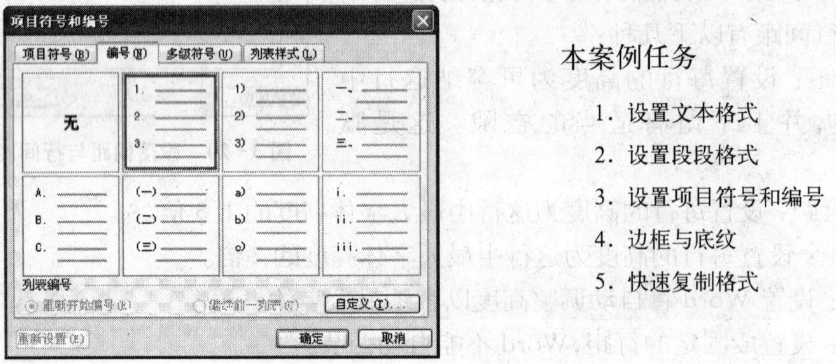

图 3-22 “编号”选项卡以及设置后的效果

(3) 选择所需的编号样式或单击“自定义”按钮，在打开的对话框中可以设置所选编号的格式、编号的起始编号以及位置等参数。完成后单击“确定”按钮。

> 单击“格式”工具栏的“编号”按钮“ ”或“项目符号”按钮“ ”也可对段落设置“项目符号”和“编号”。要删除已设置段落的“编号”与“项目符号”只需再次单击“格式”工具栏上相对应的按钮即可。

3.1.4 边框和底纹

前面介绍了利用格式工具栏的“字符边框”按钮“A”和“字符底纹”按钮“A”，对字符添加比较单一的字符边框和字符底纹效果。利用“格式”→“边框与底纹”菜单命令可以给字符或段落添加丰富多彩的边框和底纹效果，使文档版式更为丰富。

1. 添加“边框”效果

(1) 添加字符边框。选取需要添加的文字，执行“格式”→“边框和底纹”菜单命令，在打开的对话框中单击“边框”选项卡，如图3－23所示。

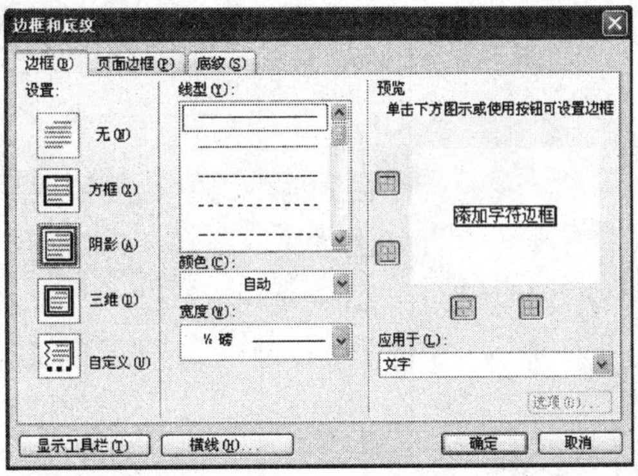

图3－23 “边框”选项卡

在对话框的“设置”栏中选择边框的类型，在“颜色”下拉列表框中指定边框的颜色，在“宽度”下拉列表框中指定边框的宽度；在“应用于”下拉列表框中选择“文字”，完成后在“预览”框中预览文本边框效果，满意后单击“确定”按钮。

(2) 添加段落边框。设置段落边框的方法与添加字符边框的方法基本相同，不同的是在设置前应选取的是段落而不是部分文本，另外在“边框”选项卡中可以分别单击“预览”栏中的“ ”、“ ”、“ ”、“ ”4个按钮自定义边框样式，为段落的四周设置不同的边框样式，甚至可以删除某边的边框，完成后单击“确定”按钮。

【例】 只给文档中第二段的上、下边添加双线边框。操作要点如下：

(1) 选择第二段文本(包括回车键)。

(2) 单击“格式”→“边框和底纹”的“边框”选项卡。

(3) 单击“设置”栏的“自定义”按钮。

(4) 在“线型”列表框中选择“双线”，在“宽度”列表框中选择“1.5磅”。

(5) 在“应用于”列表框中选择“段落”选项。

(6) 单击“预览”选项组中的“上边框”和“下边框”按钮，如图3－24所示，设置完成后单击“确定”按钮。

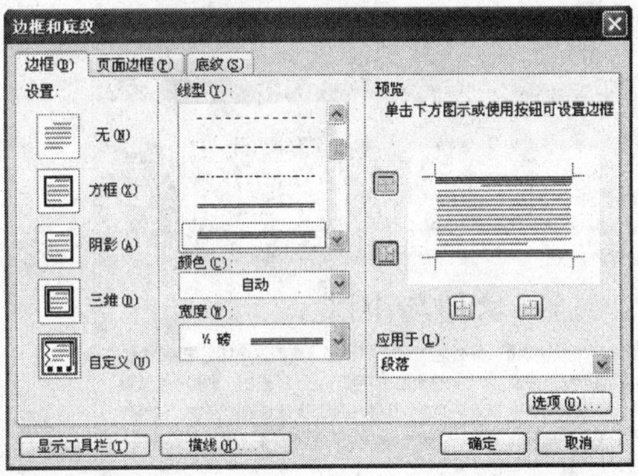

图3－24 “边框”选项卡的自定义边框

(3) 添加页面边框。根据需要可以为整篇文档添加一个艺术型的边框。方法是：执行“格式”→“边框和底纹”菜单命令，单击“页面边框”选项卡，其中的大部分选项参数与“边框”选项卡的设置完全相同，不同的是在“艺术型”下拉列表框中可以设置一些艺术型的边框样式，如图3－25所示。

2. 添加“底纹”效果

通过“边框和底纹”菜单命令可以设置字符与段落的底纹，也可以设置底纹的颜色。方法是：选取需要设置的文本或段落，执行“格式”→“边框和底纹”菜单命令，在打开的对话框中单击“底纹”选项卡，在“填充”列表框中选择底纹的背景颜色；在“样式”下拉列表框中选择所需的图案样式；在“颜色”下拉列表框中选择所需图案的颜色，在“应用于”列表框中根据实际需要选择“文字”或“段落”，在“预览”栏中观察设置效果，如图3－26所示，设

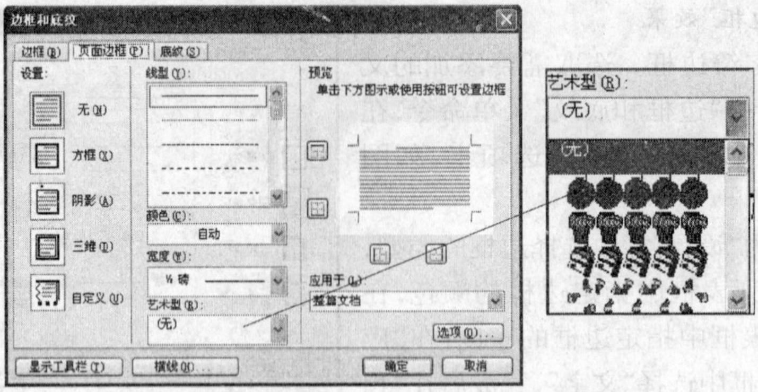

图 3-25 “页面边框”选项卡及艺术型边框样式

置完成后单击“确定”按钮。

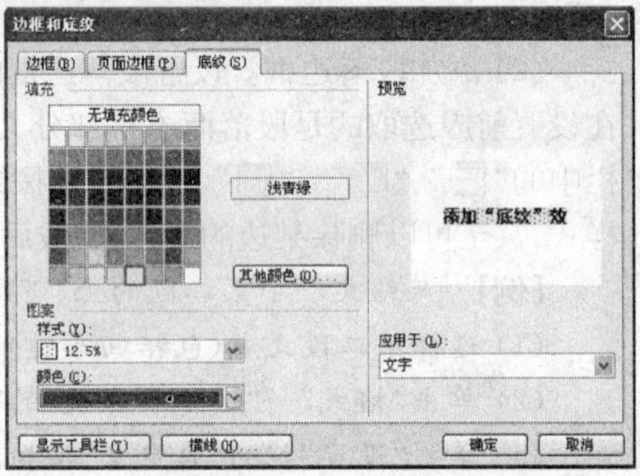

图 3-26 “底纹”选项卡

3.1.5 首字下沉

为了强调段落或章节的开头，可以将段落的第一个字放大以引起注意，这种字符效果叫首字下沉。设置方法是：把插入点放到要设置首字下沉的段落中，执行“格式”→“首字下沉”菜单，打开“首字下沉”对话框，选择“下沉”或“悬挂”，在“选项”栏中设置好下沉字符的字体、下沉行数以及与文字的距离，设置完成后单击“确定”按钮。对话框及示例效果如图 3-27 所示。

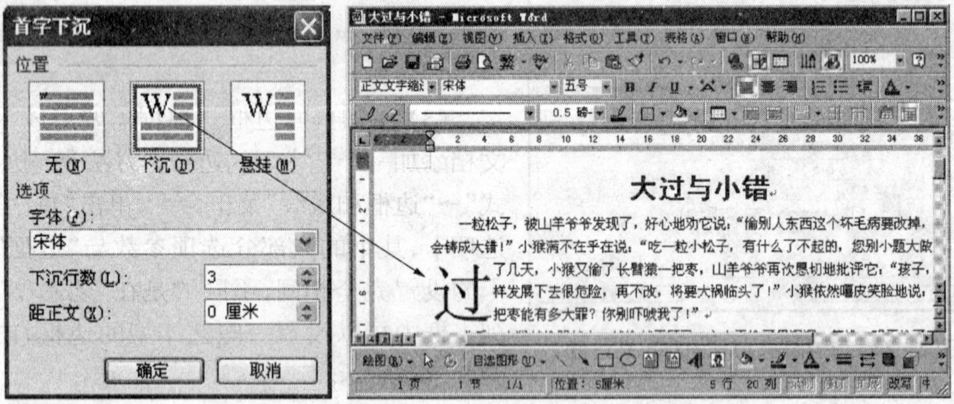

图 3-27 “首字下沉”对话框以及设置效果图

3.1.6 复制格式

利用“格式刷”功能可以快速复制字符格式与段落格式，即将已设置文字或段落的格式复制到另一部分的文本或段落上，使其具有同样的格式。使用“常用”工具栏中的“格式刷”按钮“ ”，可以实现格式的复制。

设置的方法是：选定已设置好格式的文本或段落，双击或单击"常用"工具栏的"格式刷"按钮" "，然后用鼠标选中其他需要应用该格式的文本或段落对象，被选中的文本或段落对象即可自动应用已设置好的文本格式。

复制结束，再次单击" "按钮或按"Esc"键取消"格式刷"。

> 双击" "按钮"格式刷"可以多次使用，单击" "按钮 "格式刷"则只能使用一次。

3.2 案例实现

3.2.1 案例要求

打开"博瑞足浴按摩器产品说明"文档，灵活运用前面所学的字符格式、段落格式、项目符号与编号等设置方法，将该文档排版成如图3-1所示的效果。

3.2.2 案例实现步骤

第1步：在Windows资源管理器中找到"博瑞足浴按摩器产品说明"文档，双击打开该文档。

第2步：单击[Ctrl+A]组合键或执行"编辑"→"全选"菜单命令或者在文本的左边选定栏连续单击鼠标左键三次选择整篇文档内容；单击"格式"工具栏的"字体"按钮"宋体"，选择"宋体"，在"字号"按钮"五号"的下拉列表中，选择"小四"号；然后执行"格式"→"段落"菜单命令，单击"缩进与间距"选项卡，在该选项卡的"行距"下拉列表中选择"多倍行距"，在右边的"设置值"框中输入"1.2"，然后单击"确定"按钮。

第3步：选择标题段落"博瑞足浴按摩器产品说明"，在"格式"工具栏的"字体"按钮的下拉列表中选择"华文新魏"，在"字号"按钮的下拉列表中选择"二号"，单击"加粗"按钮"B"，单击"居中"按钮" "。然后执行"格式"→"段落"菜单命令，在"缩进与间距"选项卡的"间距"栏中"段前"、"段后"处均设置为"1"，单击"确定"按钮，设置对话框及效果如图3-28所示。

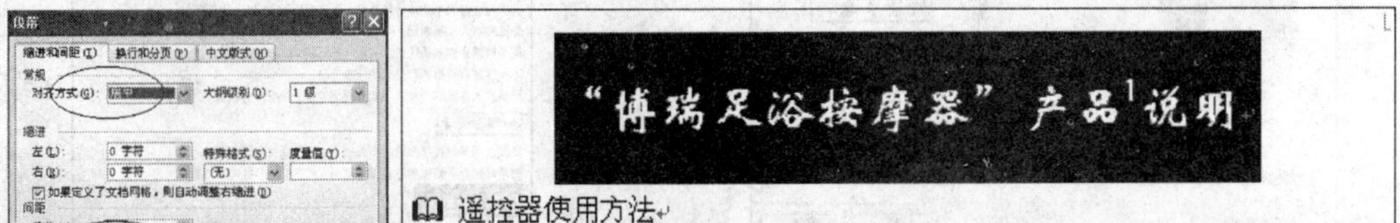

图3-28 "段落"对话框中各项的设置以及设置后的效果

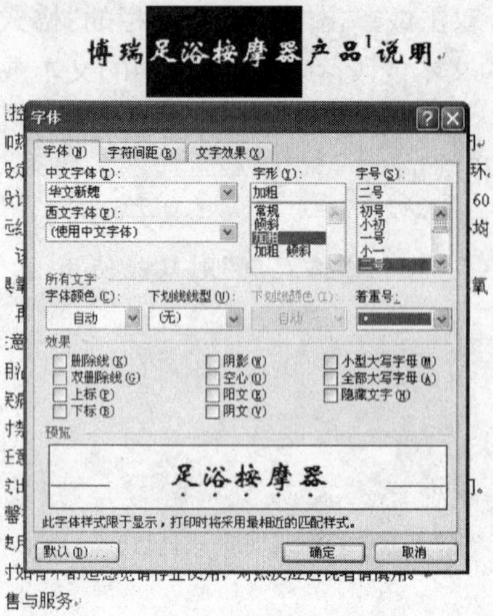

图 3－29　着重号设置

第 4 步：选中标题中“足浴按摩器”这部分文本，执行“格式”→“字体”菜单命令，在“字体”选项卡的“着重号”栏中，选择“·”，单击“确定”按钮，设置对话框与效果如图 3－29 所示。

第 5 步：选中如图 3－30 所示的文本，在“格式”工具栏的“字体”下拉列表中选择“楷体_BG2312”，在“字号”下拉列表中选择“四号”，单击“加粗”按钮；执行“格式”→“边框和底纹”菜单命令，单击“边框”选项卡，各项的设置如图 3－31 所示；单击“底纹”选项卡，各项的设置如图 3－32 所示，设置完成后单击“确定”按钮；执行“格式”→“段落”菜单命令，在“缩进与间距”选项卡中，在“段前”的列表框中设置值为“0.2”，在“段后”的列表框中设置值为“0.2”，设置完成后单击“确定”按钮，设置完成后效果如图 3－33 所示。

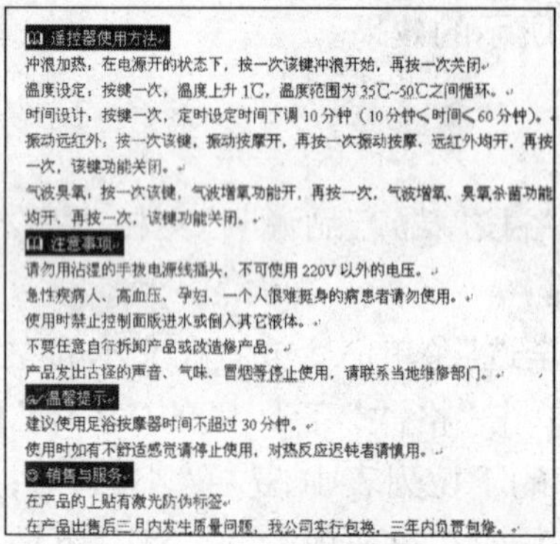

图 3－30　第 5 步中选定的文本图示

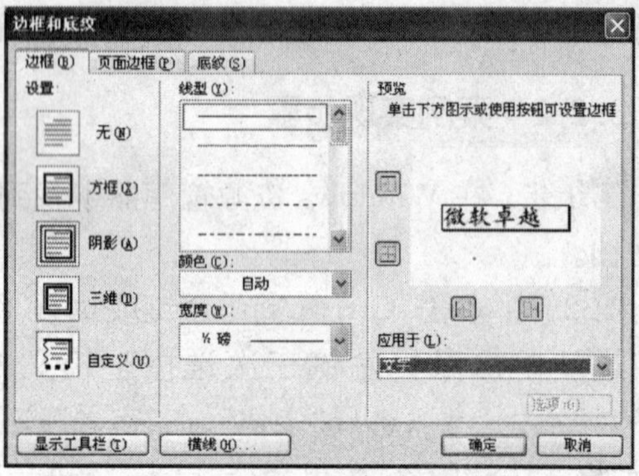

图 3－31　“边框”选项卡的设置

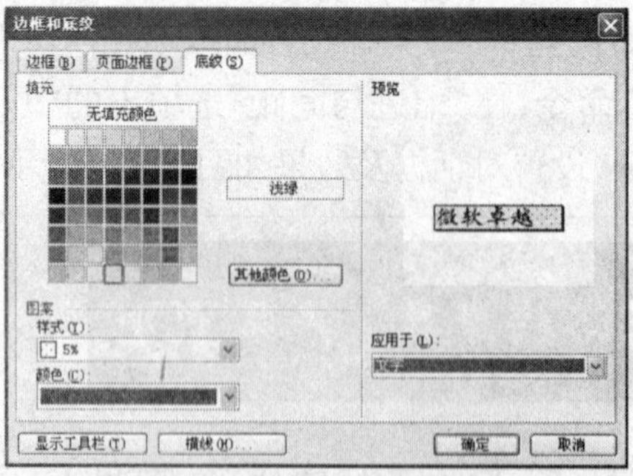

图 3－32　“底纹”选项卡的设置

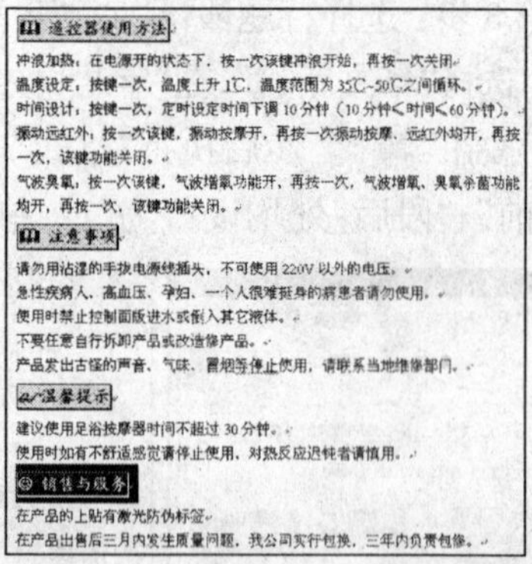

图 3－33　第 5 步操作完成后的效果

第 6 步：选中“冲浪加热：”这部分文本，单击“格式”工具栏的“字体”下拉列表，选择“楷体_GB2312”，再单击“加粗”按钮；再选中设置好的“冲浪加热：”这部分文本，双击“格式刷”按钮“”，然后依次选择“温度设定：”、“时间设计：”、“振动远红外：”和“气波臭氧：”文本，设置完成后效果如图3－34所示。

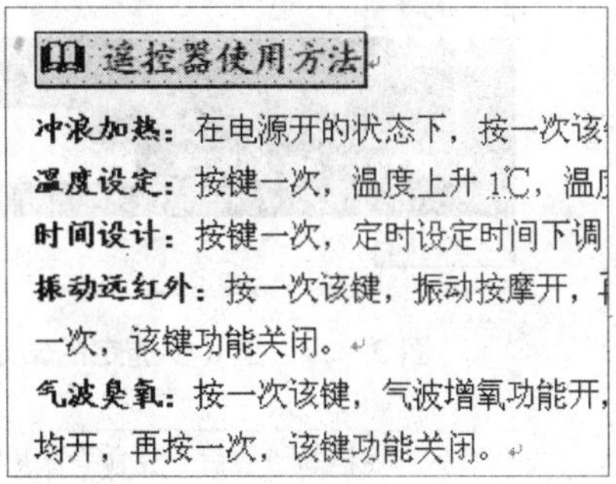

图3－34　设置完成后的效果

第7步：选定如图3－35所示的文本，执行“格式”→“项目符号和编号”菜单命令，在“项目符号”选项卡中，选择任意一种符号，单击“自定义”按钮，进入“自定义项目符号列表”对话框，在该对话框中单击“字符”按钮打开“符号”对话框，选择如图3－36所示的字符，然后单击“确定”按钮，返回“自定义项目符号列表”对话框，该对话框中各项设置如图3－37所示，设置完成后效果如图3－38所示。

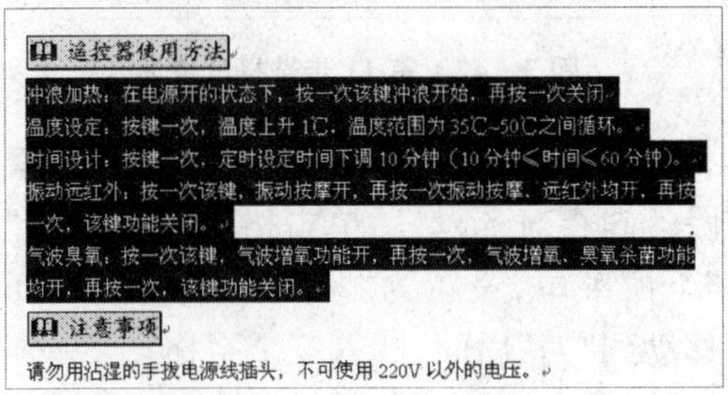

图3－35　选定文本内容图示

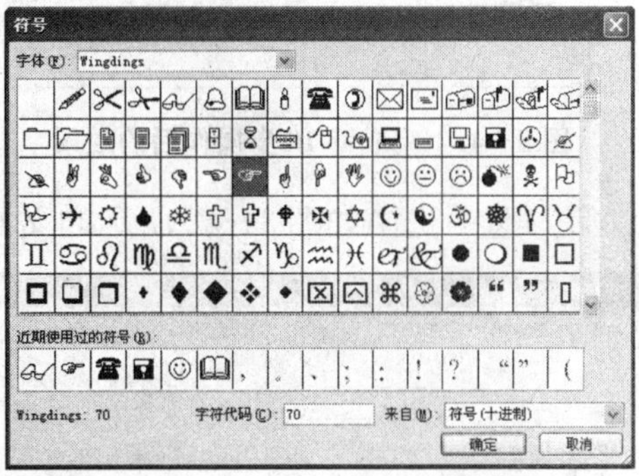

图3－36　“符号”对话框的选择

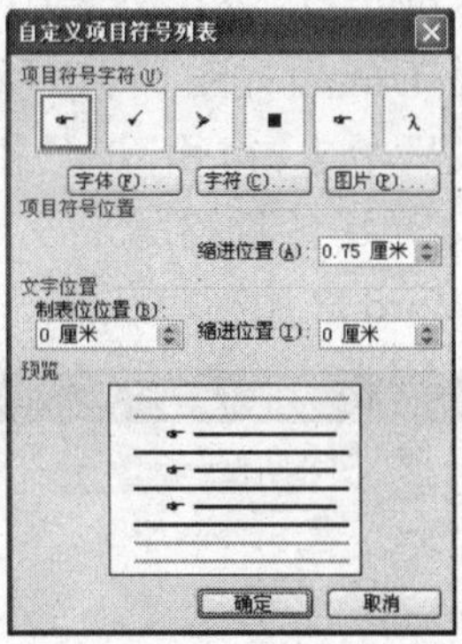

图3－37　“自定义项目符号列表”的设置

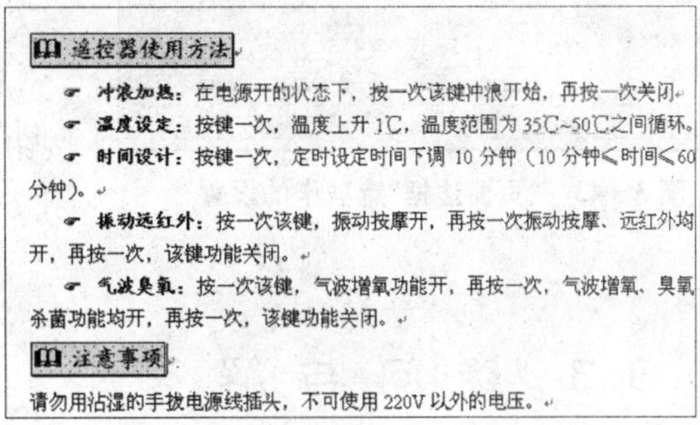

图3－38　第7步操作完成后的效果

第8步：选中如图3－39所示的文本，设置项目符号，设置方法同第7步。

第9步：分别选中“温馨提示”与“销售与服务”下面的相对应的文本，设置项目符号，设置方法同第7步。

第10步：选中如图3－40所示的文本，在“格式”工具栏的字体下拉列表中选择“楷体_BG2312”，在字号下拉列表中选择“四号”，单击“加粗”按钮；执行“格式”→“边框和底纹”菜单命令单击“底纹”选项卡，各项的设置如图3－32所示，设置完成后单击“确定”按钮，效果如图3－41所示。

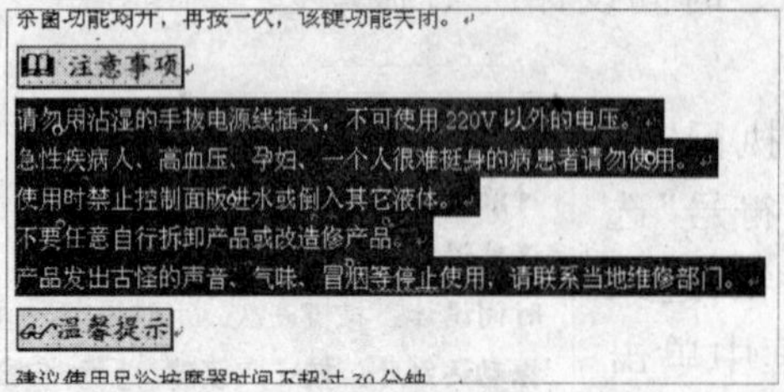

图 3-39　第 8 步选定的文本图示

图 3-40　第 10 步选定的文本图示

图 3-41　完成第 10 步操作后的效果

图 3-42　第 11 步选择的文本

第 11 步：选中如图 3-42 所示的文本段落，单击"格式"工具栏的"右对齐"按钮"▤"，使段落向右对齐，然后单击格式工具栏的"字体"下拉菜单，设置为"华文新魏"，再将插入点移动到"月"后面，插入三个空格。

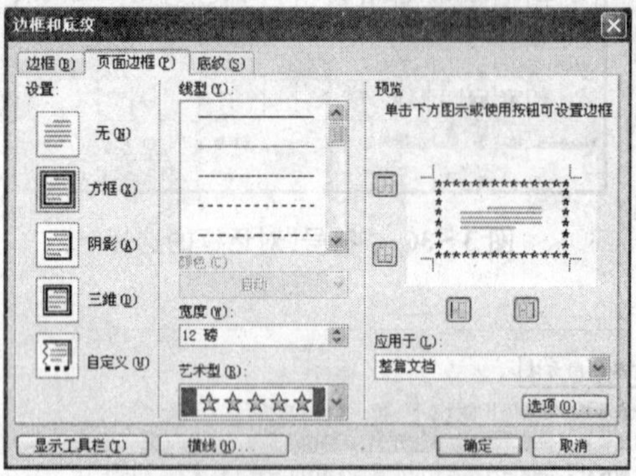

图 3-43　"页面边框"选项卡的设置

第 12 步：执行"格式"→"边框与底纹"菜单命令，单击"页面边框"选项卡，选择"阴影"边框，在"艺术型边框"下拉列表中，选择一种艺术型效果，各项设置如图 3-43 所示。

操作完成后单击"常用"工具栏的"保存"按钮保存已设置好各种格式的文档，然后关闭文档退出 Word 应用程序状态。

3.3　疑问与解答

有时候在输入文本时会自动产生段落的项目符号和编号，如何取消该功能？

执行"工具"→"自动更正选项"，打开"自动更正"对话框，选择"键入时自动套用格式"选项卡，将其中"键入时自动应用"区中的"自动项目符号列表"及"自动编号列表"选项前的对钩标记去除即可，如图 3-44 所示。

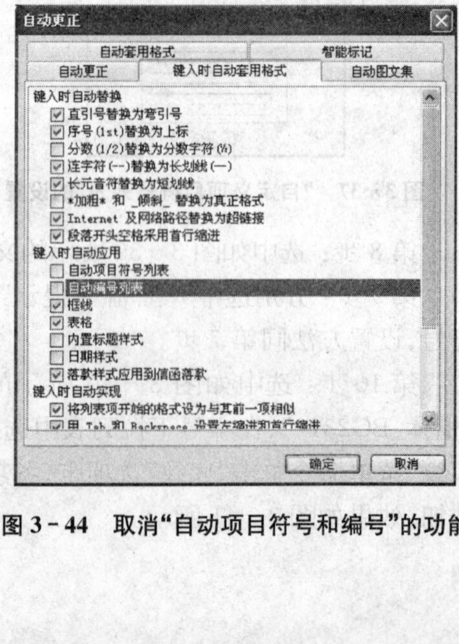

图 3-44　取消"自动项目符号和编号"的功能

有些杂志或报纸的文章中,第一个正文文字比其他文字大一些,而且占据了第二行的文字空间,是设置了什么效果?

是在该段落设置了“首字下沉”效果。

3.4 小窍门

小窍门1 Word 2003 中为文字添加下划线后,默认的下划线与文字间的距离太近了,有时为了一些特殊需要,希望它们之间不要太过“近乎”。解决的步骤如下:

第1步:输入需要使用下划线的文字,如“下划线请别套近乎”。

第2步:在所输入的文字前后各加一空格,如果内容为第一行,防止 Word 自动缩进,可先输入一无关的字再输入空格,最后将无关的字删除,即可实现字前添加空格,最终效果如图3-45所示。

第3步:选中“下划线请别套近乎”(不包括前后空格),执行“格式”→“字体”,在弹出的“字体”对话框中,切换到“字符间距”选项卡,在位置一栏选择提升,后面的磅值处输入“3”磅,点击“确定”按钮回到 Word 编辑窗口。

第4步:选中“下划线请别套近乎”(包括前后空格),并添加下划线效果,效果如图3-46所示。

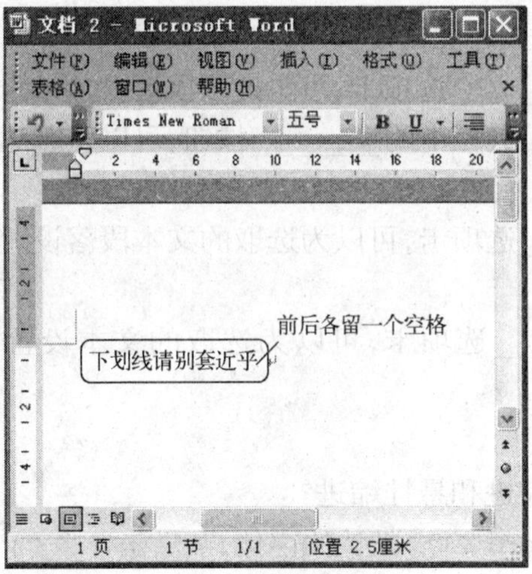

图3-45 输入文字效果

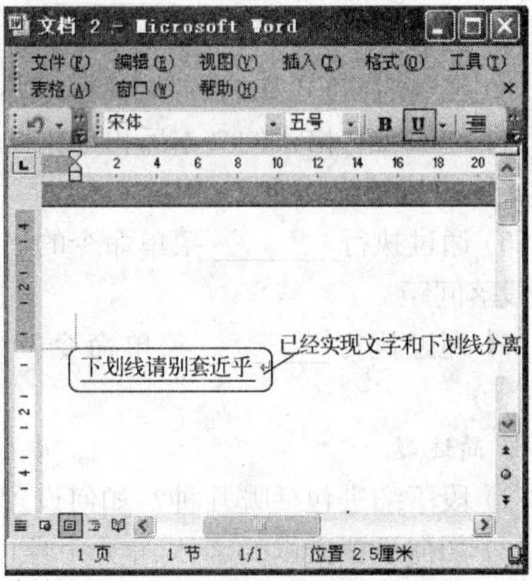

图3-46 下划线与文本分离效果图

第5步:将“下划线请别套近乎”后面的空格删除,选中前面的空格,将其字号设置为“1”即在“字号”框中输入“1”后按回车键。

小窍门2 利用“双行合一”功能解决上下标在字符后同时出现的输入问题。例:C_{10}^{n}即 Cn(n 为上标)10(10 为下标),如果采取设置上标与下标的做法,既麻烦又不美

观统一(上、下标的上下不能对齐),可以用“双行合一”功能很好地解决这个问题。操作步骤如下:

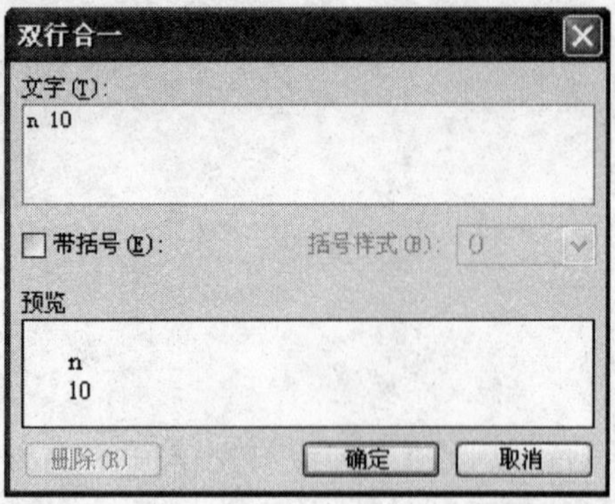

图 3-47 “双行合一”对话框

第 1 步:先输入“Cn10”,然后选中“n10”。

第 2 步:执行“格式”→“中文版式”→“双行合一”命令,打开“双行合一”对话框,如图 3-47 所示,调整一下 n 与 10 之间的间距,从“预览”窗口中观察一下,符合要求后,单击“确定”按钮即可。

小窍门 3 将所有已设置的文字格式清除最快捷的方法是:选定要清除格式的文本,按[Ctrl+Shift+Z]组合键,使其恢复到 Word 默认的状态。

3.5 习题与实训

3.5.1 理论习题

1. 填空题

(1) 在 Word 2003 中设置文本格式可以通过________和________两种方法来实现,在设置文本格式前,首先必须________。

(2) 通过执行________菜单命令,可以为选取的文本设置边框与底纹。

(3) 在“项目符号和编号”对话框中单击________选项卡,可为选取段落添加编号。

(4) 选取带有格式的文本后再单击“常用”工具栏上的________按钮,可以将所选文本的格式快速复制到其他文本上。

(5) 通过执行________菜单命令的________选项卡,可以为选取的文本段落设置行间距和段落间距。

(6) 通过执行________菜单命令的________选项卡,可以为选取的文本设置字符间距。

2. 简述题

(1) 段落缩进包括哪几种?如何设置首行缩进和悬挂缩进?

(2) 如何设置文本的字体、字形和字号?Word 2003 默认的字体、字号是什么?

(3) 如何删除已设置的文本格式?

3.5.2 实训题

实训 1

打开[案例 2]中修改完毕的“通知”文档进行格式设置,要求如下:

(1) 标题字体为“华文琥珀”字号为“小一”,居中对齐。

(2) 全文行间距设置为多倍行距 1.25,正文为宋体五号,段落首行缩进 2 个汉字。

(3) 其他标题字体为"华文新魏",加粗,字号根据版面情况自定。

(4) 设置后的版面效果如图 3－48 所示。

通 知

各班同学：

一年一度的新春佳节即将来临，在春节期间我校决定放假时间从 2008 年 1 月 22 日至 2008 年 2 月 24 日，2 月 24 日晚自习正式上课，请广大同学务必准时安全返校。

离校前请大家做好以下几件工作：

❶全面清扫教室和寝室的卫生；

❷寒假成绩通知单于 2 月 1 日左右开始寄出，希望同学们及时领取。

❸做好寝室的防火、防盗等安全工作。

❹回家途中注意旅途安全！

希望在假期中做到以下几点：

①到家后请及时给班主任老师报个平安。

②多了解社会，多看新闻，多读书，

③认真完成各专业布置的社会实践、社会调查任务。

④认真完成寒假作业

⑤积极参加各种活动来充实自己

⑥要多帮你们的家长做一些力所能及的事情。

⑦不要去营业性的歌舞厅、网吧以及酒吧等场所。

⑧要学会保护自己，不结交社会上的不良少年、青年。

最后预祝大家"春节愉快，万事如意!"。

金电广播电视大学（浙江贸易学校）

2008 年 1 月 26 日

图 3－48 "实训 1"效果图示

实训 2

创建名为"多媒体交互教程"的 Word 文档,要求如下:

(1) 输入如图 3－49 所示的文本内容,然后进行文本格式和段落格式的设置。

(2) 设置后的效果如图 3－49 所示。

清华大学出版社、北京鑫万博科技公司联合推出多媒体教学光盘

多媒体交互教程

- **面向非计算机专业人员**
- **展示先进的文字处理工具**
- **快速掌握办公自动化技能**
- **进入更广阔的工作空间**

交互性强 适合于初学者非计算机专业人员交互学习 WORD97 中文版，在教程明确的提示和导引下，仿佛置身于真正的 WORD97 中文版进行实战练习。

实用性强 光盘的内容由具有多年使用经验的 WORD 专家制作，包括大量实用操作技巧。

内容丰富 内容包括软件安装、基础概念、文字输入和编辑、文字排版、图文混排、公式和表格制作、书籍排版、WORD 和网络、超级链接、网页的高计，以及定制 WORD97 中文版环境等。内容全面，用户可从入门开始，直到成为文字处理的专家。

操作简单 整套光盘采用独有的先进的模块封装技术，操作提示明确，原理解说清楚，操作简单易行。具有“自动播放”和“交互”学习模式，适合个人交互学习，也适合单位进行培训。

手把手教学 以日常要遇到的工作任务为目标，循序渐进地模拟完成该工作任务的每一步骤，用记可通过举一反三，融会贯通，从而掌握完成工作的一般方法。

定　　价：68 元
地　　址：北京清华大学出版社
电　　话：62781737
邮　　编：100084

图 3－49 “实训 2”效果图示

案例 4　制作精美的宣传海报

小米从主任赞赏的表情中，体会到了第一天上班的成功喜悦。刘主任告诉小米，公司为了丰富广大员工的文化生活，特请省联合剧团来公司剧院举办“秋之声”小提琴演奏会，请她制作一份宣传海报。有了面试时制作宣传海报的经验，小米很快制作出图文并茂、精彩生动的宣传海报，您看了如下的海报是否心动，准备买票呢？让我们跟着小米一起制作吧！

本案例目标

- ✧ 掌握文本框、自选图形、艺术字、图片等的应用
- ✧ 掌握公式的编辑方法
- ✧ 能制作图文并茂的宣传海报

本案例最终效果图

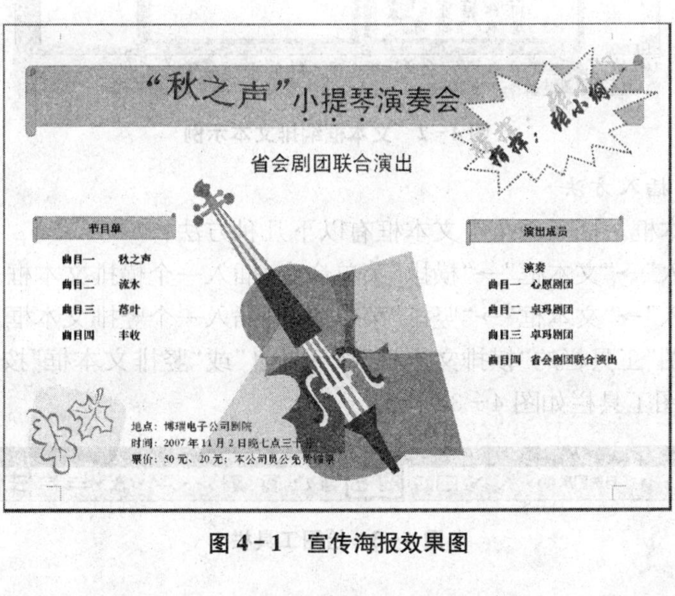

图 4-1　宣传海报效果图

4.1 知识剖析

Word 2003 不仅有强大的文字处理能力，同时也有强大的图形处理能力，能够在文档中绘制多种图形、插入图片等对象。本案例主要讲述如何在文档中插入文本框、自选图形、艺术字与图片等对象；如何修饰插入的对象；如何将插入的对象与文字之间设置环绕关系等知识点。通过本案例的学习，应掌握图文混排版面的编辑与设计技巧，能编排设计出图文并茂的宣传海报。

4.1.1 文本框的使用

文本框作为存放文本的“容器”，可放置在页面任一位置上并可调整大小。使用文本框，可以在同一页面中排出两种不同排列方式的版式，如将一部分文本以水平排列，而另一部分文本以竖直排列，如图 4-2 所示。

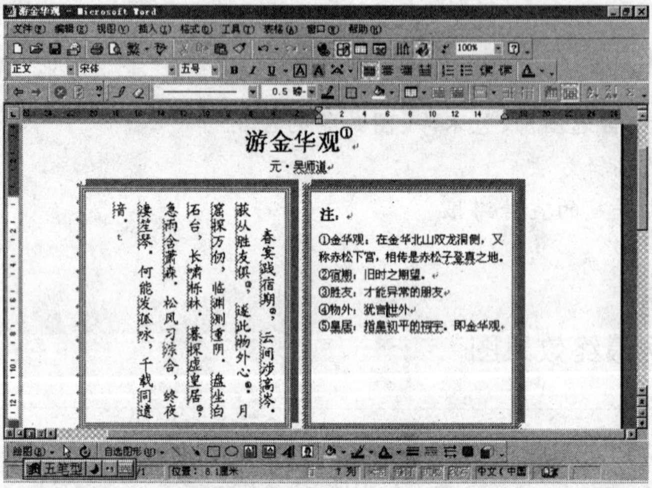

图 4-2　文本框编排文本示例

1. 文本框的插入方法

(1) 插入文本框。插入一个空文本框有以下几种方法：

① 执行“插入”→“文本框”→“横排”菜单命令，插入一个横排文本框。

② 执行“插入”→“文本框”→“竖排”菜单命令，插入一个竖排文本框。

③ 单击“绘图”工具栏的“横排文本框”按钮“ ”或“竖排文本框”按钮“ ”，也可以插入文本框。绘图工具栏如图 4-3 所示。

图 4-3　绘图工具栏

若窗口中没有显示绘图工具栏，则执行“视图”→“工具栏”菜单命令，选择“绘图”，默认情况下绘图工具栏放在窗口的下方。

执行以上任意一种操作后，鼠标光标将变成“十”形状，并弹出如图 4－4 所示的画布，将鼠标光标移入画布内，再按住鼠标左键拖动鼠标，即可绘制出一个文本框，如图 4－5 所示。同时在文本框中会出现一个插入光标，等待输入文本。

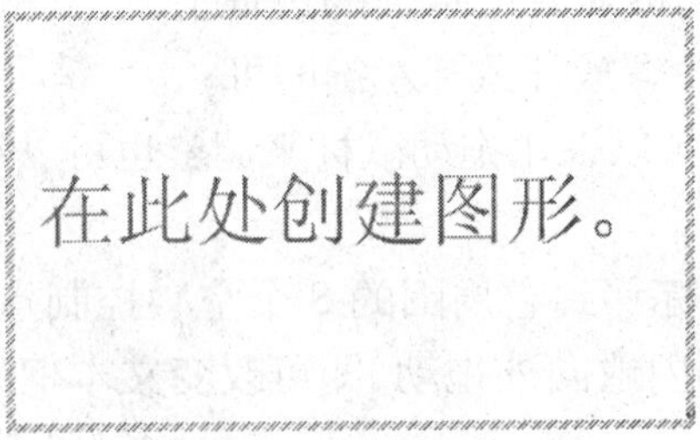

图 4－4 弹出的绘图画布

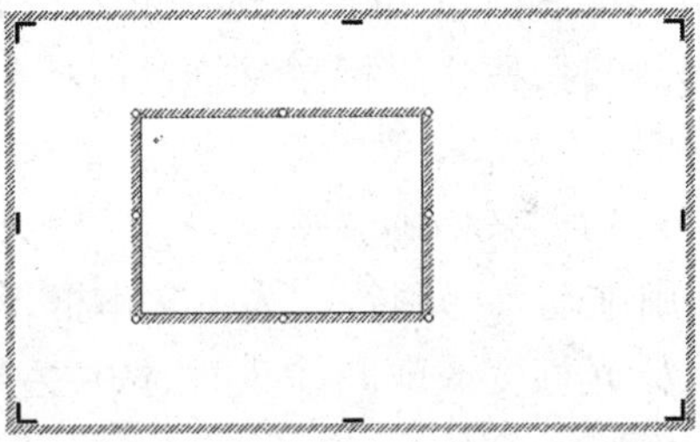

图 4－5 在画布中绘出一个文本框

按下“Ctrl”键不放绘制文本框，以鼠标位置为中心进入放大绘制，若按下“Shift”键不放可以绘制一个正方形文本框。

绘制后单击“常用”工具栏中的“更改文字方向”按钮“ ”，可以在横排与竖排文本框间相互转换。

(2) 绘图画布的使用说明。在 Word 2003 中无论是插入文本框还是自选图形的绘制，都会先弹出一个绘图画布，下面就对它的使用进行一些说明：

① 在一个画布内可以绘制多个图形对象，用户也可以在画布框以外的位置绘制图形，这时所绘制的图形将不会出现在画布框内。

若不想在画布中绘制则可以按“Delete”键删除画布或按“Esc”键取消画布。

② 绘制在画布框内的所有图形对象都将被作为一个整体处理，如果移动或删除画布，则画布框内的所有图形也会一起移动或被删除。

③ 绘图画布并不是真正的图形，是作为图形对象容器的虚框。当文档中有一个画布被选中时，这时再进行文本框对象的绘制将不会再弹出绘图画布，若没有画布被选中将再次出现新的画布。

④ 用鼠标单击画布，可以选中它；用鼠标拖动它可以移动其位置，按“Delete”键将删除画布和画布框内的所有图形；将鼠标放置到选中的绘图画布的控制点上，再拖动鼠标可以调整画布的大小。

2. 编辑文本框的内容

插入文本框后，用鼠标单击文本框内部的空白处出现插入点后，可以输入文本。输入文本完成后，文本可以像普通文本一样进行文字格式与段落格式的设置。

3. 文本框格式的设置

主要包括调整文本框位置、大小、线条、颜色及环绕版式的设置。要对文本框进行各种设置，前提条件是先选择文本框。

(1) 选择文本框。鼠标移动到文本框的边框线上变成“✣”形状，单击鼠标左键。

(2) 移动文本框位置。选中文本框，将鼠标光标移至文本框的边框上，当鼠标光标变成“✣”形状时，按住鼠标左键拖动鼠标到需要的位置放开鼠标左键即可。

(3) 设置文本框的大小。调整文本框的大小可以采用拖动鼠标来调整也可以用“文本框格式”对话框来精确调整。

① 用拖动鼠标调整。选中文本框，然后将鼠标移到它周围的 8 个空心控制点的任一个，当鼠标光标变成双向箭头时，按住左键不放向内或向外拖动，即可改变文本框的大小，如图 4-6 所示。

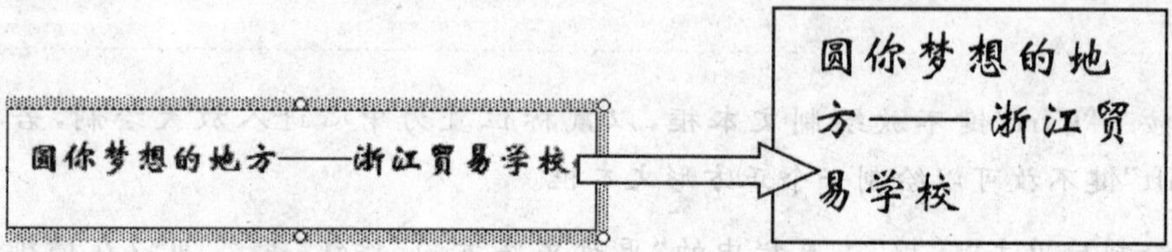

图 4-6 设置文本框大小示意图

按住“Alt”键再拖动可以进行较为精确的调整；按住[Ctrl+Shift]组合键再拖动可以以图形中心为轴心进行等比例缩放。

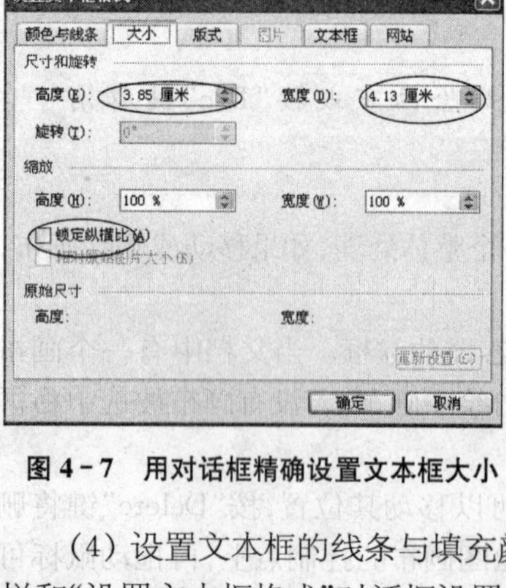

图 4-7 用对话框精确设置文本框大小

② 用“文本框格式”对话框精确设置。选中文本框，单击鼠标右键，在弹出的快捷菜单中执行“设置文本框格式”命令，在打开的“设置文本框格式”对话框中单击“大小”选项卡，如图 4-7 所示。分别在“高度”和“宽度”数值框中输入具体的数值即可，如果选中“锁定纵横比”复选框，则在“高度”和“宽度”数值框中输入数值时将进行等比例缩放，完成后单击“确定”按钮。

在文本框的边框线上双击也可打开“设置文本框格式”对话框。

(4) 设置文本框的线条与填充颜色。文本框的线条与填充颜色可以通过“绘图”工具栏和“设置文本框格式”对话框设置。

① 通过“绘图”工具栏设置。选中要设置的文本框，单击“绘图”工具栏的“线型”按钮“☰”，选择相应磅值的线型可以设置文本框的线型；单击“虚线线型”按钮“☰”，选择需要的虚线样式可以设置文本框的虚线线型；单击“线条颜色(无线条颜色)”按钮“✎▾”的下拉按钮，选择一种颜色可以设置文本框的颜色，也可以选择无线条色以去除文本框的框线；单击“填充”按钮“◈▾”下拉列表，单击选择需要填充的颜色可以填充文本框。设置效果如图4-8所示。

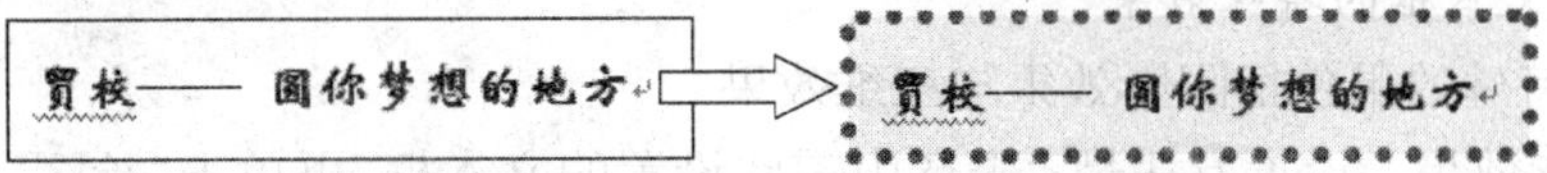

图4-8 文本框线型、颜色及填充等设置效果图

② 通过“设置文本框格式”对话框设置。选中文本框，单击鼠标右键，在弹出的快捷菜单中执行“设置文本框格式”命令，在打开的“设置文本框格式”对话框中单击“颜色与线条”选项卡，如图4-9所示。其中在“填充”栏下的“颜色”下拉列表框中可以设置文本框的填充颜色；在“线条”栏下的“颜色”下拉列表框中可以设置文本框的线条颜色；在“线型”下拉列表框中可以设置文本框的线型；在“虚实”下拉列表框中可以选择一种线条样式；在“粗细”数值框中输入线条的粗细，完成后单击“确定”按钮。

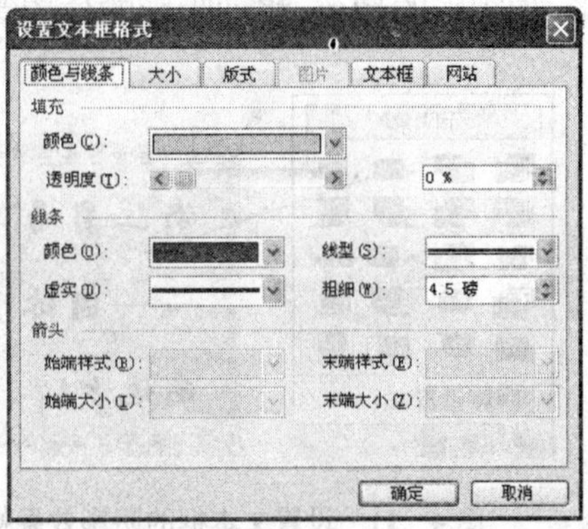

图4-9 “颜色与线条”选项卡

(5) 设置文本框的版式。设置文本框的版式是指调整文本框的环绕方式，是解决文本框等图形对象如何与文本进行混排的问题。

选中文本框，将鼠标光标移至文本框的边框上，当鼠标光标变成“✥”形状时，拖动鼠标将其移动到文档的位置，然后单击右键，在弹出的快捷菜单中执行“设置文本框格式”命令，在打开的对话框中单击“版式”选项卡，在“环绕方式”栏下提供了5种版式，根据提示效果选择所需的版式即可。“版式”对话框的设置以及设置后的效果如图4-10所示。

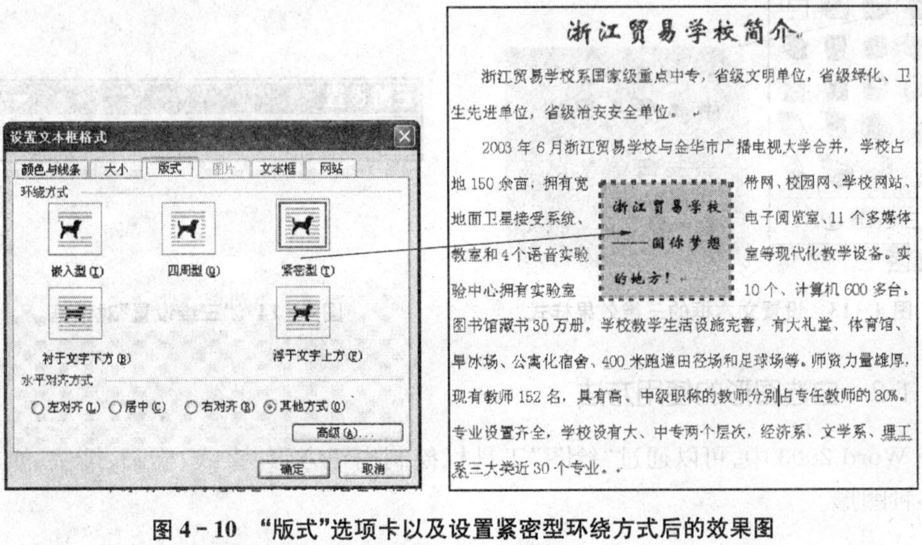

图4-10 “版式”选项卡以及设置紧密型环绕方式后的效果图

如果该文本框在绘图画布以内，这时要设置文本框的版式，则需要用鼠标右键单击画布，再在弹出的快捷菜单中执行“设置绘图画布格式”命令，在打开的对话框中单击“版式”选项卡进行设置。

4. 创建文本框的特殊效果

文本框特殊效果包括阴影效果与三维效果。

(1) 阴影效果。设置方法是：先选中需要设置的文本框，再单击“绘图”工具栏的“阴影样式”按钮“ ”，在弹出的列表框中选择一种阴影样式，如图 4 - 11 所示。若单击“阴影设置”则可以打开“阴影设置”对话框，如图 4 - 12 所示，在该对话框中可以进一步设置阴影，如阴影的颜色、移动阴影的位置等。

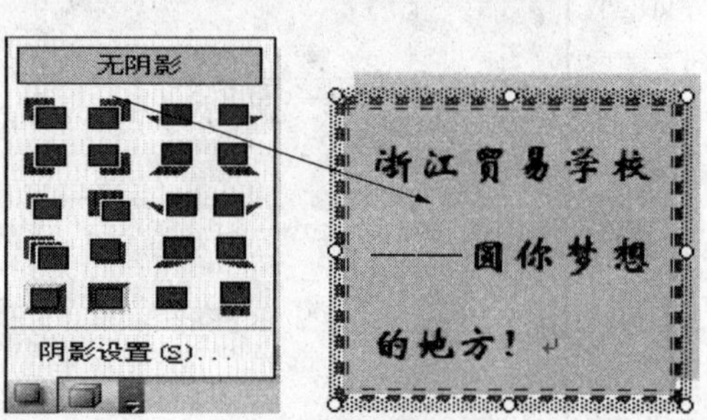

图 4 - 11 设置文本框的阴影效果样式

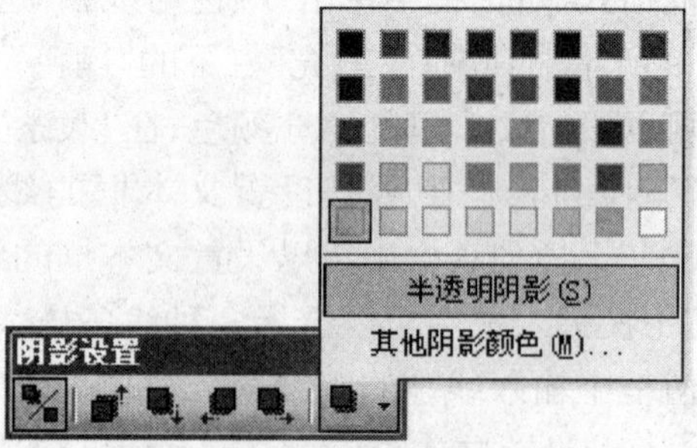

图 4 - 12 “阴影设置”对话框

(2) 三维效果。设置方法是：先选中需要设置的文本框，再单击“绘图”工具栏的“三维效果样式”按钮“ ”，在弹出的列表框中选择一种三维效果样式，如图 4 - 13 所示。如果选择“三维设置”打开如图 4 - 14 所示的对话框，可以进一步设置三维效果。

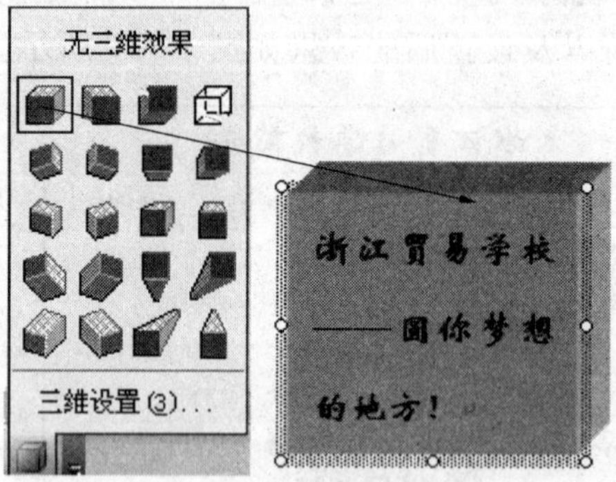

图 4 - 13 设置文本框的三维效果样式

图 4 - 14 “三维设置”对话框

4.1.2 自选图形的使用方法

在 Word 2003 中，可以通过“绘图”工具栏绘制出正方形、直线、椭圆、箭头、旗帜和星形等多种图形。

1. 绘制自选图形

单击“绘图”工具栏的“自选图形”下拉列表按钮“自选图形(U)▾”，选择一种自选图形的种类，如图 4－15 所示，或单击“直线”、“箭头”、“矩形”及“椭圆”绘图工具按钮，在画布框内或文档中的其他位置按住左键拖动鼠标即可绘制出相应的图形，如图 4－16 所示。

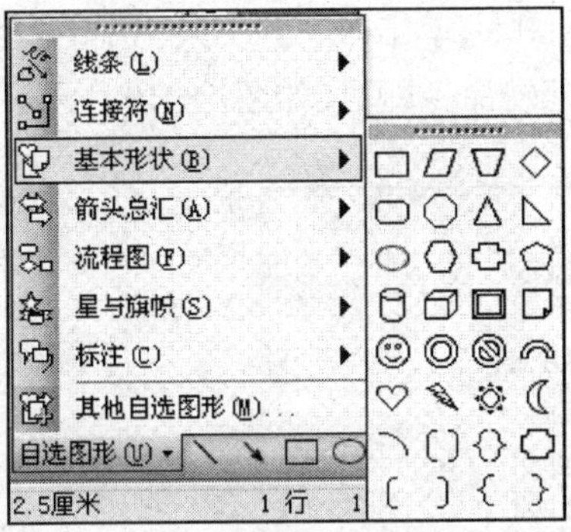

图 4－15　自选图形种类

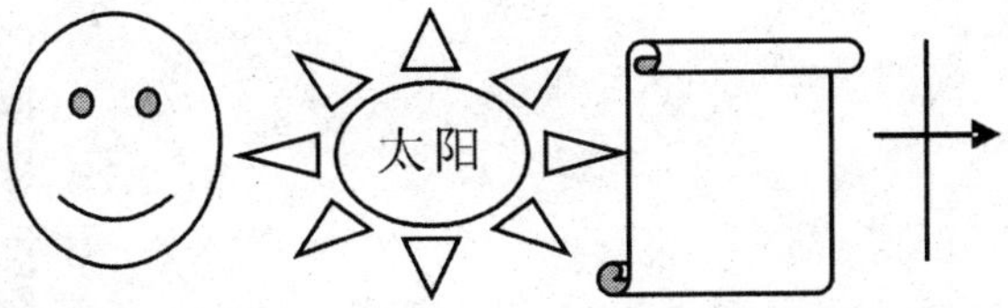

图 4－16　自选图形的绘制及添加文字示例

绘制自选图形只能在“页面视图”视图和“Web 版式视图”下进行，在“普通视图”或“大纲视图”下，绘制的图形将是不可见的。

2. 自选图形的设置

对于绘制好的自选图形和文本框一样可以输入文字，可以进行大小、颜色、边线、填充效果、环绕等设置。其具体设置方法与前面文本框的设置完全相同，这里就不重复了。下面介绍自选图形的一些特殊设置。

(1) 在自选图形中添加文字。单击选取绘制的自选图形，用鼠标右键单击该图形，在弹出的快捷菜单中执行“添加文字”命令，在自选图形中显示出一个插入点，输入需要的文字内容，在图形外单击结束输入，如图 4－17 所示。

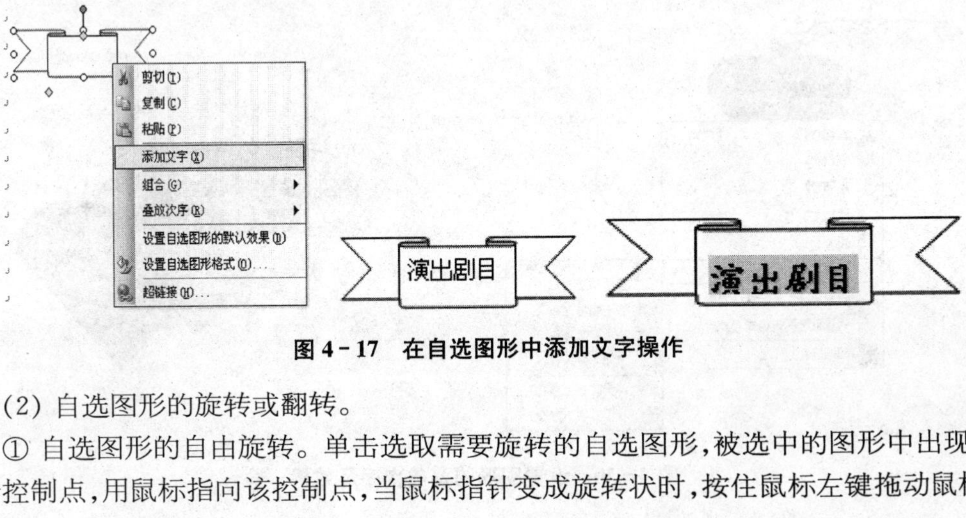

图 4－17　在自选图形中添加文字操作

(2) 自选图形的旋转或翻转。

① 自选图形的自由旋转。单击选取需要旋转的自选图形，被选中的图形中出现绿色旋转控制点，用鼠标指向该控制点，当鼠标指针变成旋转状时，按住鼠标左键拖动鼠标，将

以图形中央为中心进行旋转，如图 4－18 所示。

按住“Shift”键的同时逐个单击自选图形可以选取多个自选图形对象。

② 自选图形的翻转。如果要翻转图形，单击选中自选图形，单击“绘图”工具栏中的“绘图”按钮，在弹出的菜单中执行“旋转或翻转”子菜单中的一种翻转命令即可，如图 4－19 所示。

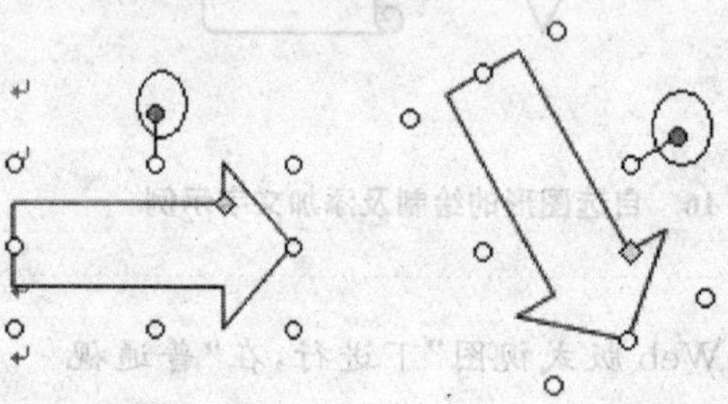

图 4－18　自选图形的旋转

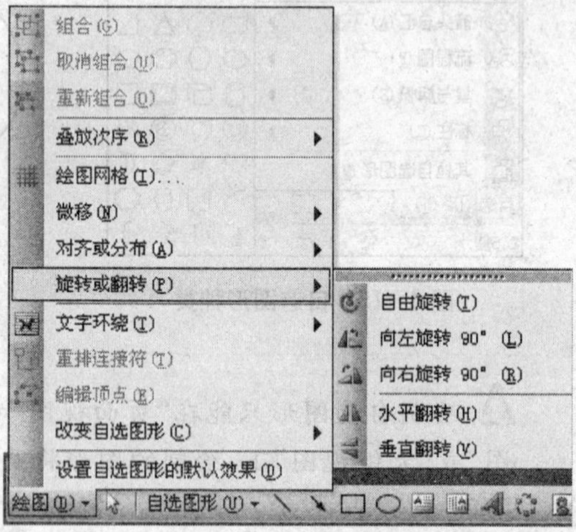

图 4－19　翻转图形

(3) 多个图形的叠放次序。在绘制自选图形时，后绘制的图形位于上层，因此当绘制了多个图形并重叠在一起时，上层的图形总是会覆盖下层的图形，这时就可通过设置“叠放次序”来改变图形的叠放次序。方法是先选定该图形，单击鼠标右键，在弹出的快捷菜单中选择“叠放次序”选项，在其子菜单中提供了多种叠放次序，单击所需要的叠放次序，如图 4－20 所示。

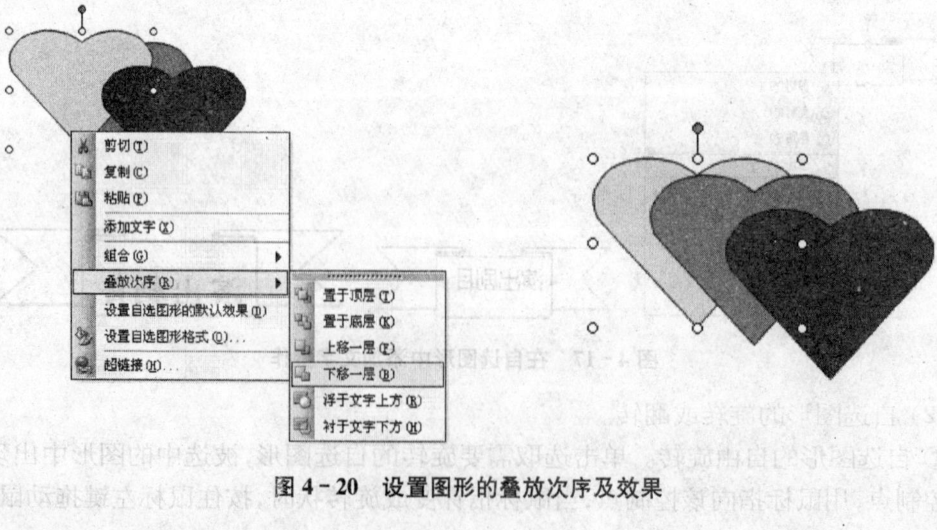

图 4－20　设置图形的叠放次序及效果

(4) 多个图形的组合。组合图形是指将多个图形组合成一个图形，以便进行统一的设置或编辑操作。组合的方法是先按住"Shift"键依次单击需要组合的图形，然后单击鼠标右键或单击"绘图"工具栏中的"绘图"按钮，在弹出的菜单中执行"组合"命令，所选图形将组合成一个整体，如图 4-21 所示。

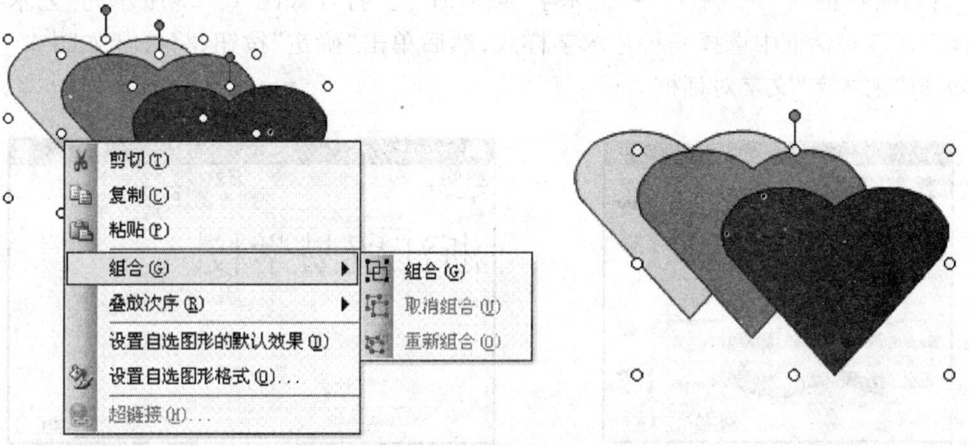

图 4-21 组合的方法及组合后的效果

如果要取消图形的组合，只需单击组合后的图形，然后单击鼠标右键，在弹出的快捷菜单中执行"组合"子菜单中的"取消组合"命令即可。

(5) 设置图形与本文的环绕关系。选中要设置的图形，单击鼠标右键，在弹出的快捷菜单中选择"自选图形格式"菜单命令，在出现的对话框中单击"版式"选项卡，选择需要的环绕方式，单击"确定"按钮。设置对话框及效果如图 4-22 所示。

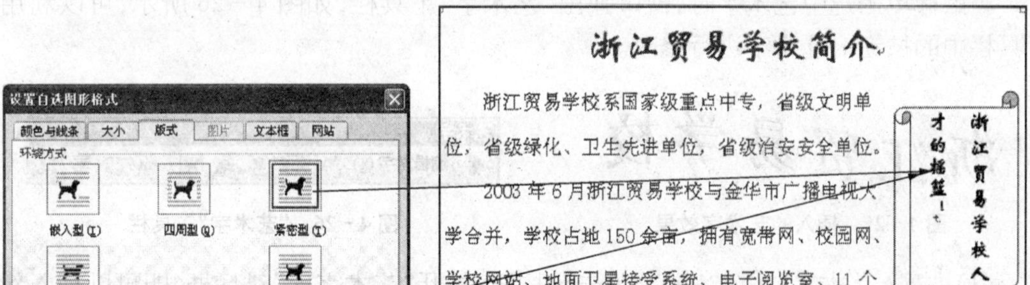

图 4-22 设置图形与文本的环绕以及设置后的效果

4.1.3 艺术字的应用

艺术字是一种专门设置文本效果的工具，它可以为文本设置阴影、弯曲、旋转等特殊视觉效果。艺术字也是一种图形对象,因此可以用“绘图”工具栏中的按钮来改变其效果。如设置艺术字的边框、填充颜色、阴影等。

1. 插入艺术字

将插入点移动到需要插入艺术字的位置,单击“绘图”工具栏上的“插入艺术字”按钮“ ”,或执行“插入”→“图片”→“艺术字”菜单命令。打开如图 4-23 所示的“艺术字库”对话框,在该对话框中选择一种艺术字样式,然后单击“确定”按钮,将打开如图 4-24 所示的编辑“艺术字”文字对话框。

图 4-23 “艺术字”库对话框

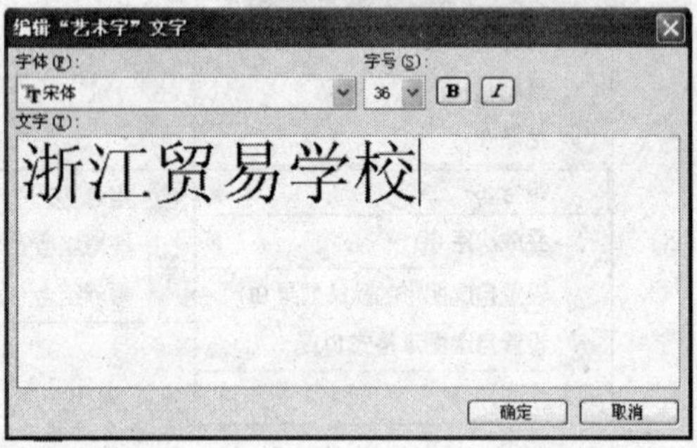

图 4-24 编辑“艺术字”文字对话框

在“文字”框中输入需要插入的艺术字内容,在“字体”和“字号”下拉列表框中设置好艺术字的字体和字号,然后单击“确定”按钮,即可插入艺术字,效果如图 4-25 所示。

插入艺术字后,如果对插入的“艺术字”效果不满意,可以利用“艺术字”工具栏对其进行修改。

2. “艺术字”工具栏

当鼠标单击选中艺术字时,窗口弹出“艺术字”工具栏,如图 4-26 所示,可以利用该工具栏中的按钮对艺术字进行修改。

图 4-25 插入的艺术字效果

图 4-26 “艺术字”工具栏

(1) “插入艺术字”按钮“ ”:单击该按钮,打开“艺术字库”对话框,即可以插入新的艺术字。

(2) “编辑文字”按钮“编辑文字(X)...”:单击该按钮,进入编辑艺术字对话框,即可以改变艺术字的内容、字体、字号等。

(3) “艺术字库”按钮“ ”:单击该按钮,打开“艺术字库”对话框,即可以改变艺术字的类型。

(4) “设置艺术字格式”按钮“ ”:单击该按钮,打开“艺术字格式”对话框,如图 4-27 所示,即可以设置艺术字的颜色、线条、大小、环绕及对齐方式等。

(5) “艺术字形状”按钮“ ”:单击该按钮,显示艺术字形状的各种样式按钮,即可以选择一种形状来改变艺术字的形状,如图 4－28 所示。

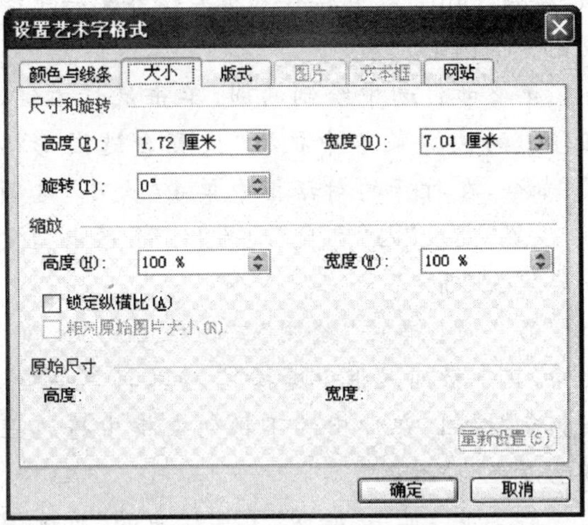

图 4－27 “设置艺术字格式”对话框

图 4－28 “艺术字形状”样式

(6)“文字环绕”按钮“ ”:单击该按钮,显示如图 4－29 所示的环绕方式,即可以选择一种环绕方式来改变艺术字与文本的位置关系。

(7)“艺术字字母高度相同”按钮“ ”:单击该按钮,即可以使艺术字的每个字母的高度相同。

(8)“艺术字竖排文字”按钮“ ”:单击该按钮,即可以使艺术字竖直排列。

(9)“艺术字对齐方式”按钮“ ”:单击该按钮,即可以选择所需艺术字的对齐方式,如图 4－30 所示。

(10)“艺术字字符间距”按钮“ ”:单击该按钮,即可以调整艺术字的字符间距,如图 4－31 所示。

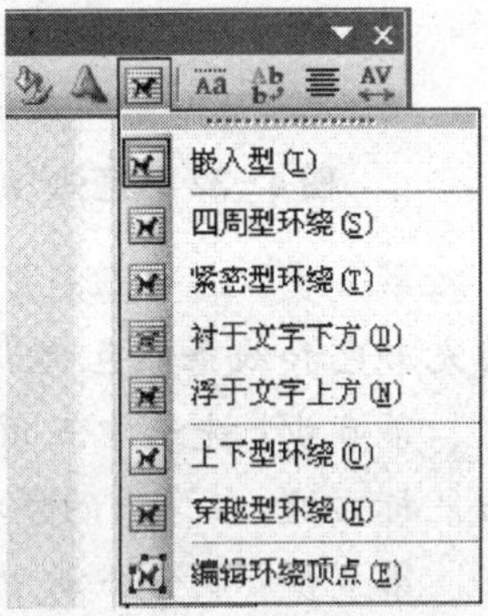

图 4－29 艺术字环绕方式

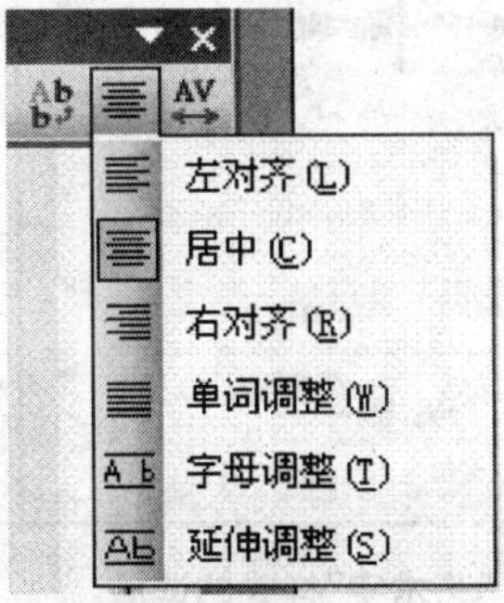

图 4－30 艺术字对齐

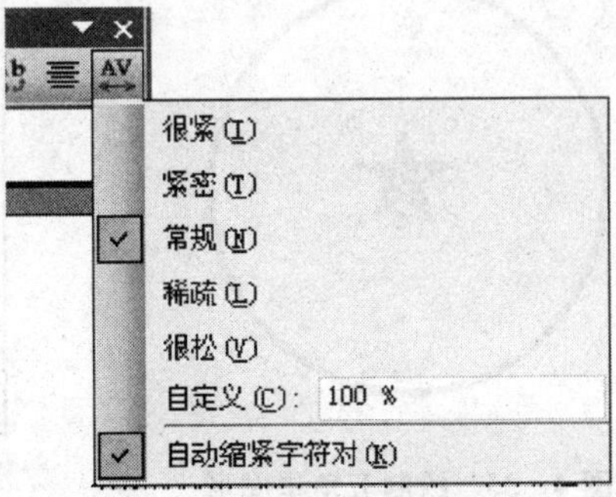

图 4－31 艺术字字符间距

【例】 要设置出如图 4－32 所示的“通知”文档版面中的印章,要综合运用“自选图形”与“艺术字”知识,下面将详细介绍该印章的制作步骤。

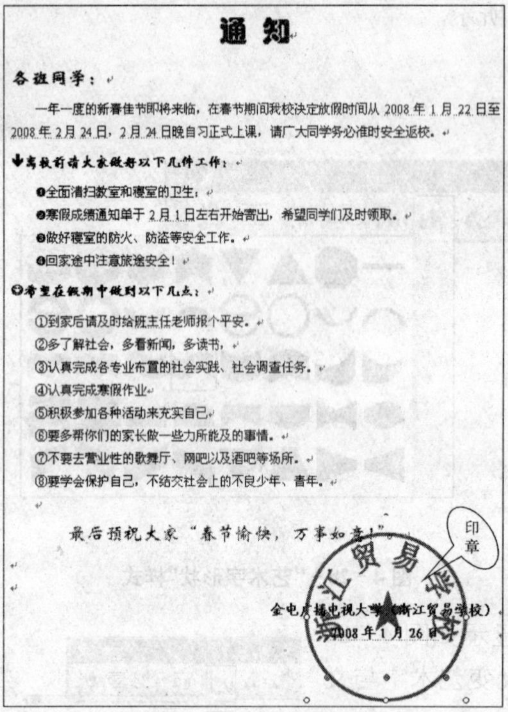

通 知

各班同学：

一年一度的新春佳节即将来临，在春节期间我校决定放假时间从 2008 年 1 月 22 日至 2008 年 2 月 24 日，2 月 24 日晚自习正式上课，请广大同学务必准时安全返校。

离校前请大家做好以下几件工作：

❶全面清扫教室和寝室的卫生；
❷寒假成绩通知单于 2 月 1 日左右开始寄出，希望同学们及时领取。
❸做好寝室的防火、防盗等安全工作。
❹回家途中注意旅途安全！

希望在假期中做到以下几点：

①到家后请及时给班主任老师报个平安。
②多了解社会，多看新闻，多读书，
③认真完成各专业布置的社会实践、社会调查任务。
④认真完成寒假作业
⑤积极参加各种活动来充实自己
⑥要多帮你们的家长做一些力所能及的事情。
⑦不要去营业性的歌舞厅、网吧以及酒吧等场所。
⑧要学会保护自己，不结交社会上的不良少年、青年。

最后预祝大家“春节愉快，万事如意！”。

金电广播电视大学（浙江贸易学校）
2008 年 1 月 26 日

图 4-32 “通知”文档版面效果

第 1 步：单击“绘图”工具栏上的椭圆按钮，按住“Shift”键且按住鼠标左键在文档中绘制出一个圆形。

第 2 步：选中绘制的圆，单击鼠标右键，在弹出的快捷菜单中执行“设置自选图形格式”命令，在打开的对话框中单击“大小”选项卡，设置“高度”与“宽度”均为“4.81 厘米”，完成后单击“确定”。

第 3 步：单击“绘图”工具栏上的“线型”按钮，其下拉列表框中选择“3 磅”，再单击“线条颜色”按钮，在弹出的下拉列表框中将边框颜色设置为“红色”。

第 4 步：单击“绘图”工具栏中的“自选图形”按钮，在弹出的子菜单中选择“星与旗帜”选项，再在弹出的列表中单击“五角星”按钮，将鼠标光标移到红色圆形中间的位置，按住[Ctrl+Shift]组合键，按住鼠标绘制出一个五角星图形。

第 5 步：选中五角星图形，将高度宽度均设置为“1.14 厘米”，并通过“绘图”工具栏将填充颜色和线条颜色都设置为“红色”，效果如图 4-33 所示。

第 6 步：先选中五角星图形，再按住“Shift”键单击红色圆形图形，在选中的图形上单击鼠标右键，在弹出的快捷菜单中执行“组合”→“组合”菜单命令，组合图形。

第 7 步：制作公章中的单位名称。执行“插入”→“图片”→“艺术字”菜单，打开“艺术字”库对话框，在其中选择第一排第三种艺术字样式，如图 4-34 所示，单击“确定”。

图 4-33 绘制五角星图形

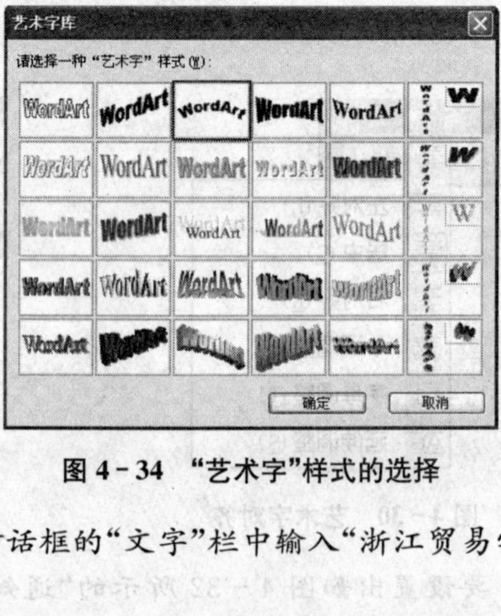

图 4-34 “艺术字”样式的选择

第 8 步：在打开的“编辑艺术字文字”对话框的“文字”栏中输入“浙江贸易学校”，字号为 18 号，加粗，单击“确定”。

第 9 步：选中插入的艺术字，单击“艺术字”工具栏的“艺术字形状”按钮，在弹出的下拉列表框中选择“细上弯弧”形状，如图 4－35 所示。

第 10 步：单击艺术字工具栏上的“字母高度相同”按钮，再单击“字符间距”按钮，在弹出的下拉列表中选择“很松”选项，如图 4－36 所示。

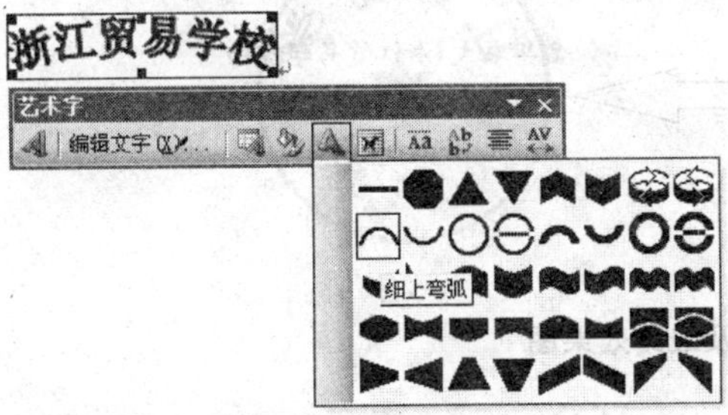

图 4－35　改变艺术字的形状

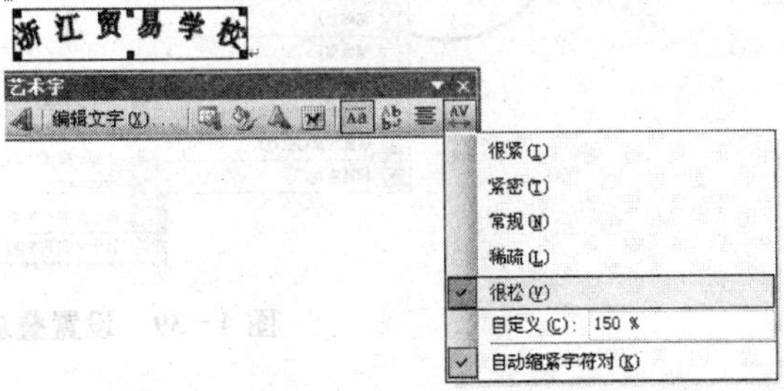

图 4－36　设置艺术字的间距

第 11 步：通过“绘图”工具栏将填充颜色和线条颜色都设置为“红色”。选中“艺术字”单击鼠标右键，在弹出的快捷菜单中执行“设置艺术字格式”命令，在打开的对话框中将其“高度”与“宽度”均设为“3.6 厘米”，单击“确定”按钮，此时艺术字的效果如图 4－37 所示。

第 12 步：选中“艺术字”，单击“艺术字”工具栏的“文字环绕”按钮，在弹出的下拉菜单中选择“浮于文字上方”选项。

第 13 步：将艺术字拖动到圆形和五角星组合图形之上，将光标置于艺术字左下角的黄色菱形控制块上，按住鼠标左键向下拖动，此时艺术字呈现出一条弧线的状态，向下拖动可以改变弧线的长度，使“艺术字”沿圆形增长，如图 4－38 所示。

图 4－37　设置高度与宽度效果

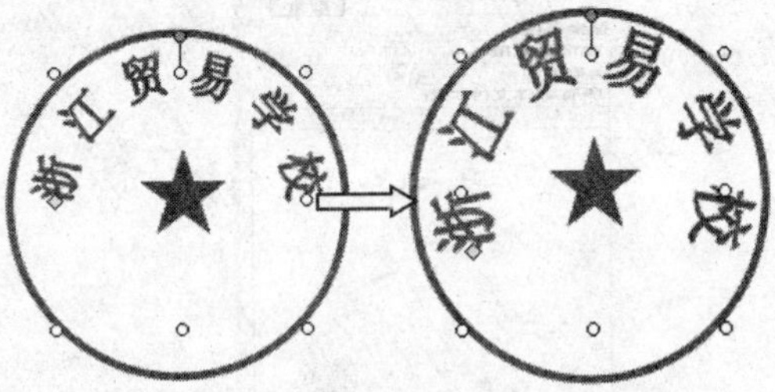

图 4－38　调整艺术字的弧度效果

第 14 步：选中艺术字，按住“Shift”键单击圆形和五角星组合图形，单击鼠标右键，在弹出的快捷菜单中执行“组合”→“组合”菜单命令，将圆形、公司名称及中间的星形图形组合在一起。

第 15 步：打开[案例 3]中实训题中的“通知”文档，设置好该文档的文字格式后（如标题、称呼、署名和日期文字），然后将制作好的公章图形复制到该文档中（注：也可以直接在该文档中制作公章，这样就不要复制了），并拖动到结尾处的署名和日期文字上，选中印章，单击鼠标右键，在弹出的快捷菜单中执行“叠放次序”→“衬于文字下方”菜单命令，如图 4－39 所示。

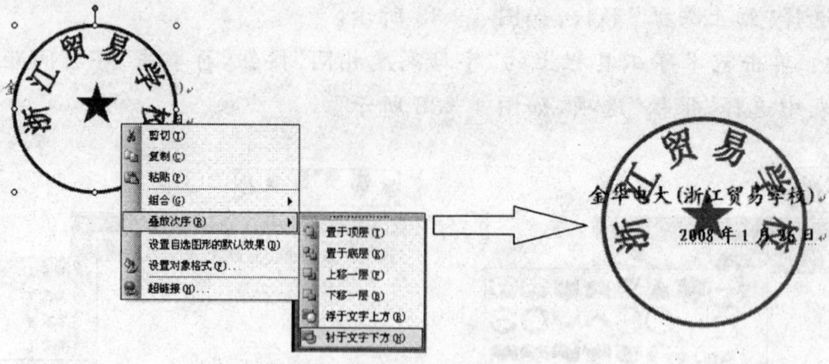

图 4-39　设置叠放次序及最终效果图

4.1.4　图片的应用

在 Word 2003 中可以插入 Word 自带的各种剪辑画和用户电脑中的图片文件(如格式为 jpg、bmp、gif 的图片文件),插入图片后还可以通过“图片”工具栏进行各种设置。

1. 插入图片

(1) 插入剪贴画。Word 2003 提供了一个剪辑库,包含建筑、卡通、音乐、人物等各个领域的各种剪贴画。

插入剪贴画的方法是:将插入点移动到要插入的位置,单击“绘图”工具栏的“插入剪贴画”按钮“ ”,或者执行“插入”→“图片”→“剪贴画”菜单命令,将打开“插入剪贴画”的任务窗格,如图 4-40 所示。

图 4-40　“插入剪贴画”任务窗格

图 4-41　搜索到有关“运动”的剪贴画

在该任务窗格的“搜索文字”文本框中输入所需的剪贴画类型,如“运动”;在“搜索范围”下拉列表框中选择搜索的文件夹，一般都选择“所有收藏集”选项；再在“结果类型”下拉列表框中选择要搜索的剪贴画类型，一般可选择“所有媒体文件类型”选项，完成后单击“搜索”按钮。在任务窗格中将列出所有搜索到的剪贴画图标，如图 4－41 所示。单击需要的剪贴画图标，即可将其插入到文档中，效果如图 4－42 所示。

（2）插入图片文件。将插入点移到要插入图片的位置，单击“绘图”工具栏的“插入图片”按钮“”，或者执行“插入”→“图片”→“来自文件”菜单命令，打开“插入图片”对话框，在“查找范围”列表框中指定要插入图片所在的文件夹，然后在列表框中选择图片，如图 4－43所示，单击“插入”按钮，即可将选择的图片插入到文档中，如图 4－44所示。

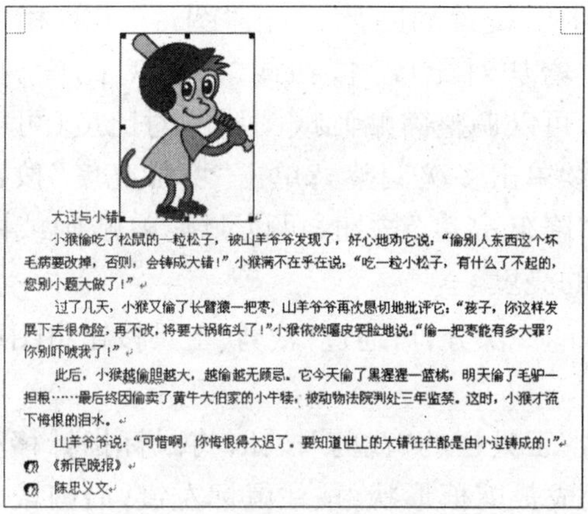

图 4－42 插入剪贴画到文档中

图 4－43 “插入图片”对话框

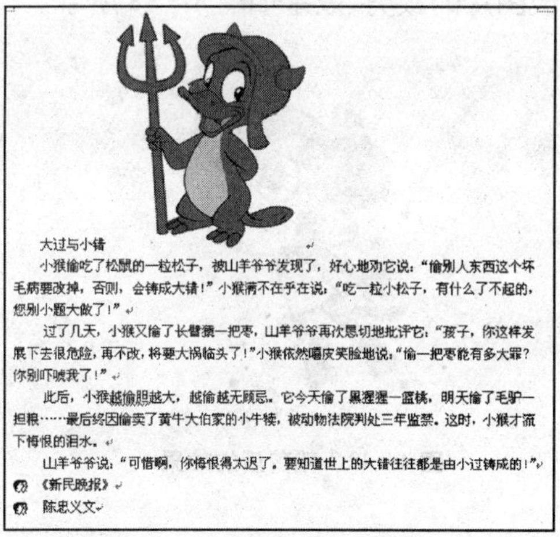

图 4－44 插入图片到文档中

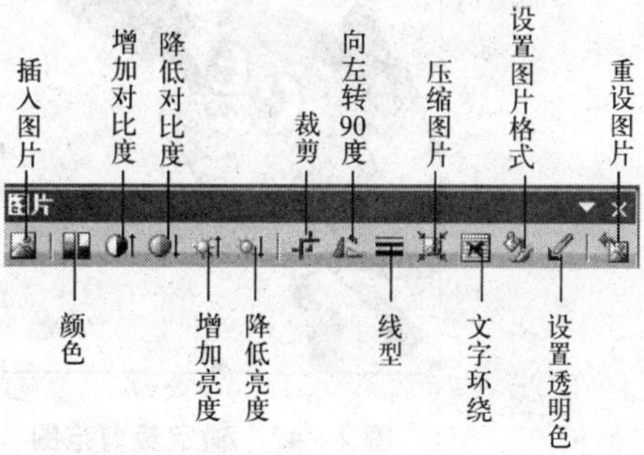

图 4－45 “图片”工具栏

单击插入的图片或剪贴画，拖动四周的小方块可以改变图像的大小，在图片上单击鼠标右键，在弹出的快捷菜单中执行“设置图片格式”命令，设置图片的大小、环绕方式等，设置方法同“文本框”这里就不重复了。

2. 利用“图片”工具栏设置图片的格式

选中插入的图片或剪贴画，弹出如图 4－45 所示的图片工具栏。利用“图片”工具栏可以方便地设置图片。

如果没有显示出“图片”工具栏，可以执行“视图”→“工具栏”→“图片”菜单命令显示“图片”工具栏。

(1) 设置图片颜色。单击选中要设置的图片，单击“图片”工具栏的“颜色”按钮，弹出如图 4－46 所示的下拉菜单，单击所需的颜色，如果制作水印，则选择“冲蚀”。

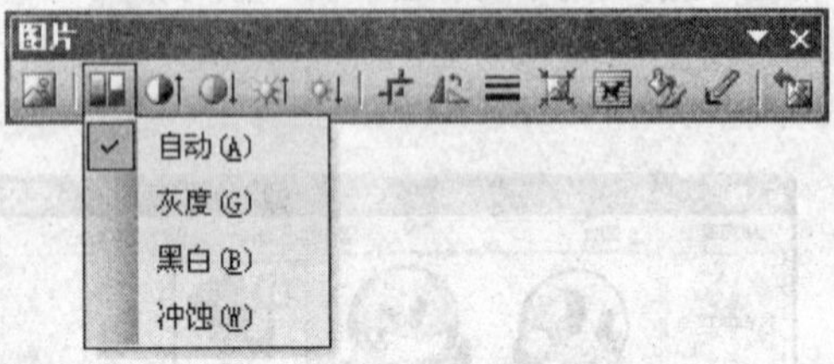

图 4－46 “颜色”下拉菜单

(2) 设置图片的对比度和亮度。单击选中要设置的图片，单击“图片”工具栏中的“增加对比度”按钮或“降低对比度”按钮，可以调整剪贴画或图片的对比度(可以连续单击多次调整)；单击“增加亮度”按钮或“降低亮度”按钮，可以调整剪贴画或图片的亮度。

(3) 裁剪图片。如果只希望显示所插入图片的一部分，可通过“裁剪”工具按钮将图片中不希望显示的部分裁剪掉。

具体方法是：选中要裁剪的图片，单击“图片”工具栏的“裁剪”按钮，将鼠标指针移动到图片四周的任何一个控制点上，鼠标指针将变成裁剪框形状，按住鼠标左键，沿剪裁方向(横向、纵向或对角线方向)拖动鼠标，将以虚线框表示裁剪的范围，如图 4－47 所示。当裁剪虚线框到达所需位置时松开鼠标左键，完成图片的裁剪，效果如图 4－48 所示。

图 4－47 确定裁剪范围

图 4－48 裁剪后的效果

裁剪图片后，按住“Ctrl”键再双击图片，可以将图片还原到裁剪前的状态。

(4) 设置图片环绕方式。除了可以在“设置图片格式”对话框的“版式”选项卡中选择图片的环绕方式外，还可以通过“图片”工具栏来进行设置。选定要设置环绕方式的图片，单击“图片”工具栏中的“文字环绕”按钮，弹出如图 4－49 所示的“文字环绕”下拉菜单，在菜单中单击需要的文字环绕方式，如设置“紧密型环绕”效果如图 4－50 所示。

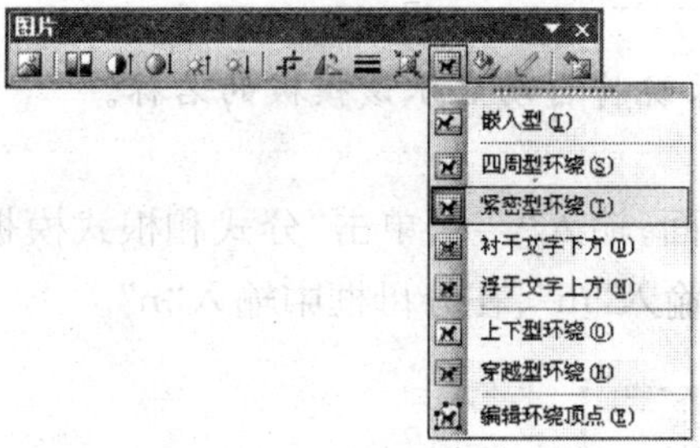

图 4-49 “文字环绕”下拉菜单

图 4-50 设置“紧密型环绕”的效果

4.1.5 输入公式

若需要输入一些数学或化学公式，可以利用 Word 2003 提供的“公式编辑器”快速地建立公式。

1. *启动公式编辑器*

执行“插入”→“对象”菜单命令，打开“对象”对话框，在“新建”选项卡中的“对象类型”框中选择“Microsoft 公式编辑器 3.0”，如图 4-51 所示，然后单击“确定”按钮，这时将自动进入“公式编辑器”窗口，并打开“公式”工具栏，该工具栏分为两层，上层是符号工具栏，下层是公式模板工具栏，如图 4-52 所示。

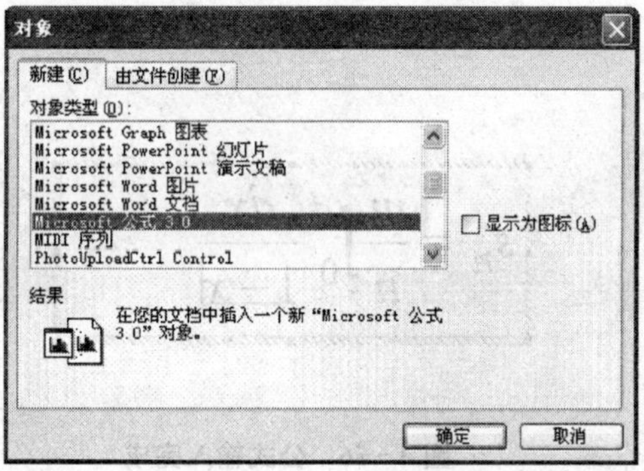

图 4-51 “对象”对话框

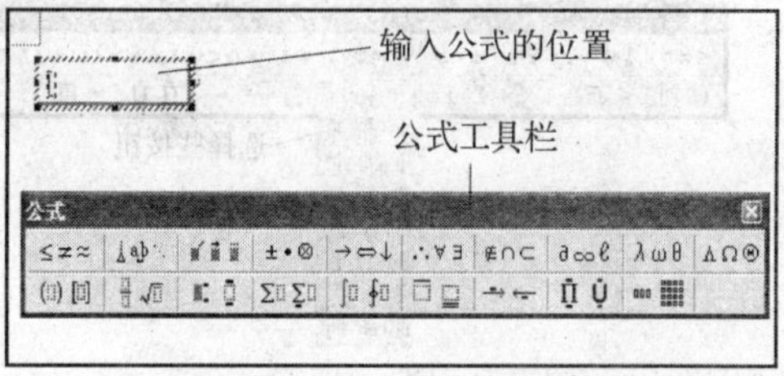

图 4-52 “公式编辑器”窗口

> 如果在对话框中没有“Microsoft 公式编辑器 3.0”，则说明你的 Office 中还没有安装公式编辑器。可以通过“控制面板”窗口的“添加删除程序”安装。

2. *利用“公式编辑器”制作公式*

下面我们以编辑数学公式 $S_n = \frac{m}{n}\int_0^d \frac{dx}{1-x}$ 为例，说明公式的制作方法。

(1) 启动公式编辑器。

(2) 在公式编辑框中输入“S”，单击“公式”工具栏的“上标和下标模板”按钮，选择如图 4-53 所示的按钮。

将鼠标指针对准某公式模板时，略微停顿，系统将自动显示该模板的名称。

(3) 在“S”下方输入“n”，然后用鼠标单击“S”后面，输入“=”，单击“分式和根式模板”按钮，选择如图 4－54 所示的按钮，然后在分子框中输入“m”，在分母框中输入“n”。

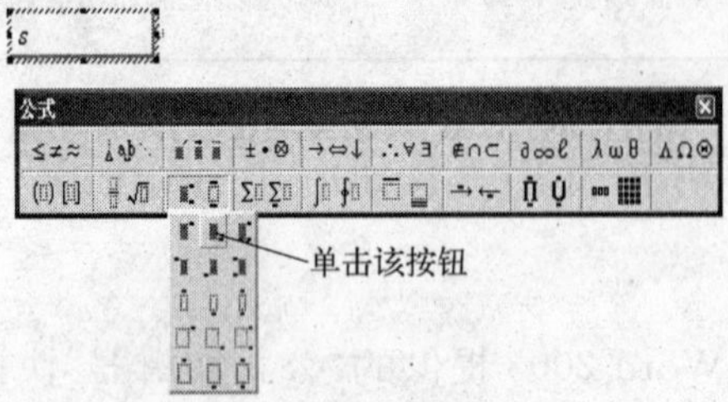

图 4－53 选择一种下标模式

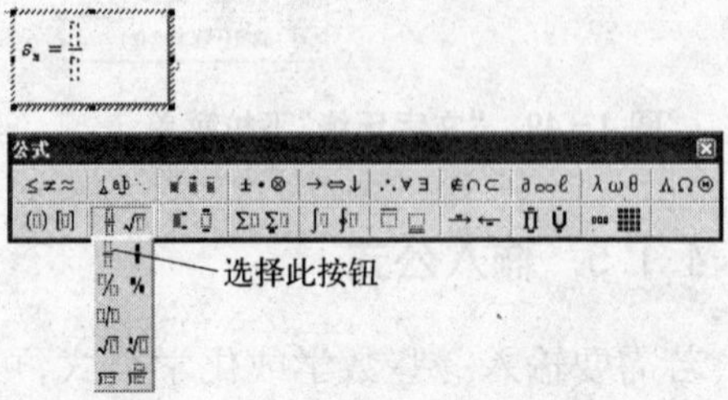

图 4－54 选择一种分式模式

(4) 鼠标在 $S_n = \frac{m}{n}$ 后单击，然后单击“积分模板”按钮，选择如图 4－55 所示的按钮，然后在上标中输入“d”，在下标中输入“0”，再用鼠标单击后面的小框，单击“分式和根式模板”按钮，选择如图 4－54 所示的按钮，然后在分子框中输入“dx”，在分母框中输入“x—1”，如图 4－56 所示。制作完成后，在公式编辑窗口的任意空白处单击鼠标，即可回到 Word 编辑窗口。

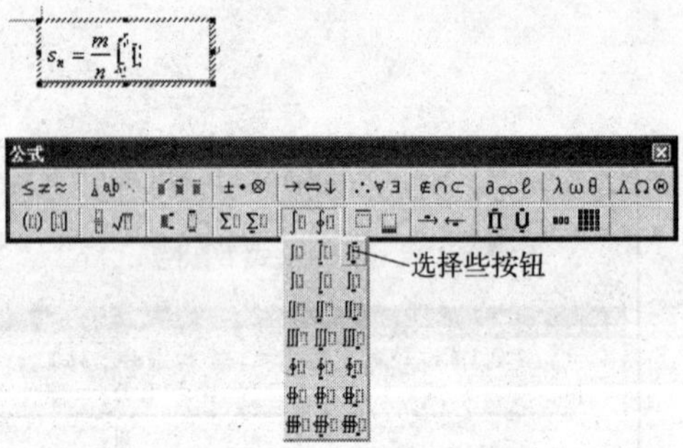

图 4－55 选择一种积分模式

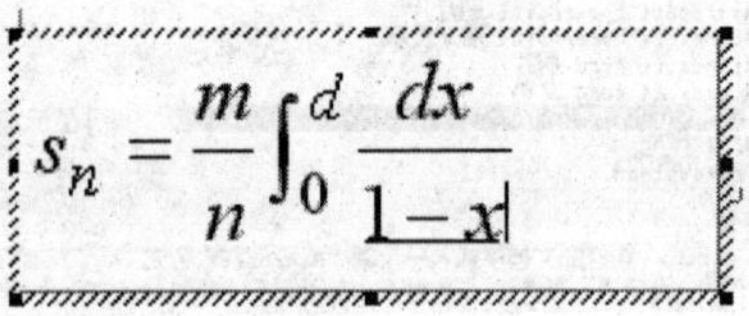

图 4－56 公式输入完成

直接双击公式即可回到“公式编辑器”窗口。

在“公式编辑器”窗口，执行“尺寸”→“定义”菜单命令，打开如图 4－57 所示的对话框，在该对话框中可以修改公式中各对象的大小。

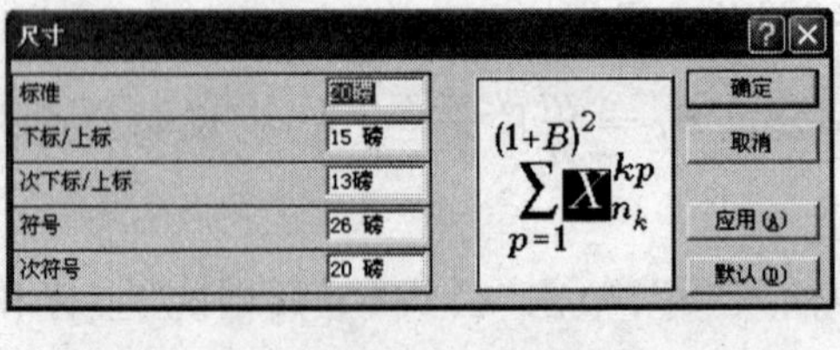

图 4－57 “尺寸”对话框

4.2　案 例 实 现

4.2.1　案例要求

新建一个 Word 文档并命名为“演出海报”，设置纸张大小为 A4，上、下、左、右边距分别为 1、1、2.54、2.54 厘米，横向放置(这部分知识在[案例 6]中系统学习)。综合运用本案例所学的文本框、艺术字、自选图形、图片等知识，制作效果如图 4－58 所示的演出宣传小海报。

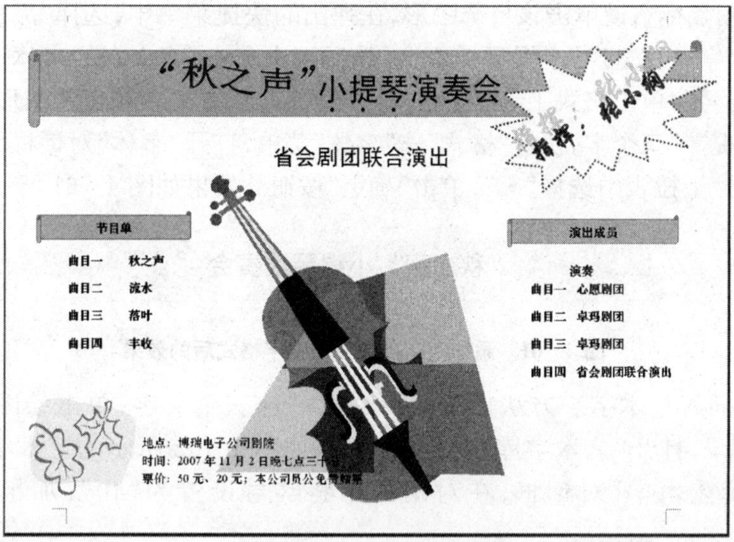

图 4－58　演出海报效果图

4.2.2　案例实现步骤

第 1 步：新建一个文档，执行“文件”→“保存”菜单命令，保存该文档并命名为“演出海报”。然后执行“文件”→“页面设置”菜单命令，打开页面设置对话框，单击“纸张”选项卡，在“纸张大小”下拉列表框中选择“A4”纸，单击“页边距”选项卡，在“页边距”栏中，将上、下、左、右边距分别设置为“1、1、2.54、2.54 厘米”，在“方向”栏中选择“横向”，设置好后单击“确定”按钮。

第 2 步：单击绘图工具栏的“自选图形”按钮，在出现的列表中选择如图 4－59 所示的“横卷形”自选图形，在文档中绘制图形，如图 4－60 所示。

> 绘制自选图形之前，在文档的开始处按几个回车键以空出几行。

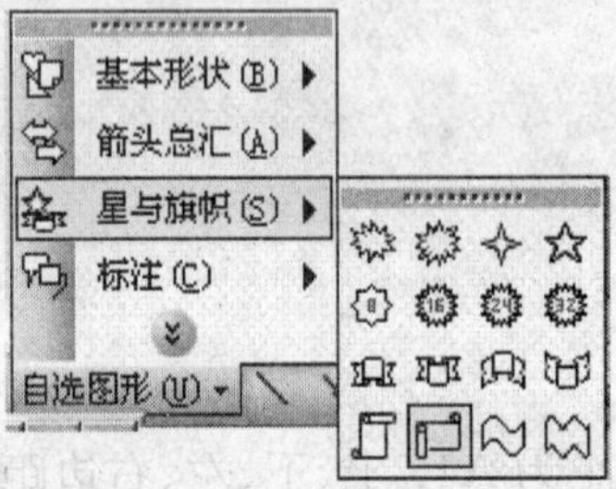

图 4-59　选择“横卷形”图形

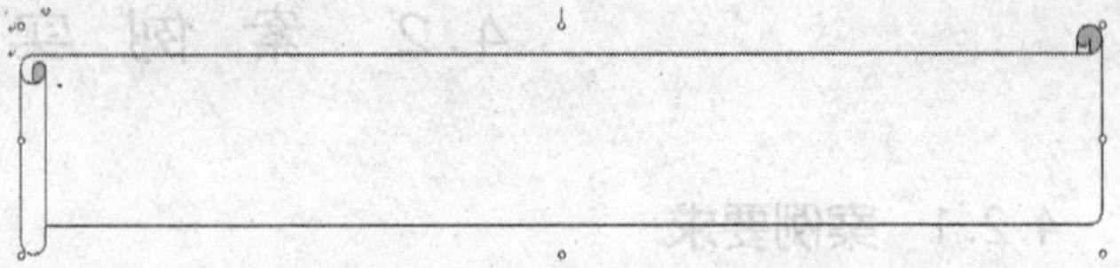

图 4-60　绘制的图形

第 3 步：选中该自选图形，单击绘图工具栏的“填充颜色”按钮“”，选择一种填充颜色，然后单击“线条颜色”按钮“”，选择一种线条颜色。

第 4 步：用鼠标右键单击该自选图形，在弹出的快捷菜单中，选择“添加文字”菜单命令，输入这段文字：“秋之声”小提琴演奏会，然后选中文本，将文本的字体设置为“黑体”，字号设置为“初号”，单击格式工具栏上的“居中”按钮，设置文本在自选图形中居中对齐效果，再选中“小提琴”三个字，执行“格式”→“字体”菜单，打开“字体”对话框，在“字体”选项卡中的“着重号”下拉表中选择“·”，单击“确定”按钮。效果如图 4-61 所示。

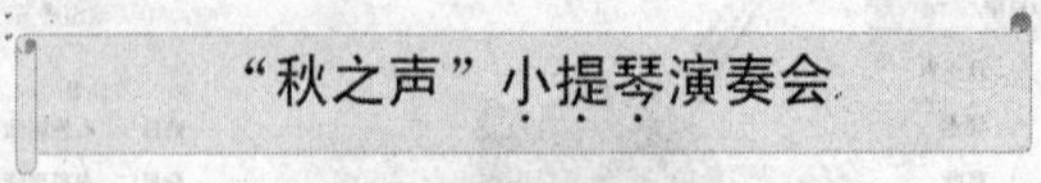

图 4-61　添加文字以及设置文字格式后的效果

第 5 步：插入艺术字。方法是选择“秋之声”这三个文字，单击绘图工具栏的“艺术字”按钮“”，打开“艺术字库”对话框，选择如图 4-62 所示的艺术字样式，单击确定，出现“编辑艺术字”对话框，在对话框中将字号设置为“40”，加粗，单击“确定”按钮。

第 6 步：设置艺术字。方法是选择该艺术字，单击绘图工具栏的“填充颜色”按钮“”，选择一种填充颜色，然后单击“线条颜色”按钮“”，选择一种线条颜色。效果如图 4-63 所示。

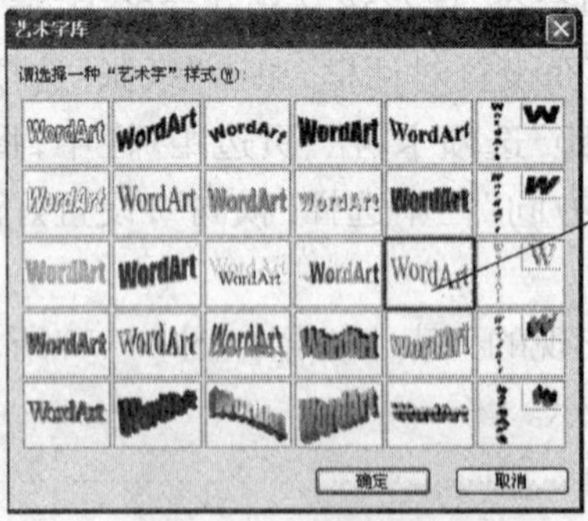

图 4-62　选择艺术字样式

图 4-63　设置后的艺术字效果

第 7 步：在自选图形的下方输入“省会剧团联合演出”这段文字，并设置字号为“一号”,加粗,在页面居中对齐。效果如图 4－64 所示。

第 8 步：根据效果图的要求,在合适的位置绘制“节目单”与“演出成员”中的图形,并在相应的图形上添加相对应的文字,并将该文字设置为“黑体”,“2 号”。效果如图 4－65 所示。

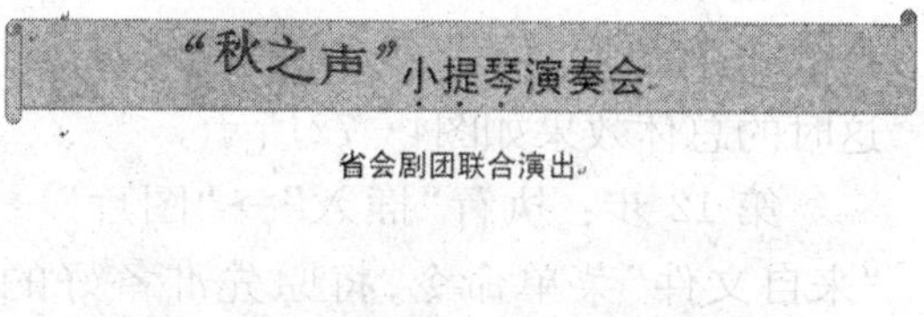

图 4－64 文字输入与设置后的效果

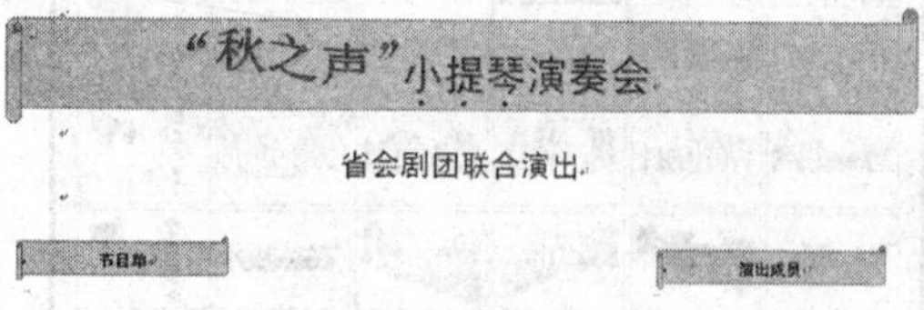

图 4－65 设置后的效果

第 9 步：根据效果图所示的位置分别绘制三个文本框,在文本框中输入文字。设置合适的字体、字号、加粗,左缩进一定的位置,如图 4－66 所示。

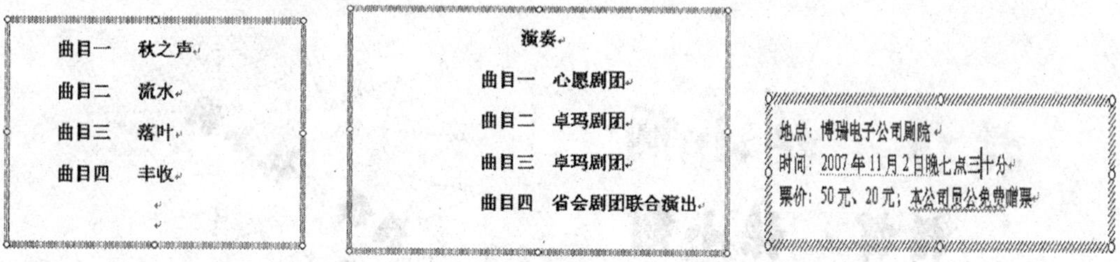

图 4－66 绘制文本框并添加文本后的效果

分别选中文本框,单击绘图工具栏的“线条颜色”按钮,选择“无线条色”。总体效果如图 4－67 所示。

第 10 步：单击绘图工具栏中的“自选图形”按钮,选择“星与旗帜”下的“爆炸型 2”图形,绘制在合适的位置,设置该自选图形的线型与线型颜色,如图 4－68 所示；然后制作“艺术字”样式如图 4－69 所示的内容为“指挥：张小纲”的艺术字,制作完成后的“艺术字”效果如图 4－70 所示。

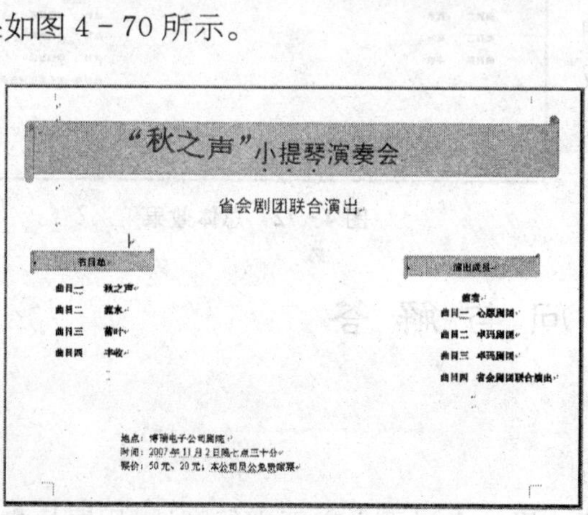

图 4－67 设置后的总体效果

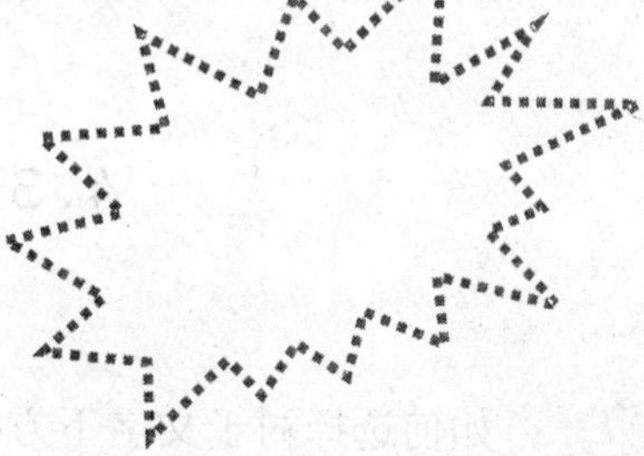

图 4－68 爆炸型 2 效果

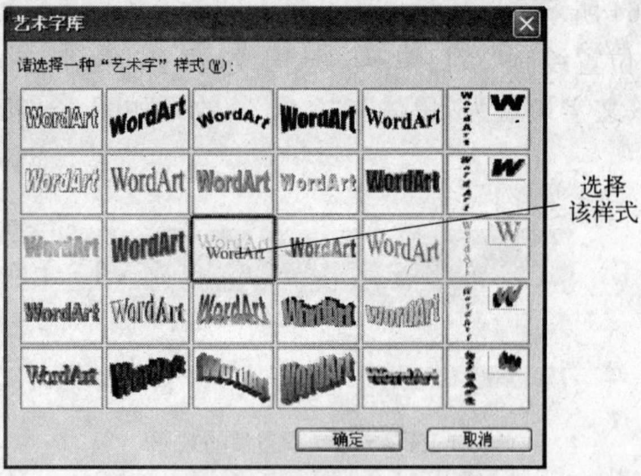

图 4-69　艺术字库的选择

第 11 步：将艺术字移动到“爆炸型 2”的自选图形中，调整大小，旋转位置，然后选中“艺术字”与“爆炸型 2”图形，单击鼠标右键，选择“组合”→“组合”菜单命令，效果如图4-71所示。将两个图形组合成一个图形，便于移动、缩放等操作。这时的总体效果如图4-72所示。

第 12 步：执行“插入”→“图片”→“来自文件”菜单命令，将原先准备好的“小提琴. bmp”文件插入到文档中，调整图片至合适的大小，双击该图片，在出现的对话框中，单击“版式”选项卡，设置文字的环绕方式为“衬于文字下方”，单击“确定”按钮；然后将图片移动到文档的合适位置。

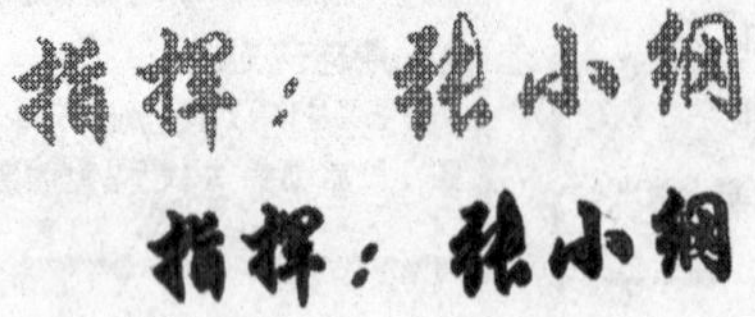

图 4-70　制作的艺术字效果

图 4-71　组合后的效果

第 13 步：执行“插入”→“图片”→“剪贴画”菜单命令，插入一幅合适的剪贴画，设置与文字的环绕方式为“衬于文字下方”，在“设置图片格式”对话框中，单击“图片”选项卡，在“颜色”下拉列表中选择“冲蚀”，以设置水印效果，并将图片移动到版面的左下角。到这里一幅漂亮的海报就大功告成了，最后保存文档。

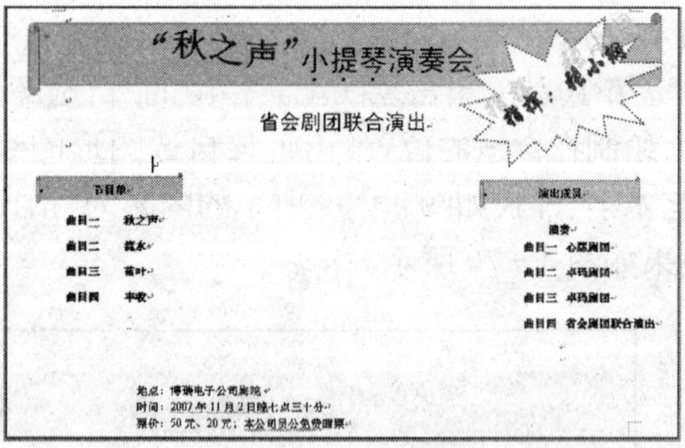

图 4-72　总体效果

4.3　疑问与解答

如何选择衬于文字下方的图片？

在普通文字编辑模式下，如果要选择一个衬于文字下方的图片，用鼠标指针是很难直接实现的，选择的方法有如下两种。

方法一：如果文档中有多张图片，可先选中任意一张，然后按“Tab”键直到切换到要选中的那张图片。

方法二：单击绘图工具栏上的选择对象图标“ ”，使其处于按下状态，然后再直接单击要选择的图片。

在进行图文混排时，想要将图片衬于文字下方，能不能使用对图片单击右键，选择“叠放次序”下的“置于底层”命令来进行？

不可以。“置于底层”命令是针对多个对象使用的命令，当设置多个对象的叠放次序时用“上移一层”、“下移一层”、“置于顶层”和“置于底层”命令来决定多个对象的上下层关系。

4.4 小窍门

小窍门1 要将图片最终衬于文字下方，通常为了调整方便，先将图片设置成“浮于文字上方”进行调整，等调整结束再设置“衬于文字下方”，如果先设置衬于文字下方将比较难选中，会影响调整操作。

小窍门2 如果需要同时选中文档中的多个自选图形或某一区域内的多个图形，可以单击“绘图”工具栏中的“选择对象”按钮“ ”，然后拖动鼠标进行框选即可。

4.5 习题与实训

4.5.1 理论习题

1. 填空题

(1) 绘制自选图形只有在________视图和________视图下进行，在________视图或________视图下，绘制的图形将是不可见的。

(2) 使用“图片”工具栏中的________按钮，可以设置图片与文本的环绕关系。

(3) 文本框有________和________两种方式。

(4) 在进行绘图时，按住________键不放是以鼠标的位置为中心进行放大绘制。

(5) 在调整文本框或自选图形的大小时按住________键再拖动，以图形的中心为轴心进行等比例缩放。

(6) 单击“绘图”工具栏中的________按钮，将弹出“自选图形”菜单，并可实现标注、形状等自选图形的绘制。

(7) 按住________键可以选取多个自选图形，然后单击“绘图”工具栏中的________按钮,在弹出的菜单中执行________命令可以组合图形。

(8) 选中图片后单击“图片”工具栏中的________按钮可将图片中不需要的部分剪裁掉。

2. 选择题

(1) 在 Word 中,以下描述中不正确的是(　　)。

A. 文本框用于在框内输入文字,但它不是图形对象,不能创建三维等特效

B. 通过设置图形的叠放次序可以将最上面的图形移到下层去

C. 插入艺术字后还可通过“艺术字”工具栏对其内容等进行修改

D. 组合后的图形还可以取消组合

(2) 下面有关“图片”工具栏上各按钮作用描述错误的是(　　)。

A. 单击“图片”工具栏中的“”或“”按钮可以调整图片的对比度

B. 单击“”按钮,在其下拉列表中选择“黑白”可以将图片设置为水印效果

C. 单击“图片”工具栏中的“”按钮只能将插入的图片文件某一区域设置成透明色

D. 单击“”按钮可以从弹出的下拉列表框中选择一种环绕方式来设置图片与文本的环绕关系

(3) 以下关于公式编辑说法错误的是(　　)。

A. 执行“插入”→“对象”命令可以启动“公式编辑器”

B. 公式编辑完成后双击公式返回文本编辑状态

C. 公式编辑完成后单击编辑区的空白位置返回文本编辑状态

D. 双击公式可进入公式编辑区

4.5.2 实训题

实训 1

新建一个文档,输入以下公式,注意插入公式整体布局的匀称性,并适当设置各元素的尺寸。

(1) $\dfrac{\cos\alpha}{l}=\dfrac{\cos\beta}{m}=\dfrac{\cos\gamma}{n}=\dfrac{1}{k}$

其中:$k=\sqrt{l^2+m^2+n^2}$

(2) 半角公式 $\begin{cases}\sin\dfrac{B}{2}=\pm\sqrt{\dfrac{(s-a)(s-b)}{ca}}\\ \sin\dfrac{C}{2}=\pm\sqrt{\dfrac{(s-a)(s-b)}{ab}}\\ \sin\dfrac{A}{2}=\pm\sqrt{\dfrac{(s-a)(s-c)}{bc}}\end{cases}$

实训 2

为学校即将举行的三好杯篮球赛制作一份宣传海报,要求如下:

(1) 内容健康,体现友谊第一、比赛第二的竞赛精神。

(2) 纸张大小与版式不限。

实训 3

制作“陈记蛋糕房”促销海报,要求效果类似于如图 4-73 所示。

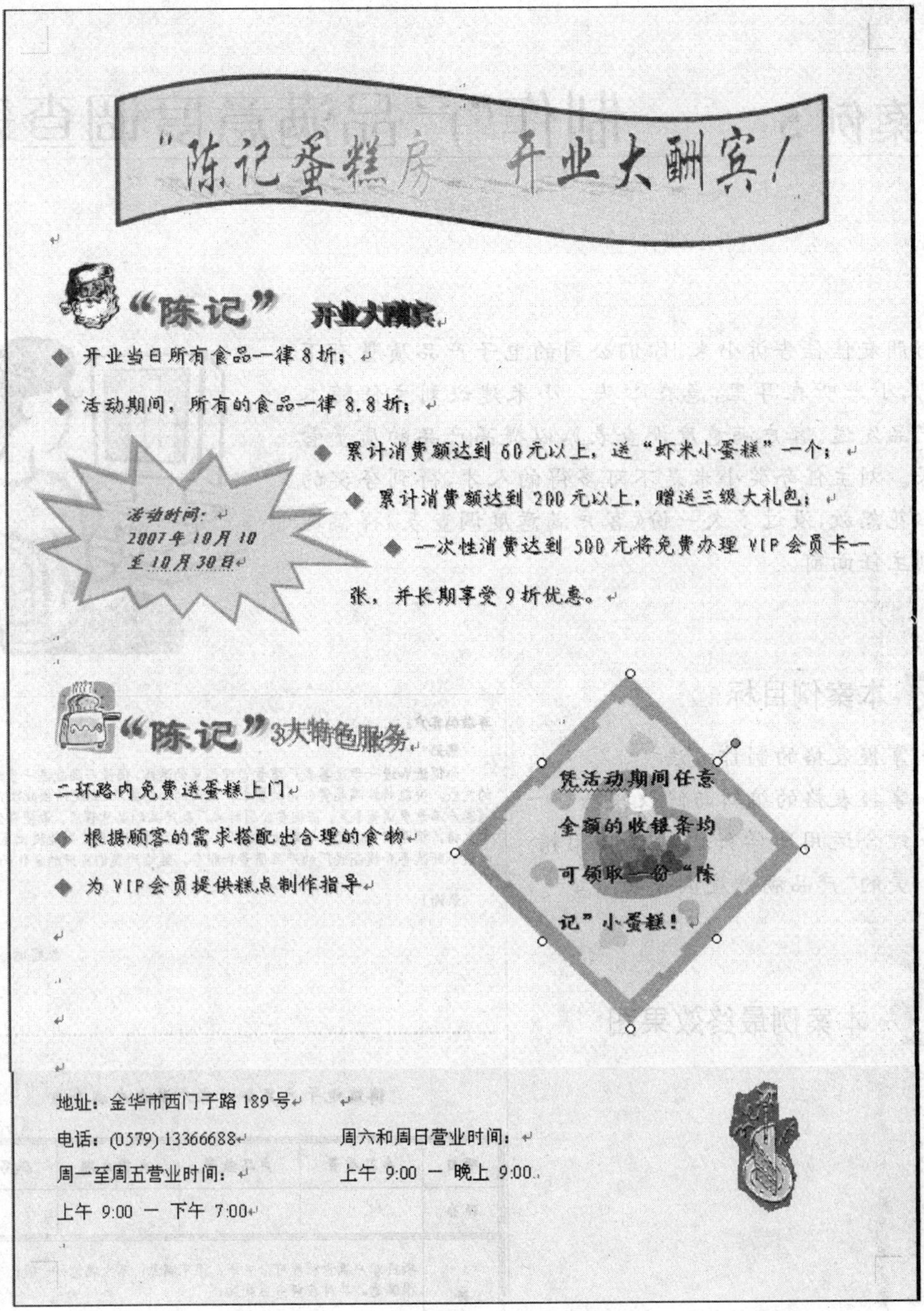
"陈记蛋糕房　开业大酬宾！
"陈记"开业大酬宾
开业当日所有食品一律 8 折；
活动期间，所有的食品一律 8.8 折；
累计消费额达到 60 元以上，送"虾米小蛋糕"一个；
累计消费额达到 200 元以上，赠送三级大礼包；
一次性消费达到 500 元将免费办理 VIP 会员卡一张，并长期享受 9 折优惠。
活动时间：
2007 年 10 月 10
至 10 月 30 日
"陈记"3大特色服务
二环路内免费送蛋糕上门
根据顾客的需求搭配出合理的食物
为 VIP 会员提供糕点制作指导
凭活动期间任意
金额的收银条均
可领取一份"陈
记"小蛋糕！
地址：金华市西门子路 189 号
电话：(0579) 13366688
周一至周五营业时间：
上午 9:00 — 下午 7:00
周六和周日营业时间：
上午 9:00 — 晚上 9:00

图 4－73　"实训 3"效果图

5 案例5 制作“产品满意度调查表”

好朋友佳佳告诉小米，你们公司的电子产品质量有下降趋势，小米听在耳里，急在心头。小米建议刘主任随本批次产品发送《客户满意度调查表》，以提高产品的质量管理效果。刘主任夸奖小米是不可多得的人才，得到夸奖的小米心花怒放，没过多久一份《客户满意度调查表》样稿送到了刘主任面前。

本案例目标

- ✧ 掌握表格的制作方法
- ✧ 掌握表格的编辑与修改技巧
- ✧ 综合运用所学知识制作版面精美的“产品满意度调查表”

本案例最终效果图

尊敬的客户：

您好！

为促进和进一步改善我厂质量管理体系的运作，确保产品能进一步适应市场的发展，并能持续满足贵公司的要求，更好的为您服务，现随所供此次产品发送《客户满意度调查表》，征询贵公司对我厂及产品的满意程度，希望贵公司能给予支持，填写调查内容并及时反馈我厂。我们真诚期望贵公司能提出宝贵意见，以便不断改善和提高我厂的产品质量和服务，继续为我们良好的合作而努力。

致谢！

总经理： 张重华

2007、10

....

博瑞电子产品公司客户满意度调查表

<table>
<tr><td>项目</td><td>产品质量</td><td colspan="2">产品数量</td><td>交货日期</td><td colspan="2">服务质量</td></tr>
<tr><td>评分</td><td></td><td colspan="2"></td><td></td><td colspan="2"></td></tr>
<tr><td rowspan="3">评分细则</td><td colspan="6">项目客户满意程度可分五级：很不满意；不太满意；一般；较满意；很满意。其对应评分区间为：</td></tr>
<tr><td>满意程度</td><td>很不满意</td><td>不太满意</td><td>一般</td><td>较满意</td><td>很满意</td></tr>
<tr><td>区间</td><td>0—20</td><td>21—40</td><td>41—60</td><td>61—80</td><td>81—100</td></tr>
<tr><td>备注</td><td colspan="6"></td></tr>
</table>

图5-1 “产品满意度调查表”效果

5.1 知识剖析

表格是制作文档时常用的一种组织文字形式，如日程安排、花名册、成绩单以及各种报表，通过表格的形式表现一些数据，可以使文档更具说服力。本案例主要讲述表格的制作、表格的编辑与修改、表格的美化等知识点。通过本案例的学习，应掌握在 Word 2003 中制作与编辑表格的操作方法。

5.1.1 创建表格

在 Word 2003 中插入表格，常用以下三种方法。

1. 通过"常用"工具栏的"插入表格"按钮"▦"插入表格

将插入点置于要插入表格的位置，单击"常用"工具栏中的"插入表格"按钮"▦"，在弹出的下拉列表框中移动鼠标选定行和列，如定义 3 行 4 列表格，如图 5－2 所示。完成后单击鼠标左键，即在插入点处插入了一个 3 行 4 列的表格。

2. 利用"表格"→"插入"→"表格"菜单插入表格

将插入点置于要插入表格的位置，执行"表格"→"插入"→"表格"菜单命令，打开"插入表格"对话框，如图 5－3 所示，在"行数"和"列数"框中分别键入所需的行、列数，在"自动调整"操作组中选择一种合适的表格宽度调整方式，设置完成后，单击"确定"按钮，即可在插入点处插入一张表格。

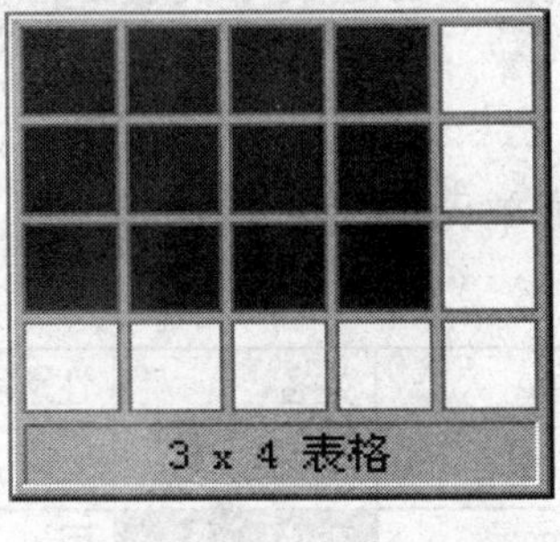

图 5－2 "插入表格"下拉列表框

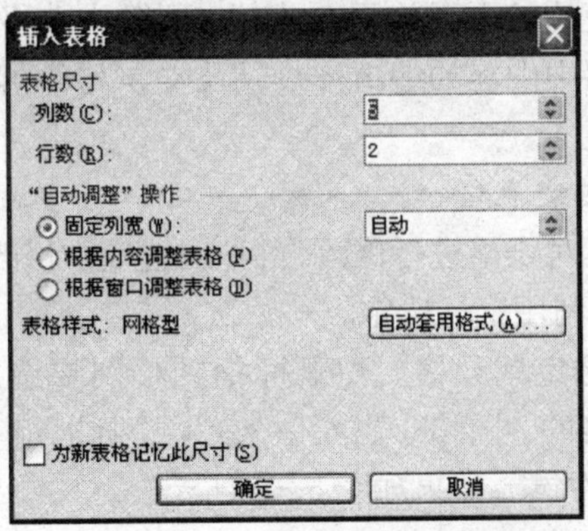

图 5－3 "插入表格"对话框

> 在"插入表格"对话框中，"固定列宽"的"自动"模式：是默认值，即表格总体宽度占满整行，每一列的宽度均分，也可以在"固定列宽"的增量框中输入具体的值。
>
> "根据窗口调整表格"：当窗口宽度改变时表格的宽度也随着变化。
>
> "根据内容调整表格"：表格中列的宽度随着内容变化。

3. 手绘表格

在 Word 2003 中还可以用鼠标任意绘制不规则表格，方法是：执行“视图”→“工具栏”选择“表格和边框”菜单命令，调出“表格和边框”工具栏。如图 5－4 所示，单击“绘制表格”按钮“ ”，鼠标指针变成铅笔形状。

图 5－4 “表格和边框”工具栏

将铅笔形状的鼠标指针移到要绘制表格的位置，按住鼠标左键拖动鼠标绘出表格的外边框，然后再依次画出所需的行线、列线等，即可创建一张表格。如果绘制错误的表格线，可以单击“表格和边框”工具栏的“擦除”按钮“ ”来擦除表格中不需要的表格线。

5.1.2 表格的编辑与修改

1. 向表格中录入数据

在需要录入数据的某个方格(称为单元格)单击鼠标，将出现插入点光标，然后输入数据，当文本输入到单元格右边线时，单元格高度会自动增大，把输入的内容转到下一行，如果要另起一段，则按“Enter”键。

在表格中移动插入点的方法可以用鼠标也可以用键盘。

鼠标：在需要的单元格单击鼠标。

键盘：按“Tab”键移动到水平方向上的下一单元格，按[Shift＋Tab]组合键移动到水平方向上的前一个单元格，按上、下箭头键移动到上、下一行。

表格中内容的编辑修改以及文字与段落格式的设置与普通文本设置方法相同，这里就不重复了。

2. 选定表格

为了对表格进行修改，首先应选定被修改的表格或单元格。

(1) 利用鼠标选定。

① 选定单元格。把鼠标指针移到要选定的单元格的左下部，当指针变为右上指箭头时，单击左键。效果如图 5－5 所示。

学号	姓名	性别
007001	张小芳	女
007002	李华	男

图 5－5 选定单元格

② 选定表格行。把鼠标指针移到要选定行的表格左边框外，当指针变成右上指的箭头时，单击左键，如图 5－6 所示。如果再按住鼠标左键向上或向下拖曳，则拖曳范围内的行均被选定。

③ 选定表格列。把鼠标指针移到需要选定列的表格顶边框外，当鼠标指针变成箭头向下时，单击左键，如图 5－7 所示。如果按住鼠标左键向左或向右拖曳，则拖曳范围内的列均被选定。

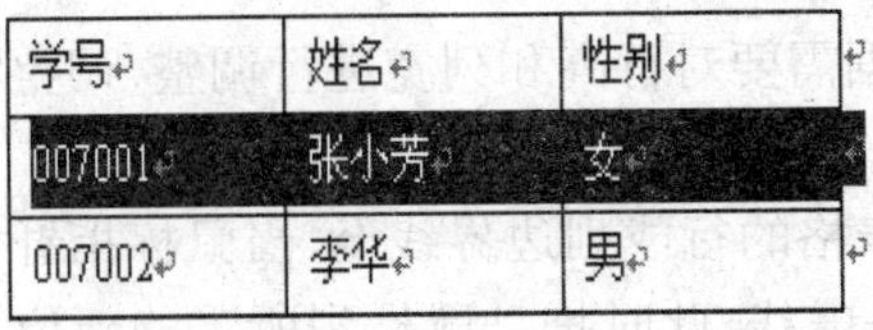

图5-6 选定行

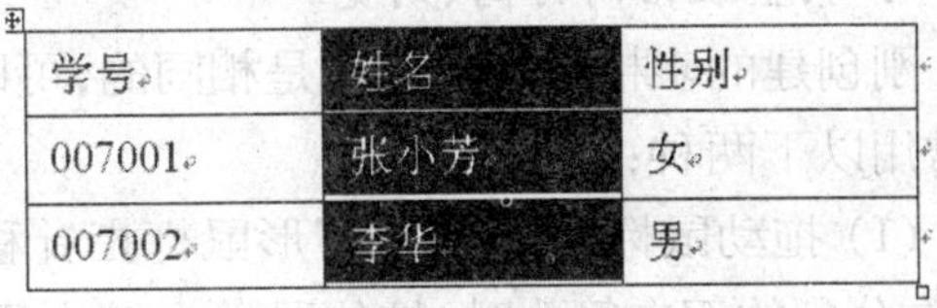

图5-7 选定列

④ 选定整个表格。将鼠标指针移到表格的任意一个位置，在表格的左上角出现移动控制手柄"⊞"图标，鼠标移到该图标上单击，如图5-8所示。

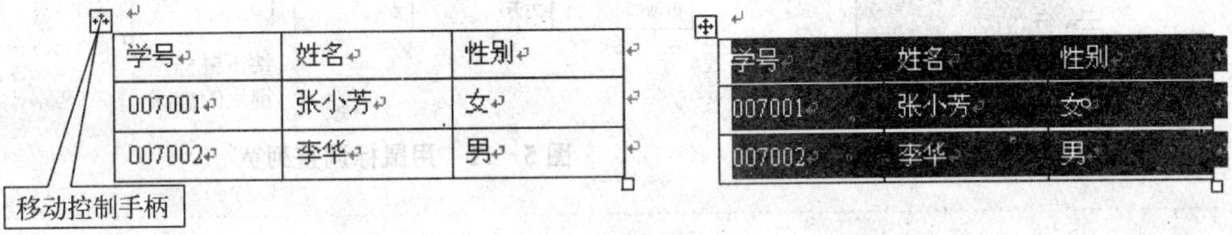

图5-8 选定整个表格

(2) 利用"表格"菜单选定。

① 选定一个单元格。将插入点置于要选定的单元格，执行"表格"→"选定"→"单元格"菜单命令选定单元格。

② 选定行。将插入点置于所选行的任一单元格中，执行"表格"→"选定"→"选定行"菜单命令选定一行。

③ 选定列。将插入点置于所选列的任一单元格中，执行"表格"→"选定"→"选定列"菜单命令选定一列。

④ 选定整个表格。将插入点置于表格的任一单元格中，执行"表格"→"选定"→"表格"菜单命令选定整个表格。

3. 插入行或列

(1) 插入行。插入行的方法是：将插入点定位到需要插入行的下方或上方的任意单元格中，然后执行"表格"→"插入"→"行(在上方)"或"行(在下方)"菜单命令，如图5-9所示，即在该单元格的上方或下方插入一个空白行。

(2) 插入列。插入列的方法是：将插入点定位到需要插入列的左侧或右侧的任意单元格中，然后执行"表格"→"插入"→"列(在左侧)"或"列(在右侧)"菜单命令，如图5-9所示，即在该单元格的左侧或右侧插入一个空白列。

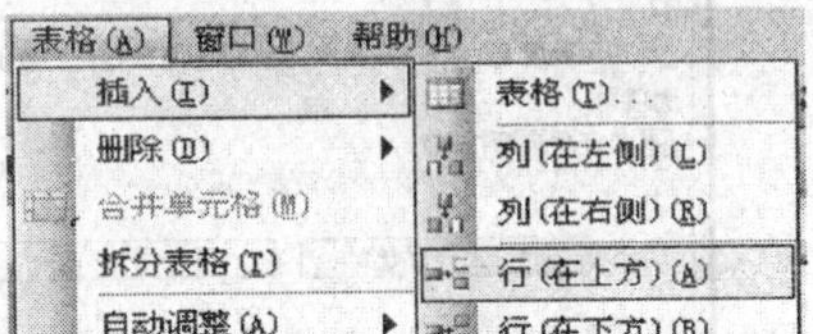

图5-9 "插入"子菜单

4. 删除行、列或整个表格

删除行、列或整个表格的方法是：选定要删除的行、列或表格，执行"表格"→"删除"菜单，出现如图5-10所示的子菜单，根据需要选择相应的菜单。

5. 调整表格的行高、列宽

刚创建的表格行高与列宽是相同的,可以根据需要对行高和列宽进行调整,调整的方法常用以下两种:

(1) 拖动鼠标调整。将“I”形鼠标指针移到表格的行或列边界线上,当鼠标指针变成左、右分裂的双向箭头时,按住鼠标左键出现一条虚线,此时拖动鼠标到所需的新位置放开左键,如图 5-11 所示。

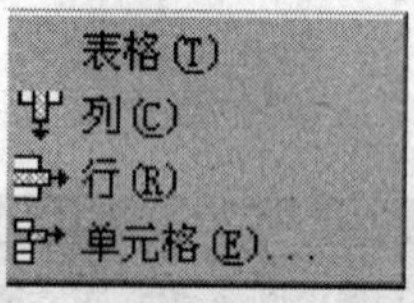

图 5-10 “删除”子菜单

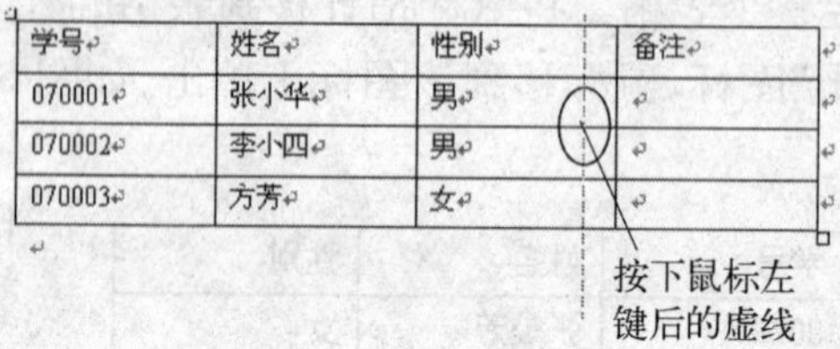

图 5-11 用鼠标调整列宽

若只想调整某个单元格的宽度,只需选定该单元格再拖动列边界线。

调整表格的行高和列宽后,由于拖动鼠标的距离不等,造成每行或每列的宽度不等,可以选定需要的行或者列,然后单击鼠标右键,在弹出的快捷菜单中执行“平均分布各行”或“平均分布各列”命令即可。

(2) 通过“表格属性”菜单调整。将插入点定位到要调整的行或列的任一单元格,或者选定要调整的表格行或列,执行“表格”→“表格属性”菜单命令,单击“行”选项卡,打开如图 5-12 所示的对话框,选择“指定高度”复选框并输入相应的行高值,单击“上一行”或“下一行”可以设置相邻行的行高;若单击“列”选项卡,打开如图 5-13 所示的对话框,选择“指定列宽”复选框并输入相应的列宽值,单击“上一列”或“下一列”可以设置相邻列的列宽,完成设置后单击“确定”按钮。

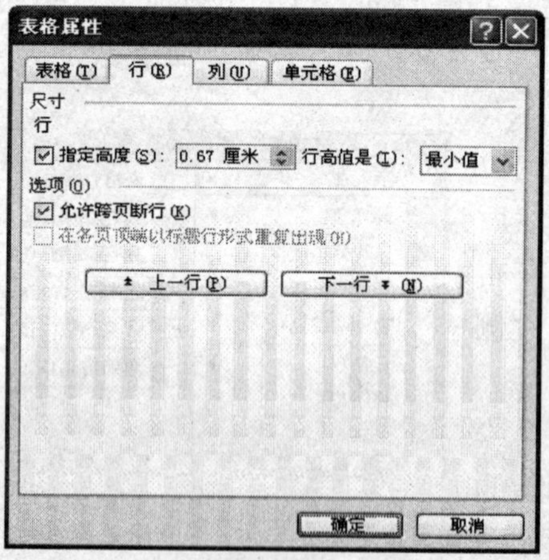

图 5-12 “表格属性”的“行”对话框

图 5-13 “表格属性”的“列”对话框

6. 移动和缩放表格

(1) 移动表格。将鼠标移到表格上,在表格的左上角出现移动控制手柄"⊞",此时将鼠标移到"移动控制手柄"上,按住鼠标左键并拖动,即可将表格移到文档的另一个位置。

(2) 缩放表格。将鼠标移到表格上,在表格的右下角出现表格大小控制柄(即右下角的小方框),此时鼠标移动到该小方框,鼠标指针变成斜的双向箭头时,按住鼠标左键并拖动,可对表格进行缩放操作。

7. 合并与拆分单元格

在规范表格的基础上,通过对单元格的合并或拆分可以构成比较复杂的表格。

(1) 合并单元格。合并单元格是指把相邻的几个单元格合并成一个单元格。方法是:选定要合并的单元格,执行"表格"→"合并单元格"菜单命令或鼠标指向选定的单元格,单击鼠标右键在出现的快捷菜单中选择"合并单元格",如图 5－14 所示。

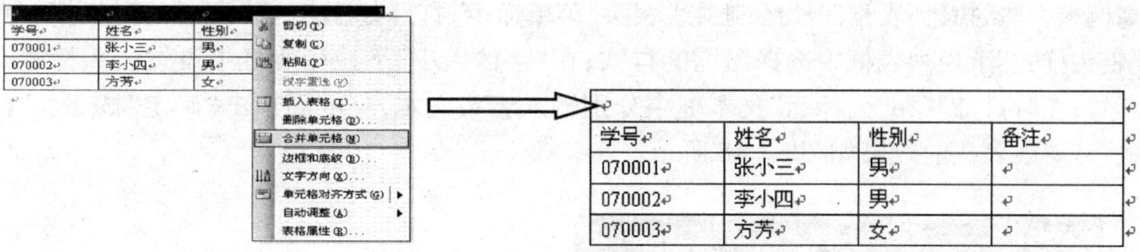

图 5－14　合并单元格操作图示

(2) 拆分单元格。拆分单元格是指把合并后的单元格或选定的单元格拆分成指定行数和列数的小表格。方法是:选定要拆分的单元格,执行"表格"→"拆分单元格"菜单命令或鼠标指向该单元格,单击鼠标右键在出现的快捷菜单中选择"拆分单元格",在出现的对话框中,输入需要拆分后的行数和列数,单击"确定"按钮,如图 5－15 所示。

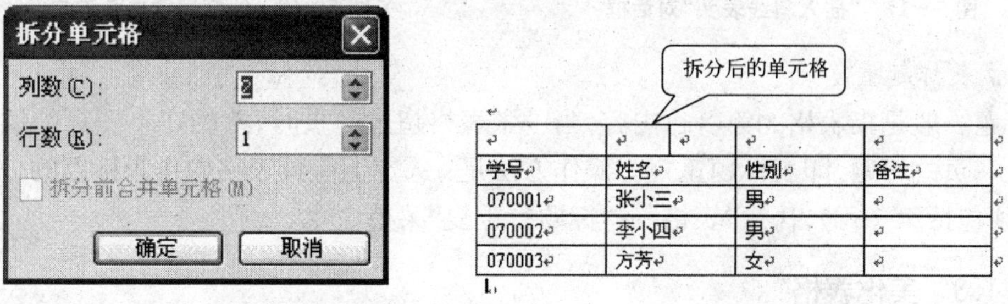

图 5－15　"拆分单元格"对话框及拆分后的效果

8. 拆分表格

拆分表格就是将一个大表格拆分成上下两个表格,以便在表格之间插入一些说明性的文字。方法是:将插入点移到要作为新表格第一行的任一单元格,执行"表格"→"拆分表格"菜单命令,拆分后的效果如图 5－16 所示。

学号	姓名	性别	备注
070001	张小三	男	
070002	李小四	男	
070003	方芳	女	

⇨

学号	姓名	性别	备注
070001	张小三	男	
070002	李小四	男	
070003	方芳	女	

图 5-16　拆分表格效果

9. 绘制斜线表头

斜线表头一般是指将表格的第一行的第一单元格用斜线分为几个部分，每个部分可用于表示表格中行和列数据的内容。

绘制斜线表头的方法是：将插入点移到表格左上角的第一个单元格，然后把第一行行高调大一些，执行"表格"→"绘制斜线表头"菜单命令，打开如图 5-17 所示的对话框。在"表头样式"下拉列表框中选择所需的样式；在"字体大小"下拉列表框中设置表头标题的字号；在"行标题"和"列标题"文本框中分别输入表头文本，完成后单击"确定"按钮。"样式一"斜线表头的效果如图 5-18 所示。

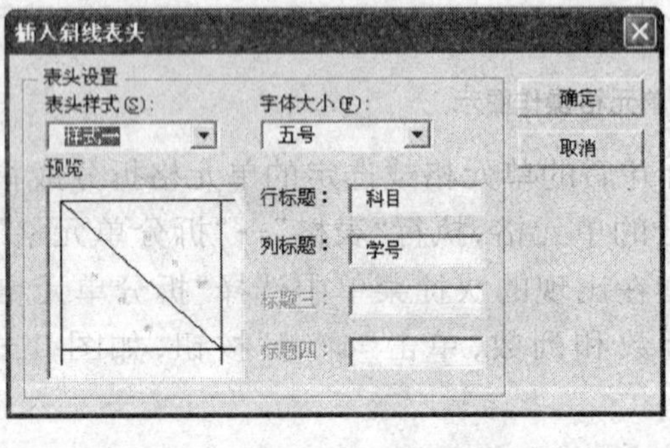

图 5-17　"插入斜线表头"对话框

科目 / 学号	语文	英语	office	数学

图 5-18　绘制斜线表头效果

10. 表标题重复

标题一般是指表格的第一行内容，当一张表格超过一页时，希望在下一页的续表中也包括上一页的标题，即表标题重复。操作方法是：选定上一页表格中作为标题的一行或多行(必须包括第一行)，执行"表格"→"标题行重复"菜单命令。

5.1.3　美化表格

表格与文档一样，也可对其进行格式化操作，主要包括设置边框、底纹和对齐文字内容等，从而产生更美观、更专业化的表格。

1. 自动套用表格格式

Word 2003 提供了许多常用的表格样式，通过自动套用格式可以快速地完成表格样式的设置。先将插入点移到表格内，执行"表格"→"表格自动套用格式"菜单命令，打开如

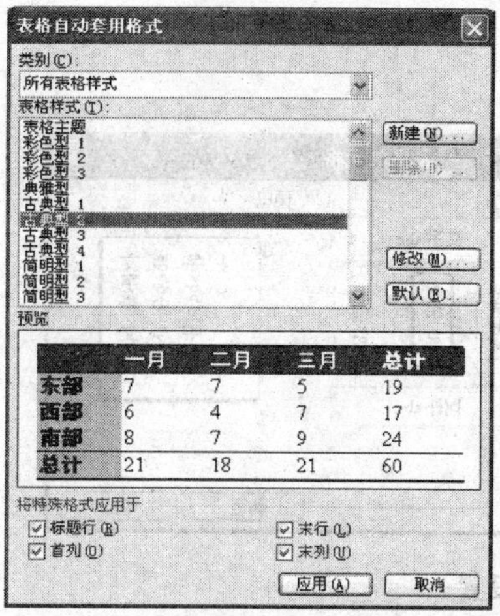

图 5 - 19 “表格自动套用格式”对话框

图 5 - 19 所示的对话框。

在“表格样式”列表框中选择所需表格样式，在“预览”框中查看其效果，满意后单击“应用”按钮。如图 5 - 20 所示为应用“精巧型 1”自动套用格式后的表格样式。

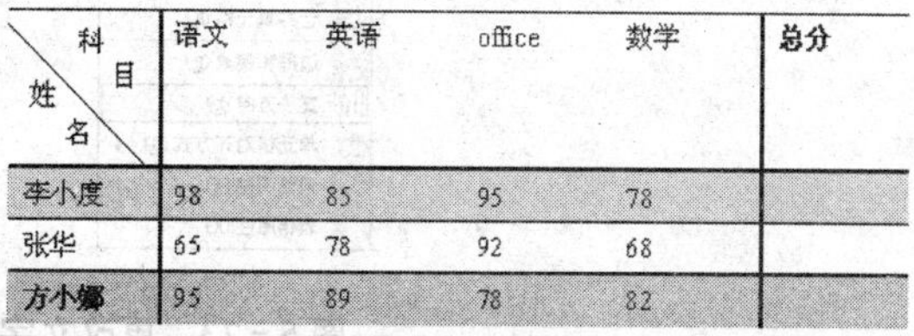

图 5 - 20 应用“精巧型 1”样式后的效果

若要清除表格自动套用格式，只要将插入点移到表格中，打开“表格自动套用格式”对话框，从“格式”列表框中选择“无”。

2. 设置单元格内容的对齐方式

Word 2003 默认的单元格内容对齐方式为靠上端对齐，根据需要可以设置其对齐方式。设置方法是：选择需要设置的行、列或单元格，然后单击鼠标右键，在弹出的快捷菜单中选择“单元格对齐方式”菜单，弹出如图 5 - 21 所示的子菜单。

在“单元格对齐方式”子菜单中提供了 9 种方式的缩略图，根据图示选择所需的对齐方式，若选择第二排第二种的垂直与水平居中对齐，其表格设置后的效果如图 5 - 22 所示。

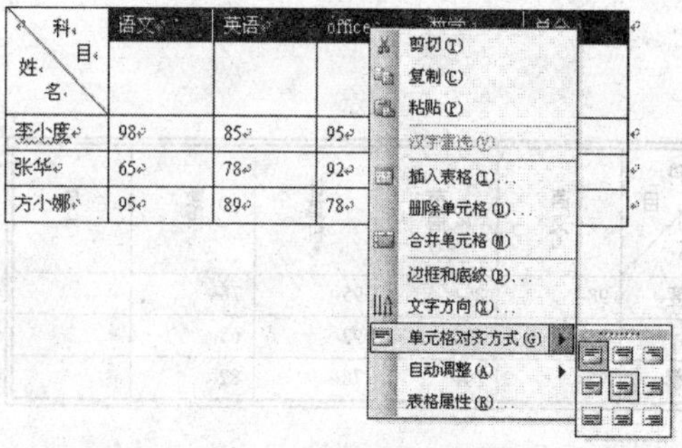

图 5 - 21 “单元格对齐方式”子菜单

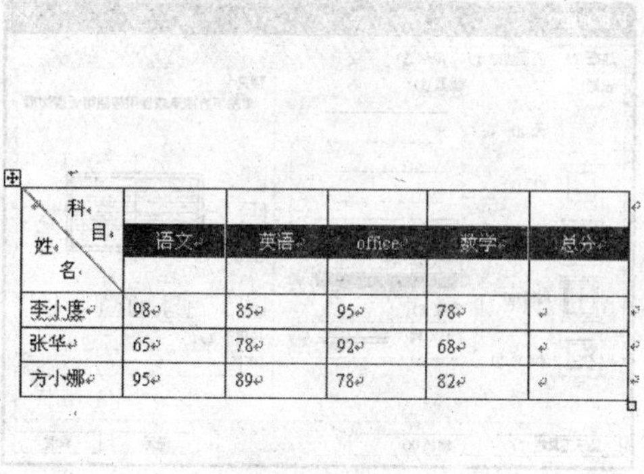

图 5 - 22 设置对齐方式后的效果

3. 改变单元格中文字的方向

在 Word 中，表格中的文字不但可以沿水平方向排列，还可以沿垂直方向排列。方法是：选定要改变文字方向的单元格，单击鼠标右键在出现的快捷菜单中选择“文字方向”菜单命令，出现“文字方向”对话框，在“方向”组中根据需要选择一种方向，选择后单击“确定"按钮,如图 5-23 所示。

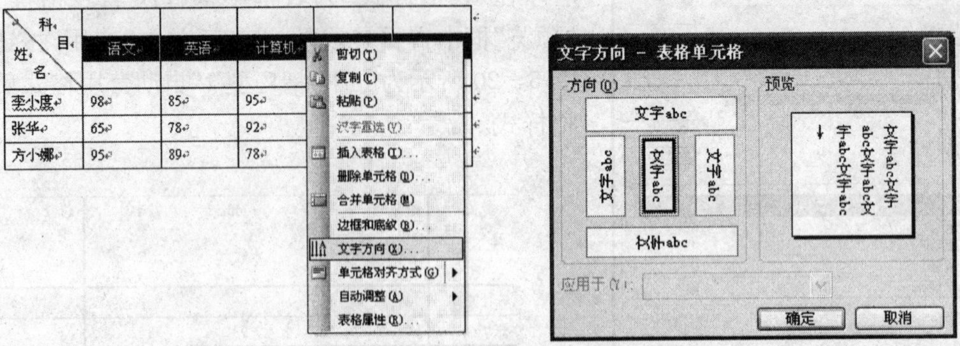

图 5-23　更改文字方向的设置

更改文字方向后的效果如图 5-24 所示。

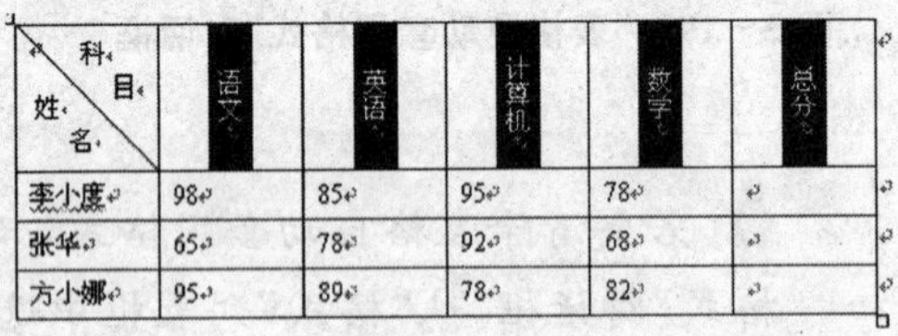

图 5-24　更改"文字方向"后的效果

4. 设置表格的边框

Word 2003 默认的表格边框是 0.5 磅的黑细线,根据需要也可设置其他边框样式,可以设置整个表格的外边框,也可以设置选定的单元格边框。

设置方法是:选定需要设置的表格或单元格,执行"格式"→"边框和底纹"菜单命令,在打开的对话框中单击"边框"选项卡,在"设置"组中选择一种边框设置方式,如选择"网格";在"线型""颜色""宽度"列表框中选择边框线的线型、颜色和宽度;在"预览"框中单击要更改的框线,直到观察效果满意后单击"确定"按钮,设置方法与效果如图 5-25 所示。

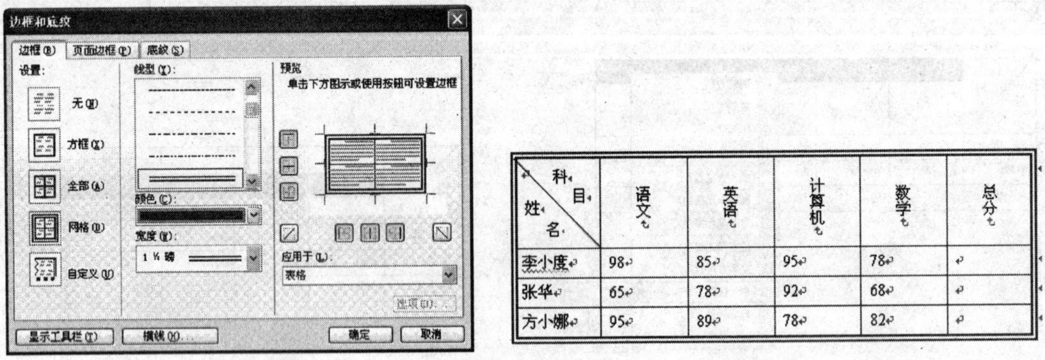

图 5-25　"边框"选项卡的设置以及设置后的效果

5. 设置表格的底纹

设置表格的底纹与文本的底纹方法基本相同,选取需要设置的表格、行或列,打开"边框和底纹"对话框,单击"底纹"选项卡,设置填充色和图案样式等,单击"确定"按钮。

5.2 案例实现

5.2.1 案例要求

灵活运用前面所学的插入表格、合并单元格、更改文字方向、设置表格内容的对齐方式、设置表格边框线、底纹等知识，制作如图 5-26 所示的“客户满意度调查表”文档。

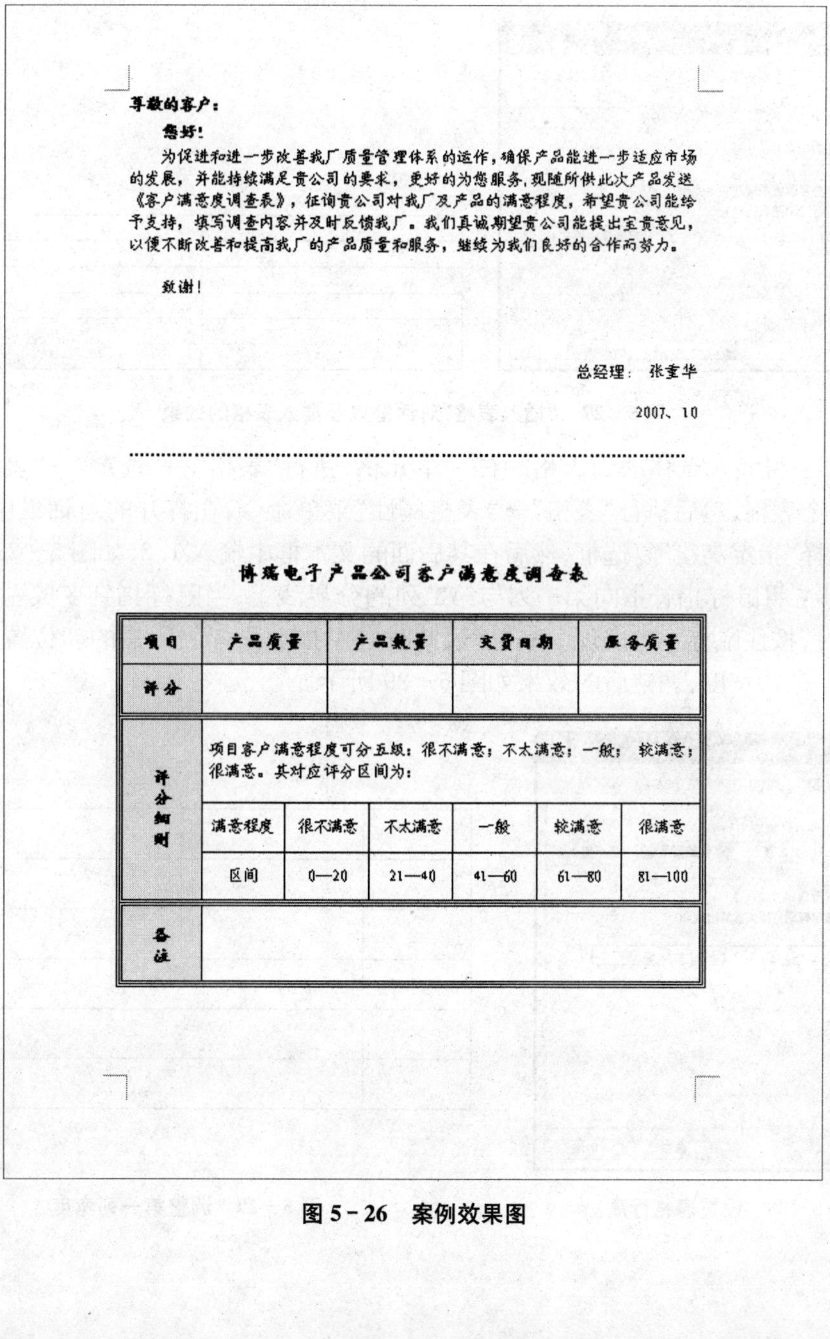

尊敬的客户：

您好！

为促进和进一步改善我厂质量管理体系的运作，确保产品能进一步适应市场的发展，并能持续满足贵公司的要求，更好的为您服务，现随所供此次产品发送《客户满意度调查表》，征询贵公司对我厂及产品的满意程度，希望贵公司能给予支持，填写调查内容并及时反馈我厂。我们真诚期望贵公司能提出宝贵意见，以便不断改善和提高我厂的产品质量和服务，继续为我们良好的合作而努力。

致谢！

总经理：张奎华

2007、10

博瑞电子产品公司客户满意度调查表

<table>
<tr><td>项目</td><td>产品质量</td><td>产品数量</td><td>交货日期</td><td>服务质量</td></tr>
<tr><td>评分</td><td></td><td></td><td></td><td></td></tr>
<tr><td>评分细则</td><td colspan="4">项目客户满意程度可分五级：很不满意；不太满意；一般；较满意；很满意。其对应评分区间为：
<table>
<tr><td>满意程度</td><td>很不满意</td><td>不太满意</td><td>一般</td><td>较满意</td><td>很满意</td></tr>
<tr><td>区间</td><td>0—20</td><td>21—40</td><td>41—60</td><td>61—80</td><td>81—100</td></tr>
</table></td></tr>
<tr><td>备注</td><td colspan="4"></td></tr>
</table>

图 5-26 案例效果图

5.2.2 案例实现步骤

第 1 步：启动 Word 2003，新建一个文档，单击“常用”工具栏的“保存”按钮，将该文档保存并命名为“客户满意度调查表”，选择类型为 Word 文档。

第 2 步：根据案例效果，先输入文字部分，一直到有省略号……组成的裁剪线为止。

第 3 步：输入表格标题“博瑞电子产品公司客户满意度调查表”后按回车键。

第 4 步：执行“表格”→“插入”→“表格”菜单命令，插入 2 列 6 行的表格如图 5－27 所示。

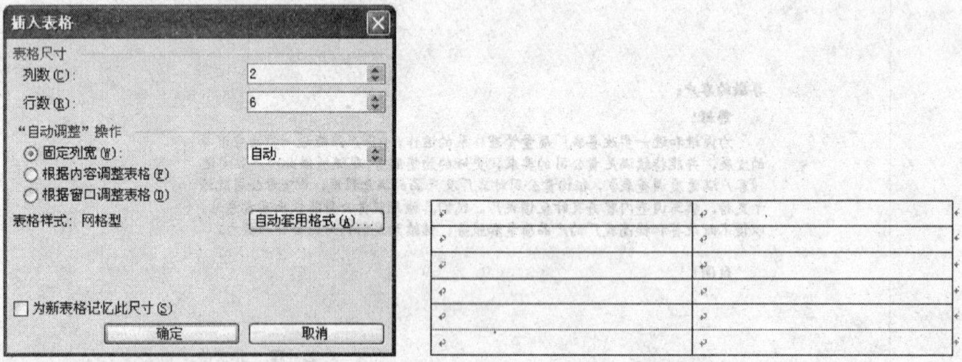

图 5－27 “插入表格”对话框以及插入表格的效果

第 5 步：将插入点移动到表格的任一单元格，执行“表格”→“选定”→“表格”菜单命令，选定整个表格，然后执行“表格”→“表格属性”菜单命令，在打开的对话框中单击“行”选项卡，选择“指定高度”复选框，然后在其后面的文本框中输入 1.2，如图 5－28 所示。

第 6 步：将鼠标指针指向第一列与第二列的分界线上，当鼠标指针变成左、右分裂的双向箭头时，按住鼠标左键出现一条虚线，此时向左拖动鼠标到所需的新位置放开左键，以调整第一列的宽度，调整后的效果如图 5－29 所示。

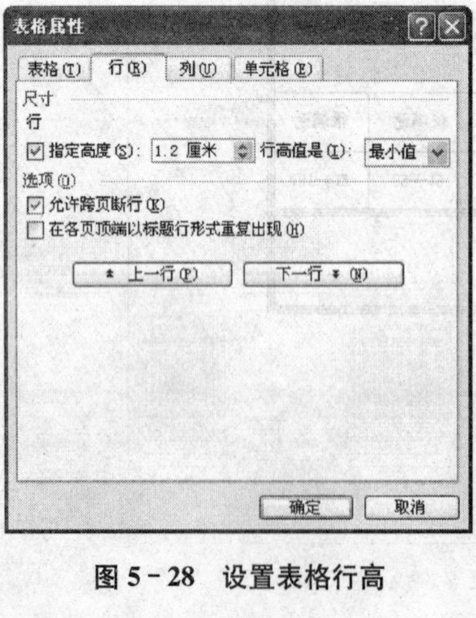

图 5－28 设置表格行高

图 5－29 调整第一列宽度

第 7 步：选择第一行的第二个单元格，单击鼠标右键，在弹出的快捷菜单中选择"拆分单元格"，在出现的对话框中输入 4 列 1 行，单击"确定"按钮，如图 5－30 所示。

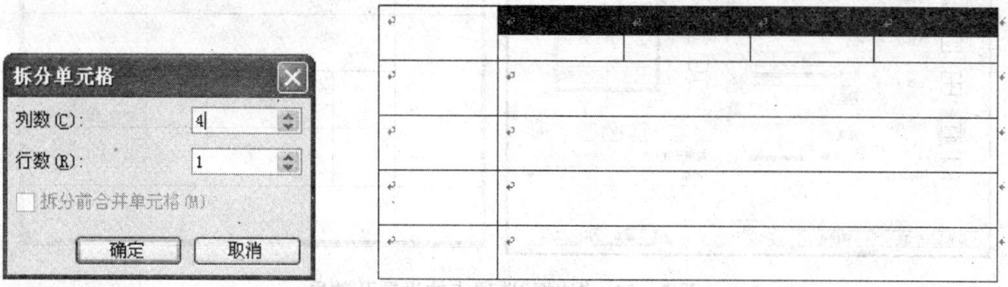

图 5－30 "拆分单元格"对话框及拆分效果

第 8 步：选择第二行的第二个单元格，拆分该单元格为 1 行 4 列，操作方法同第 7 步。

第 9 步：分别选择第 4 行的第二个单元格和第 5 行的第二个单元格，将这两个单元格均拆分成 6 列 1 行。

第 10 步：选择第 3，4，5 行的第一单元格，单击鼠标右键，在弹出的快捷菜单中选择"合并单元格"，将这三个单元格合并成一个单元格，操作方式及效果如图 5－31 所示。

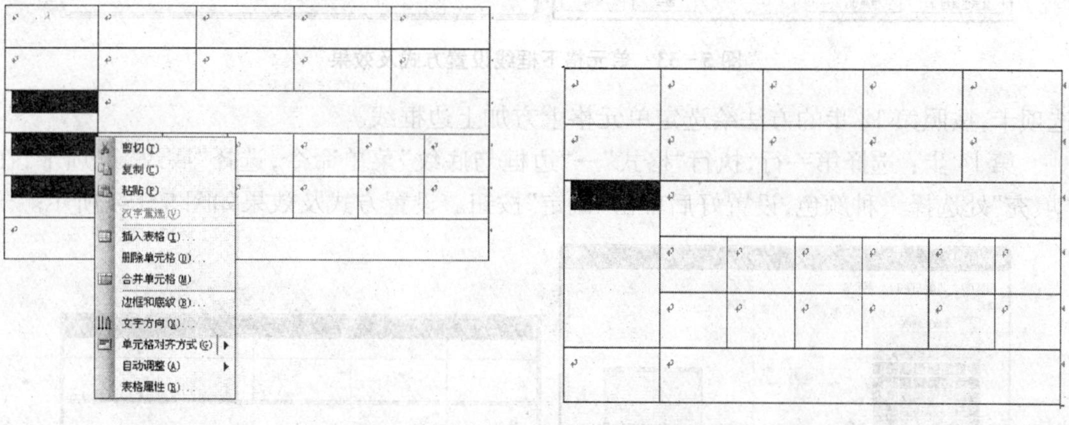

图 5－31 "合并单元格"操作方式及效果

第 11 步：改变表格框线。选中整个表格，执行"格式"→"边框与底纹"菜单命令，选择"边框"选项卡，在设置栏中选择"网格"，在线型框中选择双线，在颜色处选择所需的颜色，在宽度处选择需要的宽度，设置好后单击"确定"按钮，如图 5－32 所示。

第 12 步：选择表格的第二行，执行 "格式"→"边框与底纹"菜单命令，选择"边框"选项卡，选择与外框一样的线型、颜色与宽度，在设置处单击"自定义"，在预览处单击左边下方的"▣"按钮，给选定单元格的下方加上设置的框线，设置好后单击"确定"按钮，设置方式及效果如图 5－33 所示。

第 13 步：选择表格的最后一行，执行 "格式"→"边框与底纹"菜单命令，选择"边框"

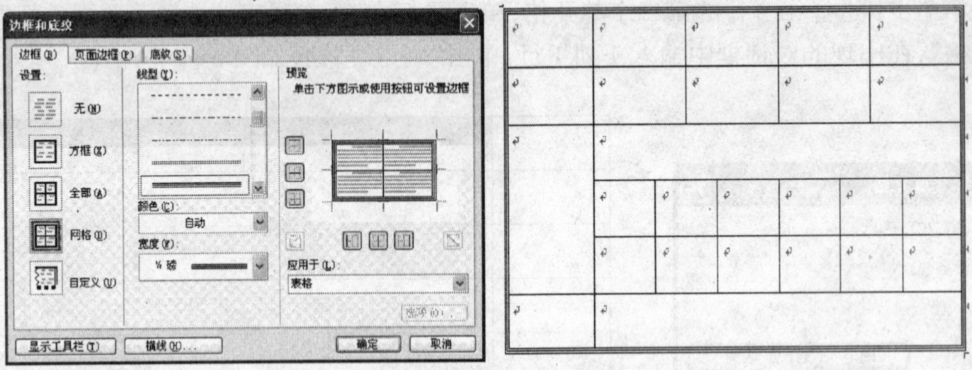

图 5-32 “边框”选项卡的设置及效果

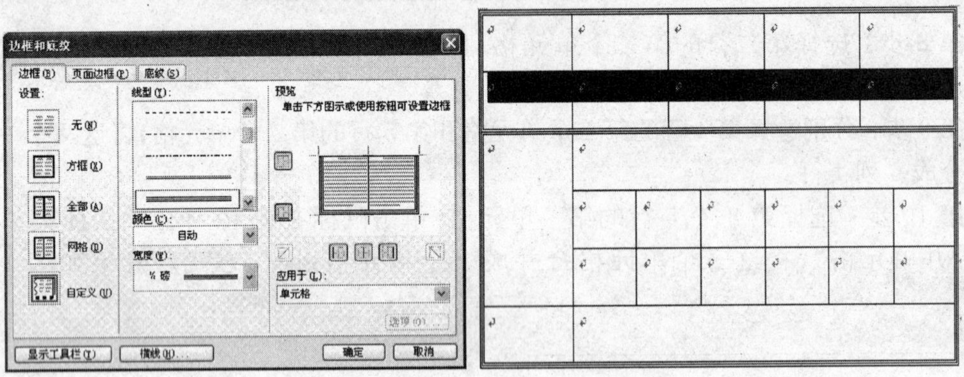

图 5-33 单元格下框线设置方式及效果

选项卡,按照第 12 步的方法给选定单元格上方加上边框线。

第 14 步:选择第一行,执行“格式”→“边框与底纹”菜单命令,选择“底纹”选项卡,在“填充”处选择一种颜色,设置好后单击“确定”按钮。设置方式及效果如图 5-34 所示。

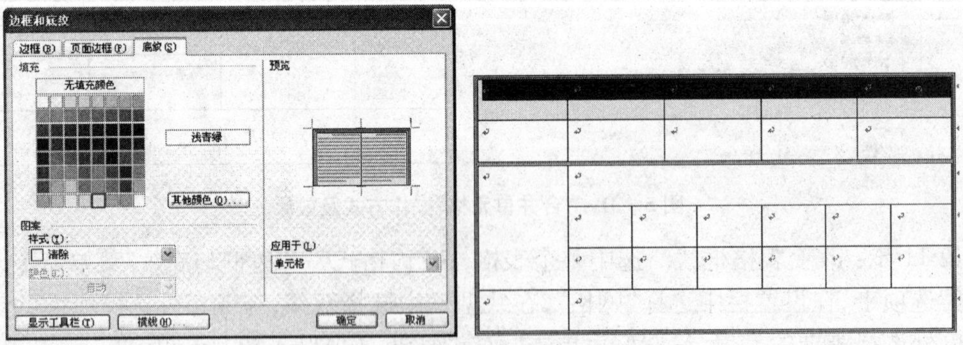

图 5-34 单元格底纹设置方式及效果

第 15 步:选择第一列,按第 14 步操作设置该列的底纹。

第 16 步:根据效果图,在表格的各个单元格中输入文本,并根据效果图设置表格中文本的字体、字号等。

第 17 步:设置文本的对齐方式为垂直与水平居中。方法是:选择整个表格,单击鼠标右键,在弹出的快捷菜单的"单元格对齐方式"的下一级子菜单中单击"≡"按钮。设置方式及效果如图 5 - 35 所示。

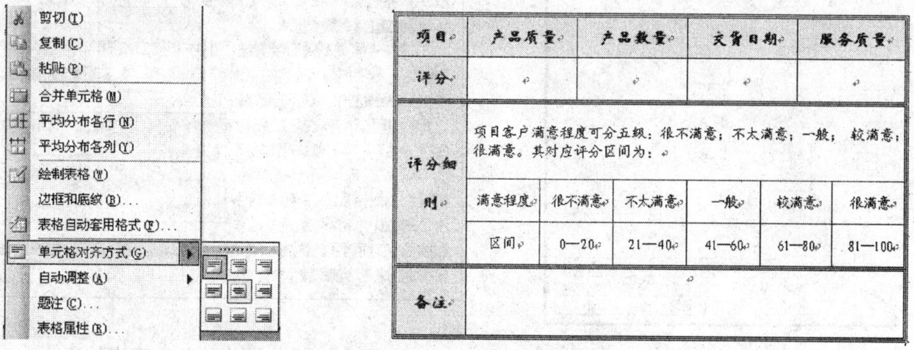

图 5 - 35 表格文本的对齐方式设置及效果

第 18 步:选中第三行、第四行的第一个单元格,单击鼠标右键,在弹出的快捷菜单中选择"文字方向"菜单命令,在出现的对话框中选择如图 5 - 36 所示的方向,单击"确定"。

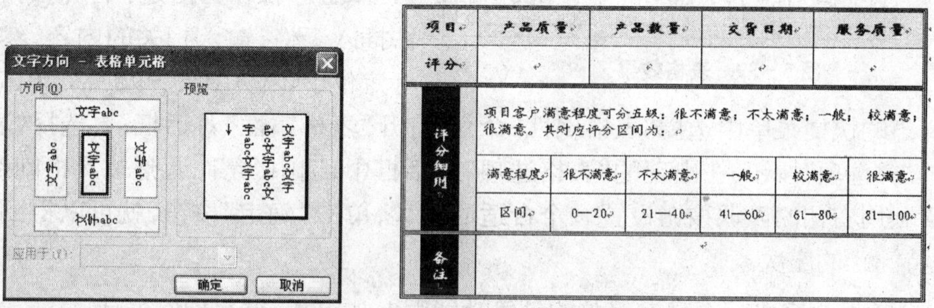

图 5 - 36 更改文字方向的设置及效果

第 19 步:对照效果图,根据前面所学知识对"……"号前的文本进行文本格式与段落格式等的设置,设置完毕保存结果。

5.3 疑问与解答

如果表格比较小没有占用整个页面,能否像图片一样设置与文字的环绕关系呢?

可以设置。方法是:选中要设置环绕的表格,执行"表格"→"表格属性"菜单命令,在出现的对话框中单击"表格"选项卡,如图 5 - 37 所示,在"对齐方式"处选择一种对齐方式,在"文字环绕"处选择一种环绕方式,然后单击"确定"按钮。图 5 - 38 是设置了右对齐方式的环绕效果。

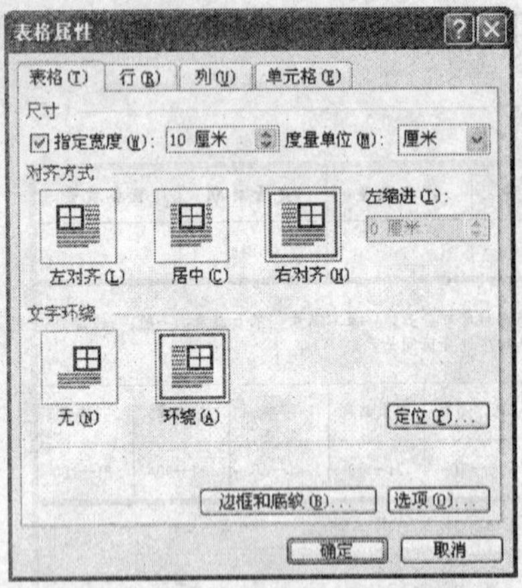

图 5－37 “表格性”选项卡设置

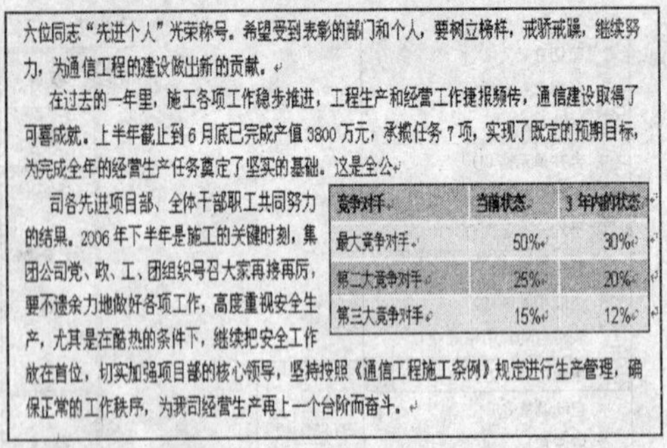

六位同志“先进个人”光荣称号。希望受到表彰的部门和个人，要树立榜样，戒骄戒躁，继续努力，为通信工程的建设做出新的贡献。

在过去的一年里，施工各项工作稳步推进，工程生产和经营工作捷报频传，通信建设取得了可喜成就。上半年截止到6月底已完成产值3800万元，承揽任务7项，实现了既定的预期目标，为完成全年的经营生产任务奠定了坚实的基础。这是全公司各先进项目部、全体干部职工共同努力的结果。2006年下半年是施工的关键时刻，集团公司党、政、工、团组织号召大家再接再厉，要不遗余力地做好各项工作，高度重视安全生产，尤其是在酷热的条件下，继续把安全工作放在首位，切实加强项目部的核心领导，坚持按照《通信工程施工条例》规定进行生产管理，确保正常的工作秩序，为我司经营生产再上一个台阶而奋斗。

竞争对手	当前状态	3年内的状态
最大竞争对手	50%	30%
第二大竞争对手	25%	20%
第三大竞争对手	15%	12%

图 5－38 右对齐方式环绕效果

座位号1	座位号2	座位号3	座位号4
座位号5	座位号6	座位号7	座位号8
座位号9	座位号10	座位号11	座位号12

图 5－39 表格效果

要想制作一张单元格之间保持一定距离的座次表，如图 5－39 效果，该如何操作？

操作方法是：首先按常规的方法插入表格，输入相关的内容，然后将鼠标定位于表格中任一单元格，单击鼠标右键，在弹出的快捷菜单中选择“表格属性”命令，打开“表格属性”对话框；再选择“表格”选项卡，单击“选项”按钮，在出现的“表格选项”对话框中，选中“允许调整单元格间距”复选项，然后利用右侧的微调按钮设置一个合适的距离，单击“确定”按钮，就可以得到单元格之间保持间距的座次表了。

Word 表格是否具有简单的计算功能呢？如求和、求平均值等计算。

在表格中可以进行简单的运算，如求和、求平均值等。计算时要用到单元格的名称(或地址)。单元格名称的表示采用列号与行号的组合。列号用 A,B,C,……顺序编号，行号用 1,2,3,……数字顺序编号，如第一行第一个单元格表示为“A1”，第二行的第三个单元格表示为“C2”。一个连续单元格区域的名称表示方法为“左上个单元格的名称：右下单元格的名称”。如第一行的第二个单元格到第一行第五个单元格区域的表示方法为“B1：E1”。

【例】 在图 5－40 成绩表中计算出“张三”的总分。具体操作如下：

姓名	英语	物理	数学	计算机	总分	平均分
张三	67	89	78	78		
李四	68	90	56	89		
王五	89	78	77	89		
王芳	56	90	78	99		

图 5－40 学生成绩表

(1) 将插入点移到存放总分的单元格(第二行的第 6 单元格)。

(2) 单击“表格”→“公式”菜单，打开如图5-41所示的对话框。

(3) 在“公式”列表框中显示“＝SUM(LEFT)”，表明要计算左边各列数据的总和。

(4) 单击“确定”按钮。

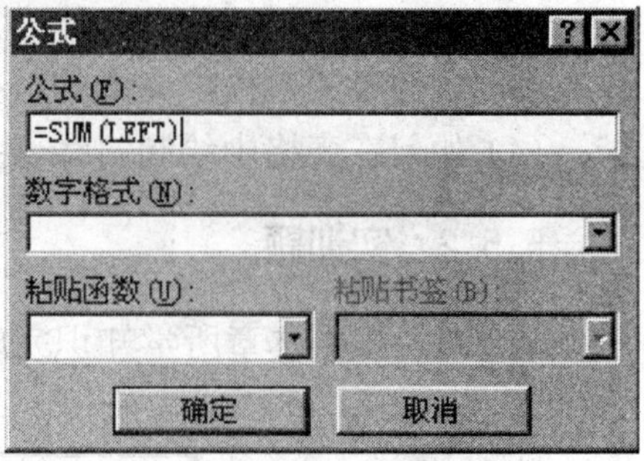

图5-41 “公式”对话框

若要求出“张三”的平均分，具体操作如下：

(1) 将插入点移到第二行的第7单元格。

(2) 单击“表格”→“公式”菜单。

(3) 在“公式”列表框中显示“＝SUM(LEFT)”。

将其修改为“＝AVERAGE(B1：E1)”，公式名可以在粘贴函数列表框中选定。

(4) 在“数字格式”列表框中选定“0.0”格式，表示到小数后一位。

(5) 单击“确定”按钮。

注：同样操作可以求得以下各行的总分和平均分。

5.4 小窍门

小窍门1　在表格的最后一个单元格单击“Tab”键可以增加一行，插入点在表格的最后一行边框外的回车键处按回车键也可以增加一行。

小窍门2　在跨页的长表格中，为了避免同一个单元格中的内容被分隔到不同的页上，执行“表格”→“表格属性”菜单，选择“行”选项卡，取消“允许跨页断行”复选框中的对钩即可。

5.5 习题与实训

5.5.1 理论习题

1. 填空题

(1) 插入一个表格的方法有通过“常用”工具栏、________和________3种方法。

(2) 选定一个单元格的方法是________________________________。

(3) 选定整个表格的方法是________________________________。

(4) 合并单元格是指________________________________。

(5) 拆分单元格是指________________________________。

(6) 改变表格的边框线可执行________________________菜单命令。

2. 简述题

(1) 拆分表格是指什么？

(2) “标题行重复”菜单有什么实际意义？

(3) 如何设置表格中文本的对齐方式？

(4) 如何在表格中绘制斜线表头？

5.5.2 实训题

实训 1　根据本章所学知识完成如图 5－42 所示的“市场经销报告表”的制作。

市场经销报告表

类别 / 经销情况 / 机型		销量		销售额		平均价（美元）
		台	占有率	百万元	占有率	
A组	TOSH	7890	46.4	23.1	40.9	2486
	CANO	5000	18.4	15.7	27.7	
	OKI	3000	11.0	11.7	20.7	1890
	NEEC	2265	8.3	049	1.6	
B组	LENT	1900	6.6	146	2.9	1748
	XEROX	1200	4.4	3.0	5.3	

图 5－42　“实训 1”图示

实训 2　根据本章所学知识完成如图 5－43 所示的“毕业生自荐表”的制作。

毕业生自荐表

姓名		性别		出生年月		照片
民族		籍贯		政治面貌		
学历		学位		联系电话		
身体状况		担任职务				
家庭地址				E-mail		
家庭主要成员	称谓	姓名	工作单位及职务			
	父亲					
	母亲					
特长及爱好						
自我简介						
在校期间奖惩情况						

图 5－43　“实训 2”图示

案例 6　版面设计与打印输出

同学小娜准备参加《计算机操作工》等级考试，在等级考试的培训班上，老师提供一张漂亮版面的样稿，要求模仿样稿设计版面，并打印输出。以小娜现在的水平要排出这么漂亮的版面，还真有点难度。小娜找小米这位高手指点排版，在小米的指导下她不但完成了作业，而且还学到了不少的版面设计技巧呢！

本案例目标

- ✧ 掌握页面设置的方法
- ✧ 掌握分栏排版的技巧
- ✧ 掌握页眉与页脚的设置
- ✧ 掌握文档的打印输出

本案例最终效果图

"计算机操作工培训班" 家庭作业　　方梦娜

家用电脑

家用电脑是一个功能丰富，性能适中，集硬件、软、服务于一体的新型电脑。家用电脑在家庭中所起的作用主要体现在以下几个方面：

1. 教育方面

电脑在家庭中可以扮演家庭教师的角色，利用家用电脑可以更好地教育子女，激发学习兴趣，提高学习成绩。您可以将不同程度、不同科类的教学软件装入到电脑中，学习者可以根据自己的程序自由安排学习进度。

2. 办公方面

电脑应用最重要的变革就是实现了办公自动化。电脑进入家庭，使得办公室里的部分工作可以在家中完成。您可以将办公室里的一些文字工作拿回家中，利用电脑进行文字处理，还可以利用电脑与异地电脑进行联网通信，获得更多的信息。您还可以利用您的电脑接受、发送传真，打 IP 电话等……

3. 家政方面

电脑在家庭中可以充当秘书的角色，可以利用电脑来管理家庭的收入、支出和财产；电脑可以提供飞机航班、火车时刻表、重要城市的交通路线，以便家庭随时查询；电脑还可以提供股市行情、旅游购物指南等。

4. 娱乐方面

多媒体进入家庭，使得利用家用电脑进行娱乐的种类更加多样化，比如：利用电脑建立家庭影院、家庭卡拉 OK 中心、家庭影像中心，利用家用电脑玩游戏等等。

随着现代电子与计算机技术的迅速发展，家用电脑将成为人们日常生活和工作中不可缺少的工具。

2007-11-15　8:35:43 AM　　1

图 6-1　版面设计效果图

6.1 知 识 剖 析

文档编辑完成后一般都需要进行打印输出,在打印输出之前还应对页面版式进行一些设置。本案例主要讲述如何设置页面,如何设置页眉与页脚,如何设置分栏排版,以及文档的打印预览与打印输出等知识。通过本案例相关知识点的学习,应能根据内容需要合理设计文档页面版式最终将文档打印输出。

6.1.1 设置页面

设置页面也就是对文章的总体版面设置与纸张大小的选择。就像写信一样,先要确定用多大的纸,然后,在这张纸上的什么位置开始写字。页面设置得好不好将会影响整篇文档的版式。

一般来说,在排版一篇文章之前最先要做的工作是页面设置。页面设置主要包括纸张大小、页边距等的设置。设置的方法是:执行“文件”→“页面设置”菜单,出现如图 6-2 所示的页面设置对话框。

1. 设置打印用纸

大多数用户使用的打印纸张主要以 A4 纸和 16 开为主。默认情况下 Word 2003 纸张的大小为 A4 纸,根据需要,用户可选择或自定义所需的纸张大小。在“页面设置”对话框中,单击“纸张”选项卡,出现如图 6-3 所示的对话框。在“纸张大小”下拉列表框中选择所需的标准纸张类型,如选择“16 开(18.4×26 厘米)”可将打印用纸设为 16 开。如果 Word 所提供的纸张类型不能满足需要,可以在“纸张大小”下拉列表框中选择“自定义大小”选项,然后分别在下方的“宽度”和“高度”数值框中输入所需的值,完成后单击“确定”按钮。

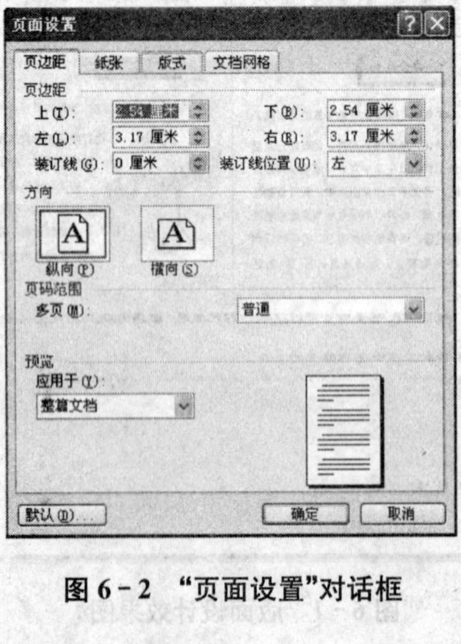

图 6-2 “页面设置”对话框

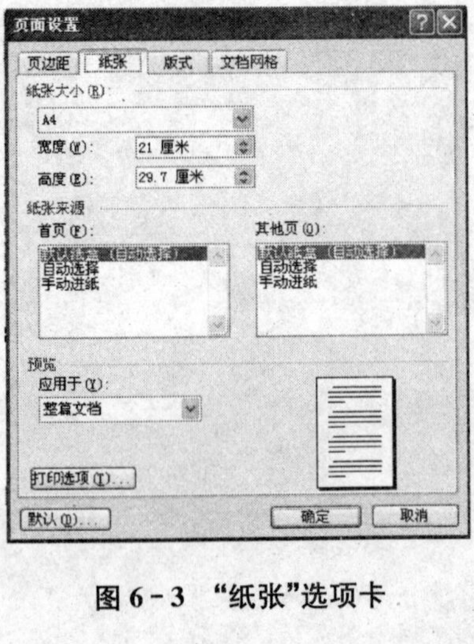

图 6-3 “纸张”选项卡

2. 设置页边距

所谓页边距是指文档中的文本区到页边界的距离，也称页边空白距离。其中，文本的左边界到纸张左边界的距离称为左边距，相应的还有右边距、上边距与下边距，如图 6－4所示。

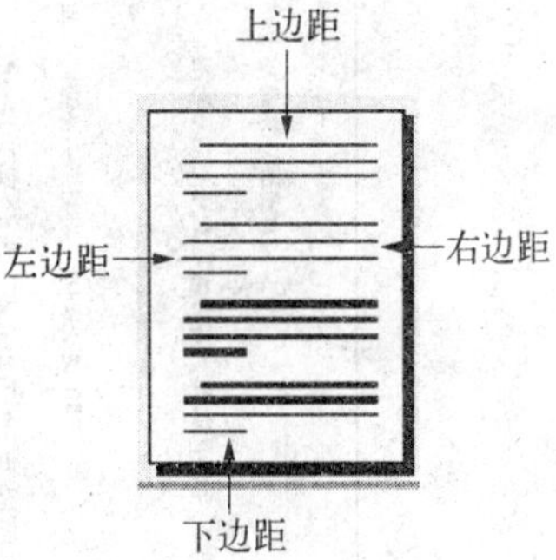

图 6－4　页边距示意图

页边距的设置方法是：在“页面设置”对话框中单击“页边距”选项卡，如图 6－5 所示。分别在“上”、“下”、“左”、“右”4 个数值框中输入具体的值，对于需要装订的文档，还可以通过“装订线”数值框和“装订线位置”下拉列表框设置装订线的位置和距离等。在“方向”栏中可以设置纸张的放置方向，有“纵向”和“横向”两种选择，完成后单击“确定”按钮。

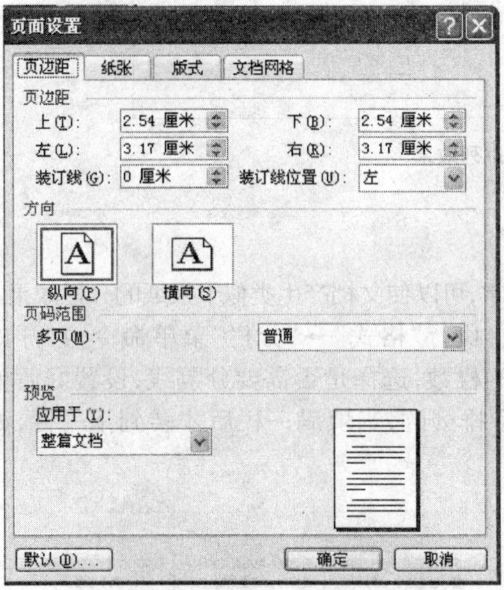

图 6－5　“页边距”选项卡

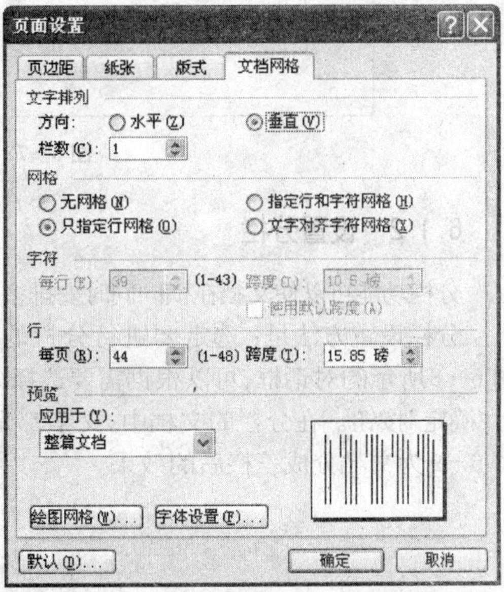

图 6－6　“文档网格”选项卡

3. 设置文字排列方向

在页面设置过程中，根据需要还可对文字方向进行设置。方法是：在“页面设置”对话框中单击“文档网格”选项卡，如图 6－6 所示。Word 2003 默认的文字方向为“水平”，也可以选择“垂直”单选项，单击“确定”按钮，则将文字进行垂直排列，效果如图 6－7 所示。

也可以单击“格式”工具栏上的“更改文字方向”按钮“”，或执行“格式”→“文字方向”菜单命令来更改文字方向。

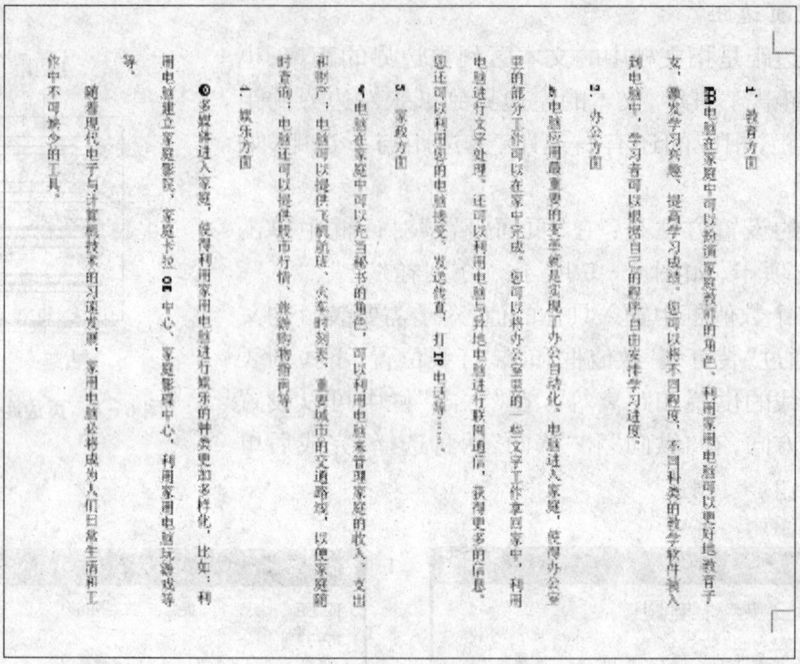

图 6-7　垂直排列效果

6.1.2　设置分栏

分栏功能可以使文档在横向同时安排多列文字，可以使文档产生类似于报纸的分栏效果。

分栏设置方法是：选定要进行分栏的文本，执行“格式”→“分栏”菜单命令，打开如图 6-8所示的对话框，可以根据需要选择分栏的栏数，选择是否需要分隔线，设置好后单击“确定”按钮。在分栏的文档中，文字都是逐栏排列的，当填满一栏后才转到下一栏，如图 6-9为文档分成三栏后的效果。

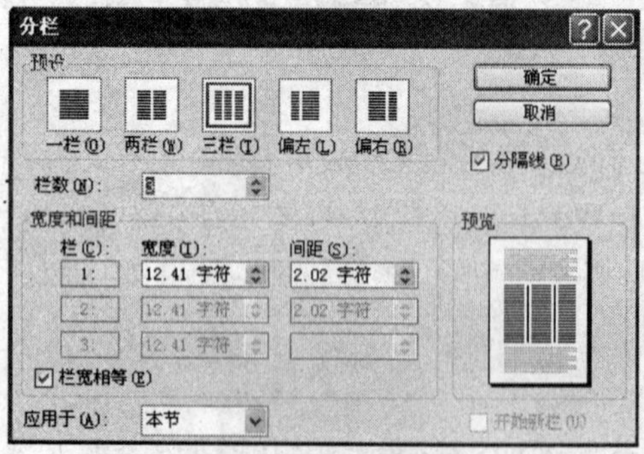

图 6-8　“分栏”对话框

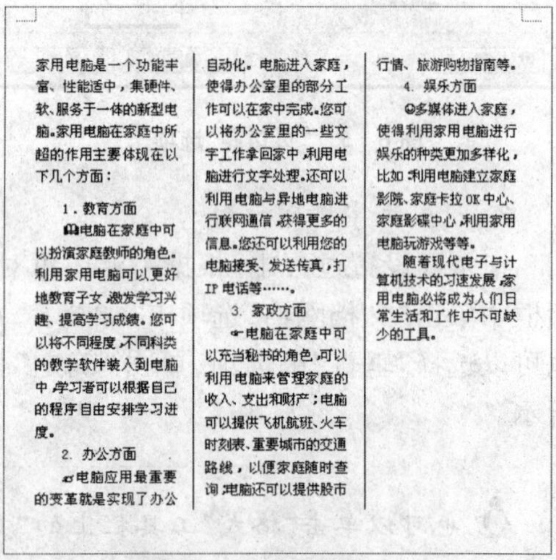

图 6-9　设置分栏后的效果

在默认情况下当填满一栏后才转到下一栏，若没填满一栏，要在某处必须换栏，则将插入点移到要换栏处，执行“插入”→“分隔符”菜单命令，打开“分隔符”对话框，选择其中的“分栏符”选项，如图 6－10 所示。如果在图 6－10 所示的文本中将插入点移到“二”前进行操作，设置后的效果如图 6－11 所示。

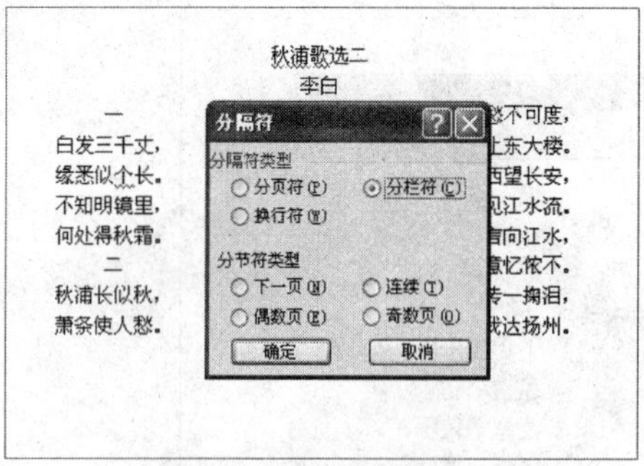

图 6－10 “分隔符”对话框

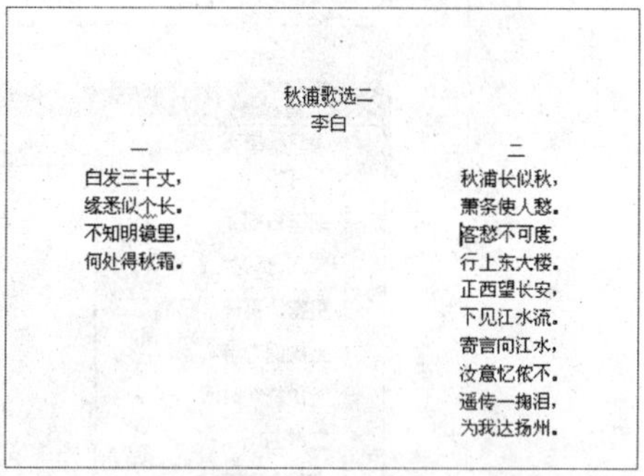

图 6－11 设置“分栏符”后的效果

6.1.3 设置页眉和页脚

页眉是页面上方(上边距内)的信息，可以输入文字信息，通常可在其中输入公司名称、制作人姓名、部门、文档名称或页码等，也可以插入公司的图标等对象；页脚是页面下方(下边距内)的信息，通常可在其中输入文档页码、总页数、作者或日期时间等内容。

1. 创建页眉和页脚

执行“视图”→“页眉和页脚”菜单命令，在文档中出现用虚线围住的“页眉和页脚”编辑区，文档原内容将模糊显示，同时出现“页眉和页脚”工具栏，如图 6－12 所示。

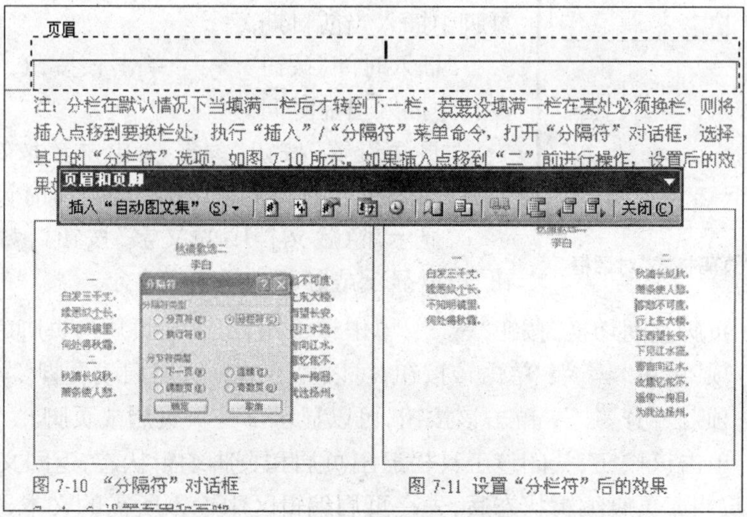

图 6－12 “页眉与页脚”编辑区及工具栏

“页眉和页脚”工具栏中各按钮的名称及作用如下：

“插入“自动图文集”(S)”：用于提供插入到页眉或页脚中的“自动图文集”条目，如单击下拉列表中的“作者、页码、日期”菜单，在页眉处插入创建该文档的作者、文档的页码以及创建日期，如图 6－13 所示。

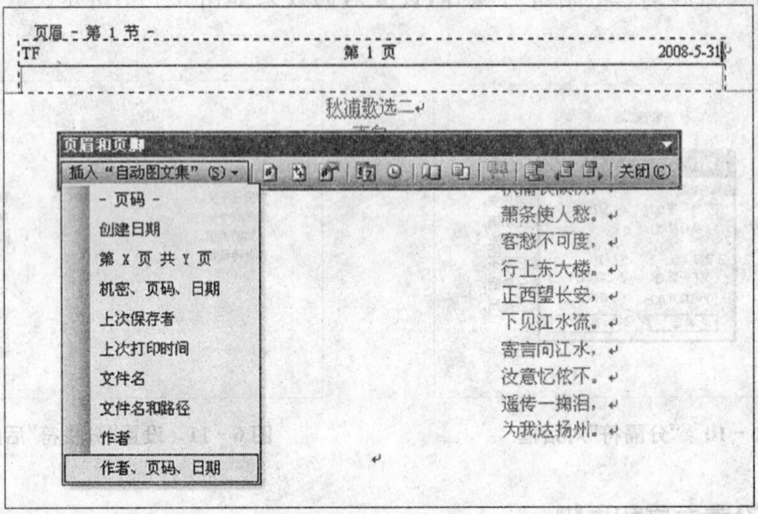

图 6－13　在页眉处插入自动图文集效果

“插入页码”按钮“ ”：单击该按钮，可以在页眉或页脚中插入页码。

“插入页数”按钮“ ”：单击该按钮，可以在页眉或页脚中插入文档的总页数。

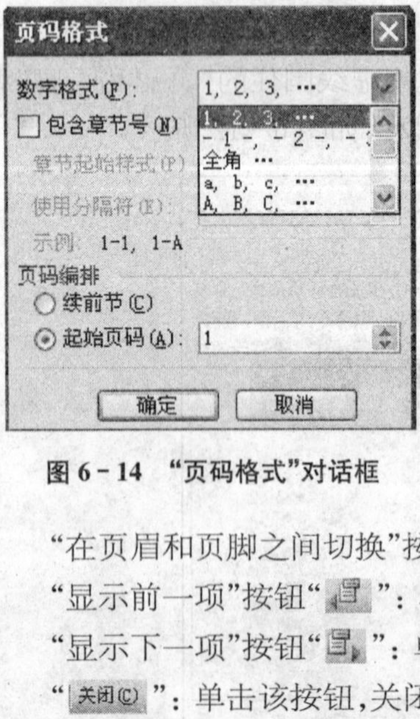

图 6－14　“页码格式”对话框

“设置页码格式”按钮“ ”：单击该按钮，将打开“页码格式”对话框，如图 6－14 所示，从中可以设置页码的格式。如起始页码等。

“插入日期”按钮“ ”：单击该按钮，可以在页眉与页脚中插入当前日期。

“插入时间”按钮“ ”：单击该按钮，可以在页眉与页脚中插入当前时间。

“页面设置”按钮“ ”：单击该按钮，出现“页面设置”对话框，可以在编辑页眉与页脚时设置页面。

“显示/隐藏文档中的文字”按钮“ ”：单击该按钮，可以显示或隐藏文档中的文字。

“在页眉和页脚之间切换”按钮“ ”：单击该按钮，可以在页眉与页脚之间切换。

“显示前一项”按钮“ ”：单击该按钮，可以显示前一页页眉或页脚。

“显示下一项”按钮“ ”：单击该按钮，可以显示下一页页眉或页脚。

“关闭(C)”：单击该按钮，关闭该工具栏退出页眉和页脚编辑状态，返回文档编辑区。

一般进入页眉或页脚编辑状态后，先在页眉编辑区中输入所需的文本，并可设置文字格式，也可插入图片或艺术字等，如图 6－15 所示。然后单击“页眉和页脚”工具栏中的

“ ”按钮，切换到页脚编辑区中，输入需要的内容，如图 6－16 所示。

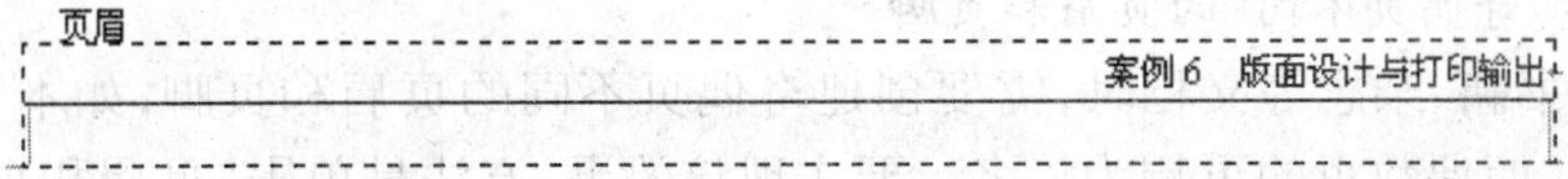

图 6－15　创建页眉中的文本

图 6－16　创建页脚中的文本

> 要在页脚处插入页码和文档总页数，可以在页脚编辑区的适当位置输入“第 X 页 共 Y 页”之类的文本，然后将插入点移到“第”字后，再单击“页眉与页脚”工具栏中的“ ”按钮，再将插入点移到“共”字后，再单击“页眉与页脚”工具栏中的“ ”按钮，如图 6－17 所示。

图 6－17　创建页脚中的页码

如果要在页眉或页脚中插入公司标记等图片，将插入点移到适当位置，执行“插入”→“图片”→“来自文件”菜单命令。完成页眉或页脚的编辑后，单击“页眉和页脚”工具栏的“关闭”按钮，这时整篇文档的每一页都将自动应用设置的页眉或页脚。

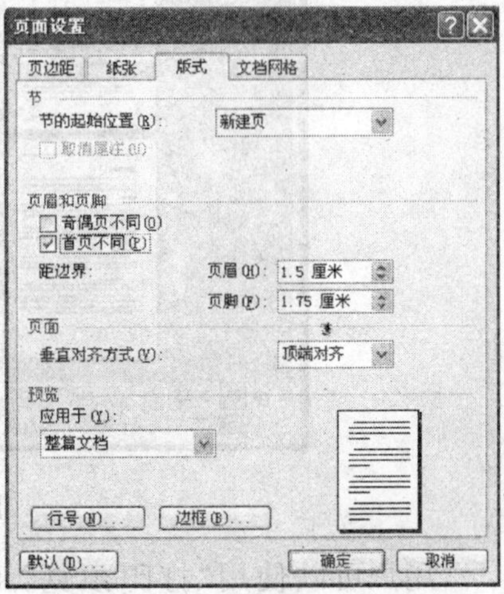

图 6－18　“版式”选项卡中的设置

2. 创建“首页不同”的页眉和页脚

创建页眉和页脚后，在默认情况下，每个页面均有相同的页眉和页脚，而在某些特殊情况下，如内容简介或封面等需要创建不同于其他页的页眉和页脚或者不设置页眉与页脚，只要创建首页不同的页眉和页脚即可实现。

创建首页不同的页眉和页脚的方法是：执行“视图”→“页眉和页脚”进入页眉与页脚编辑状态，单击“页眉和页脚”工具栏中的“页面设置”按钮“ ”，打开页面设置对话框，在对话框中单击“版式”选项卡，再选中“首页不同”复选框，如图 6－18 所示。即可在首页的页眉和页脚区域中创建不同于其他页的页眉和页脚,也可保持其默认的空白。

3. 创建"奇偶页不同"的页眉和页脚

在编辑书籍、杂志等文档时,需要创建奇偶页不同的页眉和页脚,如本书奇数页页眉为案例名,而偶数页的页眉为篇名。要实现该效果,方法是单击"页眉和页脚"工具栏中的"页面设置"按钮" ",打开页面设置对话框,在对话框中单击"版式"选项卡,如图6-18所示,再选中"奇偶页不同"复选框,单击"确定"按钮。先创建奇数页(或偶数页)的页眉和页脚后,再单击"页眉页脚"工具栏的"显示前一项"按钮" ",或单击"显示下一项"按钮" "切换到偶数页(或奇数页)的页眉与页脚进行创建,创建完成后单击"关闭"按钮。

6.1.4 文档的打印预览和打印输出

文档录入、编辑、排版完成后,就可以打印输出了。在正式打印之前用户可以利用 Word 2003 的打印预览功能,看看文档打印出来的整体效果,如果对效果不满意,还可以在打印前进行修改。

1. 打印预览

打印预览是指在打印文档前预先观看打印效果而显示文档的一种视图。在打印预览状态下可以查看页边距、页面的宽度与高度是否合适等。

执行"文件"→"打印预览"菜单命令,或者单击常用工具栏的"打印预览"按钮" "。进入"打印预览"状态,如图 6-19 所示。

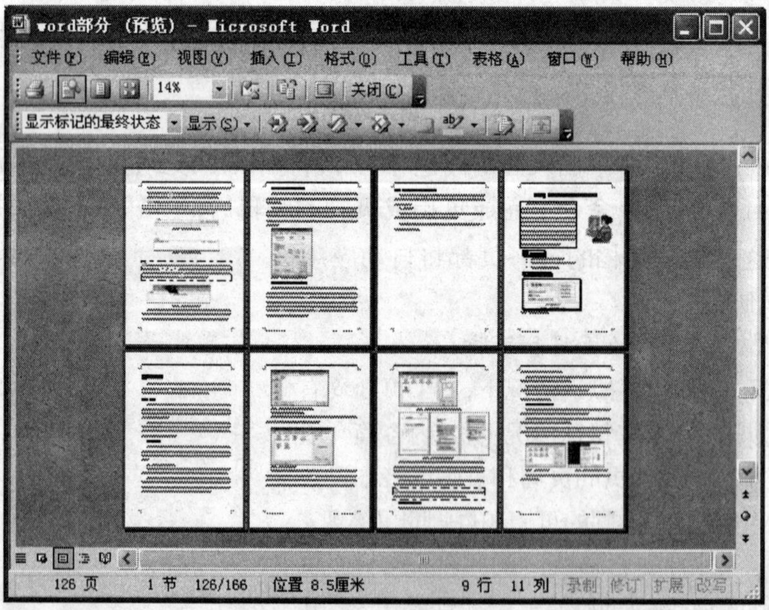

图 6-19 "打印预览"视图

用户可以使用"打印预览"工具栏上各个按钮,任意缩放页面显示比例,可以像图 6-19一样同时显示多个页面,更真实地预览文档外观。"打印预览"工具栏如

图6－20所示。

“打印预览”工具栏各按钮的功能如下：

“打印”按钮：将正处于预览显示的文件送至打印机打印输出。

“放大镜”按钮：放大显示指定页内容，再次单击还原。

“单页”按钮：在预览窗口只显示一页的内容，再通过“Page Up”或“Page Down”键来显示上一页或下一页。

“多页显示”按钮：在预览窗口中显示多页内容。单击该按钮后会出现如图6－21所示的列表框，在该列表框中按住鼠标左键，拖动至所需的页数，然后松开鼠标左键，即可按所选页数进行显示预览。

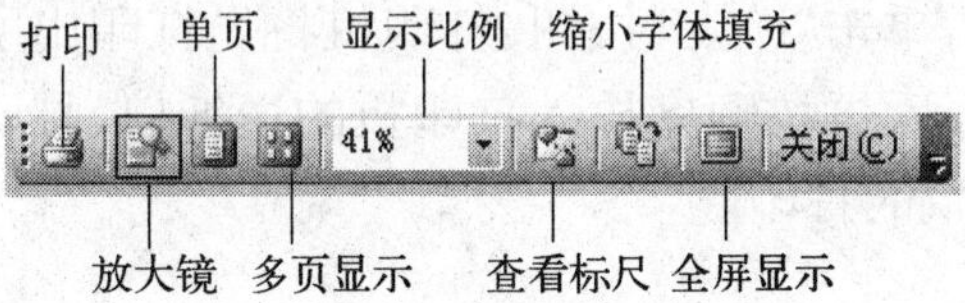

图6－20 “打印预览”工具栏

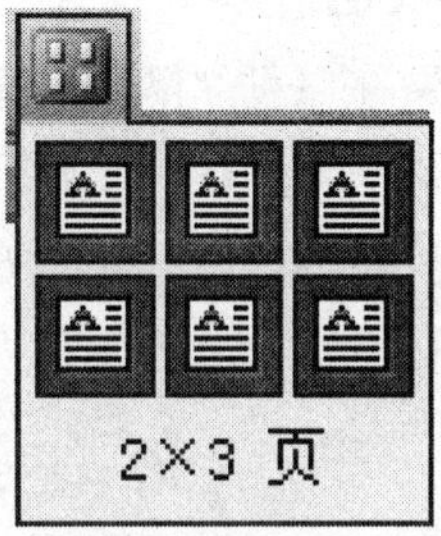

图6－21 “多页”列表框

“查看标尺”按钮：单击该按钮可以调出标尺。

“缩小字体填充”按钮：单击该按钮可以将最后一页中的一两行文档调整到上一页中。

“关闭”按钮：单击该按钮可退出打印预览状态，回到文档编辑状态。

2. 打印文档

文档预览工作完成后，确认打印机正处于待机状态，用户就可以将文档打印输出了。

(1) 利用“打印”按钮“ ”。如果用户只需对整篇文档打印一份，可直接单击“常用”工具栏的“打印”按钮“ ”，立即开始打印。

(2) 利用“文件”→“打印”菜单。如果用户想在打印前进行设置，如打印份数、打印范围和打印机墨粉深浅等，方法是执行“文件”→“打印”菜单命令，打开如图6－22所示的“打印”对话框。通过该对话框按需要进行打印设置，完成后单击“确定”按钮。

3. 打印指定页或部分文档

有时对一份有几十页的文档只需要打印其中的几页，或是需要打印文档中某一段文档时，这时就可以通过设置打印范围来实现。在“打印”对话框的“页面范围”栏中选择好所需的范围，单击“确定”按钮即可开始打印。页面范围包括如下四个选项：

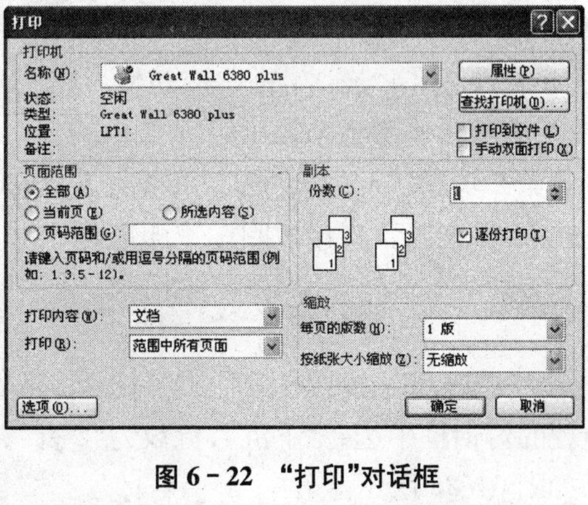

图6－22 “打印”对话框

“全部”：选择该项指打印文档的所有页。

“当前页”：选择该项指打印插入点所在的页。

“页码范围”：选择该项可以指定页码，如要打印第 3 页，则在页码范围框中输入“3”；如要打印第 3、5 页及第 7 到 10 页，则在页码范围框中输入“3,5,7 至 10”即可。

所选内容：选择该项可以打印选择的文档内容。如只要打印文档中的某个图片、表格或某段文字时，先选择要打印的内容，然后在对话框中选择该项即可。

4. 打印的份数

如果需要将某个文档打印多份，则不用发送多次打印任务，只需在“打印”对话框中的“份数”数值框中输入所需份数，再单击“确定”按钮即可开始打印。

5. 双面打印

如果在纸张的两面都打印上文字，如书籍、讲义等，应执行双面打印。方法是在“打印”对话框中选中“手动双面打印”复选框，单击“确定”按钮，打印机将先打印出所有奇数页，再提示用户取出打印好的纸张，翻过面后再按顺序放入打印机的送纸口，打印机将打印出所有偶数页，这样就完成了正反面文稿的打印。

6.2 案例实现

6.2.1 案例要求

新建一个 Word 文档，命名为“家用电脑”，纸张大小为 A4，上、下、左、右边距分别设置为 2.54、2.54、3.17、2.54 厘米，纵向放置。本案例是对前面所学知识的综合运用，知识点覆盖范围广，包括文本格式设置、段落格式设置、首字下沉、分栏、图片与艺术字的应用技巧、页眉页脚设置等，排版后最终效果如图 6-1 所示。

6.2.2 案例实现步骤

第 1 步：新建一个文档，进行页面设置并保存文档。方法是执行“文件”→“页面设置”菜单命令，将页面设置为：纸张大小为“A4”，上、下、左、右边距分别为“2.54、2.54、3.17、2.54厘米”，“纵向”放置，然后单击“保存”按钮，保存时将该文档取名为“家用电脑”，类型为 Word 文档。

第 2 步：输入文本内容。根据效果图要求，在文档中输入内容，注意在文档的开始处先输入几个空行，直接按回车键即可，如图 6-23 所示。

第 3 步：选择全文，执行“格式”→“段落”菜单命令，将行间距设置为“多倍行距 1.25”。

第 4 步：将插入点移到正文的第一段“家”处，执行“格式”→“首字下沉”菜单命令，在出现的对话框中选择“下沉”，行数为“2 行”，如图 6-24 所示单击“确定”按钮。设置后效果如图 6-25 所示。

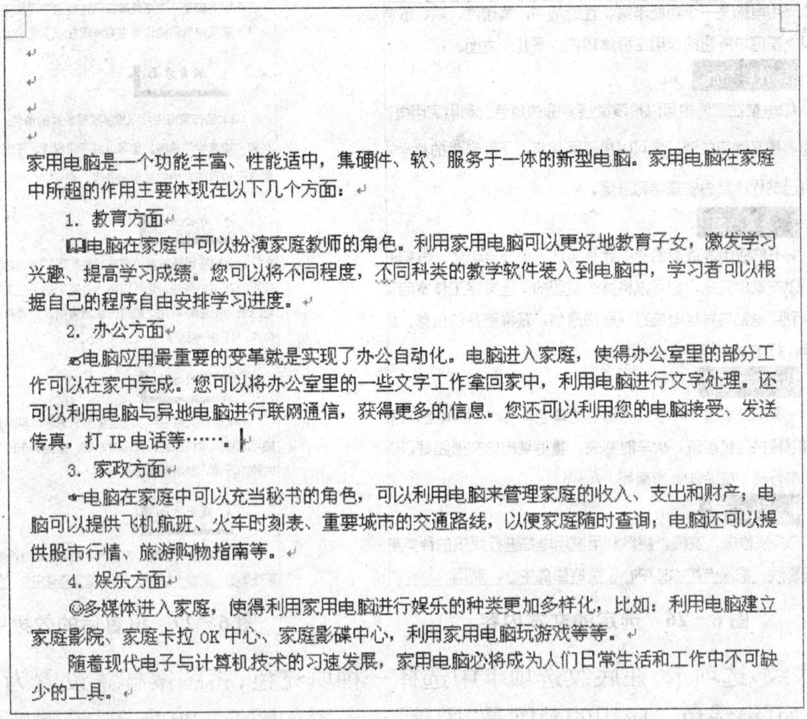

家用电脑是一个功能丰富、性能适中，集硬件、软、服务于一体的新型电脑。家用电脑在家庭中所超的作用主要体现在以下几个方面：

1. 教育方面

电脑在家庭中可以扮演家庭教师的角色。利用家用电脑可以更好地教育子女，激发学习兴趣、提高学习成绩。您可以将不同程度，不同科类的教学软件装入到电脑中，学习者可以根据自己的程序自由安排学习进度。

2. 办公方面

电脑应用最重要的变革就是实现了办公自动化。电脑进入家庭，使得办公室里的部分工作可以在家中完成。您可以将办公室里的一些文字工作拿回家中，利用电脑进行文字处理。还可以利用电脑与异地电脑进行联网通信，获得更多的信息。您还可以利用您的电脑接受、发送传真，打 IP 电话等……。

3. 家政方面

电脑在家庭中可以充当秘书的角色，可以利用电脑来管理家庭的收入、支出和财产，电脑可以提供飞机航班、火车时刻表、重要城市的交通路线，以便家庭随时查询；电脑还可以提供股市行情、旅游购物指南等。

4. 娱乐方面

◎多媒体进入家庭，使得利用家用电脑进行娱乐的种类更加多样化，比如：利用电脑建立家庭影院、家庭卡拉 OK 中心、家庭影碟中心，利用家用电脑玩游戏等等。

随着现代电子与计算机技术的习速发展，家用电脑必将成为人们日常生活和工作中不可缺少的工具。

图 6-23　输入案例文本内容

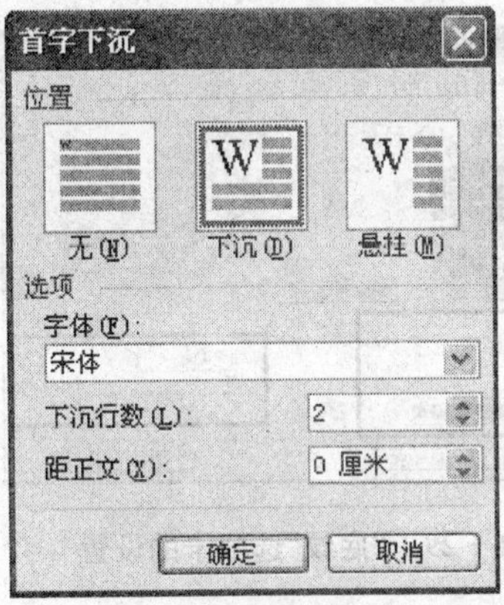

图 6-24　“首字下沉”对话框的设置

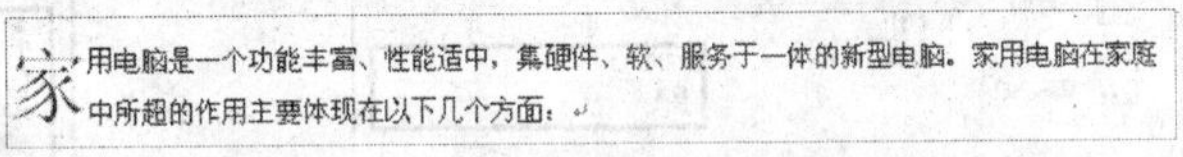

家用电脑是一个功能丰富、性能适中，集硬件、软、服务于一体的新型电脑。家用电脑在家庭中所超的作用主要体现在以下几个方面：

图 6-25　设置首字下沉后的效果

第 5 步：选定如图 6-26 所示的文本，将字体设置为“楷体，小 4 号，加粗”；执行“格式”→“边框和底纹”菜单命令，在弹出“边框和底纹”对话框中将边框设置为“阴影”，线型为双波浪形，颜色为“酸橙色”，宽度为“0.5 磅”，应用的范围为“文字”，设置后效果如图 6-27所示。

第 6 步：选中最后一段，将文本字体设置为“隶书、4 号、加粗”，然后执行“格式”→“边框和底纹”菜单命令，弹出“边框和底纹”对话框。选择“边框”选项卡，设置边框为“自定义”，线型为双波浪形，颜色为“红色”，宽度设置为“0.5 磅”，应用的范围为“段落”，在预览处点击下侧和右侧的边框线，以设置段落的下侧和右侧边框线，各项设置如图 6-28 所示。

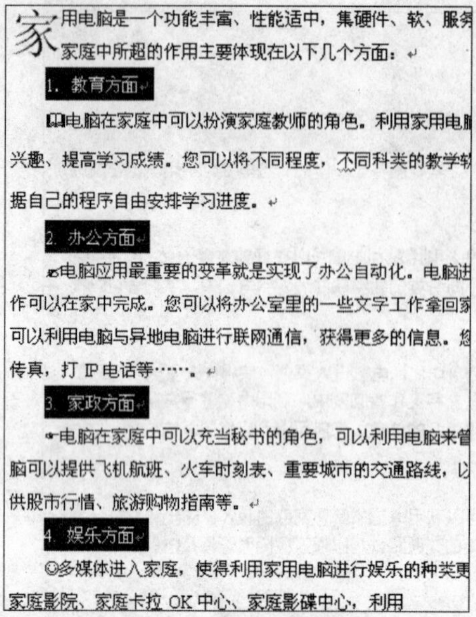
家用电脑是一个功能丰富、性能适中，集硬件、软、服务
家庭中所起的作用主要体现在以下几个方面：

1. 教育方面

电脑在家庭中可以扮演家庭教师的角色。利用家用电脑
兴趣、提高学习成绩。您可以将不同程度，不同科类的教学软
据自己的程序自由安排学习进度。

2. 办公方面

电脑应用最重要的变革就是实现了办公自动化。电脑进
作可以在家中完成。您可以将办公室里的一些文字工作拿回家
可以利用电脑与异地电脑进行联网通信，获得更多的信息。您
传真，打 IP 电话等……。

3. 家政方面

电脑在家庭中可以充当秘书的角色，可以利用电脑来管
脑可以提供飞机航班、火车时刻表、重要城市的交通路线，以
供股市行情、旅游购物指南等。

4. 娱乐方面

☺多媒体进入家庭，使得利用家用电脑进行娱乐的种类更
家庭影院、家庭卡拉 OK 中心、家庭影碟中心，利用

图 6-26　选定的文本内容

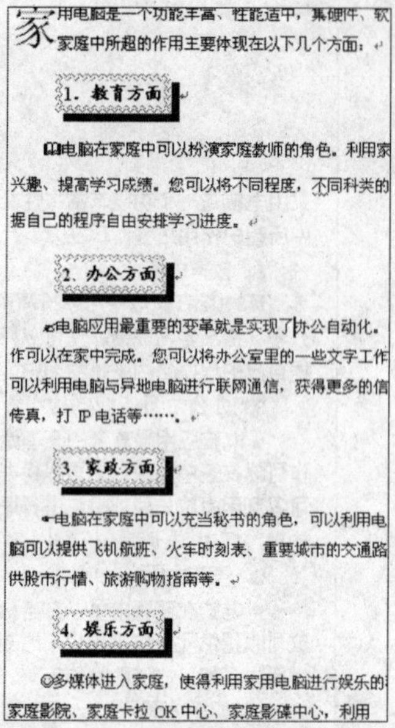
家用电脑是一个功能丰富、性能适中，集硬件、软
家庭中所起的作用主要体现在以下几个方面：

1. 教育方面

电脑在家庭中可以扮演家庭教师的角色。利用家
兴趣、提高学习成绩。您可以将不同程度，不同科类的
据自己的程序自由安排学习进度。

2. 办公方面

电脑应用最重要的变革就是实现了办公自动化。
作可以在家中完成。您可以将办公室里的一些文字工作
可以利用电脑与异地电脑进行联网通信，获得更多的信
传真，打 IP 电话等……。

3. 家政方面

电脑在家庭中可以充当秘书的角色，可以利用电
脑可以提供飞机航班、火车时刻表、重要城市的交通路
供股市行情、旅游购物指南等。

4. 娱乐方面

☺多媒体进入家庭，使得利用家用电脑进行娱乐的
家庭影院、家庭卡拉 OK 中心、家庭影碟中心，利用

图 6-27　设置后的效果图

单击“底纹”选项卡，在底纹选项卡中选择一种填充色，将图案样式设置为“5%”，图案的颜色设置为“海绿色”，应用的范围是“段落”。设置如图 6-29 所示，设置后的效果如图 6-30 所示。

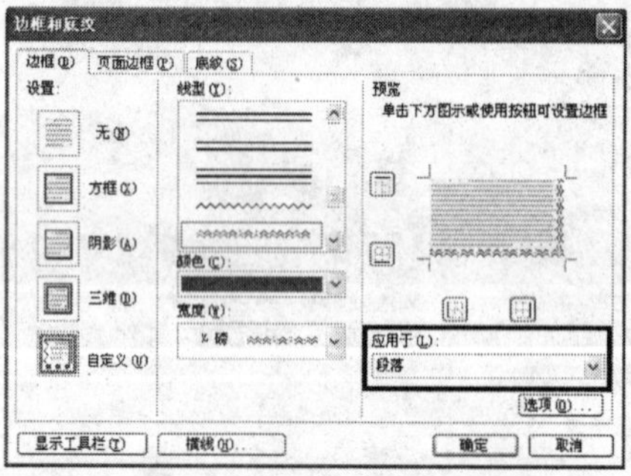

图 6-28　“边框”选项卡的设置

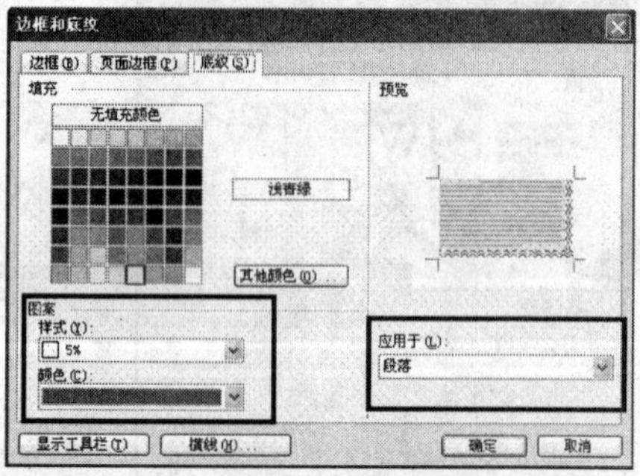

图 6-29　“底纹”选项卡的设置

图 6-30　设置后的段落效果

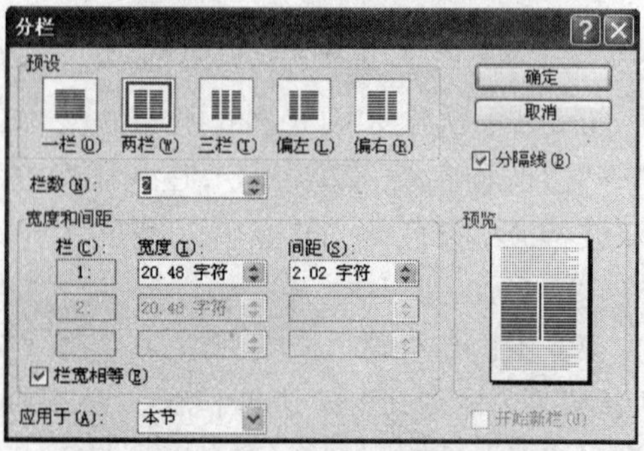

图 6-31　分栏对话框的设置

第7步：选择从第二段“1. 教育方面”开始的段落一直到倒数第二段的“……等等”段落文本，执行“格式”→“分栏”菜单命令，在出现的对话框中，选择“二栏”并选择“分隔线”复选项，如图6－31所示。单击“确定”按钮，设置后的效果如图6－32所示。

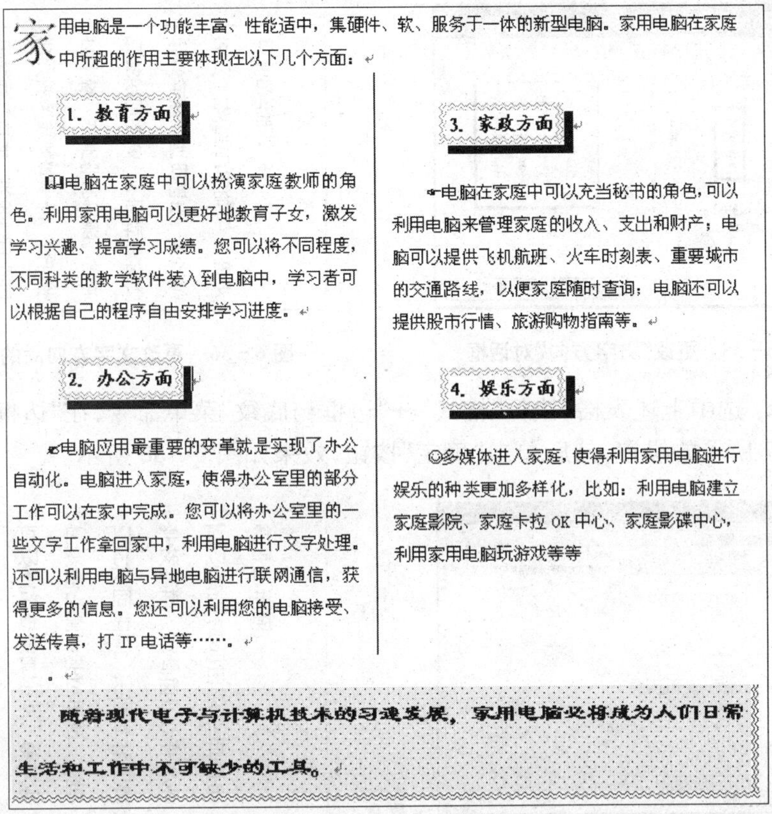
家用电脑是一个功能丰富、性能适中，集硬件、软、服务于一体的新型电脑。家用电脑在家庭中所超的作用主要体现在以下几个方面：

1. 教育方面

电脑在家庭中可以扮演家庭教师的角色。利用家用电脑可以更好地教育子女，激发学习兴趣、提高学习成绩。您可以将不同程度，不同科类的教学软件装入到电脑中，学习者可以根据自己的程序自由安排学习进度。

2. 办公方面

电脑应用最重要的变革就是实现了办公自动化。电脑进入家庭，使得办公室里的部分工作可以在家中完成。您可以将办公室里的一些文字工作拿回家中，利用电脑进行文字处理。还可以利用电脑与异地电脑进行联网通信，获得更多的信息。您还可以利用您的电脑接受、发送传真，打IP电话等……。

3. 家政方面

电脑在家庭中可以充当秘书的角色，可以利用电脑来管理家庭的收入、支出和财产；电脑可以提供飞机航班、火车时刻表、重要城市的交通路线，以便家庭随时查询；电脑还可以提供股市行情、旅游购物指南等。

4. 娱乐方面

多媒体进入家庭，使得利用家用电脑进行娱乐的种类更加多样化，比如：利用电脑建立家庭影院、家庭卡拉OK中心、家庭影碟中心，利用家用电脑玩游戏等等

随着现代电子与计算机技术的迅速发展，家用电脑必将成为人们日常生活和工作中不可缺少的工具。

图6－32 分栏后的效果

第8步：选中“1. 教育方面”标题下的这段文字，然后执行“表格”→“转换”→“本文转换为表格”菜单命令，打开“将文字转换成表格”对话框，对话框中各项的设置如图6－33所示，然后单击“确定”按钮。转换后的效果如图6－34所示。

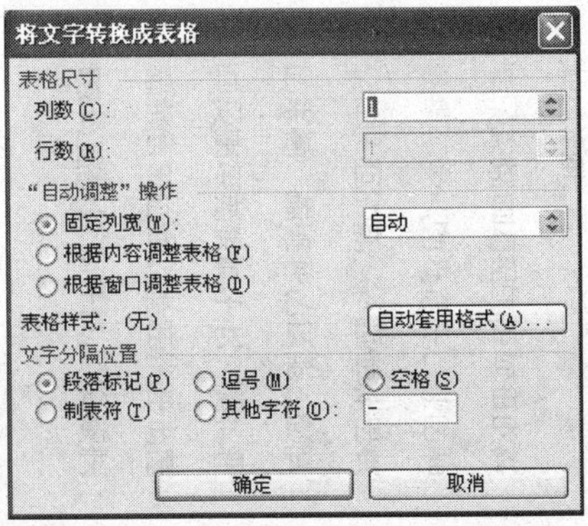

图6－33 “文字转换为表格”对话框

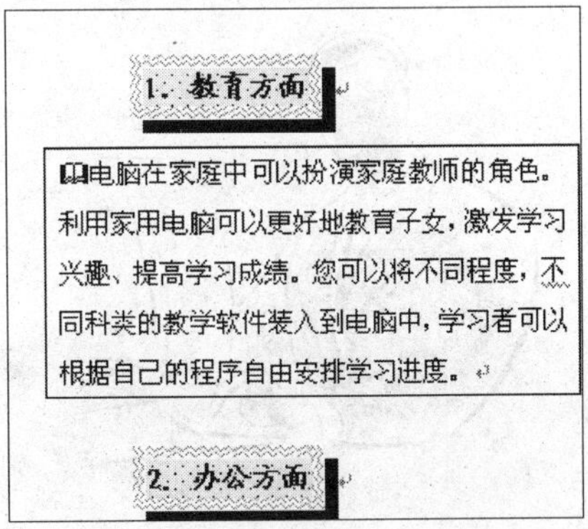
1. 教育方面

电脑在家庭中可以扮演家庭教师的角色。利用家用电脑可以更好地教育子女，激发学习兴趣、提高学习成绩。您可以将不同程度，不同科类的教学软件装入到电脑中，学习者可以根据自己的程序自由安排学习进度。

2. 办公方面

图6－34 转换成表格后的效果

第 9 步：选中表格中的文本，执行“格式”→“更改文字方向”菜单命令，出现“更改文字方向”对话框，对话框的设置如图 6 - 35 所示；然后将表格中的文本段落间距设置为“1.5 倍”，拖动表格右下角的控制点调整表格大小至合适，设置后效果如图6 - 36所示。

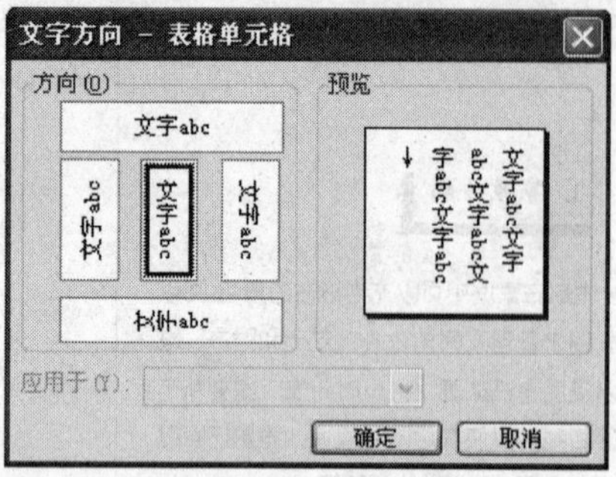

图 6 - 35　更改“文字方向”对话框

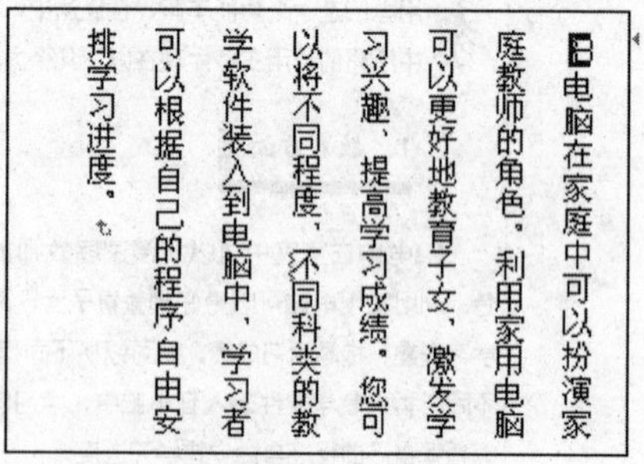

图 6 - 36　更改文字方向后的效果

第 10 步：选中上述表格，执行“格式”→“边框与底纹”菜单命令，在“边框”选项卡中进行如图 6 - 37 所示的设置，然后单击“确定”按钮，效果如图 6 - 38 所示。

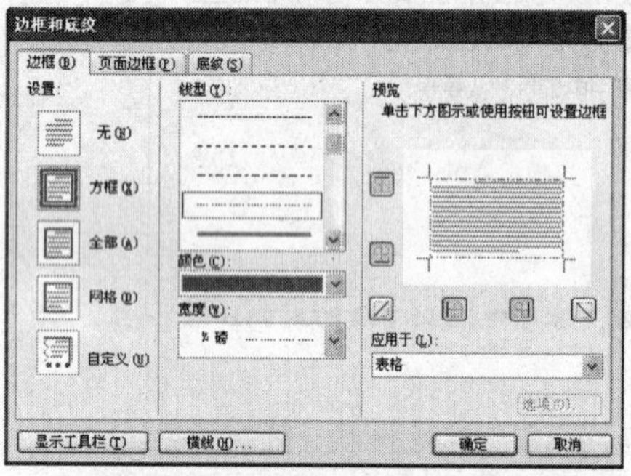

图 6 - 37　表格框线的线型颜色设置

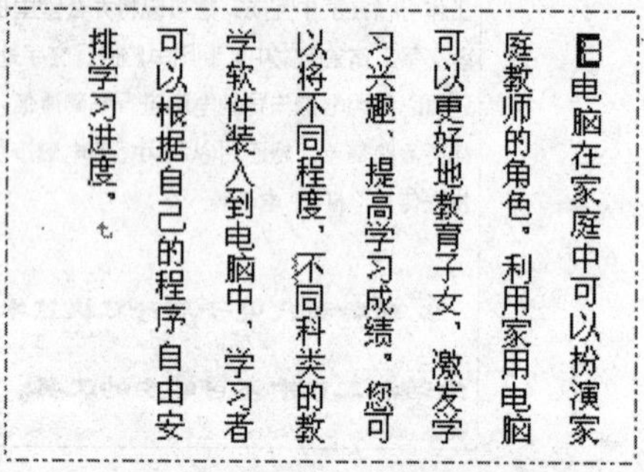

图 6 - 38　表格框线的设置效果

第 11 步：执行“插入”→“图片”→“剪贴画”菜单，打开“剪贴画”任务窗格，然后单击“搜索”按钮，在出现的剪贴画中单击如图 6 - 39 所示的剪贴画，即将该剪贴画插入到文档中。

图 6 - 39　插入的剪贴画样式

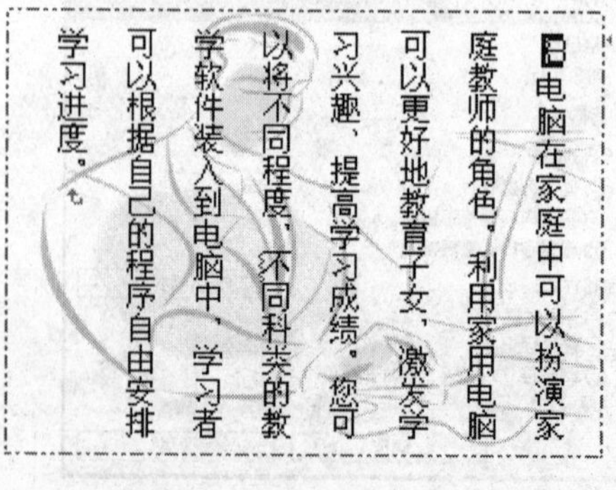

图 6 - 40　设置“水印”及“衬于文字下方”后的效果

双击该剪贴画,打开“设置图片格式”对话框,单击“图片”选项卡,在“颜色”下拉列表中选择“冲蚀”以制作图片的水印效果;单击“版式”选项卡,选择环绕方式为“浮于文字上方”,单击“确定”按钮。将图片移动到表格的上方,并调整该图片的大小使其正好与表格大小相同,然后再次双击该图片,在出现的对话框中,单击“版式”选项卡,选择环绕方式为“衬于文字下方”,单击“确定”按钮,效果如图 6-40 所示。

第 12 步:按第 11 步相同的方法插入另一幅剪贴画,设置图片环绕方式为“紧密型环绕”,并移动到效果图所示的位置,效果如图 6-41 所示。

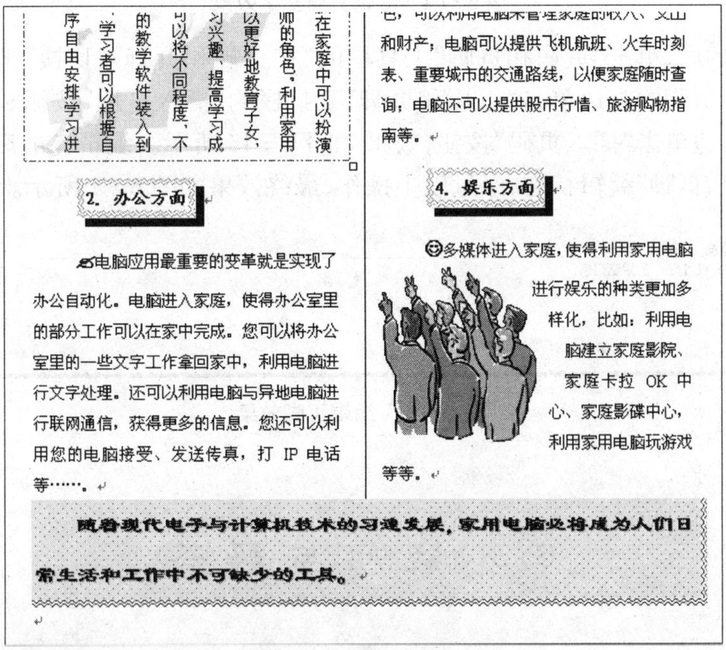

图 6-41 设置后的效果

第 13 步:单击“绘图”工具栏的“插入艺术字”按钮“ ”,打开“艺术字库”对话框,选择如图 6-42 所示的“艺术字”样式,单击“确定”按钮,出现如图 6-43 所示的对话框,输入文字后单击“确定”按钮。

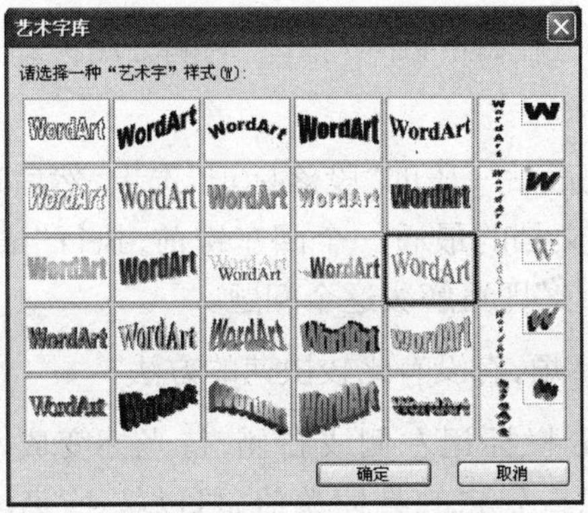

图 6-42 “艺术字库”的选择

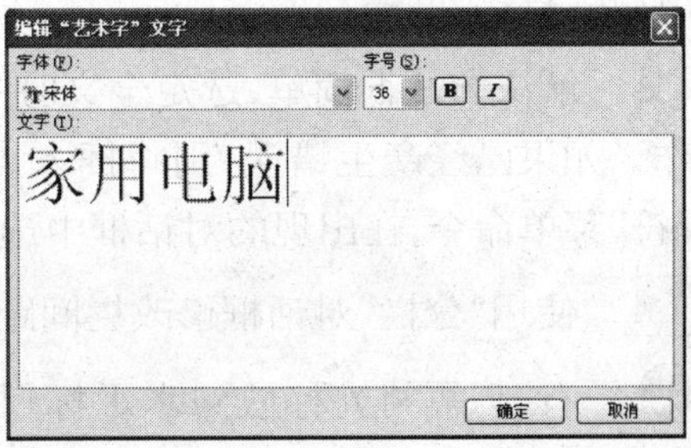

图 6-43 输入艺术字文字

选中该艺术字，设置艺术字的文字环绕为“浮于文字上方”，将该艺术字移动到文档头部的空位置，并且放置在中间位置。

第 14 步：执行“视图”→“页眉和页脚”菜单命令，在页眉编辑区输入如图 6-44 所示的文本，并将页眉文字字体设置为“仿宋体，小 4 号，加粗”。

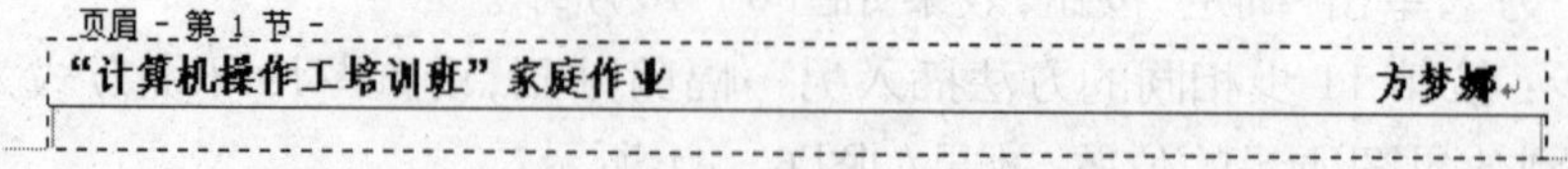

图 6-44　编辑页眉文字效果

编辑好页眉后，单击“页眉和页脚”工具栏的“在页眉和页脚间切换”按钮“ ”，进入页脚编辑区，在页脚的左边单击“页眉和页脚”工具栏的“插入日期”按钮和“插入时间”按钮，在页脚的右边单击“插入页码”按钮，效果如图 6-45 所示。编辑完成后单击“关闭”按钮，退出“页眉和页脚”编辑状态，经过以上操作，最终效果如图 6-1 所示。

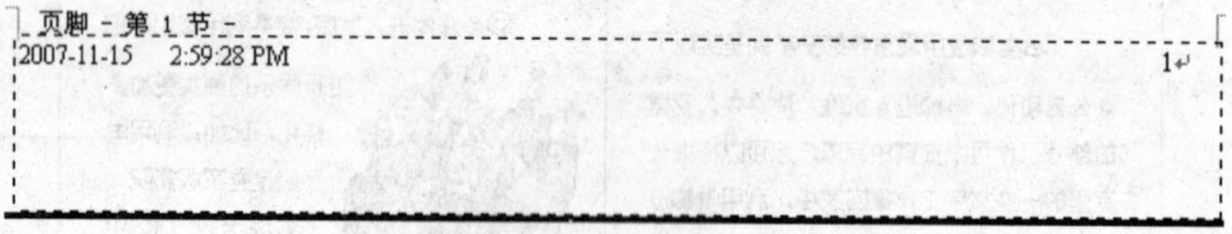

图 6-45　编辑页脚效果

6.3　疑问与解答

能否在打印预览视图下编辑文档？

我们一般在“打印预览”界面中通过放大和缩小来预览文档最终的打印效果，其实只要点击打印预览工具条中的“放大镜”按钮（使按钮处于不按下的状态），就可以在“打印预览”界面中直接编辑文档了，而不用关闭“打印预览”界面。

对内容较少的文档，有的时候对全文分栏，往往不听指挥，明明分两栏却只有一栏，如何解决这个问题？

解决方法很简单，选定全文时不要把最后一段的“段落标记”选上，然后进行分栏操作。如果已经产生错误，则将插入点移到文档的最后一个回车键前，执行“插入”→“分隔符”菜单命令，在出现的对话框中选择“连续”即可解决这个问题。

使用“分栏”对话框修改栏间距比较麻烦，有没有比较快速的方法？

有，只需将光标放到水平标尺上的分栏标记左侧或右侧，待光标变成水平双向光标后拖动，即可快速修改栏间距。如果想看到它的具体数值，可以按下“Alt”键再拖动。

如何去除页眉下方的黑线?

首先将插入点位于页眉处,然后执行“格式”→“边框和底纹”命令,在“边框”选项卡中,单击“预览”框中的“□”按钮,去除文字下方的边框,在“应用范围”下拉列表中选择“段落”,最后单击“确定”按钮。

6.4 小窍门

小窍门 1 如果你有一篇很多页的文档需要打印,按照 Word 2003 中的默认设置总是从第一页打印到最后一页,所以整篇文档打印完后是最后一页在最上面,第一页在最下面。这样我们又要手工将所有的页逆序整理一边,十分麻烦。在打印前只要先在“工具”→“选项”→“打印”选项卡中选中“逆页序打印”,即可在打印时按逆序从最后一页打印到第一页,从而打印完后所有的页是顺序排列的。

小窍门 2 如果需要给每栏文字的页脚(或页眉)插入一个页码,如把一页 8 开页面纸分成两个 16 开页面,每个 16 开页面插入页码,可按以下方法操作:单击“视图”→“页眉和页脚”命令,而后切换至第一页的页脚(或页眉)。对两分栏来说,可在与左栏对应的合适位置输入“第{={page}＊2－1}页”,在与右栏对应的合适位置输入“第{={page}＊2}页”。输入时先输“第页”,再将光标插在两者中间,连续按两下[Ctrl+F9]键,输入大括号“{}”。然后在大括号“{}”内外输入其他字符。完成后,分别选中“{={page}＊2－1}”和“{={page}＊2}”,单击鼠标右键,选择快捷选单中的“更新域”,即可显示每页左右两栏的正确页码。

小窍门 3 若封面没有页码,要实现第 2 页正文中插入的页码是从 1 开始编号的方法是:将起始页码设置为 0,并设置“首页不同”的页眉与页脚并且首页不插入页码。

6.5 习题与实训

6.5.1 理论习题

1. 填空题

(1) 设置页面主要包括设置纸张大小、________、________和________等。

(2) 设置页面的方法是通过________对话框来实现,打开该对话框的方法是________。

(3) 执行________菜单命令,可打开“打印预览”窗口,预览完成后单击________按钮返回文档编辑状态。

(4) 在“打印”对话框中，“页面范围”栏包括______、______、全部、______等四个选项。

(5) 要创建首页不同的“页眉和页脚”，必须在______对话框中选择“首页不同”选项。

2. 选择题

(1) 对于文档页眉与页脚的设置，下面描述中不正确的是(　　)。

A. 执行“视图”→“页眉和页脚”菜单命令可进入页眉和页脚编辑状态

B. 可以创建首面不同的页眉和页脚

C. 可以创建奇偶页不同的页眉和页脚

D. 在页眉和页脚中只能创建文本，不能插入或绘制图形

(2) 对于文档打印，下面描述中不正确的是(　　)。

A. 单击“常用”工具栏上的“打印”按钮可打印文档

B. 打印时只能打印出全部文档内容，不能只打印某几页或部分文档内容

C. 在“打印”对话框中的“份数”数值框中可以输入所需打印份数

D. 可以打印到文档

(3) 在“打印”对话框的“页面范围”下的“当前页”项是指(　　)。

A. 当前窗口显示的页　　B. 光标插入点所在的页

C. 最早打开的页　　D. 最后打开的页

(4) 对已建立的页眉页脚，要打开它可以双击(　)。

A. 文本区　　B. 页眉页脚区　　C. 菜单区　　D. 工具栏区

6.5.2 实训题

实训 1

建立名为“大过与小错”的 Word 文档，综合运行前面所学知识，要求如下：

(1) 页面设置：纸张大小为自定义(宽 19.5 厘米，高 27 厘米)；页边距(上、下、左、右分别为 2.54、2.54、3.17、3.17)。

(2) 正文文本设置：字体为宋体，字号为小 3 号；行间距设置为多倍行距 1.25。

(3) 艺术字、自选图形的形状与效果图相同；分成等分的两栏，栏间距约 5.3 个字符(注意根据具体的页面自行更改)。

(4) 页眉和页脚的内容、格式应与效果图相同。

(5) 文档的最终效果如图 6-46 所示。

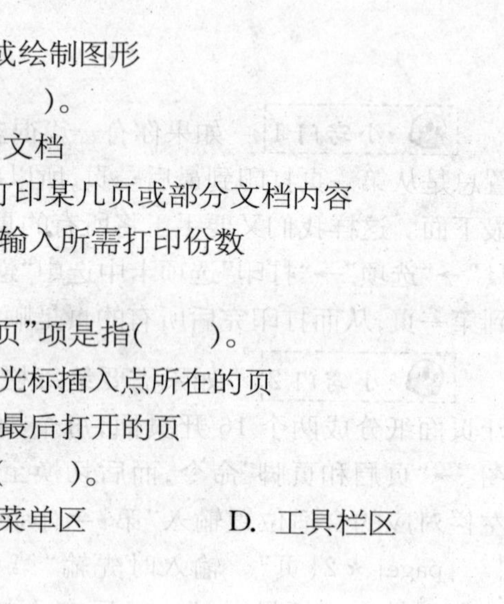

图 6-46　“实训 1”效果图

实训 2

建立名为“信笺. doc”文档，要求：纸张大小

为 16 开，边距自定，页眉处插入公司图标，制作完成后效果如图 6－47 所示。

Bolei 博瑞电子有限公司
BOLEIDIANZIGONGSI

金华市东华大道华东大厦 A 座 18 楼
邮编:321000 电子邮箱buoleidzgs@163.com 传真:0579-86547894
总经理：张宝华 电子邮箱：zhangbh@126.com 电话：13925647895

图 6－47 “实训 2”效果图

案例 7　名片设计与长文档目录提取

小米想起了去年为了求职利用 Word 为自己设计了的性化名片，还引来很多同学的羡慕呢！何不趁今天休息给即将大学毕业的表妹制作一张名片，让表妹也像自己一样好运呢？而此时表妹正在为毕业论文中目录与实际内容的链接问题伤透脑筋，来央求小米帮她解决。小米心想这还不简单，不就是应用标题样式然后在文本中提取文档目录吗？但小米没有替表妹代劳，而是找了相关资料叫表妹认真学习后自己解决，目的就是要教育表妹，什么叫“书到用时方恨少”。

本案例目标

✧ 使用内置模板与向导创建名片
✧ 使用样式综合排版毕业论文形式的长文档
✧ 建立长文档的目录与索引

本案例最终效果图

图 7-1　名片案例效果图

目 录

第 1 章 班级主页的概述 1
1.1 班级网站系统的发展 1
1.2 班级网站的现状 1
1.3 班级网站系统的构建 1
第 2 章 程序开发的技术基础 2
2.1 HTML 语言 2
2.2 ASP 的简介 2
1. 全嵌入 HTML,与 HTML,Script 语言完美结合 3
2. 无须手动编译（Compling）或链接程序 3
3. 面向对象（ObjectOriented）,并可扩展 ActiveXServer 组件功能 3
2.3 ASP 的工作原理 3
第 3 章 系统概述 4
3.1 系统设计思想 4
3.2 系统功能描述 5
3.3 系统流程分析 5
1.用户数据的准备 5
2.用户发表留言的数据 5
3.为了管理安全方便，要对用户的数据进行检查, ... 6
4.据库的逻辑结构分析 6
第 4 章 系统功能模块设计 6
4.1 程序设计 6
4.2 网站的主界面 7
4.3 在线留言 7
第 5 章 结论 7

图 7-2　提取“毕业论文”中的目录效果图

第 1 章 班级主页的概述

1.1 班级网站系统的发展

近年来，随着 Internet 的迅速崛起，互联网已日益成为收集提供信息的最佳渠道并逐步进入传统的流通领域。于是班级网站开始流行起来，班级网站也越来越多的在网上建起在线商店，向消费者展示出一种新颖的购物理念。本文旨在讨论如何建设班级网站系统。

中国互联网产业正以强劲的势头复苏并发展起来，除了传统的浏览、资料搜索、电子邮件等基本应用外，国内网民已经开始习惯通过网络接受商务、旅游、购物、通讯、娱乐等服务。

中国类似网址类的网站不下 2 万，成功的也寥寥无几。但是说无几就是指很出名的就那么几个，其实大家可以看看网址网站排名 1 万以内的也有好多。全球排名 1 万名的站，基本就可以赢利了，也算是成功的。互联网是一座金矿，而且是一座可再生的金矿，因为互联网时时刻刻在发生变革，我们能够抓住的东西很多。Blog、RSS、SNS 等新模式出来，bokee.com、MySpace 就做得不错，还有一些旧的东西，也蕴涵着财富。

1.2 班级网站的现状

互联网的快速发展为网上购物系统的发展提供了强大的动力，班级网站是其中之一。同时，电子购物的环境也已经逐步得到了改善，表现在网民结构的大众化和网络生存的普及化，物流和银行结算的畅通，以及市场运作的规范和相应政策法规的完善。在我国，截止 2004 年 1 月中国有互联网用户 7950 万人。

1.3 班级网站系统的构建

随着班级网站的发展，班级网站将越来越多用在网上交易上。并且有很大的发展空间。现在流行的网上交易系统不仅要有漂亮的网页，更要有严谨的规划。每一个细小的环节都和重要。

图 7－3 “毕业论文”第 1 页部分文本示例

7.1 知 识 剖 析

本案例主要讲述模板和样式两个知识点，通过本案例相关知识点的学习，应初步掌握如何利用 Word 2003 模板创建文档，如创建个人名片、个人简历等，以及运用样式进行类似毕业论文、标准商务文档等长文档的编排。

7.1.1 模板

模板就是预先建立的具有固定编排格式的一种特殊文档，模板文件的扩展名为.dot。模板带有整篇文档的排版格式，使用模板可以快速生成所需类型文档的大致框架。任何 Word 文档都是以模板为基础的，我们前面学习新建的空白文档是以 Word 默认的 Normal(普通)模板为基础而产生。

1. 创建模板

虽然一开始使用 Word 的时候就使用了普通模板，但是普通模板中的格式很单调。而且 Word 预置的模板数量虽然很多，但使用时也有可能找不到完全合适的模板。这时，可以将一个样本文档作为模板保存起来，也可以在一个现存的模板基础上建立一个新模板。

创建模板最简单最常用的方法是将一份设置好各种格式的文档作为模板来进行保存。如要将[案例 3]中制作的“博瑞足浴按摩器产品说明”文档作为模板保存，具体的操作步骤如下：

首先要打开作为模板保存的样本文档(如[案例 3]中的“博瑞足浴按摩器产品说明.doc文档”)，然后执行“文件”→“另存为”菜单命令，在打开的“另存为”对话框中的“保存类型”框中选择“文档模板”，Word 会自动打开“Templates”模板文件夹，在“文件名”框中输入新的名字，如“产品说明书”，单击“确定”按钮，如图 7-4 所示。

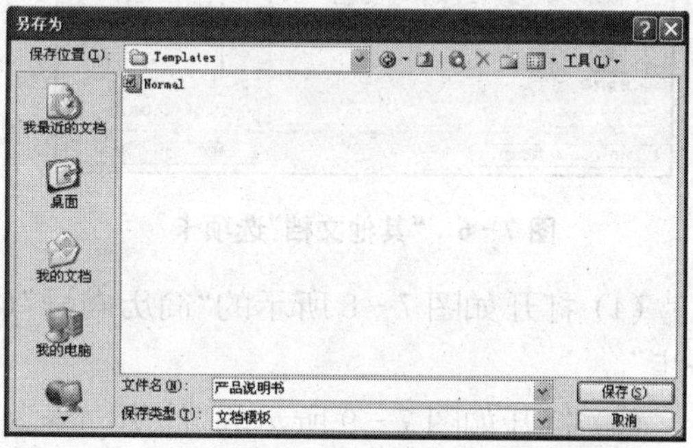

图 7-4 “另存为”对话框保存文档模板

> 通过以上操作，新的模板就创建成功，在“新建文档”任务窗格中，单击“本机上的模板”命令，在常规选项卡中就能看见刚才创建的文档模板了。

2. 应用模板创建文档

应用模板可以快速地生成所需类型文档的大致框架，从而节省大量的时间，使用模板来创建文档的具体操作步骤如下：

(1) 执行“文件”→“新建”菜单命令，在“新建文档”任务窗格中，单击“本机上的模板”

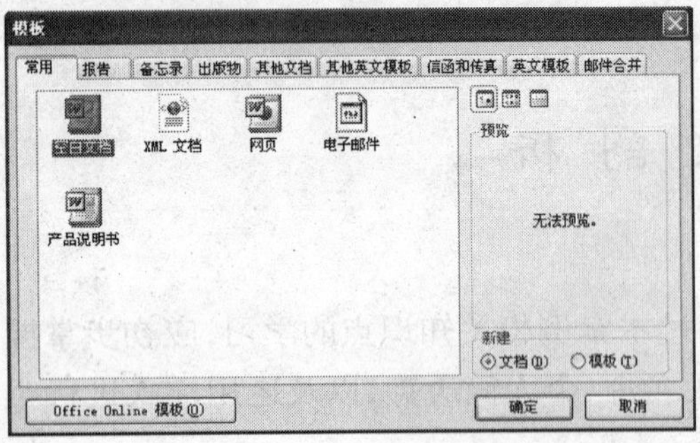

图 7-5 “模板”对话框

命令，打开如图 7-5 所示的对话框。

(2) 选中要应用的模板，如“产品说明书”(假设该模板在前面已经创建)，再选中新建栏下的“文档”单选项单击“确定”按钮。

(3) 快速创建了“产品说明书”文档，根据实际需要作内容或格式上的修改就能快速生成一份需要的文档。

3. 应用模板向导创建文档

利用模板向导可以快捷地创建一些规范文档，如日历、名片、简历等，这在实际应用中非常广泛，这里以创建简历为例，利用模板向导创建新文档的操作步骤如下：

(1) 执行“文件”→“新建”菜单命令，在“新建文档”任务窗格中，单击“本机上的模板”命令。

(2) 单击需要应用模板类型的选项卡，如“其他文档”选项卡，如图 7-6 所示。在其中单击“简历向导”，在“新建”栏中选中“文档”单选项，单击“确定”按钮。

(3) 打开如图 7-7 所示的“简历向导”(1)对话框，单击“下一步”。

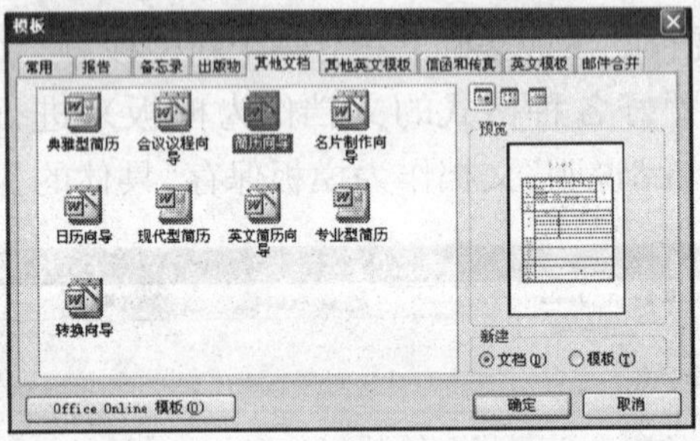

图 7-6 “其他文档”选项卡

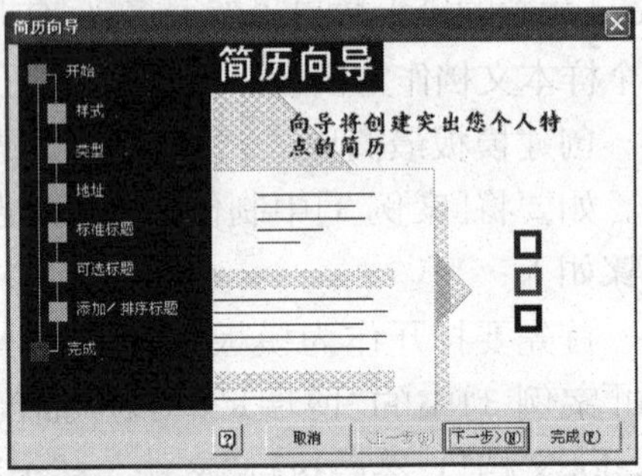

图 7-7 “简历向导”(1)对话框

(4) 打开如图 7-8 所示的“简历向导”(2)对话框，选择好要制作简历的样式，单击“下一步”。

(5) 打开如图 7-9 所示的“简历向导”(3)对话框，选择简历的类型，单击“下一步”。

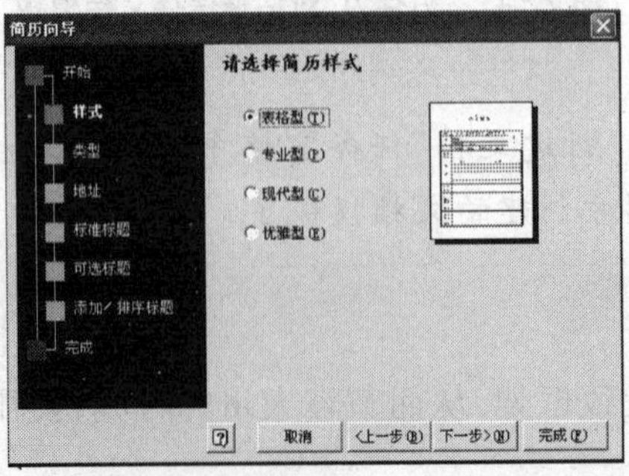

图 7-8 “简历向导”(2)对话框

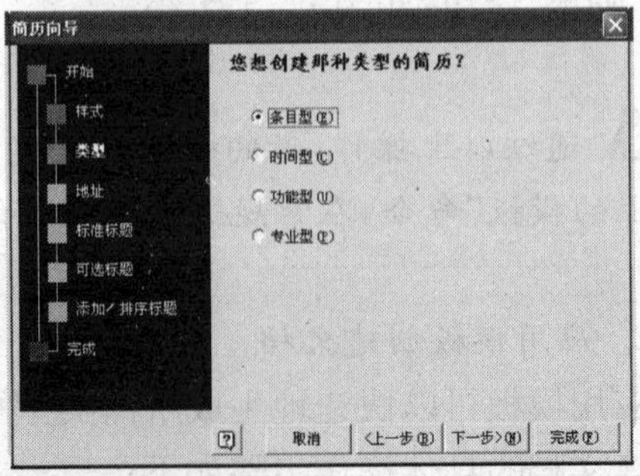

图 7-9 “简历向导”(3)对话框

(6) 打开如图 7－10 所示的"简历向导"(4)对话框，输入要制作简历的姓名及通讯地址等信息，单击"下一步"。

(7) 打开如图 7－11 所示的"简历向导"(5)对话框，选择要在简历中出现的标准标题，单击"下一步"。

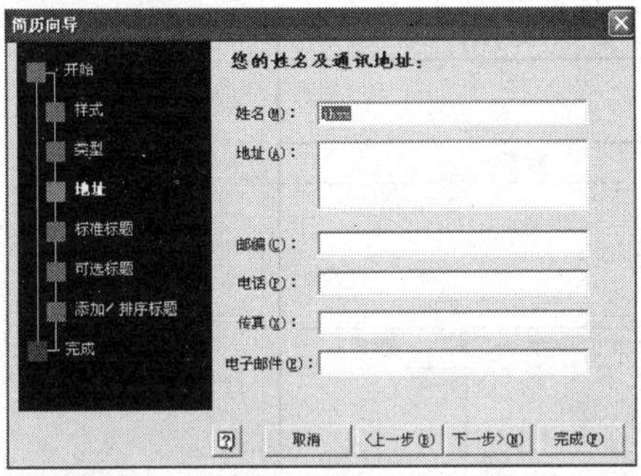

图 7－10 "简历向导"(4)对话框

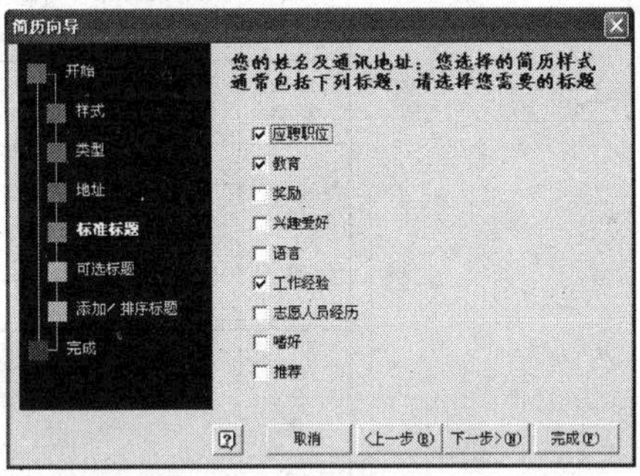

图 7－11 "简历向导"(5)对话框

(8) 打开如图 7－12 所示的"简历向导"(6)对话框，选择要在简历中出现的可选标题，单击"下一步"。

(9) 打开如图 7－13 所示的"简历向导"(7)对话框，输入要加入的其他标题信息，并在"以下是您简历包含的标题"栏中调整顺序，单击"下一步"，再单击"完成"。图 7－14 是表格型的标准简历的效果。

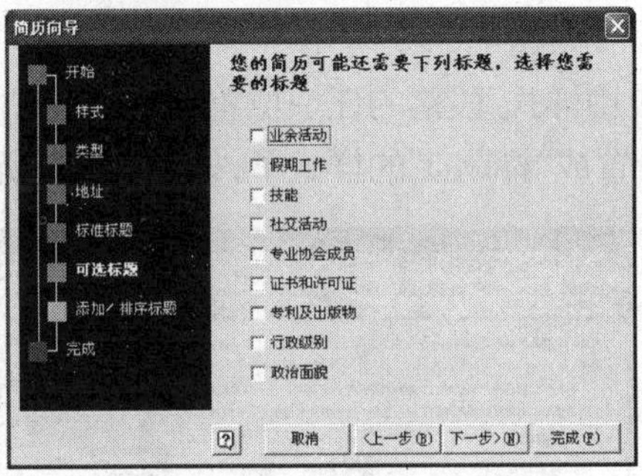

图 7－12 "简历向导"(6)对话框

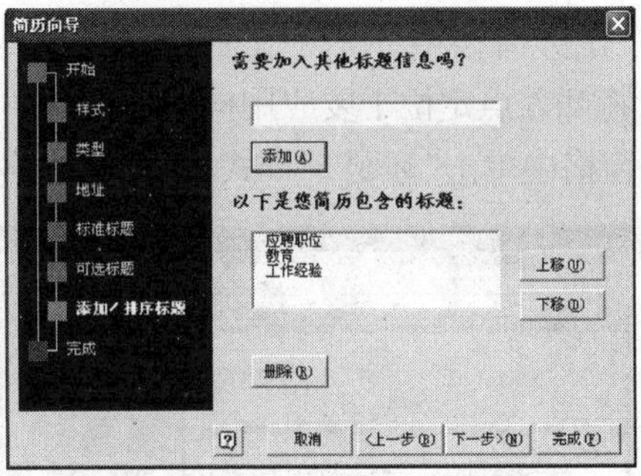

图 7－13 "简历向导"(7)对话框

(10) 在生成的表格简历中，单击各标题单元格后带括号标题的单元格，输入相对应的内容即可快速生成一份简历。

7.1.2 样式

样式是指一组已经命名的字符格式和段落格式。利用样式可以快速、准确地对大量的文字或段落进行相同的排版操作。

在制作长文档如本教材内容的排版、毕业论文的排版、标准商务文档的排版时，目录非常重要，它起到明确文档结构和查看时超链接跳转的作用。要想在文档中制作真正能进行链接跳转的目录，就必须使用 Word 中的"样式"功能。

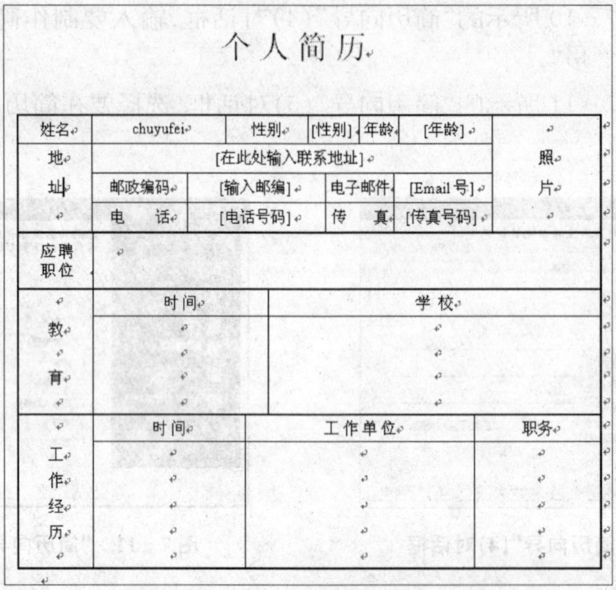

个人简历

姓名	chuyufei	性别	[性别]	年龄	[年龄]	照片
地址	[在此处输入联系地址]					
	邮政编码	[输入邮编]		电子邮件	[Email 号]	
	电　话	[电话号码]		传　真	[传真号码]	
应聘职位						
教育	时间	学校				
工作经历	时间	工作单位			职务	

图 7－14 “表格型”标准简历效果

1. 应用样式

Word 2003 自带了很多样式，可以直接应用这些样式，应用样式就是把样式中的种种格式应用于文档中的文本或段落对象。

应用样式的方法是执行“格式”→“样式和格式”菜单命令，打开“样式和格式”任务窗格，在任务窗格中显示了文档中已定义的所有样式，如图 7－15 所示。

将插入点定位于要应用样式的段落中，如“1. 应用样式”段落的任一位置，在“样式和格式”任务窗格中单击“标题 5”样式，该标题的格式就被设置成“标题 5”的样式了，如图 7－16 所示。

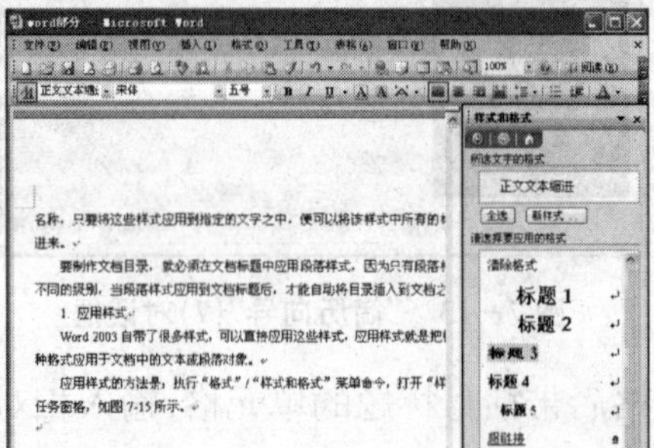

图 7－15 “样式和格式”任务窗格

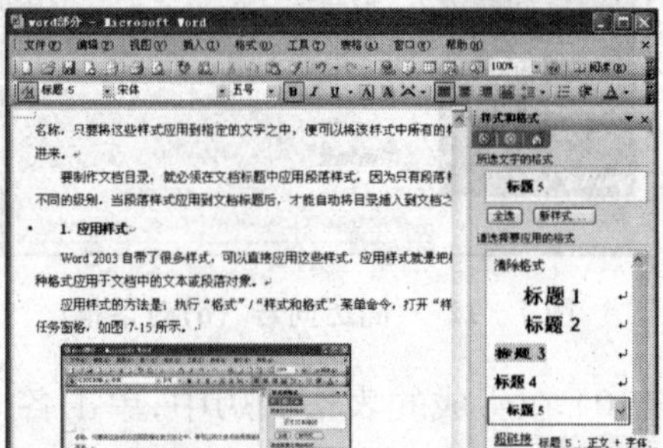

图 7－16 应用“标题 5”样式后效果

若多个段落要同时应用某样式，只需先选择需要的段落再进行样式应用。

2. 创建样式

有时为了特殊需要，除了使用 Word 2003 自带的样式外，还需要自己创建一些新样式，创建新样式主要是通过"样式和格式"任务窗格来实现。新建样式的方法是，打开一篇文档，如"Word 部分"，在"样式和格式"任务窗格中，单击"新样式"按钮。打开"新建样式"对话框，如图 7－17 所示。

在该对话框中可以进行以下操作：

(1) 在"名称"文本框中输入样式的名称，如"边框底纹"。

(2) 在"样式类型"下拉列表中选择"段落"选项。

(3) 在"样式基于"和"后续段落样式"下拉列表中选择"正文"选项。

(4) 在"格式"栏中选择要设置样式的字体、字号、对齐方式、行间距等。这里设置为"楷体"、"小 4 号"。

(5) 单击左下角的"格式"按钮，在弹出的列表中可以设置样式的其他格式，如图7－18所示。这里执行"边框……"命令，设置边框为短划线方框，底纹为"浅绿色"。设置好样式所需的格式后，在"新建样式"对话框中单击"确定"按钮，即创建了名为"边框底纹"的新样式，将鼠标置于要应用样式的段落中，单击"样式和格式"任务窗格的"边框底纹"样式，鼠标置于的段落即应用了该样式的格式，如图 7－19 所示。

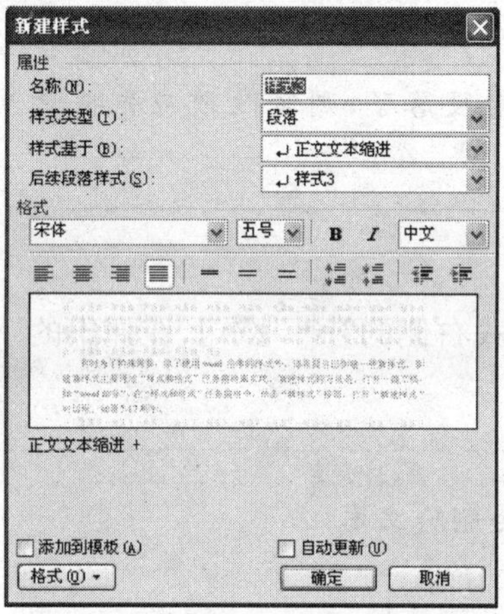

图 7－17 "新建样式"对话框

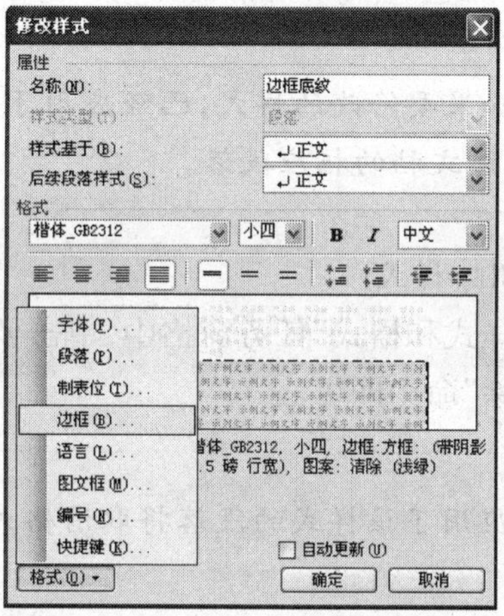

图 7－18 执行"边框"命令

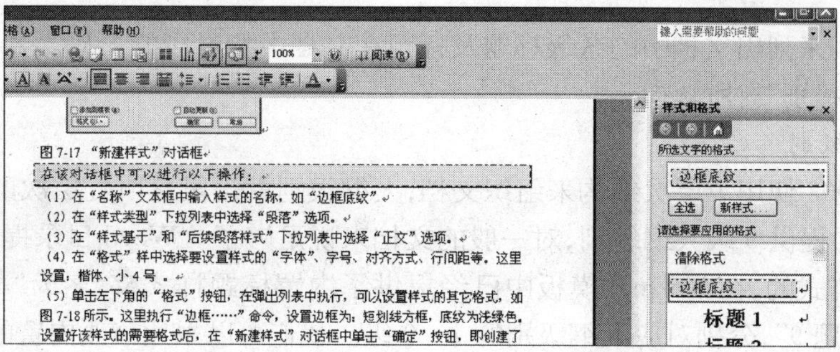

图 7－19 应用了"边框底纹"样式的效果

3. 修改样式

定义好样式后，还可以修改样式。方法是用鼠标单击“样式和格式”任务窗格中要修改样式右侧的“”按钮，在弹出的下拉菜单中执行“修改”命令，如图 7-20 所示，打开如图 7-21 所示的“修改样式”对话框。

图 7-20　执行“修改”命令

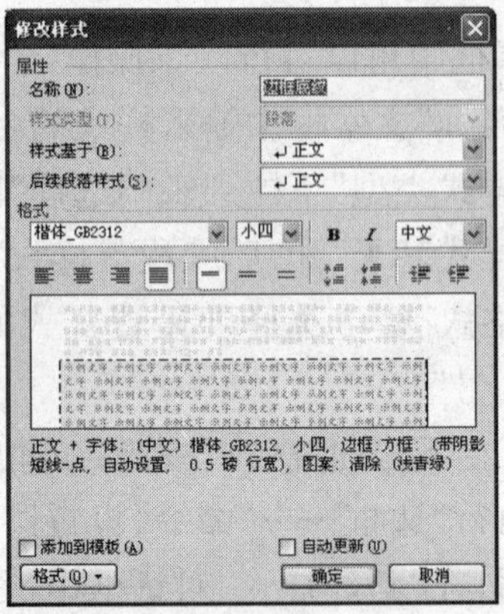

图 7-21　“修改样式”对话框

在“修改样式”对话框中修改样式的方法与新建样式的方法相同，这里就不重复了。

> 如果要修改的样式，已经应用于文档的某段落了，则修改前应先将插入点定位于该文档的相应段落。

4. 删除样式

在“样式和格式”任务窗格中，单击要删除样式右侧的“”按钮，在弹出的下拉菜单中执行“删除”命令即可。

> 应用了该样式的段落将取消格式，但不会删除文本。

7.1.3　目录的制作

目录是用来列出文档中的各级标题及标题在文档中相对应的页码。要想制作目录则必须对“大纲级别”有所认识。

1. 大纲级别

Word 2003 使用了层次结构来组织文档，大纲级别就是段落所处层次的级别编号，在 Word 2003 中提供 9 级大纲级别，对一般的文档来说足够了。Word 目录提取是基于大纲级别和段落样式的，在 Normal 模板中已经提供了内置标题样式，命名为“标题 1”，“标题 2”，……，“标题 9”，分别对应大纲级别的 1～9 级。我们可以采用修改内置的标题样式，用来应用于自己的文档标题中。

2. 目录制作步骤

(1) 修改标题样式的格式。常用 Word 内置的标题样式中的格式设置不能符合论文格式要求,需要重新修改。修改样式的方法在前面已经介绍过,这里就不重复了。

(2) 将各个章节的标题段落应用相应的标题样式。一般来说,章的标题应用"标题 1"样式,节标题使用"标题 2"样式,第三层次标题使用"标题 3"样式。

> 使用样式来设置标题的格式还有一个优点,就是更改标题的格式非常方便。假如要把所有一级标题的字号改为"小三",只需更改"标题 1"样式的格式设置,然后自动更新,每章的标题字号就变为"小三号",不用手工去一一修改,既麻烦又容易出错。

(3) 提取目录。按论文格式要求,目录放在正文的前面。在正文前插入一页(按[Ctrl+回车键]可插入一页),光标移到新页的开始,输入"目录"二字,并设置好格式。

新起一段落,执行"插入"→"引用"→"目录与索引"菜单命令,单击"目录"选项卡,出现如图 7-22 所示,默认情况下"显示级别"为 3 级,可以根据情况选择需要的级别,单击"确定"按钮 Word 就自动生成目录。此后若章节标题改变或页码发生变化,只需更新目录即可。

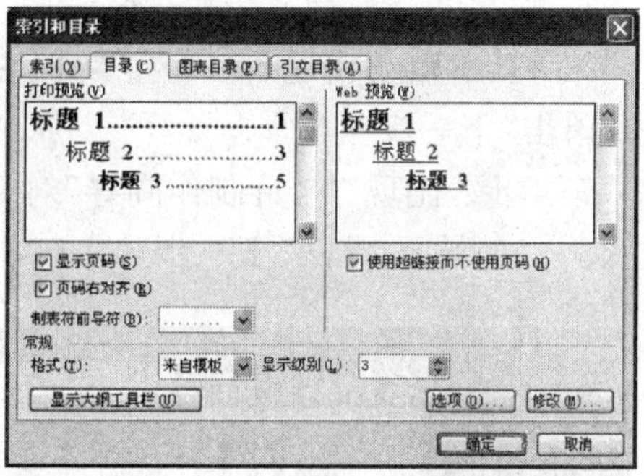

图 7-22　"索引和目录"对话框

> 若有章节标题不在目录中,肯定是没有使用标题样式或使用不当,不是 Word 的目录生成有问题,请检查相应的章节。

7.2　案　例　实　现

7.2.1　个性化"名片"制作案例的实现

1. 案例要求

根据 Word 2003 的"名片向导"制作一张名片的框架,然后根据前面所学的文字格式设置、图片对象的设置等,制作出效果如图 7-23 所示的个性化名片。

2. 案例实现步骤

第 1 步:收集作为背景的学校图标(进入 www.jhtvu.net 网站,获得金华广播电视大学的图标图片,保存为文件,如"学校图标.jpg")。

第 2 步:执行"文件"→"新建"菜单命令,在出现的"新建文档"任务窗格上,单击"本机上的模板…"命令,在出现的"模板"对话框上单击"其他文档"选项卡,单击选择"名片制作向导",在"新建"栏中选择"文档"如图 7－24 所示,单击"确定"按钮。

图 7－23　名片效果图

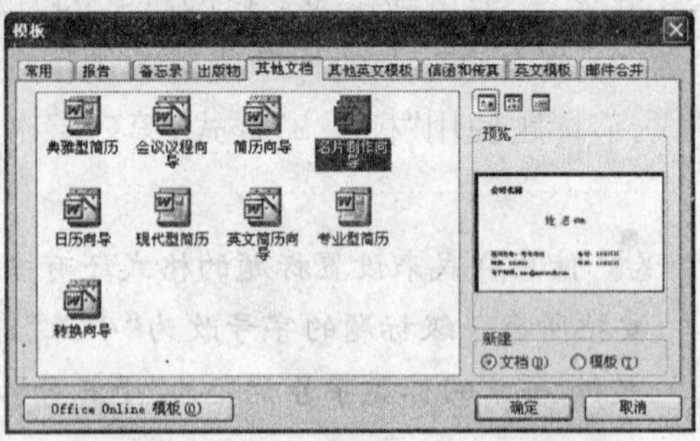

图 7－24　"其他文档"选项卡的设置

第 3 步：自动新建了一个空文档,并出现如图 7－25 所示的"名片制作向导"对话框(1),单击"下一步"。

第 4 步：出现 "名片制作向导"对话框(2),在"名片样式"下拉列表框中选择"样式 4"如图 7－26 所示,单击"下一步"。

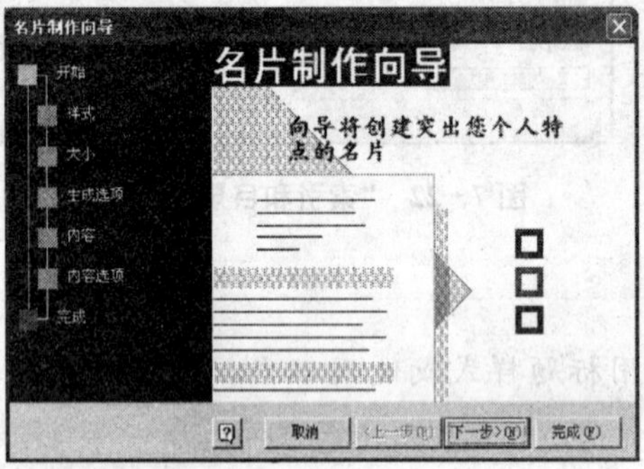

图 7－25　"名片制作向导"对话框(1)

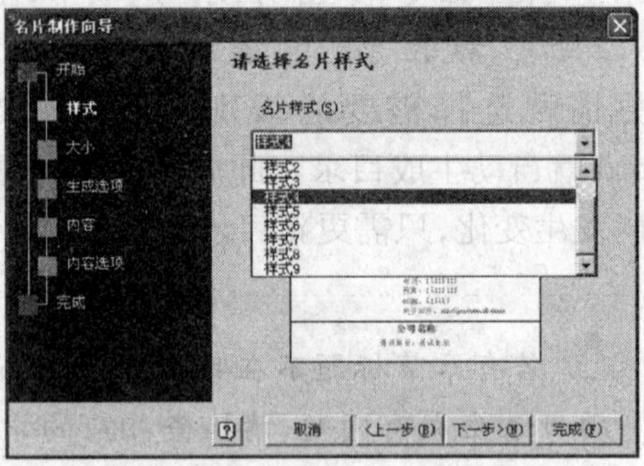

图 7－26　"名片制作向导"对话框(2)

第 5 步：出现"名片制作向导"对话框(3),在"名片类型"下拉列表中选择"标准大小88.9×55 毫米"如图 7－27 所示,单击"下一步"。

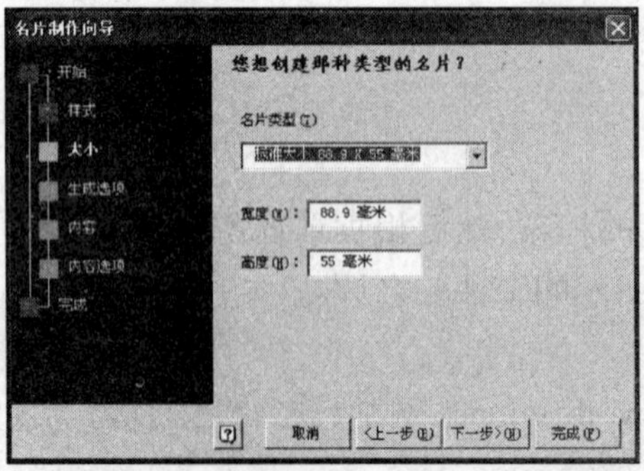

图 7－27　"名片制作向导"对话框(3)

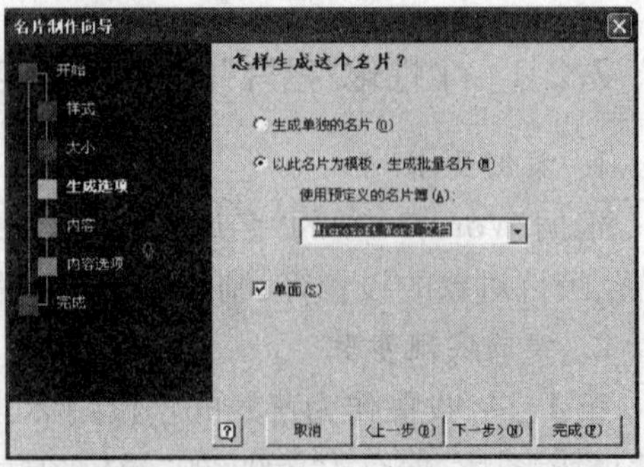

图 7－28　"名片制作向导"对话框(4)

第 6 步：出现“名片制作向导”对话框(4)，选择“以此名片为模板，生成批量名片”单选按钮，选择“单面”复选按钮如图 7－28 所示，单击“下一步”，然后单击“完成”按钮，生成如图 7－29 所示的名片框架。

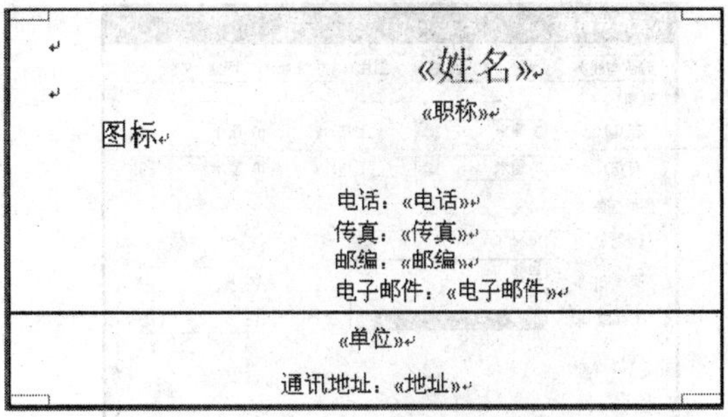

图 7－29　生成的“名片”框架

第 7 步：选择“图标”文字所在的文本框，单击“Delete”键删除该位置的内容，如图7－30 所示。

第 8 步：插入点移到第一行的行首，执行“插入”→“图片”→“来自文件”菜单命令，打开“插入图片”对话框，在“查找范围”下拉列表中选择“学校图标.jpg”文件所在的位置，然后选择“学校图标”文件，如图 7－31 所示。单击“插入”按钮，效果如图 7－32 所示。

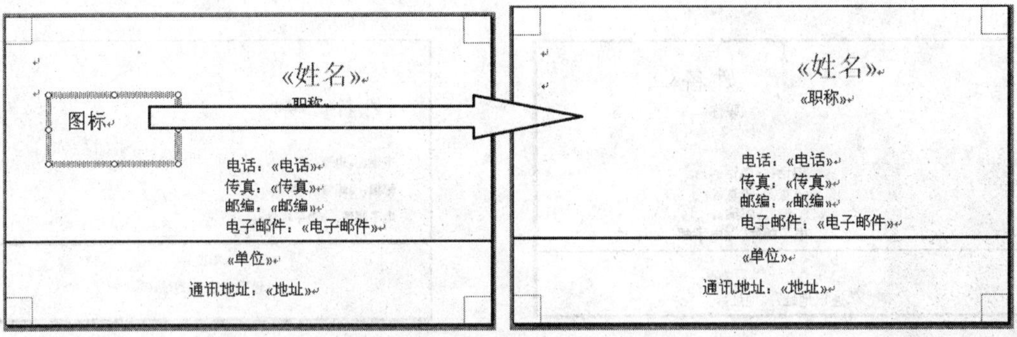

图 7－30　删除“图标”文本框效果图

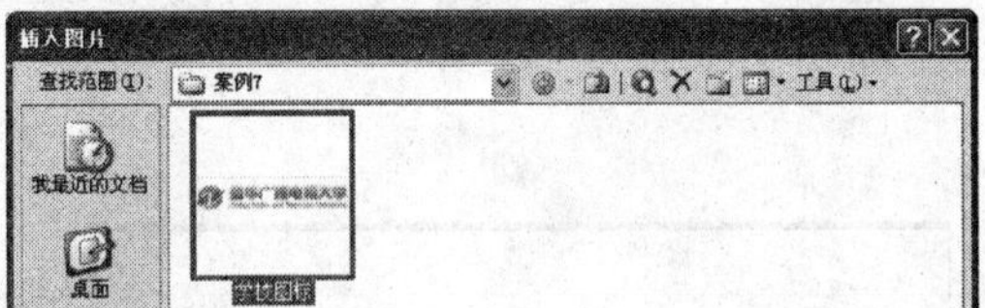

图 7－31　“插入图片”对话框

图 7－32　插入“学校图标”后的文档效果

第 9 步：选中新插入的图片，鼠标指向该图片，单击鼠标右键出现快捷菜单，选择“设置图片格式”命令，单击“图片”选项卡，在“图像控制”栏的“颜色”下拉列表框中选择“冲蚀”，以设置图片的水印效果，如图 7－33 所示。然后再单击“版式”选项卡，在“环绕方式”中选择“衬于文字下方”，如图 7－34 所示。单击“确定”按钮，然后适当调整图片的大小，效果如图 7－35 所示。

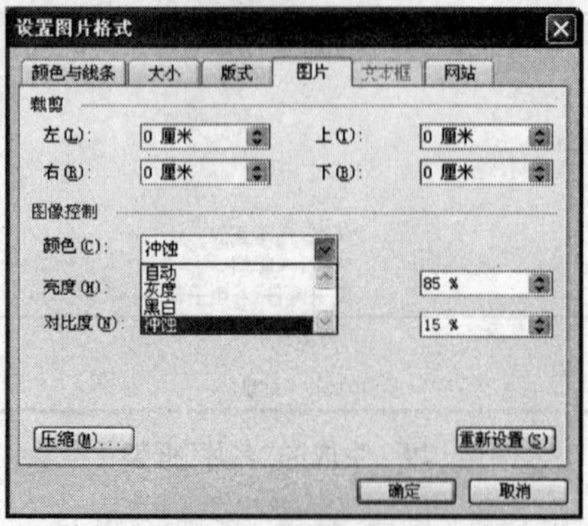

图 7-33 “图片”选项卡设置

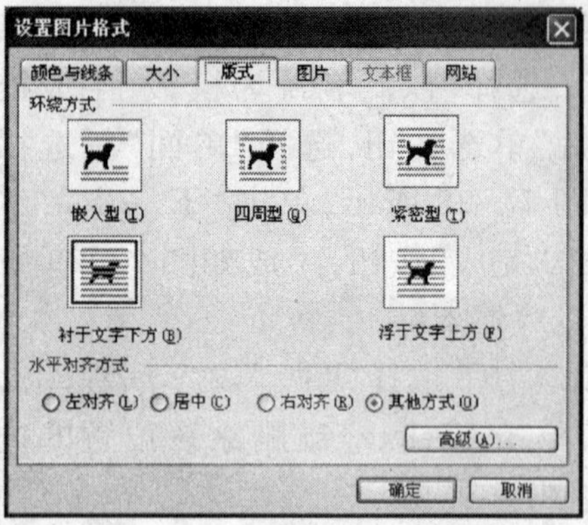

图 7-34 “版式”选项卡设置

第 10 步：选中“传真:《传真》”文本框，按“Delete”键删除该文本框。然后分别将“姓名”等文本框移动到左边，位置如图 7-36 所示。

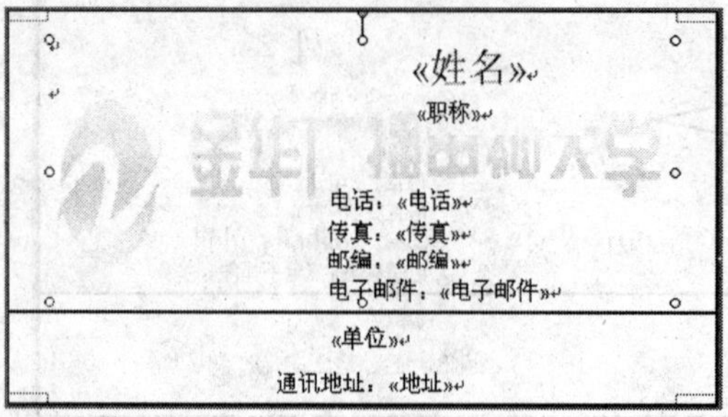

图 7-35 设置后的效果图

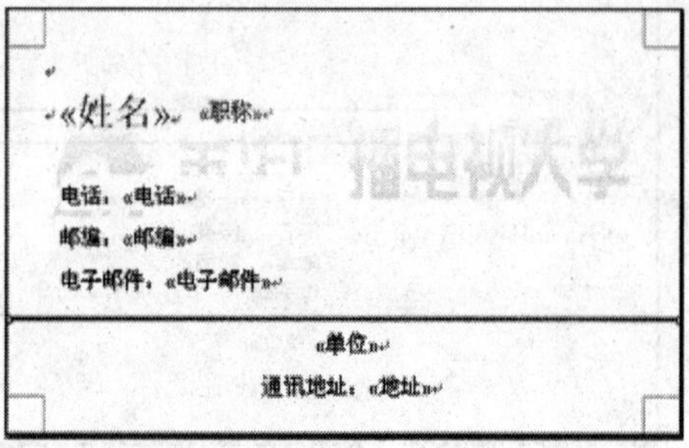

图 7-36 移动相应文本框的位置

第 11 步：在《姓名》、《职称》、电话等文本框中删除原有的文字，输入自己的名片中的相应信息文字，如图 7-37 所示。选中相应的文本框，将各文本框中文字格式设置成自己喜欢的格式，效果如图 7-38 所示。

图 7-37 输入名片信息效果

图 7-38 设置文本格式后的名片效果

第 12 步：在“金华广播电视大学”文字上方的横线中单击选中该横线，单击“绘图”工具栏上的线型颜色按钮“ ”，选择红色，单击虚线线框按钮“ ”，选择第三种线，设置后的效果如图 7-39 所示。

第 13 步：在名片的右侧画一个文本框，输入“我乐天达观，我温柔体贴，我心地善良，我诚实坦白。”这段文字，并将这部分文字设置为“楷体”，“小 5 号”；然后选中这个文本框，单击“绘图”工具栏的“ ”按钮，设置线框颜色，单击“ ”按钮设置线框宽度，单击“ ”按钮设置虚线线框，设置后效果如图 7－40 所示。

图 7－39　设置线型与颜色后的名片效果

图 7－40　第 13 步操作后的名片效果

第 14 步：选中横线上方的所有文本框，将鼠标指向选定的对象，并单击鼠标右键，在弹出的快捷菜单中选择“设置文本框格式”菜单命令；在弹出的对话框中单击“颜色与线条”选项卡；在“填充”栏处，移动透明度处的滑块，使透明度达到 100％，如图 7－41 所示，然后单击“确定”按钮。最终效果如图 7－42 所示，操作结束保存该文档。

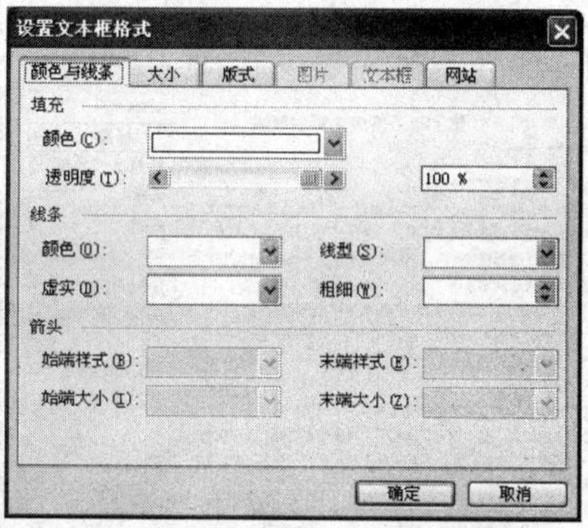

图 7－41　设置“透明度”对话框

图 7－42　“名片”的最终效果图

7.2.2 “毕业论文”排版案例的实现

1. 案例要求

(1) 论文的章标题：黑体、三号、加粗，居中，段前、段后空一行。

(2) 节标题：宋体、四号、加粗，段前、段后空 0.5 行。

(3) 目标题：小四号，加粗，首行缩进 2 个汉字，段前、段后空 0.5 行。

(4) 正文：首行缩进 2 个汉字、宋体、小四号。

(5) 全文行间距：多倍行距 1.25 或者多倍行距 1.2。

(6) 论文排版结束，自动提出目录。

要制作文档目录，就必须在文档标题中应用标题样式，因为只有标题样式才带有不同的级别，当标题应用到文档标题后，才能自动将目录插入到文档之中。

2. 案例实现步骤

第 1 步：输入论文内容后，选中全文，执行“格式”→“段落”菜单命令，在“缩进与间距”选项卡中设置段落间距为“1.25 倍”。

第 2 步：先根据案例要求修改标题与正文样式。首先执行“格式”→“样式和格式”菜单命令，出现“样式和格式”任务窗格。在这里，修改“标题 1”样式的格式作为论文的章标题；修改“标题 2”样式的格式作为节标题；修改“标题 3”样式的格式作为目标题等。具体的方法是：单击“标题 1”样式右侧的“▾”按钮，选择“修改”，在出现的“修改样式”对话框中，设置字体为“黑体”、“3 号”、“加粗”，对齐方式为“居中对齐”，然后单击“格式”按钮，选择“段落”菜单，单击“缩进与间距”选项卡，将段落间距设置为段前、段后均为“1 行”。“标题 2”与“标题 3”的修改方法同“标题 1”样式格式的修改。

第 3 步：将输入完成的论文应用相应的标题样式。具体方法是：将插入点移到“第 1 章 班级主页概述”处，单击“样式和格式”任务窗格中的“标题 1”样式，效果如图 7-43 所示。

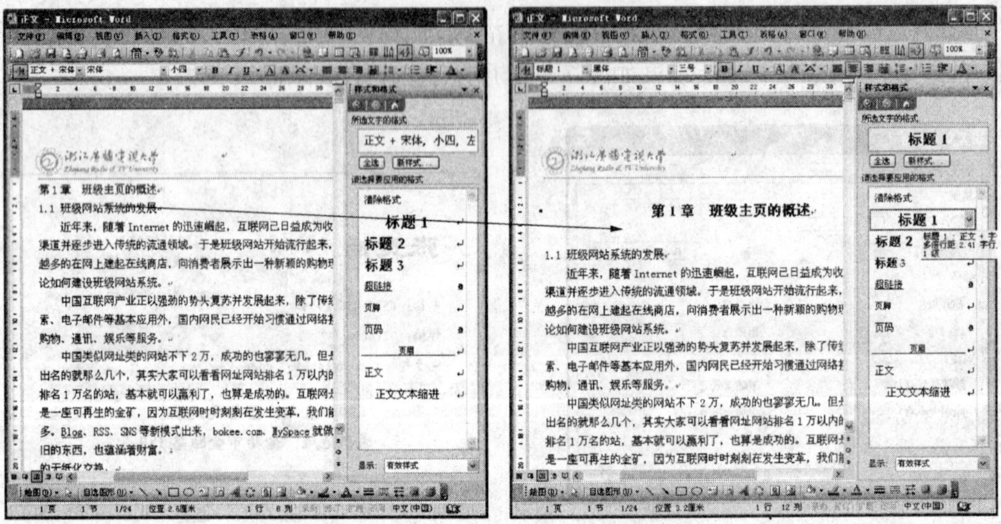

图 7-43 应用“标题 1”样式后的效果

将插入点移至“1.1 班级网站系统的发展”处，单击“样式和格式”任务窗格中的“标题 2”样式，效果如图 7-44 所示。根据章、节、目的要求，分别将各标题与正文应用相对应的标题样式。

第 4 步：提取文档的目录。在正文前插入一页（在第一章的标题前按[Ctrl+Enter]组合键），光标移到新页的开始处，输入“目录”二字，并设置好格式。

新起一段落，执行“插入”→“引用”→“目录与索引”菜单命令，单击“目录”选项卡默认情况下“显示级别”为 3 级，可以根据情况选择需要的级别，单击“确定”按钮 Word 就自动生成目录。此后若章节标题改变或页码发生变化，只需更新目录即可，生成的目录效果如图 7-45 所示，操作结束保存该文档。

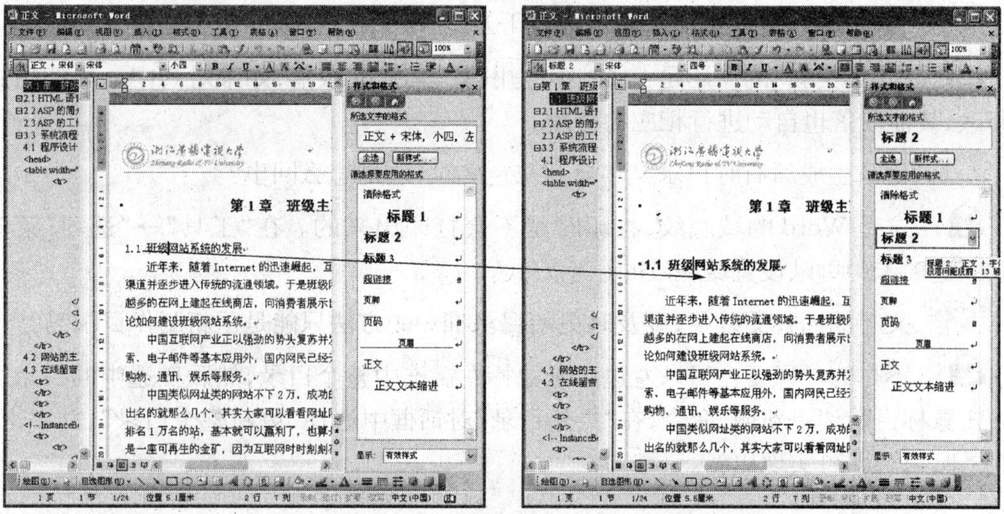

图 7-44 应用"标题 2"后的标题效果

目 录

第1章 班级主页的概述......2
1.1 班级网站系统的发展......2
1.2 班级网站的现状......2
1.3 班级网站系统的构建......2
第2章 程序开发的技术基础......3
2.1 HTML 语言......3
2.2 ASP 的简介......3
1. 全嵌入 HTML,与 HTML,Script 语言完美结合......4
2. 无须手动编译(Compling)或链接程序......4
3. 面向对象(ObjectOriented),并可扩展 ActiveXServer 组件功能......4
2.3 ASP 的工作原理......4
第3章 系统概述......5
3.1 系统设计思想......5
3.2 系统功能描述......6
3.3 系统流程分析......6
1.用户数据的准备......6
2.用户发表留言的数据......6
3.为了管理安全方便,要对用户的数据进行检查,......7
4.据库的逻辑结构分析......7
第4章 系统功能模块设计......7
4.1 程序设计......7
4.2 网站的主界面......8
4.3 在线留言......8
第5章 结论......8

图 7-45 生成目录的效果图

7.3 疑问与解答

只要应用了样式的文档,就能制作目录了吗?

不是的。只有应用了标题样式的文档,标题才能生成目录。

自定义或修改样式时,对话框右下方“自动更新”选项的作用是什么?

“自动更新”的作用是:文档中应用同一样式的段落,如果对其中一段的格式进行修改,其他段落也自动进行相应的修改。

目录生成后有时目录文字会有灰色底纹,这是怎么回事?

这是 Word 的域底纹,打印时是不会打印出来的。在“工具”→“选项”菜单的“视图”选项卡中可以设置域底纹的显示方式。

文档的内容更改了,要及时更新目录唯一的方法只能是重新制作目录吗?

不是的。只要在目录左边单击鼠标左键选中整个目录,然后在选中的目录区域中右击鼠标,执行“更新域”命令,在“更新目录”对话框中选择“更新整个目录”,并单击“确定”按钮,目录即可实现更新。

7.4 小窍门

小窍门1　选择目录,单击“F9”键可以快速更新目录。

小窍门2　将鼠标指向目录中的某一个标题,然后按住“Ctrl”键,单击鼠标,就被快速定位到文档中该标题的位置。如果你觉得按“Ctrl”键太麻烦,那么执行“工具”→“选项”菜单命令,单击“编辑”选项卡,找到并取消“用 Ctrl+单击跟踪超链接”选项,即可直接点击实现快速跳转。

7.5 习题与实训

7.5.1 理论习题

1. 填空题

(1) 创建新样式主要通过________________任务窗格实现。

(2) 执行________________菜单命令可以制作文档目录。

(3) 任何文档都是以模板为基础,新建的空白文档是以________模板为基础产生的。

(4) 更新已制作好的目录可用________________和________________方法。

2. 选择题

(1) 模板文件的后缀名(　　)。

A. .PPT　　B. .XLS　　C. .DOT　　D. .DOC

(2) “样式和格式”位于(　　)菜单中。

A. 工具　　B. 格式　　C. 编辑　　D. 文件

(3) 下面描述有错误的是(　　)。

A. 文档的样式可以根据自己的需要任意创建

B. 创建样式后就不能修改了

C. 任何 Word 文档都是以模板为基础的

D. 应用样式后,该样式中的所有格式都将被直接应用

(4) 关于长文档目录制作描述有错误的是(　　)。

A. 应用了样式的文档都可以制作正确的目录

B. 只有应用了标题样式的文档才可以制作正确的目录

C. 目录与文档相关的标题具有链接功能

D. 样式更改了不一定要重新制作目录才能更新目录

3. 简述题

(1) 写出修改样式的操作步骤。

(2) 写出制作长文档目录的操作步骤。

7.5.2 实训题

实训1

为自己设计一张具有个性化的名片。

实训2

模仿教材的标题结构制作类似的长文档,并在文档的开始处创建目录,具体要求如下:

(1) 文档内容自定。

(2) 必须应用标题样式的方法设置标题格式。

(3) 目录必须从文档中提取。

案例 8　批量制作邀请函与信封

公司最近将与行业协会合作举办一个技术研讨会，决定以公司的名义广泛发送邀请函，希望行业中的优秀企业都来参会。刘主任要求小米批量制作邀请函和公司信封，有邮箱地址的邀请者通过电子邮件发出邀请函，其余通过邮局邮寄给邀请者。小米利用 Word 的邮件合并功能在不到 2 个小时的时间内，轻松并准确无误地完成几百份信函的发送，受到了刘主任高度赞赏。

本案例目标

✧ 利用“邮件合并”功能制作批量的邀请函

✧ 利用“邮件合并”功能制作批量的信封

本案例最终效果图

图 8-1　批量制作的邀请函效果

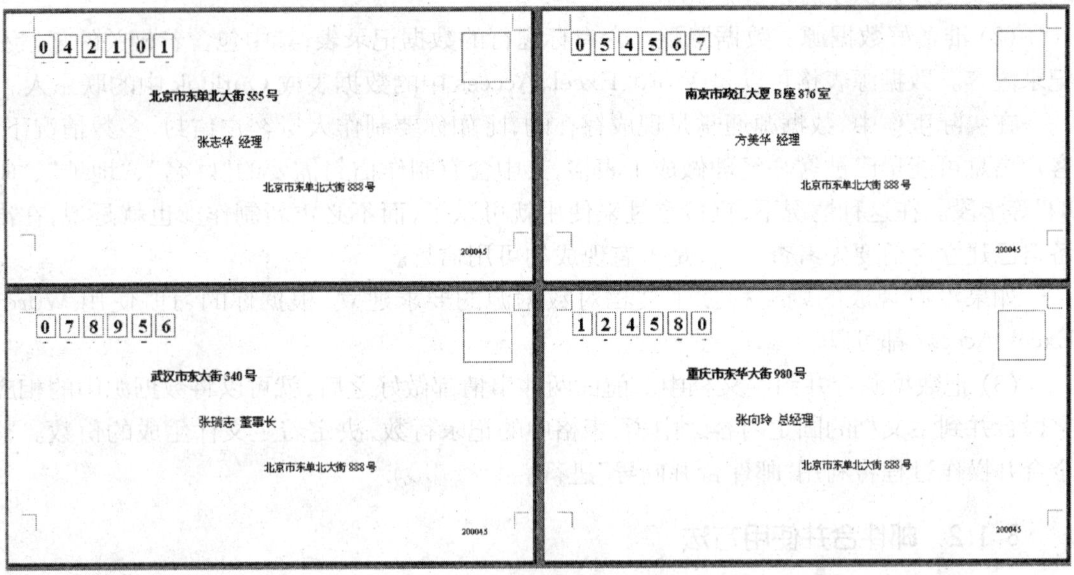

图 8-2 批量制作的信封效果

8.1 知 识 剖 析

在日常的办公过程中,我们可能收集了许多数据表(如通讯录等),同时又需要根据这些数据信息制作出大量信函、信封、录取通知书、成绩报告单或者是工资条等。面对如此大量繁杂的数据,如果逐一制作,会非常繁琐,且容易出错。其实,借助 Word 2003 提供的"邮件合并"功能,完全可以轻松、准确、快速地完成这些任务。

本案例主要讲述邮件合并功能的原理及邮件合并的操作方法。通过本案例的学习,能利用邮件合并功能快速合成出大量内容相同或相似的信函、信封、成绩单、工资条等。

8.1.1 邮件合并理论基础

1. 邮件合并原理

邮件合并是从一个文档向另一个文档传送信息的过程。首先建立两个文档,一个包括所有文件共有内容和格式的主文档,另一个包括变化信息的数据源。然后使用邮件合并功能在主文档中插入变化的信息。合成后的文件可以保存为 Word 文档或打印出来,当然也可以以邮件形式发送。

2. 邮件合并的三个基本过程

(1) 建立主文档。"主文档"就是固定不变的主体内容,比如信封中的落款、信函中对每个收信人都不变的内容等。使用邮件合并之前先建立主文档,这是一个很好的习惯。一方面可以考查预计中的工作是否适合使用邮件合并;另一方面主文档的建立,为数据源的建立或选择提供了标准和思路。

(2) 准备好数据源。数据源就是含有标题行的数据记录表,其中包含着相关的字段和记录内容。数据源表格可以是 Word、Excel、Access 中的数据表或 Outlook 中的联系人。

在实际工作中,数据源通常是现成存在的,比如你要制作大量客户信封,多数情况下,客户信息可能早已被客户经理做成了表格,其中含有制作信封需要的“姓名”、“地址”、“邮编”等字段。在这种情况下,直接拿过来使用就可以了,而不必重新制作。也就是说,在准备自己建立之前要先考查一下,是否有现成的可用信息。

如果没有现成的则要根据主文档对数据源的要求建立,根据你的习惯使用 Word、Excel、Access 都可以。

(3) 把数据源合并到主文档中。前面两件事情都做好之后,就可以将数据源中的相应字段合并到主文档的固定内容之中了,表格中的记录行数,决定着主文件生成的份数。整个合并操作过程将利用“邮件合并向导”进行。

8.1.2 邮件合并使用方法

下面以制作学生成绩通知单为例,来说明 Word 中邮件合并的使用。

(1) 创建主文档 “A. doc”文档。内容如下:

:同学

现将本学期成绩通知如下:

英语		数学		语文		计算机基础		程序设计基础	

(2) 创建数据源“B. doc”文档,内容如下:

姓　名	英　语	数　学	语　文	计算机基础	程序设计基础
陈小妹	68	89	63	78	85
张化量	85	65	86	45	56
方思良	78	69	86	78	95
李玉和	72	56	89	75	56

(3) 利用“邮件合并”工具栏合并邮件的步骤。

第 1 步:添加“邮件合并”工具栏。方法是首先打开主文档“A. doc”,然后执行“视图”→“工具栏”→“邮件合并”,调出“邮件合并”工具栏,如图 8-3 所示。

图 8-3 “邮件合并”工具栏

> 也可以执行“工具”→“信函与邮件”→“显示邮件合并工具栏”菜单命令，调出“邮件合并”工具栏。

第 2 步：打开数据源“B.doc”文档。方法是单击“邮件合并”工具栏上的“打开数据源”按钮“ ”，出现如图 8-4 所示的“选取数据源”对话框，选择前面建好的“B.doc”文档，单击“打开”。

第 3 步：设置合并域。方法是将光标移到文档行首“：同”之前，单击“邮件合并”工具栏上的“插入域”按钮“ ”，在“插入合并域”对话框中选择“姓名”域，如图 8-5 所示。即可将“姓名”域插入到 A 文档中，效果如图 8-6 所示。操作结束保存合并后的文档。

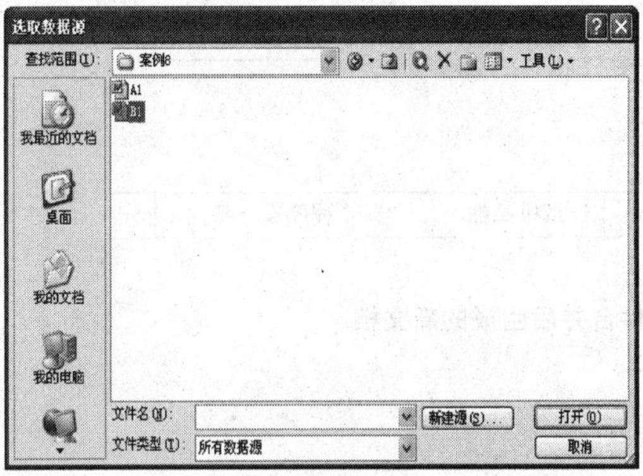

图 8-4 “选取数据源”对话框

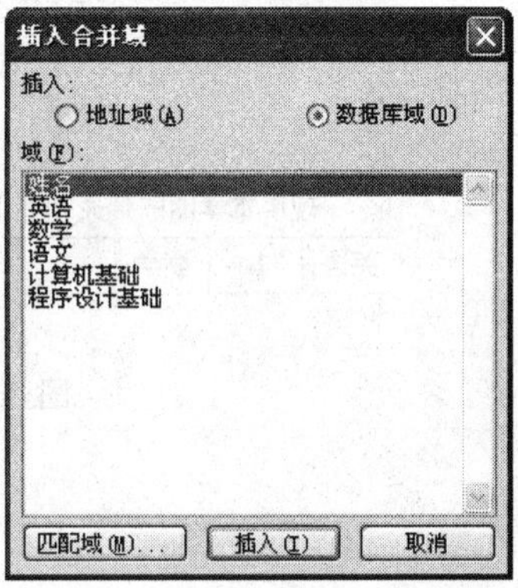

图 8-5 “插入合并域”对话框

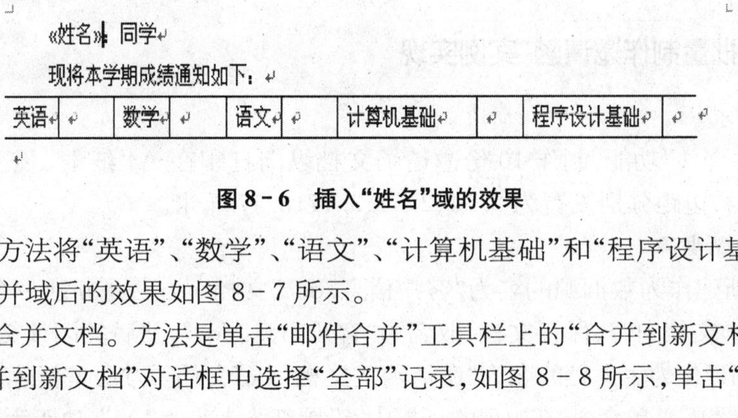

图 8-6 插入“姓名”域的效果

以同样的方法将“英语”、“数学”、“语文”、“计算机基础”和“程序设计基础”域插入到 A 文档中。合并域后的效果如图 8-7 所示。

第 4 步：合并文档。方法是单击“邮件合并”工具栏上的“合并到新文档”按钮“ ”，在弹出的“合并到新文档”对话框中选择“全部”记录，如图 8-8 所示，单击“确定”按钮，将

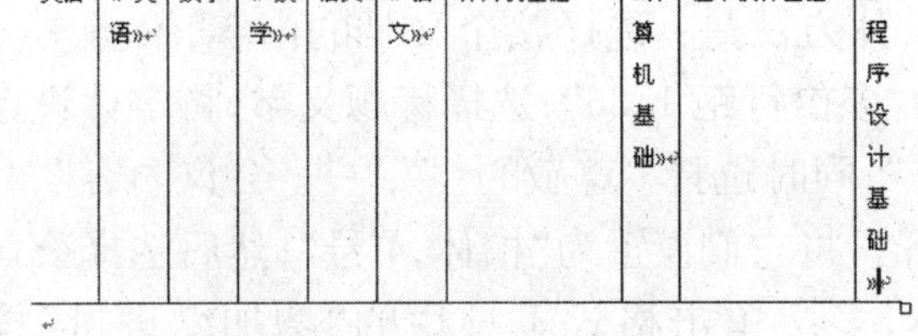

图 8-7 合并域后的效果图

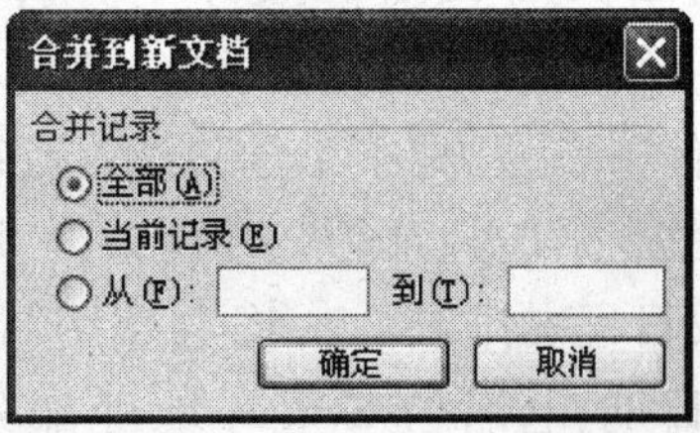

图 8-8 “合并到新文档”对话框

自动生成 4 位同学的成绩单，效果如图 8－9 所示。

陈小妹：同学

现将本学期成绩通知如下：

英语	68	数学	89	语文	63	计算机基础	78	程序设计基础	85

张化量：同学

现将本学期成绩通知如下：

英语	85	数学	65	语文	86	计算机基础	45	程序设计基础	56

方思良：同学

现将本学期成绩通知如下：

英语	78	数学	69	语文	86	计算机基础	78	程序设计基础	95

李玉和：同学

现将本学期成绩通知如下：

英语	72	数学	56	语文	89	计算机基础	75	程序设计基础	56

图 8－9　邮件合并后生成的新文档

8.2　案例实现

8.2.1　“批量制作邀请函”案例实现

1. 案例要求

利用“邮件合并”功能，制作 10 份邀请函文档纵向打印在 A4 纸上。纸张大小设置为 A4，上、下、左、右边距分别设置为 2.54、2.54、3.17、3.17 厘米。

2. 案例实现步骤

第 1 步：新建作为数据源的名为“客户信息.doc”文档。方法是新建一个文档，输入如图 8－10 所示的文档内容，保存文档，取名为“客户信息.doc”，然后关闭该文档。

第 2 步：新建作为主文档的名为“邀请函主文档.doc”文档。方法是新建一个文档，执行“文件”→“页面设置”菜单命令，在出现的话框中，设置纸张大小为“A4”，边距为上、下、左、右分别为“2.54、2.54、3.17、3.17”，方向为“纵向”排列；然后输入邀请函内容，如图 8－11 所示。

第 3 步：设置主文档文本的格式。具体方法是：选择整个文档的内容，设置字体为“宋体”，字号为“小 4 号”，设置行符间距为“多倍行距 1.25”；选择标题文字，将字体设置为“隶书、小初号，加粗”，并设置为“居中对齐”；同时选择“尊敬的：”、“一、会议内容”、“二、会议日程安排”、“三、参会费用”这四个段落，将它们设置为“楷体，4 号”；然后选择公司名称、日期、电话与 E-mail 地址部分的文本，多次单击格式工具栏的“增加缩进量”按钮“”，直到合适的位置。设置后效果如图 8－12 所示。

姓名	地址	邮编	职务	称呼
张志华	北京市东单北大街555号	042101	经理	先生
方美华	南京市政江大厦B座876室	054567	经理	女士
张瑞志	武汉市东大街340号	078956	董事长	先生
张向玲	重庆市东华大街980号	124580	总经理	女士
王丽佳	天津市北直街东方大厦A座489就不能	457541	总经理	女士
方尚荣	杭州市西湖路123号	456123	总工程师	先生
俞开发	浙江省宁波市小码头大厦A座5室	213456	董事长	先生
张丽娜	天津市东华大道167号	457892	总经理	女士
李玲妙	上海市解放路888号	235648	经理	女士
应林沿	金华市东市街大厦B座8号	321564	总经理	先生

图8－10 “客户信息”文档内容

邀请函

尊敬的：

由电子技术行业协会、电子技术交流协会主办，我公司承办的“2007年电子技术研讨会暨产品展览会会议”定于2007年10月10日－12日在北京电子科技会展中心展望厅举办，欢迎贵单位派人参加。会议的详细内容及安排如下：

一、会议内容

2007－2008北京电子技术的新发展与行业交流

二、会议日程安排

2007年10月10日 “2006年电子技术的创新与发展”专题讲座

2007年10月11日 “2007年电子技术产品市场展望”专题讲座

2007年10月12日 “高端电子产品展览及学术交流会”

三、参会费用

参会费用为1200元/人（含食宿），如您需参加我们的会议，请于2007年9月1日前将回执填写妥当，按以上传真、邮寄或E-mail等方式返回我公司，以便安排。会议日程与其他参会企业的详情将于收到您的回执单再另行通知。

敬请莅临。

美博瑞电子产品公司

2007.8.15

传真：010-68331234

E-mail：mbldzcpgs@163.com

回 执

参会人名单	
参会人联系方式	
会议费用	
备注	

图8－11 邀请函主文档内容

邀 请 函

尊敬的：

由电子技术行业协会、电子技术交流协会主办，我公司承办的“2007 年电子技术研讨会暨产品展览会会议”定于 2007 年 10 月 10 日－12 日在北京电子科技会展中心展望厅举办，欢迎贵单位派人参加。会议的详细内容及安排如下：

一、会议内容

2007－2008 北京电子技术的新发展与行业交流

二、会议日程安排

2007 年 10 月 10 日　“2006 年电子技术的创新与发展”专题讲座

2007 年 10 月 11 日　“2007 年电子技术产品市场展望”专题讲座

2007 年 10 月 12 日　“高端电子产品展览及学术交流会”

三、参会费用

参会费用为 1200 元/人（含食宿），如您需参加我们的会议，请于 2007 年 9 月 1 日前将回执填写妥当，按以上传真、邮寄或 E-mail 等方式返回我公司，以便安排。会议日程与其他参会企业的详情将于收到您的回执单再另行通知。

敬请莅临。

美博瑞电子产品公司

2007.8.15

传真：010-68331234

E-mail：mbldzcpgs@163.com

回　执

单位名称	
参会人名单	
参会人联系方式	
会议费用	
备注	

图 8－12　主文档设置格式后的效果图

图 8－13　公章

第 4 步：制作公司图章。具体方法是：将前面[案例 4]中介绍过的如图 8－13 所示的印章图形复制到文档中，选中印章单击鼠标右键，在弹出的快捷菜单中选择“组合”→“取消组合”命令；然后选择艺术字“浙江贸易学校”，单击艺术字工具栏的“编辑文字…”按钮，将文字改为“美博瑞电子产品公司”，重新将艺术字与自选图形组合。选中组合后的图章，移到需要的位置，然后再单击鼠标右键，在弹出的快捷菜单中选择“叠放次序”→“衬于文字下方”菜单命令。

第 5 步：插入合并域。首先调出“邮件合并”工具栏，然后单击工具栏上的“打开数据源”按钮“ ”，在出现的“选取数据源”对话框中，选择前面建好的“客户信息. doc”文档打开；将光标移到文档首行“尊敬的：”之后，单击“邮件合并”工具栏上的“插入域”按钮“ ”，在“插入合并域”对话框中分别选择“姓名”域和“称呼”域，将“姓名”和“称呼”域插入到主文档中，对话框及效果如图 8－14 所示。

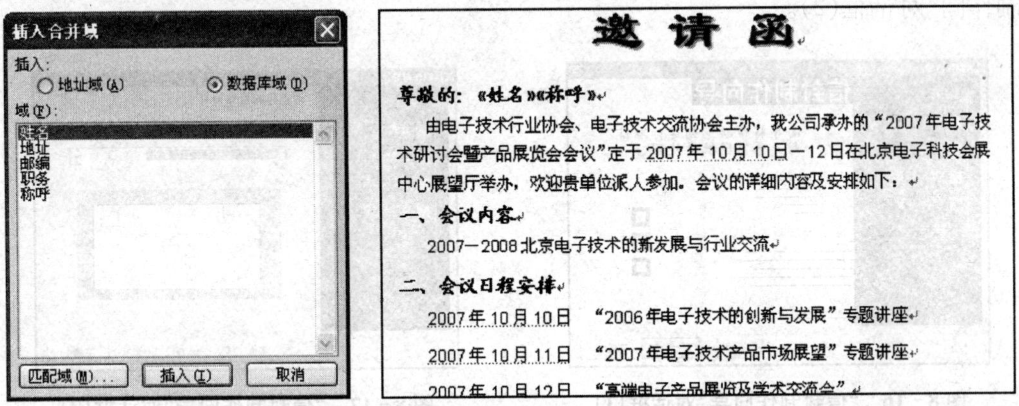

图 8－14 "插入合并域"对话框及效果图

第 6 步：合并文档。单击"邮件合并"工具栏上的"合并到新文档"按钮" "，在弹出的"合并到新文档"对话框中选择"全部"记录，单击"确定"按钮，将自动生成 10 份邀请函。如图 8－1 所示。

第 7 步：执行"文件"→"保存"菜单命令，保存新生成的邀请函文档；准备好打印纸与打印机，单击常用工具栏上的"打印"按钮即可打印 10 份邀请函。

8.2.2 "批量制作信封"案例实现

1. 案例要求

新建一个文档，先建立一个如图 8－15 所示的主文档，再建立收信人信息库，然后利用邮件合并工具，为本公司制作 10 份向外发出的信封。

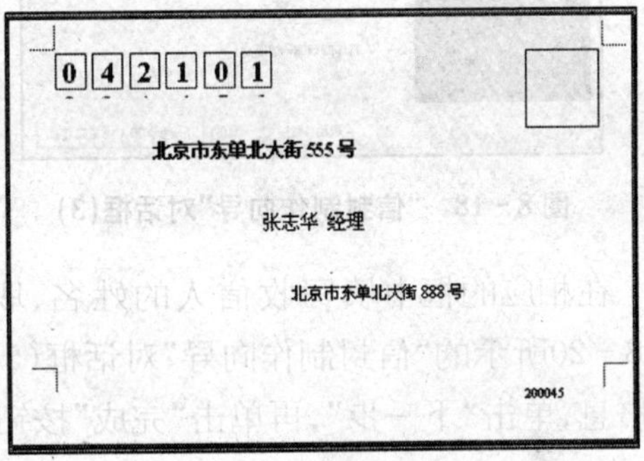

图 8－15 信封样稿

对标准信封格式和封面内容具体要求如下：

(1) 信封尺寸为 220×110 毫米(即航空信封 5)。

(2) 收信人的邮政编码具有边框线。

(3) 寄信人地址为：北京市东单北大街 888 号。

(4) 发信人邮政编码为：200045

对数据源内容的要求如下：

在信息库中输入 10 个与收信人有关的信息记录，记录内容包括邮政编码、地址、姓名和职务等信息。

2. 案例实现步骤

第 1 步：创建收信人信息库文档，这里采用前面已创建的"客户信息. doc"。

第 2 步：制作标准信封。执行"工具"→"信函与邮件"→"中文信封向导"，系统会启动

"信封制作向导"对话框(1),如图 8－16 所示。单击"下一步",出现如图 8－17 所示的"信封制作向"对话框(2)。

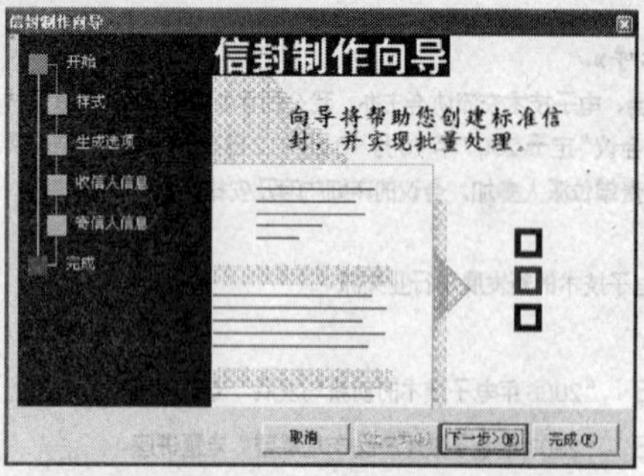

图 8－16 "信封制作向导"对话框(1)

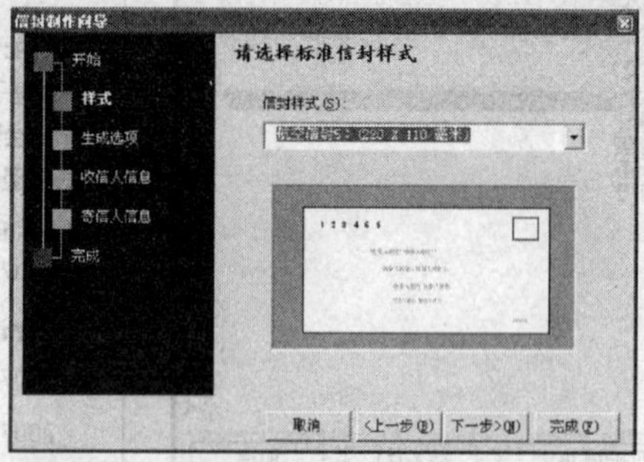

图 8－17 "信封制作向导"对话框(2)

在"信封样式"下拉列表框中选择"航空信封 5(220×110 毫米)",单击"下一步",出现如图 8－18 所示的"信封制作向导"对话框(3),选择"生成单个信封"与"打印邮政编码边框"。单击"下一步",出现如图 8－19 所示"信封制作向导"对话框(4)。

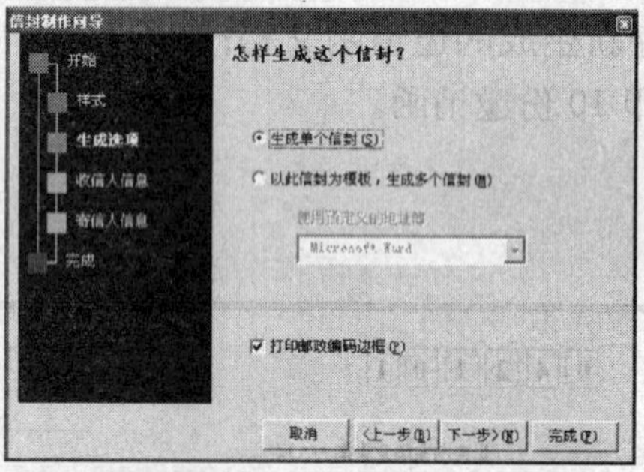

图 8－18 "信封制作向导"对话框(3)

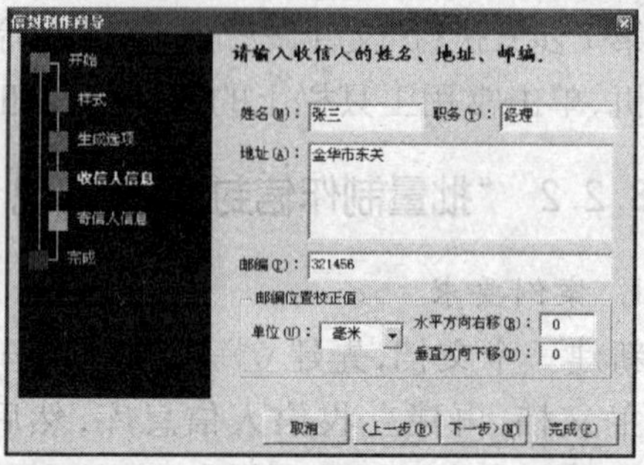

图 8－19 "信封制作向导"对话框(4)

在相应的框中填写收信人的姓名、职务、地址和邮政编号,单击"下一步"。出现如图 8－20所示的"信封制作向导"对话框(5),相应的框中正确填写寄信人姓名、地址和邮编等信息,单击"下一步",再单击"完成"按钮,效果如图 8－21 所示。

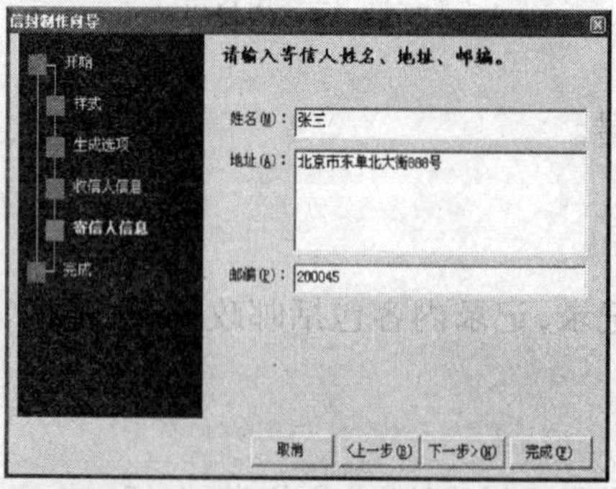

图 8－20 "信封制作向导"对话框(5)

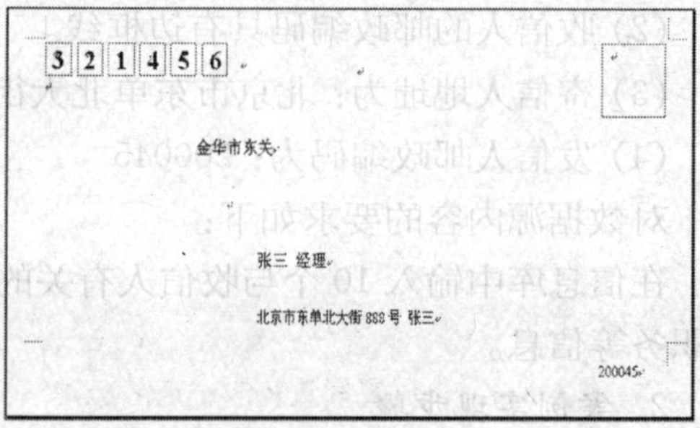

图 8－21 生成标准信封效果

在填写收信人信息的对话框中，收信人的信息可以是任意乱填，但各项内容不能空着。

第 3 步：修改标准信封文字格式与位置，如将收信人地址处的文字设置为加粗，收信人姓名处的文字设置为楷体，3 号，加粗，并适当调整它们的位置。

第 4 步：首先调出“邮件合并”工具栏，然后单击“邮件合并”工具栏上的“打开数据源”按钮“ ”，在出现的“选取数据源”对话框中，选择前面建好的“客户信息. doc”文档打开。

第 5 步：设置合并域。将插入点移至邮政编码的第一个框中，单击“邮件合并”工具栏上的“插入域”按钮“ ”，在“插入合并域”对话框中选择“邮政编码”域，如图 8－22 所示。即可将“邮政编码”域插入到标准信封的邮政编码处，效果如图 8－23 所示。

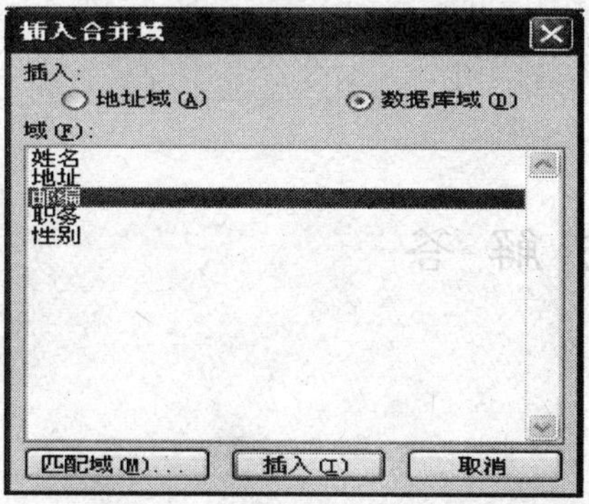

图 8－22 “插入合并域”对话框

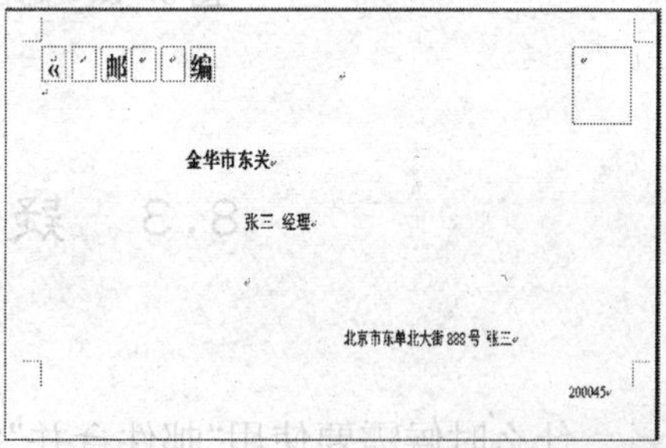

图 8－23 插入“邮政编码”域效果

删除地址处文本如“金华市东关”，光标定位在地址位置，按以上同样的方法将“地址”域插入到信封文档中，然后以同样的方法将“姓名”、“职务”域等插入到信封文档，效果如图 8－24 所示。

第 6 步：合并文档。单击“邮件合并”工具栏上的“合并到新文档”按钮“ ”，在弹出的“合并到新文档”对话框中选择“全部”记录，如图 8－25 所示。单击“确定”按钮，将自动生成 10 个标准信封，其中开始两封的效果如图 8－26 所示。

图 8－24 各位置插入相应域后的效果

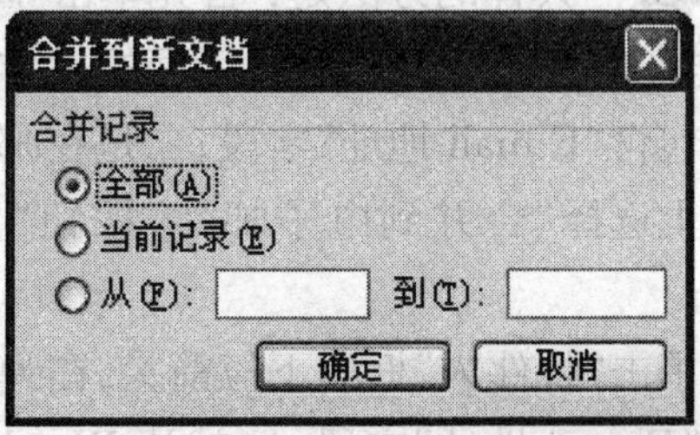

图 8－25 “合并到新文档”对话框

第 7 步：保存新文档并将该文档命名为“信封. doc”，准备好信封纸及打印机，然后单击常用工具栏上的“打印”按钮进行打印输出。

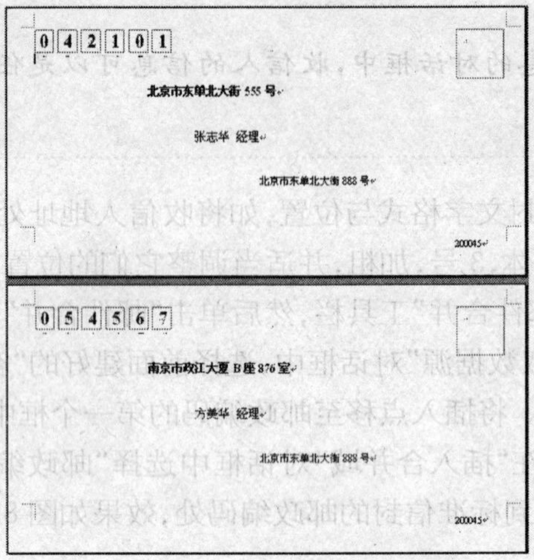

图 8-26 邮件合并后生成的新文档

8.3 疑问与解答

什么时候需要使用“邮件合并”？

我们可以通过分析一些用“邮件合并”完成的任务，从而得到答案。比如最常用的需要批量处理的信函、工资条等文档。它们通常都具备两个规律：一是需要制作的数量比较大；二是这些文档内容分为固定不变的内容和变化的内容，比如信封上的寄信人地址和邮政编码、信函中的落款等，这些都是固定不变的内容。而收信人的地址、邮编等就属于变化的内容，这种文档处理就需要用“邮件合并”来完成。

如果我不想把信函打印出来，而是想直接发 E-mail 给这些客户，该如何操作？

具体的方法是：首先单击“邮件合并”工具栏中的“设置文档类型”按钮“ ”，选择“电子邮件”单选框即可，后面的操作完全一致。不过有两点要注意：一是数据源表格中必须包含“E-mail 地址”字段；二是在邮件合并的最后一步“合并文档”时，在“邮件合并”工具栏上选择“合并到电子邮件”按钮“ ”，打开“合并到电子邮件”对话框，如图 8-27 所示。

单击“收件人”框的下拉箭头，在弹出的列表中显示了数据源表格中的所有字段，我们选择“E-mail 地址”字段，这就让 Word 知道把信往哪里发。然后在“主题行”框内输入电子邮件的主题，如“美博瑞电子产品公司信函”，同前面一样在这里也可以指定电子邮件的范围。最后，单击“确定”按钮，如图 8-28 所示。Word 2003 就启动 Outlook 进行发送邮件的操作了，同时要注意你的 Outlook 要能正常工作才能最终完成任务。

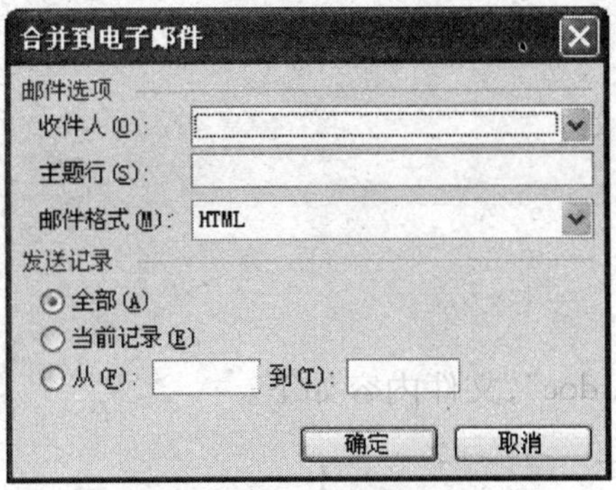

图 8-27 “合并到电子邮件”对话框

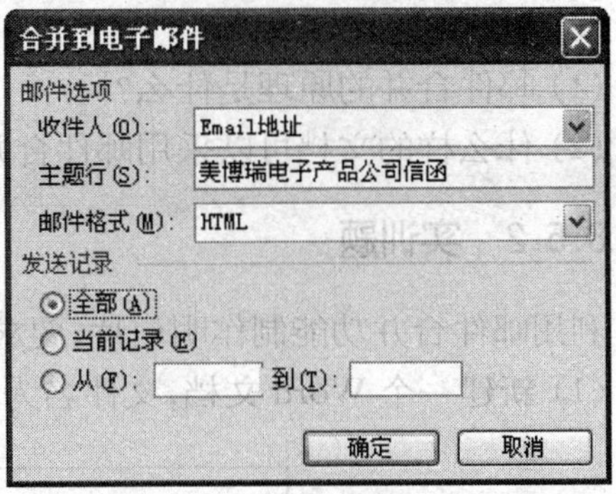

图 8-28 “合并到电子邮件”对话框的设置

8.4 小窍门

小窍门 在信封的制作中，可以将 Outlook 通讯簿中的联系人直接插入到 Word 文档中作为数据源。方法是执行“工具”→“信函与邮件”→“信封和标签”，单击“信封”选项卡，单击“插入地址”按钮，在“显示姓名来源”列表框中选中所需的 Outlook 通讯簿，在“键入名称或直接从列表中选择”文本框中输入或选择相应的名称。

8.5 习题与实训

8.5.1 理论习题

1. 填空题

(1) 邮件合并是从一个文档向____________的过程。

(2) 邮件合并的三个基本过程是______、______、______。

(3) 制作信封时可执行____________菜单命令，打开“信封制作向导”进行制作。

(4) 执行“视图”→______命令可以调出“邮件合并”工具栏。

2. 选择题

(1) 每年的元旦，FB 信息公司要发大量的内容相同的信，只是信中的称呼不一样，为了不做重复的编辑工作、提高效率，可用以下哪种功能实现(　　)。

A. 邮件合并　　B. 书签　　C. 信封和选项卡　　D. 复制

(2) “邮件合并”功能要求数据源只能是(　　)。

A. Word 中的表格　B. Excel 表格　　C. Access 表　　D. 以上均不正确

3. 简述题

(1) 邮件合并的原理是什么?

(2) 什么样的文档可以采用邮件合并功能?

8.5.2 实训题

利用邮件合并功能制作明信片,要求如下:

(1) 新建一个 Word 文档,文件名为“明信片. doc”,文件内容如下。

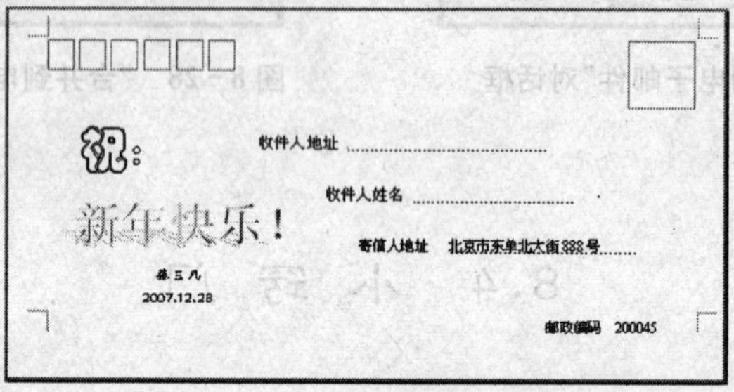

(2) 新建另外一个 Word 文档,文件名为“明信片数据源. doc”,文件内容如下。

邮　编	地　址	姓　名
210029	南京广州路 101 号	刘晓宁
215018	苏州新加坡工业园区	杨新元
100101	北京亚运村国际会议中心	胡月胡

(3) 以“明信片. doc”为主控文档,以“明信片数据源. doc”为数据源,进行邮件合并,结果另存为“邮件. doc”。

第 2 篇　Excel 2003 办公案例

如果你是教师，你将如何登记学生的资料和成绩呢？如果你是业务员，你将如何整理你的所有客户资料呢？如果你是会计师，你将如何管理公司的账务呢？如果你是……一切都由 Excel 2003 帮助你轻松搞定。Excel 2003 是微软公司出品的 Office 2003 系列办公软件中的一个组件，确切地说，它是一个电子表格软件。使用它，你可以制作电子表格、完成许多复杂的数据运算，进行数据的分析和预测，而且它还具有强大的图表制作功能，帮助你在团队中工作更为出色。

案例 9 创建“畅达公司日常费用统计表”

工作有一段时间了，这期间上司总是让小米打印文书、处理发言稿等文档类的工作。对于这些，小米可是得心应手，轻松搞定。难道秘书的工作就是这样了么？那以后的日子也就轻松了吧。正当小米得意洋洋地以为找到一份轻松的工作时，上司突然交给小米一个任务：要求她在下班之前整理好一份“上半年公司日常费用统计表”。对于 Office 中的文本处理她可是信手拈来，但是对于 Excel 表格却一知半解，怎么办啊？学呗，让我们跟着小米一起进入 Excel 的表格世界吧……

本案例目标

- ✧ 掌握工作簿的创建并能科学地输入工作表信息
- ✧ 掌握工作簿保存、打开和关闭的方法
- ✧ 能够打印工作表

本案例最终效果图

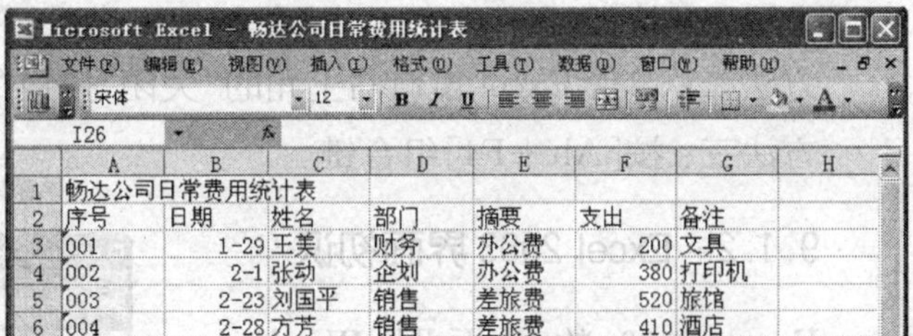

	A	B	C	D	E	F	G	H
1	畅达公司日常费用统计表							
2	序号	日期	姓名	部门	摘要	支出	备注	
3	001	1-29	王美	财务	办公费	200	文具	
4	002	2-1	张动	企划	办公费	380	打印机	
5	003	2-23	刘国平	销售	差旅费	520	旅馆	
6	004	2-28	方芳	销售	差旅费	410	酒店	
7	005	3-1	杨利	企划	办公费	200	海报	
8	006	3-2	王海	人事	通讯费	150	手机费	
9	007	3-14	张立	财务	办公费	33	文具	
10	008	4-15	王立新	销售	差旅费	800	酒店	
11	009	4-25	孙海	财务	办公费	32	文具	
12	010	5-6	齐国涛	企划	办公费	89	文具	
13	011	5-21	王光培	销售	办公费	322	宣传手册	
14	012	5-23	王得时	销售	差旅费	1034	北京	
15	013	5-30	钟军	财务	办公费	41	文具	
16	014	6-1	李立三	企划	办公费	136	报纸	
17	015	6-22	王国平	人事	通讯费	129	手机费	
18	016	6-28	赵军	销售	差旅费	340	饭店	
19	017	7-13	周翔	企划	办公费	65	文具	
20	018	7-29	孙浩	销售	差旅费	650	酒店	
21	制表时间	16:40						

图 9-1 日常费用统计表案例效果图

9.1 知识剖析

在信息社会，人们用电子表格来组织、记录各种数值信息，并用图表来进行分析。教师用它来记录学生成绩、求出平均分，股票投资者用它来估计某支股票的走向，……总之，电子表格可以直观形象地用于金融分析、商业、决策支持等。而中文版 Excel 2003 是微软公司发布的 Office 2003 软件家族中优秀的表格制作软件，是目前世界上最流行的电子表格制作和数据处理软件之一。

本案例让大家从零开始了解 Excel 2003，掌握工作簿、工作表及单元格的概念，学会新建、打开和关闭工作簿，并能在工作表中输入信息，进行适当的调整后打印出来。通过学习，你将发现创建“畅达公司日常费用统计表”是一件非常轻松的事情。

9.1.1 启动和退出 Excel 2003

1. *启动* Excel 2003

启动 Excel 2003 的方法与 Word 2003 类似，常用以下几种方法：

方法一：执行“开始”→“所有程序”→“Microsoft Office 2003”→“Microsoft Office Excel 2003”命令启动。

方法二：双击桌面上的 Excel 2003 快捷方式图标启动。

方法三：如果你的计算机中已保存过 Excel 文档，双击任何一个文档图标都能启动。

2. *退出* Excel 2003

退出 Excel 2003 的方法也与 Word 2003 类似，常用以下几种方法：

方法一：执行“文件”→“退出”命令。

方法二：单击 Excel 窗口右上角的“关闭”按钮“×”，这是最常用的方法。

方法三：按[Alt+F4]组合键。

9.1.2 Excel 2003 界面初识

Excel 2003 的界面跟 Word 2003 惊人的相似，由标题栏、菜单栏、工具栏、状态栏等部分组成，但是 Excel 2003 也有一些特殊的组成，如图 9-2 所示。下面我们一一来认识它与众不同的地方。

1. *工作簿与工作表*

打开 Excel 2003 后所看到的电子表格称为工作表，它的文档称为工

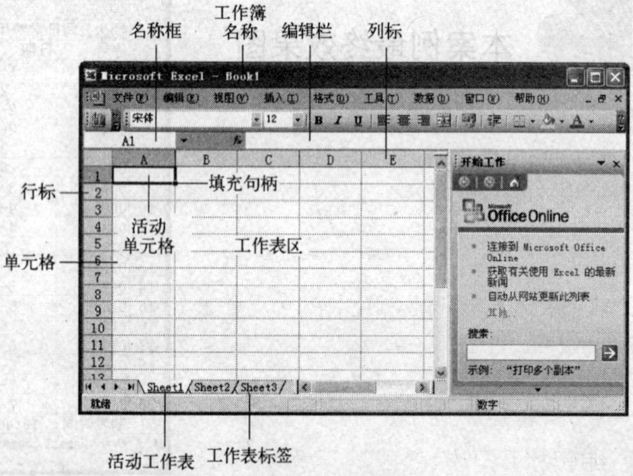

图 9-2 Excel 2003 的工作界面

作簿,工作簿是由工作表组成的,也就是说,若将工作簿比喻成书本,那么工作表就是书中的页面。启用 Excel 2003 后系统自动生成含有三张工作表的工作簿,该工作簿默认的名称为 Book1,后缀名为. xls。

2. 工作表区

工作表区是工作表的主要部分,包含了工作表的全部元素：单元格、网格线、行号、列标、滚动条和工作表标签。

(1) 行号和列标。行号是位于各行左侧的灰色编号区,行号的范围为 1～65536;列标是位于各列上方的灰色字母编号区,上面标有 A,B,C……AA,AB,AC……IV,共有 256 列。它们分别标记着工作表中单元格的行和列,所以一张工作表由 65536×256 个单元格组成。

(2) 单元格和活动单元格。工作表由 65536×256 个单元格组成,单元格中存放着基本的信息元。为了区别不同的单元格,Excel 用地址来识别各个单元格,并将其显示在名称框中,单元格地址由列标和行号组成,例如,C 列第四行上的单元格地址为"C4", E 列第七行上的单元格地址称为"E7"。

用户选中或者正在编辑的单元格,通常称为"活动单元格",如图 9－3 所示。它被一黑框包围着,它的地址显示在编辑栏的名称框中。活动单元格的右下角有一个小方块,称为"填充柄",当鼠标移向填充柄时,指针呈黑十字形状,拖动填充柄可以将内容复制到相邻的单元格中。

(3) 区域。在进行数据处理时,常常需要一次引用一块连续的单元格,那么就需要使用区域地址来表示。区域地址表示方法如下：从"B3"单元格到"D7"单元格的区域表示为"B3：D7",如图 9－4 所示。

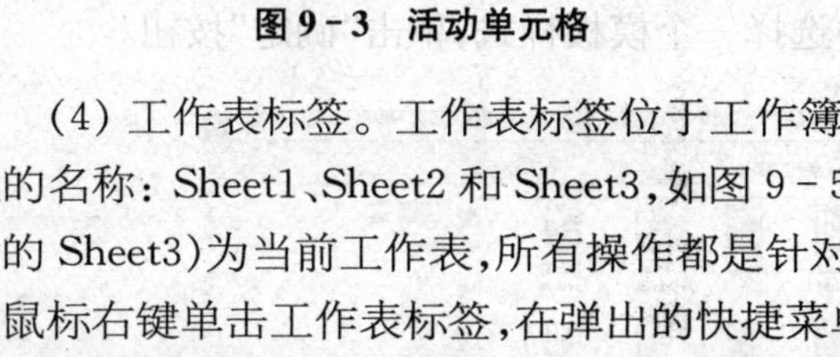

图 9－3 活动单元格

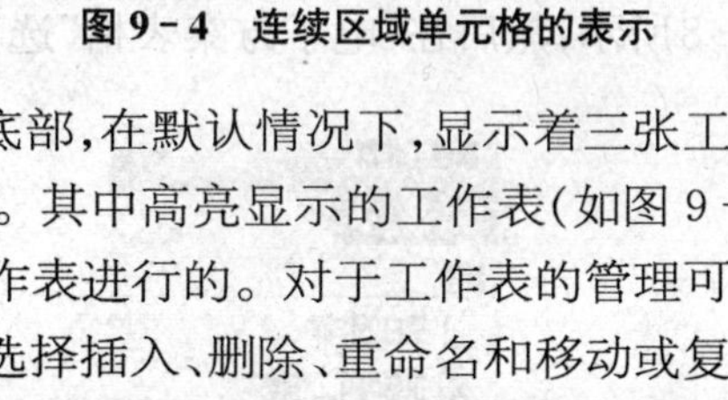

图 9－4 连续区域单元格的表示

(4) 工作表标签。工作表标签位于工作簿窗口底部,在默认情况下,显示着三张工作表的名称：Sheet1、Sheet2 和 Sheet3,如图 9－5 所示。其中高亮显示的工作表(如图 9－5 中的 Sheet3)为当前工作表,所有操作都是针对该工作表进行的。对于工作表的管理可以用鼠标右键单击工作表标签,在弹出的快捷菜单中,选择插入、删除、重命名和移动或复制工作表等命令。工作表的排列顺序可以鼠标左键单击工作表标签后直接进行拖动操作。用户最多可创建 255 张工作表。

3. 编辑栏

编辑栏用于输入或显示当前单元格中的数值和公式,显示的内容与单元格相对应,如图 9－6 所示。

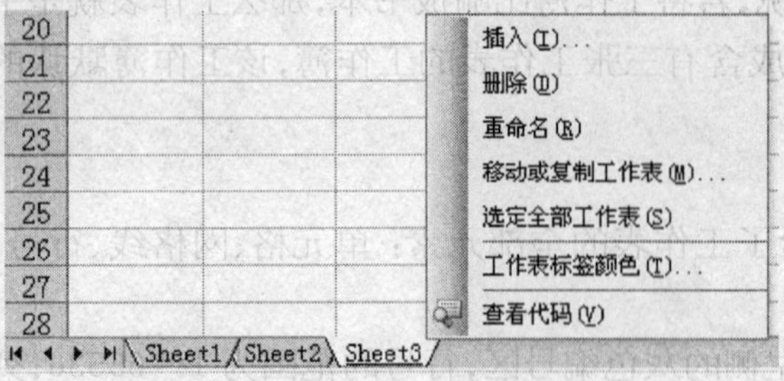

图 9-5 工作表标签

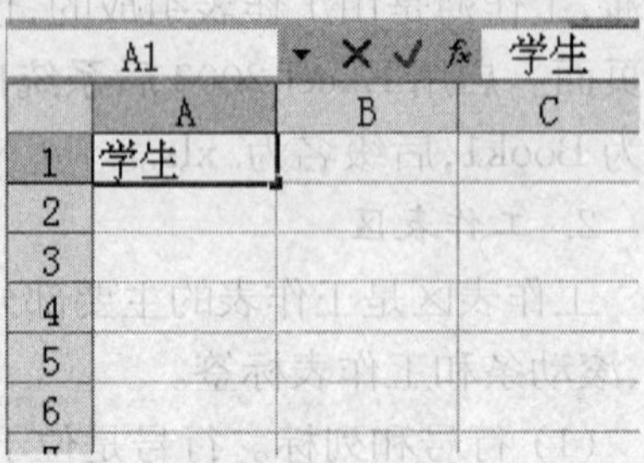

图 9-6 编辑栏与单元格的对应关系

9.1.3 创建新的工作簿

新建工作簿的方法有多种，启动 Excel 2003 时系统自动创建一个名为“Book1”的空白工作簿。除此之外还常用以下两种方法创建工作簿。

(1) 新建空白工作簿。单击工具栏上的新建按钮“ ”，或者执行“文件”→“新建”命令，如图 9-7 左边所示，在弹出的“新建工作簿”任务窗格中，如图 9-7 右边所示，选择“空白工作簿”。

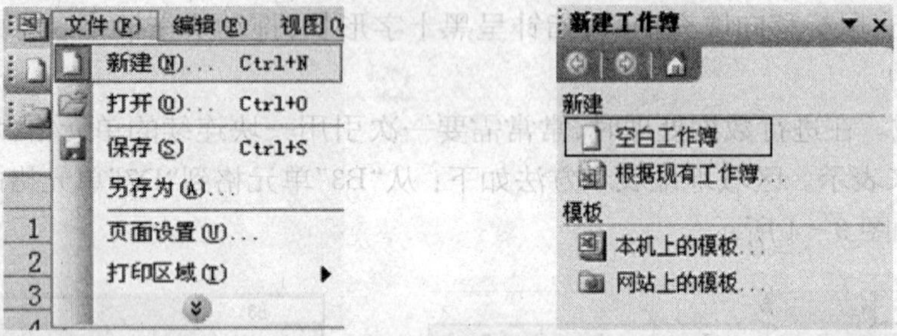

图 9-7 选择文件菜单新建工作簿

(2) 根据模板创建。模板是系统提供或用户自己创建的一种特殊文档，其中定义了文档的风格和格式等信息，常用于创建特殊格式的文档。

在“新建工作簿”任务窗格中单击“本机上的模板”超链接，打开“模板”对话框，如图 9-8所示，然后在“电子方案表格”选项卡中选择一个模板样式，单击“确定”按钮。

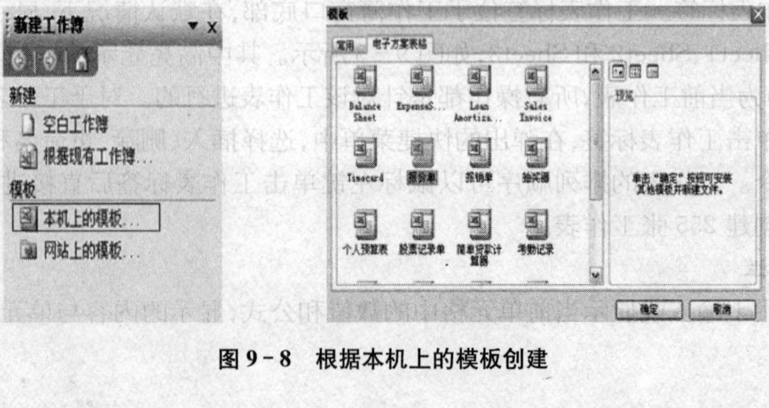

图 9-8 根据本机上的模板创建

9.1.4 输入表格数据

Excel 2003 中可以处理的数据格式较多，有文字、数字、日期、时间、货币、公式等。数据除了直接输入外，还可以使用填充柄复制数据或利用序列输入数据，以实现快速输入。

1. *单元格选择*

对 Word 的操作都是先选择再操作，在 Excel 中也一样。选择的具体方法如表 9-1 所示。

表 9-1 单元格选择

选择项目	方法
一个单元格	单击要选定的单元格
	在名称框中输入单元格地址如 B10，按 Enter 键
	使用键盘上的光标移动键
矩形区域	单击区域左上角的单元格，然后沿对角线方向拖动鼠标
	单击区域左上角的单元格，按住 Shift 键再单击区域右下角单元格
	在名称框中输入矩形区域的地址，按 Enter 键
一行/一列	单击行号/列标
多个不相邻单元格或区域	先选第一个单元格(或矩形区域)，再按住 Ctrl 键并选择其他单元格或区域

2. *在单元格中输入数据*

单元格的数据输入可以在选定的单元格中直接输入，也可以在选定单元格的编辑栏中输入，不管采用哪种方式都可以按“Enter”键或“Tab”键结束输入。

> *按“Enter”键系统自动移动到下一行，按“Tab”键则移动到下一列。*

(1) 数值型数据的输入。数值型数据包括数字 0～9、正数、负数、小数点、指数符号“E”或“e”、货币符号“￥”等。输入数值型常量的时候，系统默认单元格右对齐。

① 输入负数。若要在单元格 A1 中输入“－10”，单击选中 A1 单元格，在单元格中输入“－10”或者“(10)”，并按“Enter”键。

② 输入分数。输入分数时，需在分数前加“0”和一个空格，例如要输入显示“1/4”，应输入“0 1/4”，否则 Excel 将分数当作日期“1 月 4 日”显示。

③ 输入日期和时间。在输入日期的时候可以用“-”作为间隔：年-月-日，如输入“2007-11-11”；也可以用“/”作为间隔：月/日/年，如输入“11/11/2007”，但若输入“2007/11/11”系统将自动转成“2007-11-11”。如果对所设置的日期格式不满意，还可以

	A	B	C	D	E
1	畅达公司日常费用统计表				
2	序号	日期	姓名	部门	摘要
3	'001	1-29	王美	财务	办公费
4		2-1	张动	企划	办公费
5		2-23	刘国平	销售	差旅费
6		2-28	方芳	销售	差旅费
7		3-1	杨利	企划	办公费

图 9-9　输入后的效果

通过单元格格式进行设置。

④ 输入"0"开头的数据。"0"开头的数据如果直接输入则只显示非零部分数据，因此需要采用特殊的方法，如要输入"001"，应先输入英文输入法状态下的"'"，再输入"001"，如图 9-9 所示，再按"Enter"键即可。

> 当输入数据长度超过单元格宽度时，如输入"3304523145567"，单元格显示为科学计数法"3.3045E+12"或者符号"＃＃＃＃＃＃"，若要显示完整，只需调整单元格的列宽即可。

(2) 字符型数据的输入。字符型数据是指字母、汉字及其他字符开头的数据。输入字符型数据的时候，系统默认单元格左对齐。

(3) 利用自动填充方式输入。若要输入的数据按照一定的规律变化，对于这样的数据我们有一种快速、高效的输入方式——自动填充。

① 自动填充序列数据(以在单元格区域 A1：A10 中输入 1～10 为例)。具体的方法是：在 A1、A2 中分别输入 1 和 2，同时选中单元格 A1 和 A2，将光标移动到填充柄处，当光标变成"**+**"时，按住鼠标左键向下拖动至 A10，释放鼠标。

② 填充相同数据(以在单元格区域 A1：A10 中都填入"语文"为例)。具体的方法是：在单元格 A1 中输入"语文"；将光标移到 A1 填充柄处，当光标变成"**+**"时，按住鼠标左键向下拖动至 A10；释放鼠标。

③ 自定义填充数据：用户在编辑工作表的时候，有时输入的数据是有规律的，但是计算机并不能识别，此时用户可自行定义填充数据。具体步骤如下：

第 1 步：执行"工具"→"选项"菜单命令，打开"选项"对话框。

第 2 步：在打开的"选项"对话框中选择"自定义序列"选项卡。

第 3 步：在"输入序列"文本中输入自定义序列的文本，如："打印机，复印机，扫描仪"等，如图 9-10 所示，单击"添加"并按"确定"返回工作表。

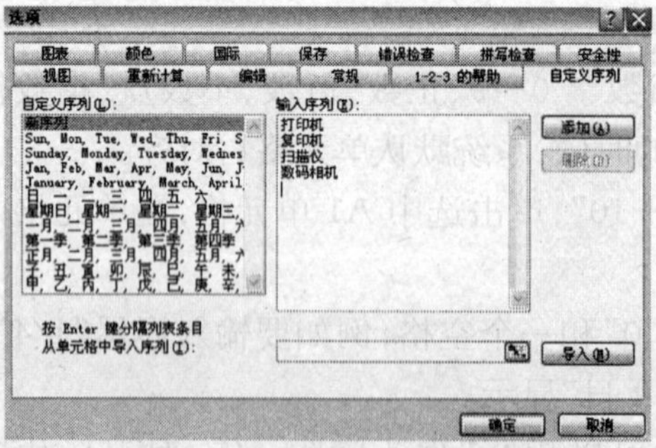

图 9-10　设置自定义序列选项卡

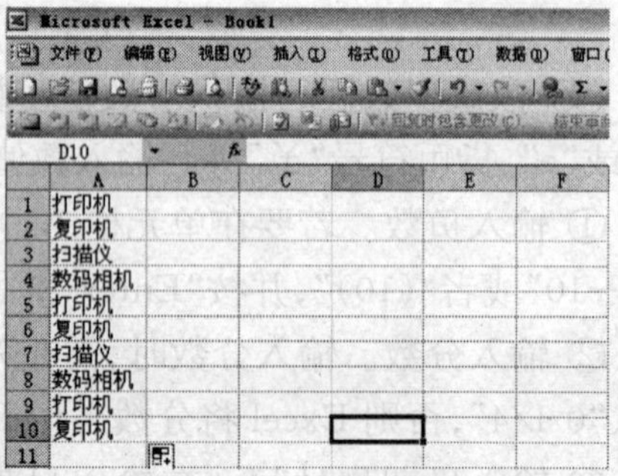

图 9-11　自动填充

第 4 步：在 A1 单元格中输入"打印机"，并拖动该单元格的填充柄至 A10。

第 5 步：释放鼠标，即实现了自定义填充数据，效果如图 9－11 所示。

9.1.5 保存和打开工作簿

1. 保存工作簿

完成了表格的输入之后必须对其进行保存，以确保以后使用。工作薄的保存方法与 Word 文档保存类似，最常用的方法是：

执行“文件”→“保存”命令，或单击“常用”工具栏的“保存”按钮“ ”，打开“另存为”对话框，如图 9－12 所示；在“保存位置”下拉菜单中，选定保存路径，在“文件名”框中输入要保存的文件名字，如“畅达公司日常费用统计表”，单击“保存”退出。

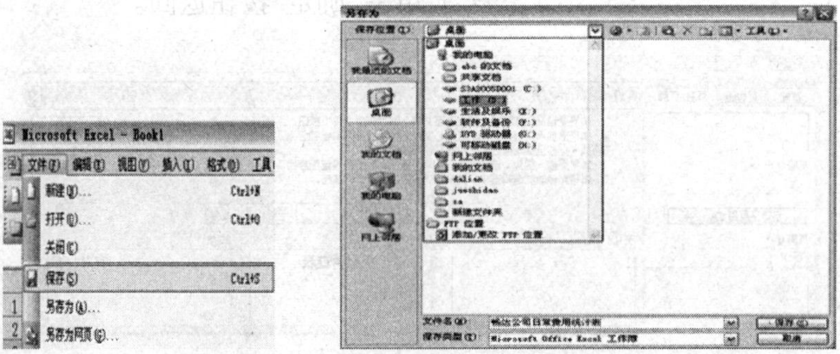

图 9－12 文件保存

2. 打开工作簿

执行“文件”→“打开”命令，或单击常用工具栏上的“打开”按钮“ ”；打开“打开”对话框，在“查找范围”下拉列表中选择要打开文档的路径，选择要打开的文档；单击“打开”按钮。

> 用户可以利用“打开”对话框一次打开多个工作簿。按住“Ctrl”键，单击选中多个工作簿，然后单击“打开”按钮即可。

9.1.6 打印工作表

制作好表格后，若要打印工作表，只需单击常用工具栏上的“打印”按钮“ ”，即可按照 Excel 2003 默认设置开始打印。但是，不同用户需要打印的文稿样式是不同的，每个用户都可能会有自己的特殊要求。Excel 2003 为了满足用户的需求，提供了许多用来设置或调整打印效果的实用功能，如设置打印区域、进行打印预览、设置打印方向、打印时的缩放、添加页眉和页脚等。

1. 设置页眉和页脚

页眉和页脚分别位于打印页的顶端和底部，用来设置打印页号、表格名称、作者名称或时间等。执行“文件”→“页面设置”命令，在“页面设置”对话框中选择“页眉/页脚”选项卡，如图 9－13 所示。

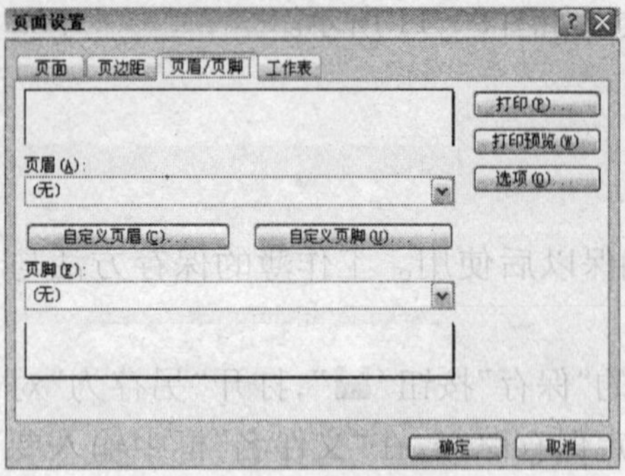

图 9 - 13　页面设置

使用 Excel 内置的页眉或页脚，只需单击“页眉”或“页脚”下拉列表按钮“ ”，并从中选择一个合适的页眉或页脚，然后单击“确定”按钮即可。

如果系统提供的页眉或页脚格式不能满足需求，也可以进行自定义。在“页眉/页脚”选项卡中，单击“自定义页眉”按钮，打开如图 9 - 14 所示的“页眉”对话框。对话框中的“左”、“中”、“右”表示页眉的位置，在适当的编辑框中输入页眉内容(如图 9 - 14 所示，在“中”编辑框中输入“费用调查表”)，单击“确定”按钮返回。

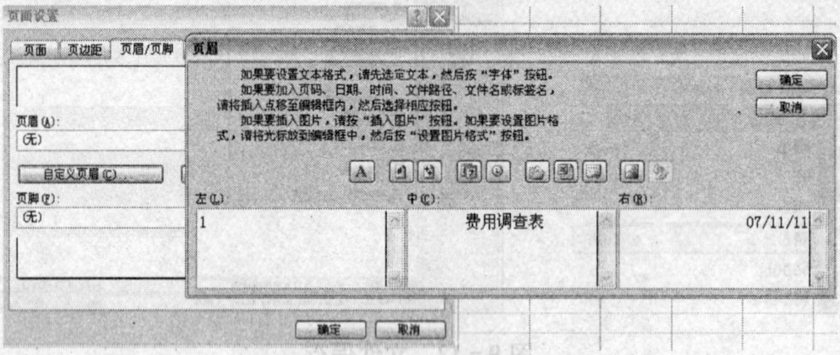

图 9 - 14　自定义页眉和页脚

> 在“页眉”编辑框中不仅能输入文本，还能按对应的按钮插入页码“ ”、日期“ ”、时间“ ”、图片“ ”等，另外选定文本后，还可按“ ”设置文本格式。

2. 打印预览

用户在打印工作表之前，可以先进行打印预览，方法是：执行“文件”→“打印预览”命令，或者单击常用工具栏上的“打印预览”按钮“ ”，进入打印预览界面。

3. 缩放打印区域

进入打印预览区域后，看不清楚表格中的内容了，此时可以单击打印预览界面上的“缩放”按钮“缩放(Z)”进行调节。

4. 设置打印区域

在默认的状态下，Excel 会自动选择有文字的最大行和列区域作为打印区域。如果只想打印工作表中某一区域的数据，只要将这一区域设置为打印区域即可，具体操作步骤如下：

方法一：选择要打印的区域，如 A1 : F20，然后执行“文件”→“打印区域”→“设置打印区域”命令，此时选中的区域周围出现一个虚线框，如图 9 - 15 所示。

方法二：执行“文件”→“页面设置”命令，打开“页面设置”对话框，然后选择“工作表”选项卡，在其中的“打印区域”框中输入单元格地址，如图 9 - 16 所示，最后按“确定”按钮。

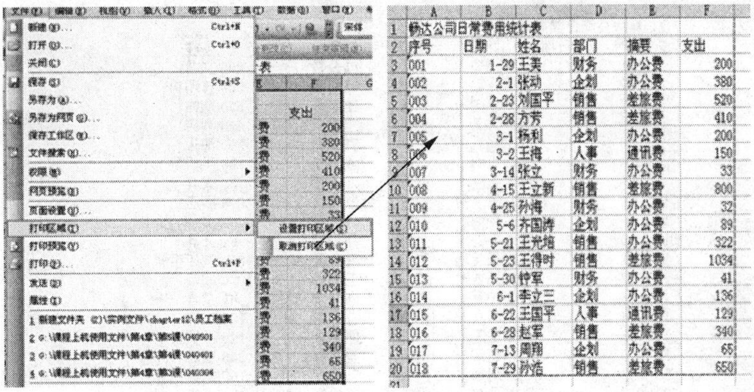

图 9-15 设置打印区域

5. *页面设置及打印*

(1) 页面设置。方法是：执行"文件"→"页面设置"命令，打开"页面设置"对话框，如图 9-16 所示；在"页面"选项卡中设置纸型、方向等；在"页边距"选项卡中设置上、下、左、右及页眉/页脚的边距；在设置"页眉/页脚"选项卡中设置页眉与页脚等，设置完成后单击"确定"按钮。

(2) 打印。方法是：在工具栏中单击"打印"按钮" "，直接打印，或者在"页面设置"对话框中单击"打印"按钮，进入如图 9-17 所示的"打印内容"对话框，设置打印份数、打印范围等内容，然后单击"确定"开始打印。

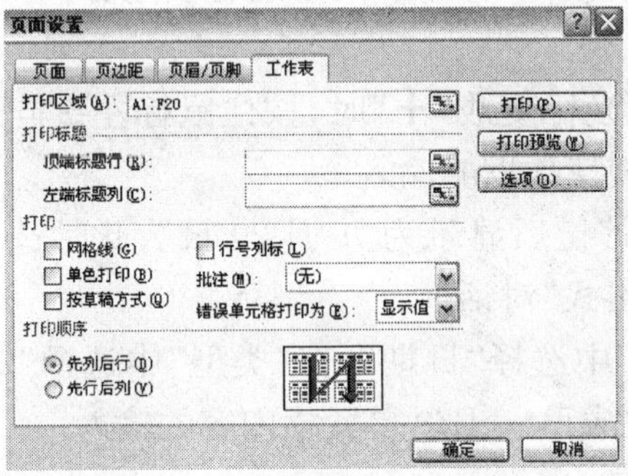

图 9-16 在"页面设置"中设定打印区域

图 9-17 设置打印内容

9.2 案例实现

9.2.1 案例要求

新建一个工作簿，命名为"公司上半年日常费用统计表"；在工作表"Sheet1"中输入如图 9-18 所示的内容；设置页眉为"统计表"，用 A4 纸打印该表格。

	A	B	C	D	E	F	G	H
1	畅达公司日常费用统计表							
2	序号	日期	姓名	部门	摘要	支出	备注	
3	001	1-29	王美	财务	办公费	200	文具	
4	002	2-1	张动	企划	办公费	380	打印机	
5	003	2-23	刘国平	销售	差旅费	520	旅馆	
6	004	2-28	方芳	销售	差旅费	410	酒店	
7	005	3-1	杨利	企划	办公费	200	海报	
8	006	3-2	王海	人事	通讯费	150	手机费	
9	007	3-14	张立	财务	办公费	33	文具	
10	008	4-15	王立新	销售	差旅费	800	酒店	
11	009	4-25	孙海	财务	办公费	32	文具	
12	010	5-6	齐国涛	企划	办公费	89	文具	
13	011	5-21	王光培	销售	办公费	322	宣传手册	
14	012	5-23	王得时	销售	差旅费	1034	北京	
15	013	5-30	钟军	财务	办公费	41	文具	
16	014	6-1	李立三	企划	办公费	136	报纸	
17	015	6-22	王国平	人事	通讯费	129	手机费	
18	016	6-28	赵军	销售	差旅费	340	饭店	
19	017	7-13	周翔	企划	办公费	65	文具	
20	018	7-29	孙浩	销售	差旅费	650	酒店	
21	制表时间	16:40						
22								

图 9-18 案例效果

9.2.2 案例实现步骤

第 1 步：选择“开始”→“程序”→“Office 2003”→“Excel 2003”，打开 Excel，此时系统自动建立一个名为“Book1”的工作簿。

第 2 步：单击常用工具栏的“ ”按钮，将文件保存为“公司上半年日常费用统计表”。

第 3 步：在单元格 A1 中输入文字“公司上半年日常费用统计表”。

第 4 步：在单元格区域 A2:G2 中分别输入“序号”、“日期”、“姓名”、“部门”、“摘要”、“支出”和“备注”，并在姓名、部门、摘要和备注列中输入如图 9-18 所示的各项内容。

第 5 步：单击 A3 单元格，输入“'001”。

第 6 步：将鼠标移到单元格 A3 的填充柄处，当光标变成“✚”时，按住鼠标左键向下拖动鼠标至 A20 处放开，使用自动填充的方式完成规律数据的输入。

第 7 步：在 B3 单元格中输入“1-29”，按“Enter”键后显示为“1 月 29 日”，此时选中 B3 单元格，选择“格式”→“单元格”，打开的“单元格格式”对话框。

第 8 步：在对话框选择“数字”选项卡，在“分类”中选择“日期”，在“类型”中选择“3-14”，如图 9-19 所示，最后单击“确定”退出。同样完成 B4～B20 单元格内容的输入。

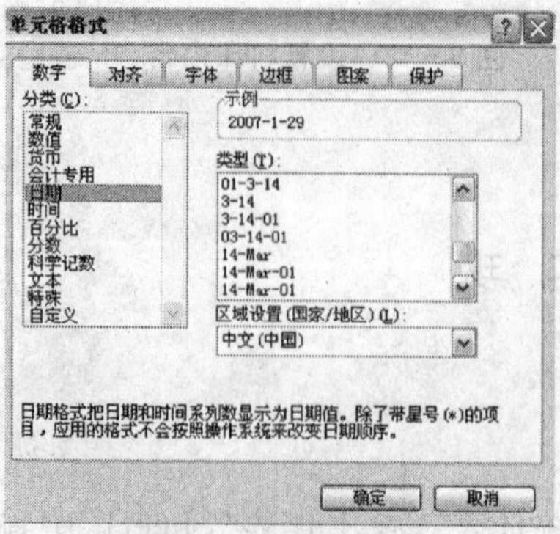

图 9-19 设置日期格式

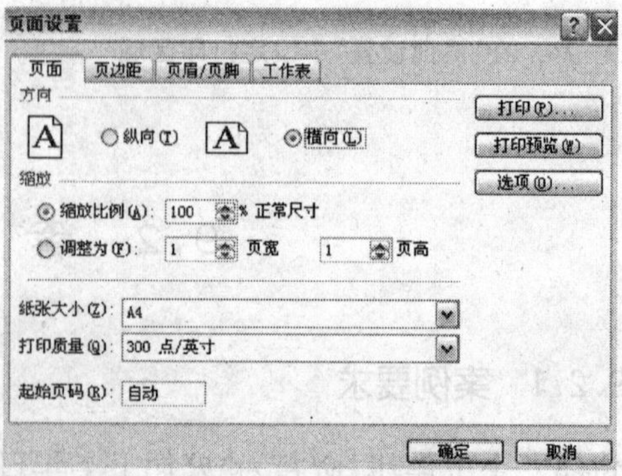

图 9-20 设置页面

第 9 步：执行"文件"→"页面设置"命令，打开"页面设置"对话框，在"页面"选项卡中，选择方向为"横向"，设置纸张大小为"A4"，如图 9－20 所示，在"页眉/页脚"选项卡中，单击"自定义页眉"按钮，打开"页眉"对话框，在"中(C)："编辑框内输入"统计表"，如图 9－21 所示，单击"确定"按钮。

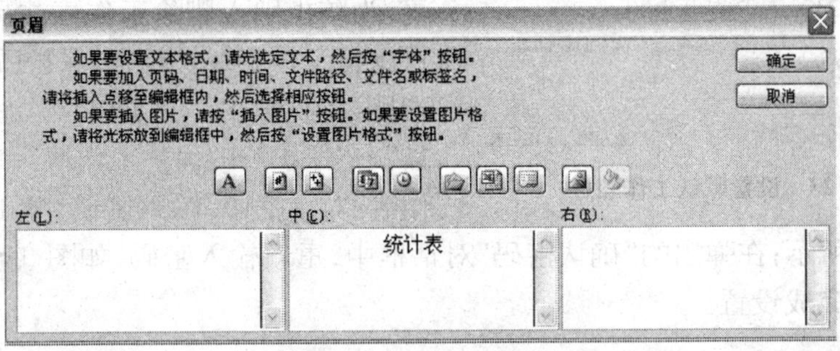

图 9－21　页眉设置

第 10 步：在单元格 A21 中输入"制表时间"。单击单元格 B21，按组合键[Ctrl＋Shift＋；]，插入当前系统时间。

第 11 步：选定单元格区域 A1：G21，执行"文件"→"打印"，打开"打印内容"对话框设置打印项目，如图 9－22 所示，单击"确定"按钮。

第 12 步：单击常用工具栏中的保存按钮" "保存文档，然后单击标题栏右侧的关闭按钮" "，关闭文档退出 Excel 2003。

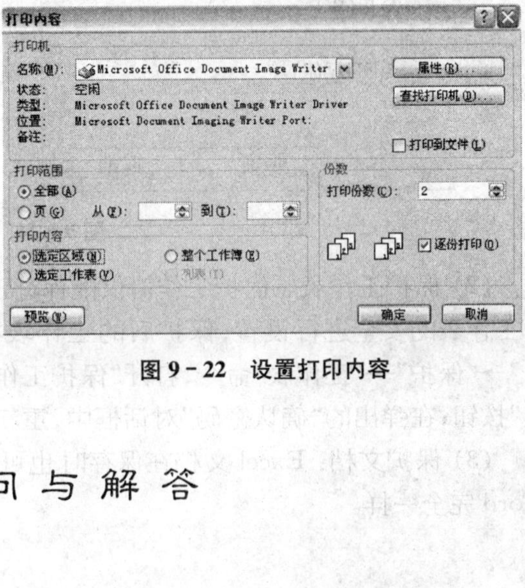

图 9－22　设置打印内容

9.3 疑问与解答

数据输入完后按"Enter"键系统自动跳到下一行，能不能让它跳到上一行呢？

能的。单击"工具"→"选项"，在打开的"选项"对话框中选择"编辑"选项卡，选中"按 Enter 键后移动方向"复选框，在"方向为："下拉列表中选择"向上"，然后按"确定"按钮返回。

新建工作簿后，默认情况下只有三张工作表，能设置新工作簿一创建就有十张工作表吗？

当然可以，选择"工具"→"选项"菜单，在打开的对话框中选择"常规"选项卡，在这里不仅能改变工作表的默认数目，还能设置默认的工作路径，如图 9－23 所示。

Excel 工作表创建完以后，也跟 Word 一样能进行保护么？

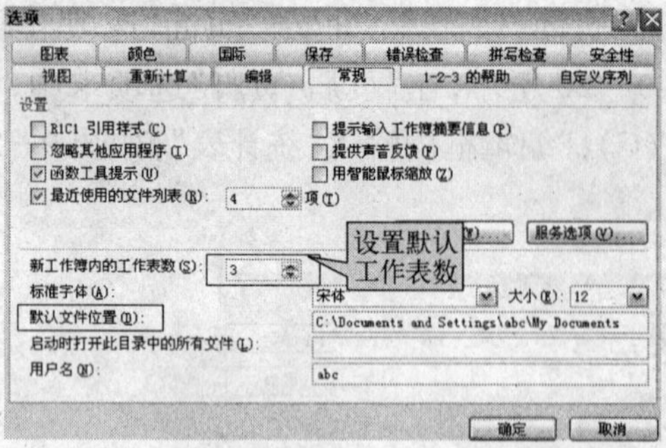

图 9-23　设置默认工作表数

在 Excel 中对于文件的保护有工作簿保护、工作表保护，保存的时候还能同 Word 一样设置文档保护。

(1) 保护工作簿。工作簿中有多张工作表，为防止别人删除工作表或更改工作表名，可以将工作表保护起来，保护后的工作簿将不能删除工作表。具体的方法是：执行"工具"→"保护"→"保护工作簿"命令；在"保护工作簿"对话框中，输入密码，单击"确定"按钮，如图 9-24 左所示；在弹出的"确认密码"对话框中，重新输入密码，如图 9-24 右所示；单击"确定"按钮完成设置。

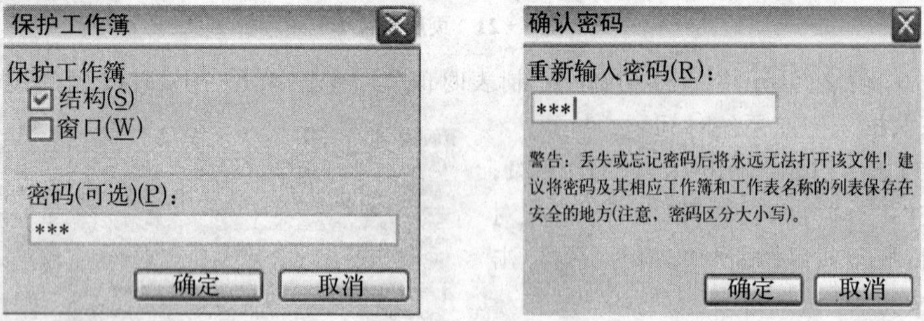

图 9-24　密码输入

(2) 保护工作表。保护工作簿仅能保证工作表的存在，为防止表中数据被修改，可以对工作表的安全进行设置，保护后的工作表将不允许修改数据。具体方法是：执行"工具"→"保护"→"工作表"命令，打开"保护工作表"对话框；在对话框中，输入密码，单击"确定"按钮；在弹出的"确认密码"对话框中，重新输入密码；单击"确定"按钮。

(3) 保护文档：Excel 文档在保存时也可以设置密码和打开权限来进行保护，方法与 Word 完全一样。

9.4　小 窍 门

小窍门 1　输入表格内容时，按"Enter"键是跳到下一个单元格，若想在一个单元格内输入多行文字，则应在一行文字输入完毕后按组合键[Alt+Enter]进行单元格内换行。

小窍门 2　在案例中，许多不相邻单元格却有相同的内容，如果每次都重新输入，工作量实在是太大了，下面介绍一种简单的方法实现多个不相邻单元格相同数据的同时输入：

第1步：按住“Ctrl”键，逐个选定需要输入相同内容的单元格，如图9-25所示(其中高亮显示的为最后一个选定的单元格)。

第2步：放开鼠标及按键，在最后选定的单元格中输入内容，例如“差旅费”。

第3步：按组合键[Ctrl+Enter]，可以看见选中的单元格都已输入“差旅费”，如图9-26所示。

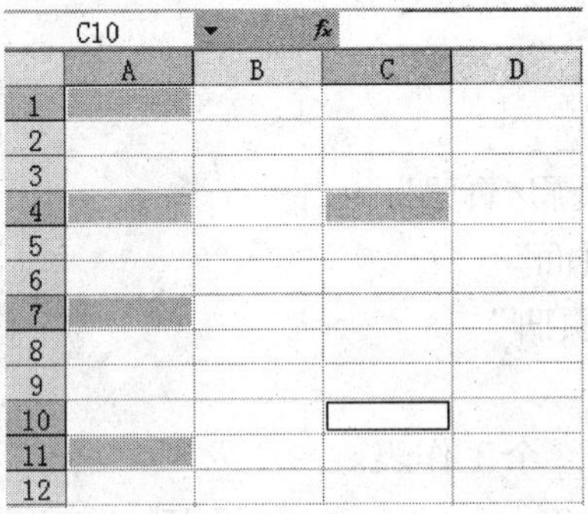

图9-25 选定单元格

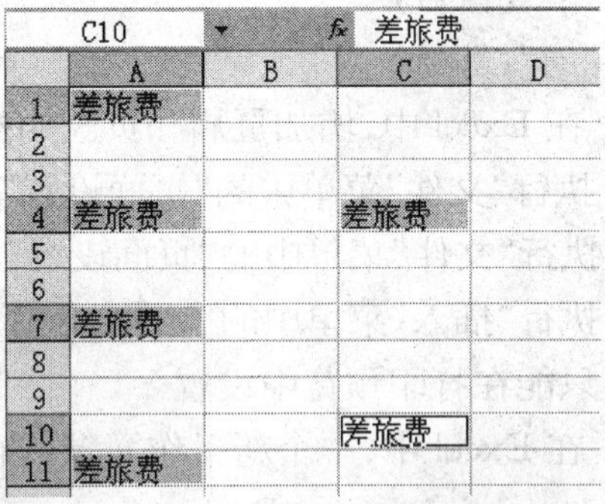

图9-26 同时输入后的效果

小窍门3 制作完表格后，往往需要记录制作表格的当前日期及时间，我们可以直接用前面的方法输入，也可以选中单元格后，按组合键[Ctrl+；]快速插入系统日期，按组合键[Ctrl+Shift+；]快速插入系统当前时间。

9.5 习题与实训

9.5.1 理论习题

1. 填空题

(1) 在Excel中创建的文件被称为________，其扩展名为________，默认情况下由若干个________组成。

(2) 要对Excel工作簿的某个工作表进行操作，必须首先用鼠标左键单击________选定工作表。

(3) 在Excel中，选择一些不连续的单元格时，可在选定一个单元格后，按住________键，再依次点击其他单元格。

(4) 要知道所编辑的Excel表格的打印效果，可选择________功能。

(5) 在Excel中，单元格地址是指________。

(6) 在单元格中输入数字后，若该单元格的数字变成“###”，则表示________。

(7) 在打印工作表时，首先要设置好打印纸、边距、打印方向等，这项操作通常叫________。

(8) 在Excel中，若要分数形式显示“1/3”，则应在单元格中输入________。

2. 选择题

(1) 在 Excel 中,工作表是由________组成。

A. 65 535 行和 255 列　　B. 65 536 行和 255 列

C. 65535 行和 256 列　　D. 65 536 行和 256 列

(2) 在 Excel 的单元格中要输入以 0 开头的数字时,应首先输入字符________。

A. “:”(冒号)　　B. “,”(逗号)

C. “=”(等号)　　D. “'”(撇号)

(3) 在 Excel 中,增加页眉和页脚的操作是________。

A. 执行“文件”菜单中的“页面设置”,选择“页眉/页脚”

B. 执行“文件”菜单中的“页面设置”,选择“页面”

C. 执行“插入”菜单中的“名称”,选择“页眉/页脚”

D. 只能在打印预览中设置

(4) 在 Excel 中,一个新工作簿默认有________个工作表。

A. 1　　B. 10　　C. 3　　D. 5

9.5.2 实训题

实训 1

启动 Excel 2003 进行如下操作练习:

(1) 将 Sheet1 表设置为当前工作表。

(2) 观察窗口结构,在名称栏中输入 B4 观察结果。

(3) 选择 A1:G6 单元格区域。

(4) 选择第 1～10 行。

(5) 选择 B 列。

(6) 同时选择 A1:A6 与 D1:D6 单元格区域。

(7) 将 Sheet1 表的名称更名为“练习”,在“练习”表后插入一张工作表。

(8) 将工作簿的默认工作表数设置为 10 个工作表,然后关闭工作簿,退出 Excel 2003。

实训 2

(1) 在 D 盘根目录下创建自己姓名文件夹。

(2) 启动 Excel 2003,创建一个新的工作簿文件。

(3) 将新建的工作簿命名为“浙江贸易学校生化 0711 班通讯录”,并保存到自己姓名文件夹中;

(4) 将工作表“Sheet1”改名为“通讯录”,并在其中按图 9-27 输入数据,最后保存。

	A	B	C	D	E	F
1	浙江贸易学校生化0711班通讯录					
2	学号	姓名	性别	年龄	家庭地址	
3	0711001	刘明明	女	18	浙江兰溪	
4	0711002	赵杰	男	18	浙江永康	
5	0711003	张哄	女	19	浙江兰溪	
6	0711004	钱海	男	20	浙江湖州	
7	0711005	高少保	男	19	浙江永康	
8	0711006	杨梨	女	21	浙江绍兴	
9	0711007	王方	男	20	浙江温州	
10	0711008	王光培	女	20	浙江绍兴	
11	0711009	张本	男	18	浙江兰溪	
12	0711010	关冰	女	20	浙江湖州	
13	0711011	王立新	男	19	浙江温州	
14	0711012	孙大海	男	18	浙江永康	
15	0711013	齐国荣	女	19	浙江永康	
16	0711014	王得时	男	19	浙江丽水	
17	0711015	审中军	男	20	浙江兰溪	
18	0711016	李立	男	18	浙江湖州	
19	0711017	江三	男	20	浙江绍兴	
20	0711018	刘成	女	19	浙江绍兴	
21	0711019	欧阳韩	女	18	浙江丽水	
22	0711020	李本国	男	20	浙江兰溪	
23	0711021	苏解	男	19	浙江永康	
24	0711022	纪丹	女	20	浙江温州	
25	0711023	叶开钱	男	18	浙江永康	
26	0711024	王海	男	19	浙江兰溪	
27	0711025	王回	女	21	浙江衢州	
28						
29						

图 9-27　实训题效果图

案例 10　制作精美的学生课程表

完成了上司交代的工作，制作出第一张 Excel 表格后，小米发现表格中除了文字就是数据，而且大部分的时间都用在输入上，太枯燥、无聊了。有没有办法制作出色泽亮丽、漂亮实用的 Excel 表格呢？答案当然是肯定的，所以让我们跟着小米继续 Excel 的历程吧。接下来小米决定帮正读中学的表妹制作一张精美的课程表，不仅让同学们羡慕，更能起到督促表妹学业的作用。

本案例目标

- ✧ 能够熟练编辑已输入的数据
- ✧ 掌握单元格格式的设置
- ✧ 能够通过插入图片、艺术字等美化工作表

本案例最终效果图

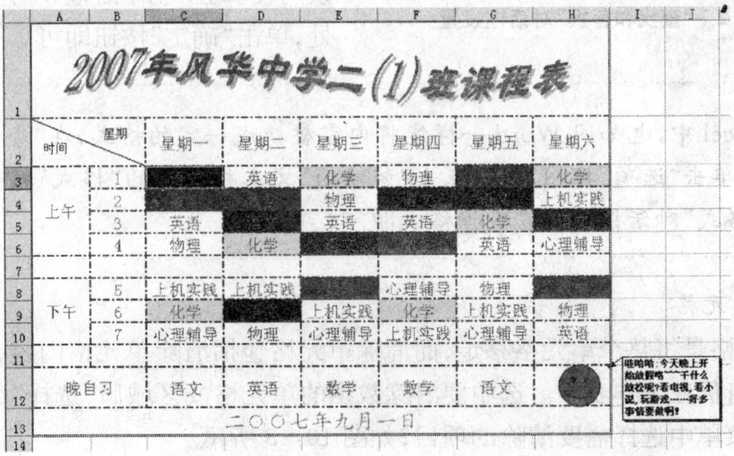

图 10-1　课程表效果图

10.1 知识剖析

Excel 2003 是个表格设计大师，通过本案例让我们一起来感受大师是如何通过巧妙的操作让原本枯燥无趣的表格变得条理清晰、亮丽美观的，同时要熟练掌握格式化表格、插入图片等大师用到的手段。

10.1.1 编辑修改工作表数据

由于数据的输入基本上靠人的双手，难免会出现各种错误，同时信息在不断地变化，已经输入完的表格数据极可能需要重新编辑修改。

1. 修改单元格数据

方法一：双击要修改的单元格，直接在单元格中修改。

方法二：单击选中单元格，然后到编辑栏中进行修改。

2. 利用“查找/替换”快速修改数据

若需要修改的相同数据不只一处，例如要将[案例 9]实训 2 中所有的“浙江绍兴”都改成“浙江杭州”，此时如果一个一个修改则速度很慢，而且也容易遗漏，使用“查找/替换”功能可以实现快速修改。具体的步骤如下：

第 1 步：执行“编辑”→“替换”菜单命令，打开“查找和替换”对话框中的“替换”选项卡。

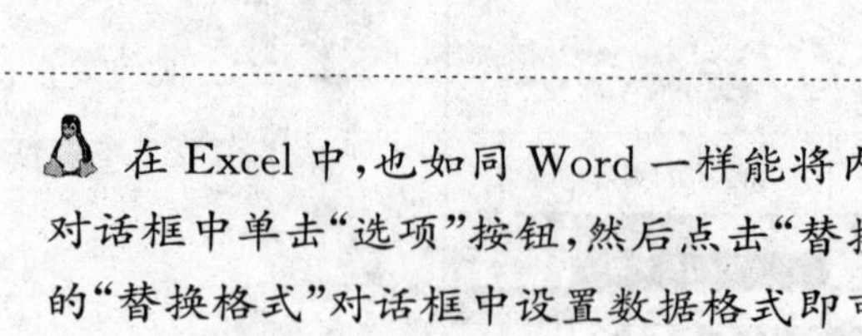

图 10－2 “查找和替换”对话框设置

第 2 步：在“查找内容”框中输入“浙江绍兴”，在“替换为”框中输入“浙江杭州”，如图 10－2 所示。

第 3 步：设置完毕后，单击“全部替换”，在弹出的对话框中显示替换了多少处，单击“确定”按钮即可。

> 在 Excel 中，也如同 Word 一样能将内容替换成一定的格式，在“查找和替换”对话框中单击“选项”按钮，然后点击“替换为”文本框右侧的“格式”按钮，在弹出的“替换格式”对话框中设置数据格式即可。

3. 清除单元格

删除单元格是将整个单元格移走，而清除单元格包括清除单元格内容、单元格的格式等，单元格本身仍在工作表中。选中要清除数据的单元格或区域后，选择“编辑”→“清除”菜单，在其子菜单中选择需要清除的项目，如图 10－3 所示。

“清除”子菜单中四个选项的含义如下：

全部：清除单元格中的全部内容，包括文本内容、格式和批注。

格式：清除单元格中的格式，但不清除内容。

内容：清除单元格中的内容，但不清除格式。

批注：清除单元格中的批注，但不清除内容和格式。

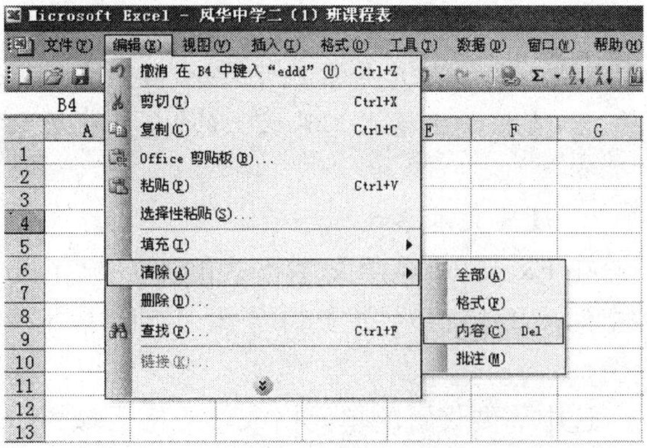

图 10 - 3 “清除”子菜单

选定要清除数据的单元格或区域，按“Delete”键可快速清除数据。

4. 删除单元格、行或列

删除单元格的方法是：选择要删除的单元格或区域；执行“编辑”→“删除”菜单命令，或右击选定的单元格，在弹出的快捷菜单中选择“删除”；此时将弹出“删除”对话框，如图 10 - 4 所示，选定删除后表格变化情况，点击“确定”按钮。

删除行或列，方法与删除单元格一样。

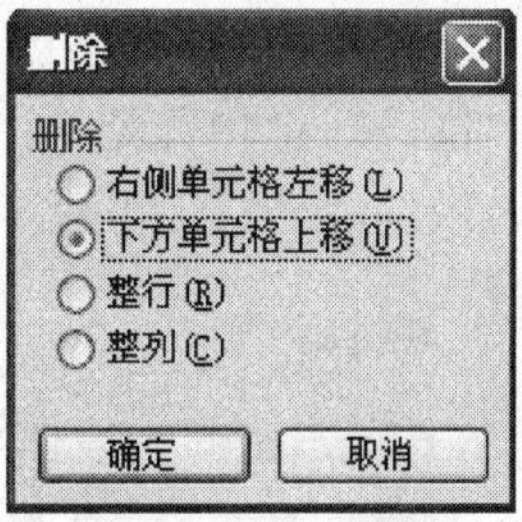

图 10 - 4 删除对话框

10.1.2 工作表格式设置

1. 合并单元格区域

在编辑表格时，经常会要求将表格标题居中对齐，并显示在一个单元格中，例如要完成“通讯录”中 A1 ∶ E1 的合并，具体的方法是：选定要合并的单元格区域 A1 ∶ E1；执行“格式”→“单元格”，打开“单元格格式”对话框，如图 10 - 5 所示；选择“对齐”选项卡，选中“文本控制区”中的“合并单元格”复选框；单击“确定”按钮，效果如图 10 -6 所示。

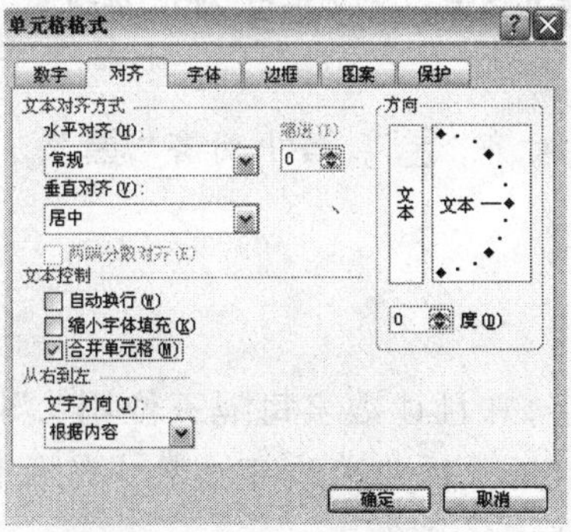

图 10 - 5 合并单元格

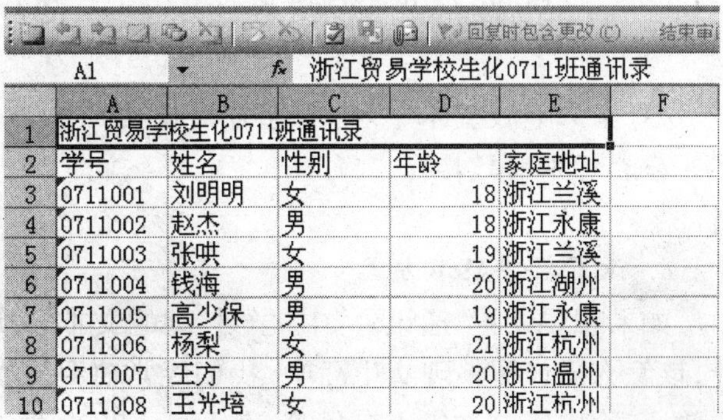

图 10 - 6 合并以后的效果图

> 若要合并并居中显示单元格内容，可以选择要合并的单元格区域 A1：E1 后，直接单击格式工具栏上的“合并及居中”按钮“ ”。

2. 设置文本格式

在 Excel 2003 中文本格式的设置除了与 Word 2003 一样，可以利用“格式”工具栏上对应的按钮对文字的字体、字形、字号、颜色等进行设置外，还可以用以下方法设置。

选中需要设置的单元格或单元格区域；执行“格式”→“单元格”菜单，打开“单元格格式”对话框；选择“字体”选项卡，如图 10－7 所示。对话框的设置方法与 Word 2003 类似，这里就不重复了。

3. 设置对齐方式

对齐方式是指文本、数据等内容在单元格中的排列方式。在默认情况下，单元格中文本靠左对齐，数字靠右对齐，逻辑值和错误值居中对齐。

若要改变单元格内容的对齐方式，方法是：选择需要设定对齐方式的单元格区域；执行“格式”→“单元格”命令，打开“单元格格式”对话框；选择“对齐”选项卡，如图 10－8 所示；根据需要设置水平和垂直对齐方式，设置完成后单击“确定”按钮。

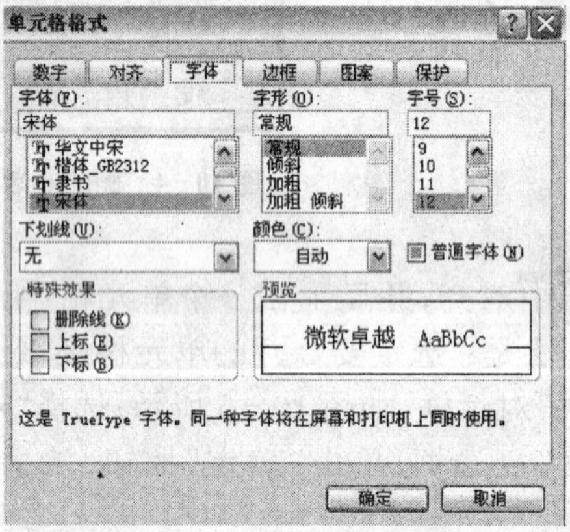

图 10－7　设置数据字体

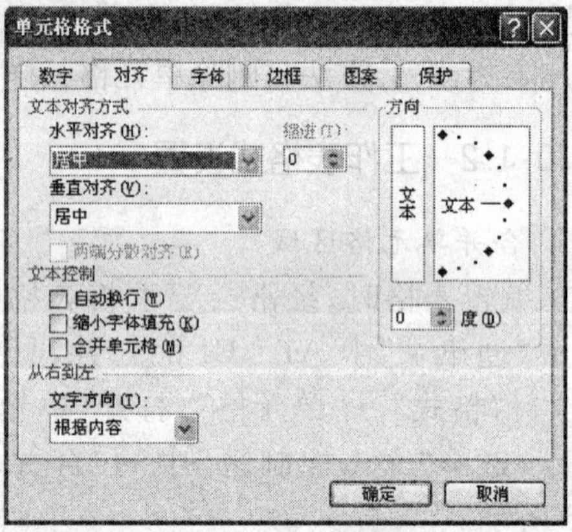

图 10－8　“单元格格式”对话框中“对齐”选项卡

> 若只想设置水平对齐，也可以使用工具栏上的左对齐“ ”、居中对齐“ ”和右对齐“ ”按钮。

4. 设置数字显示方式

如果想要设置“通讯录”中“学号”列的文本转换成数字，并且让数字每隔三位用“,”隔开，该怎么操作呢？现实生活中，我们经常碰到对编辑好的表格，要求改变小数点的保留位数，在价格值前加货币符号等，在 Excel 2003 中这都是小菜一碟的事。

(1) 方法一：选中需要更改类型的单元格区域 A3：A27，单击边上浮现的“ ”按钮，在其下拉列表中选择“转换为数字”，如图 10－9 所示。

(2) 方法二：选中需要更改类型的单元格区域 A3：A27；打开“单元格格式”对话框，选择“数字”选项卡；在“分类”中选择“数值”，设定“小数位数”值为 0，选中“使用千位分隔符”复选框，如图 10－10 所示；单击“确定”按钮退出，效果如图 10－11 所示。

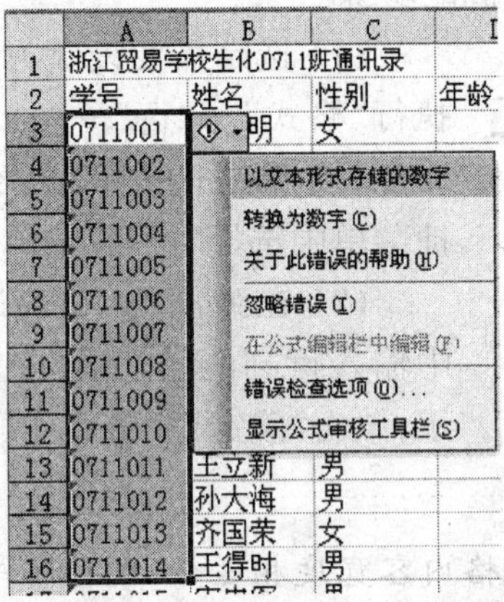

图 10－9　数字转换

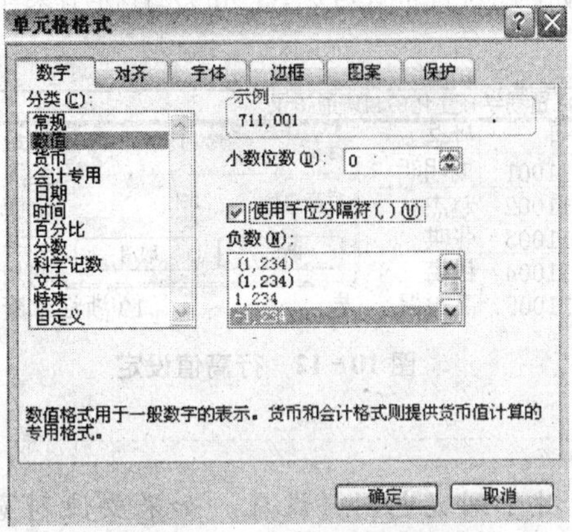

图 10－10　设置千位分隔符

A3　711001

	A	B	C	D	E
1	浙江贸易学校生化0711班通讯录				
2	学号	姓名	性别	年龄	家庭地址
3	711,001	刘明明	女	18	浙江兰溪
4	711,002	赵杰	男	18	浙江永康
5	711,003	张哄	女	19	浙江兰溪
6	711,004	钱梅	男	20	浙江湖州
7	711,005	高少保	男	19	浙江永康
8	711,006	杨梨	女	21	浙江杭州
9	711,007	王方	男	20	浙江温州
10	711,008	王光培	女	20	浙江杭州
11	711,009	张本	男	18	浙江兰溪
12	711,010	关冰	女	20	浙江湖州
13	711,011	王立新	男	19	浙江温州
14	711,012	孙大海	男	18	浙江永康
15	711,013	齐国荣	女	19	浙江永康
16	711,014	王得时	男	19	浙江丽水
17	711,015	审中军	男	20	浙江兰溪
18	711,016	李立	男	18	浙江湖州
19	711,017	江三	男	20	浙江杭州
20	711,018	刘成	女	19	浙江杭州
21	711,019	欧阳韩	女	18	浙江丽水
22	711,020	李本国	男	20	浙江兰溪
23	711,021	苏解	男	19	浙江永康
24	711,022	纪丹	女	20	浙江温州
25	711,023	叶开钱	男	18	浙江永康
26	711,024	王海	男	19	浙江兰溪
27	711,025	王回	女	21	浙江衢州

图 10－11　改变数据类型后的效果

也可以单击工具栏上的“千位分隔样式”按钮“,”实现千位分隔。还可以在“数字”选项卡的“货币”类型中设置货币符号、“百分比”类型中设置百分比等多种数据类型。

5. 调整行高和列宽

调整了字体、颜色以后，表格看起来漂亮多了，但是往往因为字号变大了，许多数据无法全部显示出来，此时就需要调整单元格的大小，即：行高和列宽。调整的方法有两种：一种是拖动行号上的行高线或列标上的列宽线到合适的位置；另一种方法是使用菜单命令来精确调整行高和列宽，下面介绍利用菜单调整行高的步骤。

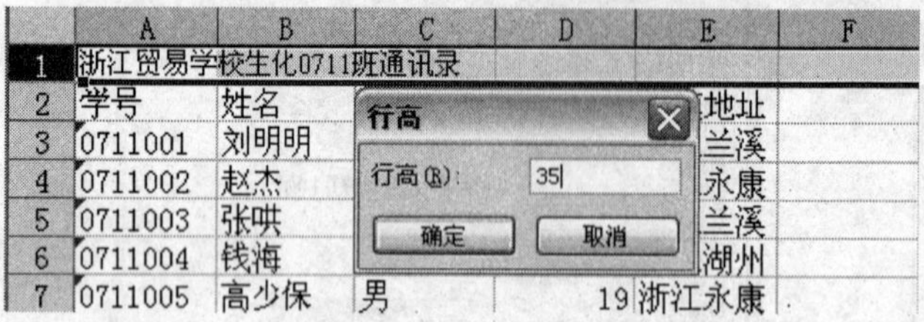

图 10-12　行高值设定

(1) 选定需要设置行高的行，执行“格式”→“行”→“行高”菜单命令，或者右击鼠标，在弹出的快捷菜单中选择“行高”菜单命令。

(2) 在弹出的“行高”对话框中输入行高的值，如图 10-12 所示，单击“确定”按钮。

对于列宽也同样设置。如果要使列宽与单元格内容宽度相适合(或行高与内容高度相适合)，可以使用“格式”→“列”菜单下的“最适合的列宽”(或“行”菜单下的“最适合的行高”)命令来实现。

6. 设置边框

在使用 Excel 2003 处理表格数据时，表格看上去好像有边框线，但实际上却不存在，需要用户为其另外设置，边框的设置方法有以下两种：

方法一：利用“格式”工具栏上的“边框”按钮设置。操作是：选中工作表中需要添加边框的数据区域，此处选中 A1：E27；单击格式工具栏上的“边框”按钮“ ”，在其右侧小黑三角的下拉列表中单击所需样式，例如单击“所有框线”图标，如图 10-13 所示。此时，选择的数据区域添加了细实边框线。

图 10-13　选择框线

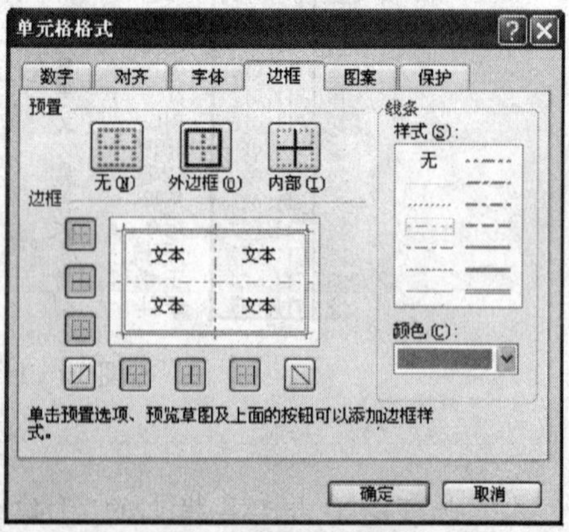

图 10-14　“边框”选项卡的设置

方法二：使用菜单命令完成边框设置，这种方法最常用。操作是：选定单元格区域

A1：E27，打开“单元格格式”对话框；单击“边框”选项卡，在颜色选区选择一种颜色，此处选择绿色；在“线条样式”选区，选择双线型，单击“预置”区的“外边框”，为表格设置外部边框；再选择“点滑线”样式，单击“内部”按钮，为单元格设置内部边框；单击“确定”按钮，如图 10－14 所示。完成后效果如图 10－15 所示。

7. 设置底纹

为单元格或单元格区域设置底纹的方法有如下两种：

方法一：利用“格式”工具栏的填充颜色按钮“”。操作是：选择需要设置的单元格或单元格区域；单击“”按钮，选择所需的颜色填充。

方法二：利用菜单设置。操作是：选择需要设置的单元格或单元格区域；打开“单元格格式”对话框，单击“图案”选项卡，在“颜色”栏中选择喜欢的颜色，在“图案”下拉列表框中选择需要的图案样式即可，如图 10－16 所示。

	A	B	C	D	E
1	浙江贸易学校生化0711班通讯录				
2	学号	姓名	性别	年龄	家庭地址
3	711.001	刘明明	女	18	浙江兰溪
4	711.002	赵杰	男	18	浙江永康
5	711.003	张哄	女	19	浙江兰溪
6	711.004	钱海	男	20	浙江湖州
7	711.005	高少保	男	19	浙江永康
8	711.006	杨梨	女	21	浙江杭州
9	711.007	王方	男	20	浙江温州
10	711.008	王光培	女	20	浙江杭州
11	711.009	张本	男	18	浙江兰溪
12	711.010	关冰	女	20	浙江湖州
13	711.011	王立新	男	19	浙江温州
14	711.012	孙大梅	男	18	浙江永康
15	711.013	齐国荣	女	19	浙江永康
16	711.014	王得时	男	19	浙江丽水
17	711.015	审中军	男	20	浙江兰溪

图 10－15　设置边框后的效果

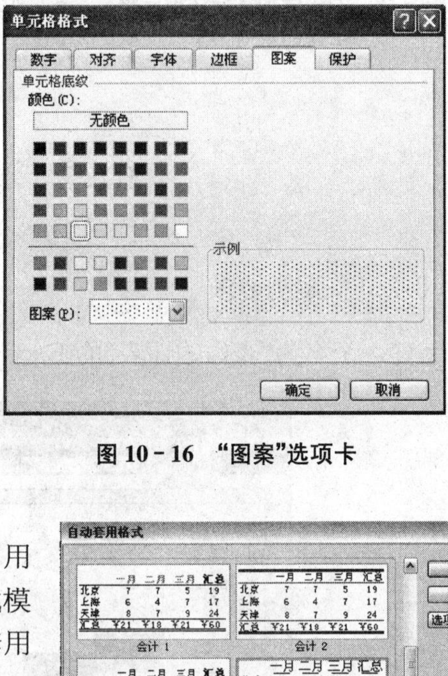

图 10－16　“图案”选项卡

8. 自动套用格式

为了达到快速设置表格格式的目的，可以利用“自动套用格式”命令，为表格添加系统内的格式模板。Excel 2003 系统为用户提供了 16 种可以套用的格式。

自动套用格式的具体方法是：选中要套用格式的数据区域，执行“格式”→“自动套用格式”命令；在弹出的“自动套用格式”对话框中，选择合适的格式，若只想使用所选格式中的某一些格式特征，则可勾选对话框下方“要应用格式”栏中的相应复选项，如图 10－17 所示，完成设置后单击“确定”按钮。

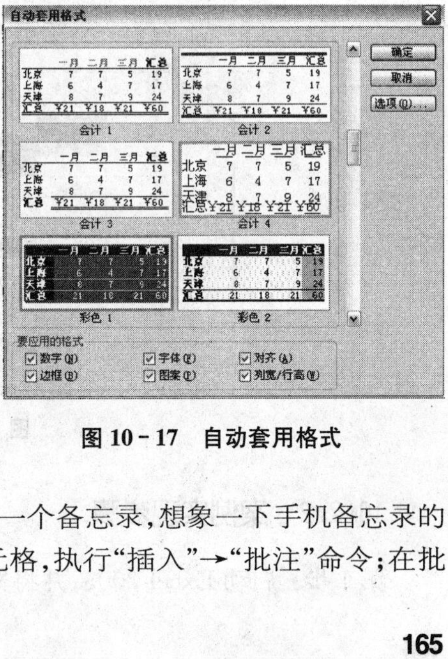

图 10－17　自动套用格式

9. 添加批注

为单元格添加批注，其实相当于给单元格设定了一个备忘录，想象一下手机备忘录的功能吧。添加批注的方法是：选择要添加批注的单元格，执行“插入”→“批注”命令；在批

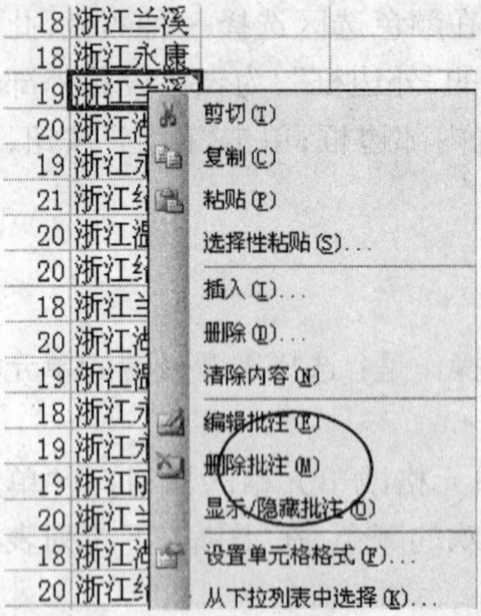

图 10－18　右击添加了批注单元格出现的快捷菜单

注框中输入内容，然后单击其他任一单元格完成输入。

> 右击添加了批注的单元格，出现如图 10－18 所示的快捷菜单，选择相应的菜单可以进行编辑批注、删除批注、显示或隐藏批注的操作。

10.1.3　在单元格中插入对象

插入对象是指插入图片、剪贴画、自选图形等，插入的这些对象，常用来美化工作表以及对工作表的数据进行一些说明。操作与 Word 完全一致，这里就不重复了。

10.2　案 例 实 现

10.2.1　案例要求

新建一个名为“表妹的课表”的 Excel 文档。案例实现效果如图 10－19 所示。

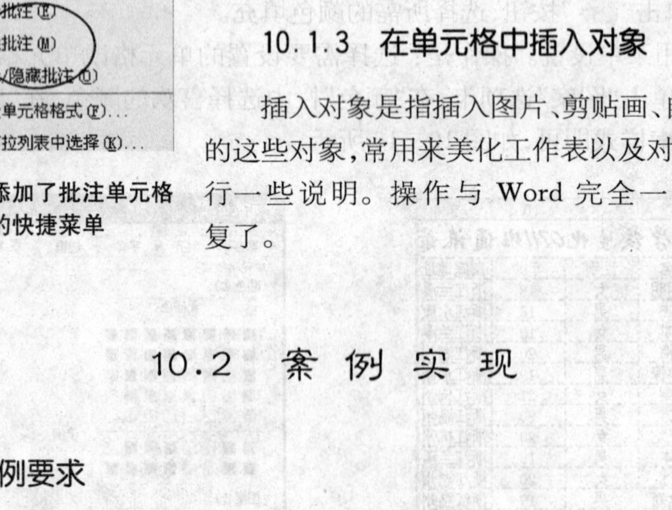

图 10－19　案例实现效果

10.2.2　案例实现步骤

第 1 步：启动 Excel 2003，并将文件以“表妹的课表”为名存入自己姓名文件夹中。

第 2 步：将工作表“Sheet1”重命名为“课程表”。

第 3 步：按图 10－20 所示输入表格的各项内容。

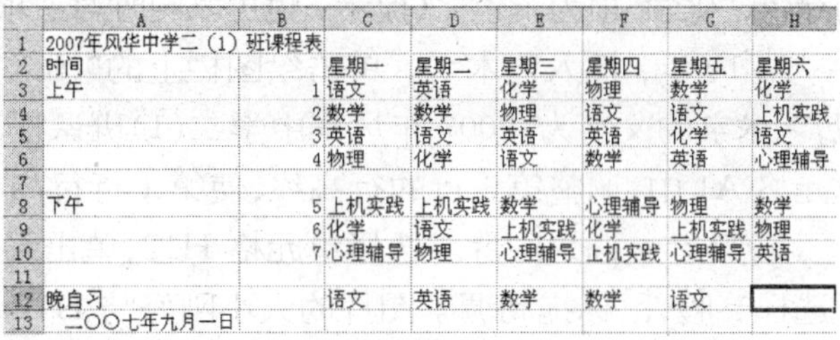

	A	B	C	D	E	F	G	H
1	2007年风华中学二（1）班课程表							
2	时间		星期一	星期二	星期三	星期四	星期五	星期六
3	上午	1	语文	英语	化学	物理	数学	化学
4		2	数学	数学	物理	语文	语文	上机实践
5		3	英语	语文	英语	英语	化学	语文
6		4	物理	化学	语文	数学	英语	心理辅导
7								
8	下午	5	上机实践	上机实践	数学	心理辅导	物理	数学
9		6	化学	语文	上机实践	化学	上机实践	物理
10		7	心理辅导	物理	心理辅导	上机实践	心理辅导	英语
11								
12	晚自习		语文	英语	数学	数学	语文	
13	二〇〇七年九月一日							

图 10－20　课程表的原始数据

第 4 步：合并单元格。选定 A1：H1，单击工具栏上的“合并及居中”按钮“ ”。用同样的方法分别合并单元格区域 A3：A6，A8：A10，A12：B12 和 A13：H13，完成后效果如图 10－21 所示。

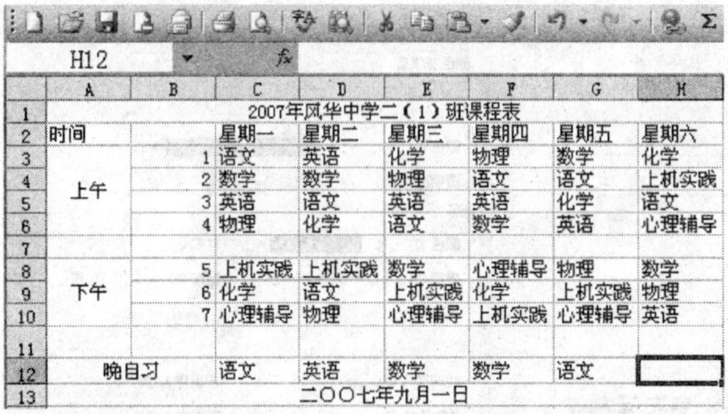

	A	B	C	D	E	F	G	H
1	2007年风华中学二（1）班课程表							
2	时间		星期一	星期二	星期三	星期四	星期五	星期六
3	上午	1	语文	英语	化学	物理	数学	化学
4		2	数学	数学	物理	语文	语文	上机实践
5		3	英语	语文	英语	英语	化学	语文
6		4	物理	化学	语文	数学	英语	心理辅导
7								
8	下午	5	上机实践	上机实践	数学	心理辅导	物理	数学
9		6	化学	语文	上机实践	化学	上机实践	物理
10		7	心理辅导	物理	心理辅导	上机实践	心理辅导	英语
11								
12	晚自习		语文	英语	数学	数学	语文	
13	二〇〇七年九月一日							

图 10－21　合并并居中单元格

第 5 步：设置对齐方式。单元格区域 B3：B6 和 B8：B10，输入的是数字，系统默认右对齐，选中这两部分区域，选择“格式”→“单元格”，在打开的“单元格格式”对话框中选择“对齐”选项卡，在“对平对齐”和“垂直对齐”下拉框中都选择“居中”，单击“确定”按钮。用同样的方法设置其余单元格，效果如图 10－22 所示。

第 6 步：设置字体。选中 A13，打开“单元格格式”对话框，选择“字体”选项卡，将字体设为“楷体”，字号为“20”，颜色为“玫瑰红”。用同样的方法设置除表头外的其他数据为“宋体，16 号，浅橙色”，完成后效果如图 10－22 所示。

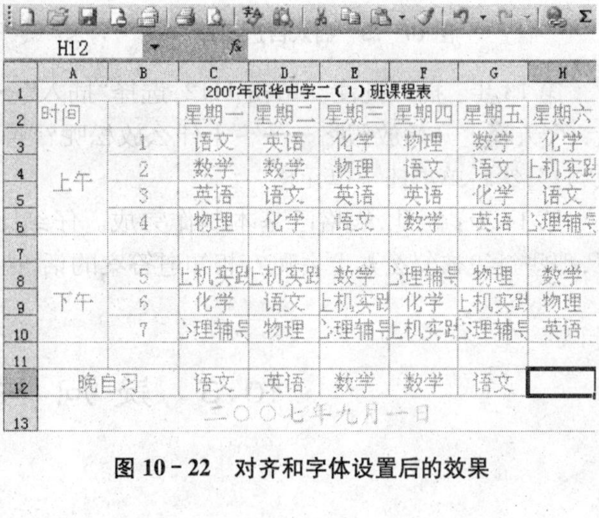

	A	B	C	D	E	F	G	H
1	2007年风华中学二（1）班课程表							
2	时间		星期一	星期二	星期三	星期四	星期五	星期六
3	上午	1	语文	英语	化学	物理	数学	化学
4		2	数学	数学	物理	语文	语文	上机实践
5		3	英语	语文	英语	英语	化学	语文
6		4	物理	化学	语文	数学	英语	心理辅导
7								
8	下午	5	上机实践	上机实践	数学	心理辅导	物理	数学
9		6	化学	语文	上机实践	化学	上机实践	物理
10		7	心理辅导	物理	心理辅导	上机实践	心理辅导	英语
11								
12	晚自习		语文	英语	数学	数学	语文	
13	二〇〇七年九月一日							

图 10－22　对齐和字体设置后的效果

第 7 步：设置行高和列宽。如图 10－22 所示，设置了字体后“上机实践”等内容较长的，无法在单元格中完全显示出来，可以通过设置行高和列宽来进行调整。选中 A1，选择“格式”→“行”→“行高”，在打开的行高对话框中输入“90”，单击“确定”。用同样的方法将第 2 行、第 12 行的行高设为 26，第 13 行设为 38.25，其余各行设为 21。

第 8 步：设置边框。选中 A1：H13，打开“单元格格式”对话框；单击“边框”选项卡，在“颜色”选区选择绿色，在“线条样式”选区选择双线型，单击“预置”区的外边框；再选择“线条样式”为点画线，单击“预置”区的内边框，最后点击“确定”退出。

第 9 步：设置底纹。选中表格中除“晚自习”行外的所有“语文”项，打开“单元格格式”对话框,选择“图案”选项卡,选择颜色为“蓝色”,单击“确定”按钮。用同样的方法设定“数学”项为绿色,“化学”项为黄色。(提示：也可以同时对三项值进行设置,具体看“小窍门 1”。)

第 10 步：插入艺术字。单击绘图栏上的“插入艺术字”按钮“ ”,选择一种艺术字类型,艺术字的文字为“2007 年风华中学二(1)班课程表”,单击“确定”,调整艺术字的位置到单元格 A1 中,调整第 1 行的行高线,使第 1 行行高与艺术字大小相匹配。

第 11 步：插入图片。选择单元格 H12,单击绘图栏上的“自选图形”,如图 10－23 所示选择笑脸,鼠标拖动调整图片的大小刚好与 H12 单元格相匹配。

第 12 步：双击插入的“笑脸”图形,在弹出的“设置自选图形格式”对话框中,选择图形颜色为“粉红”,如图 10－24 所示。

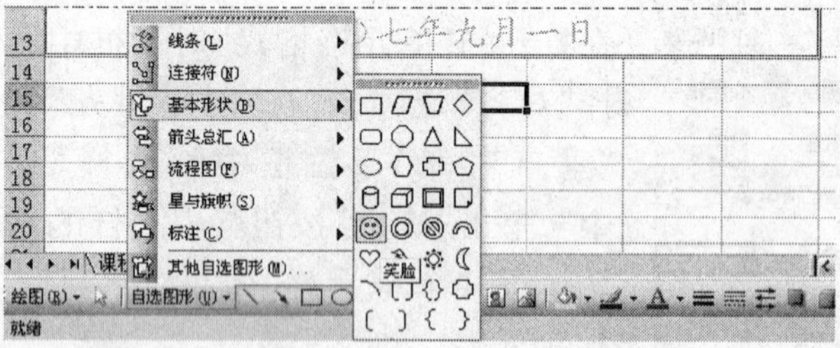

图 10－23　插入自选图形

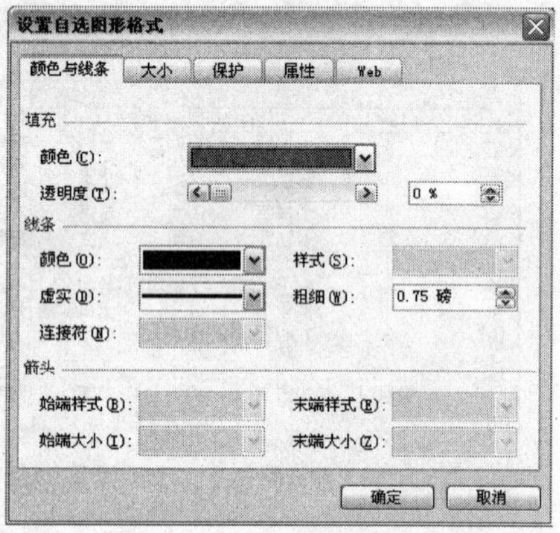

图 10－24　设置自选图形格式

第 13 步：插入批注。单击 H12,选择“插入”→“批注”,在批注文本框中输入：“哇哈哈：今天晚上开始放假咯～～～干什么放松呢？看电视,看小说,玩游戏……好多事情要做啊！”,然后单击任一单元格。

第 14 步：至此,表格已基本制作完成。仔细比对效果图发现,单元格 A2 中还没设置,那些斜线该怎么弄上去呢？想知道答案的话,请看“疑问与解答”吧。

10.3　疑问与解答

将滚动条往下拉时,上面的内容又不可见了,能不能在滚动工作表时保持之前内容的可见性呢？

冻结窗口可以使用户在滚动工作表时始终保持某些行和列数据的可见性。操作步骤如下：

第 1 步：选择需要冻结的单元格的下一个单元格,如图 10－25 所示选择 B15。

第 2 步：选择菜单栏上的“窗口”→“冻结”,此时在 B15 的左边和上方各出现了一条分

	A	B	C	D	E	F	G	H
4	711,002	赵杰	男	18	浙江永康			
5	711,003	张哄	女	19	浙江兰溪			
6	711,004	钱海	男	20	浙江湖州			
7	711,005	高少保	男	19	浙江永康			
8	711,006	杨梨	女	21	浙江杭州			
9	711,007	王方	男	20	浙江温州			
10	711,008	王光堷	女	20	浙江杭州			
11	711,009	张本	男	18	浙江兰溪			
12	711,010	关冰	女	20	浙江湖州			
13	711,011	王立新	男	19	浙江温州			
14	711,012	孙大海	男	18	浙江永康			
15	711,013	齐国荣	女	19	浙江永康			
16	711,014	王得时	男	19	浙江丽水			
17	711,015	审中军	男	20	浙江兰溪			
18	711,016	李立	男	18	浙江湖州			
19	711,017	江三	男	20	浙江杭州			
20	711,018	刘成	女	19	浙江杭州			
21	711,019	欧阳韩	女	18	浙江丽水			
22	711,020	李本国	男	20	浙江兰溪			
23	711,021	苏解	男	19	浙江永康			
24	711,022	纪丹	女	20	浙江温州			
25	711,023	叶开钱	男	18	浙江永康			
26	711,024	王海	男	19	浙江兰溪			
27	711,025	王回	女	21	浙江衢州			
28								

图 10-25 冻结窗口

界线,如图 10-25 所示。

第 3 步:拖动水平滚动条,此时将发现单元格区域 A1∶A27 始终能显示,当拖动垂直滚动条时,单元格区域 A1∶E14 始终能显示。

案例中还遗留一个问题:如何绘制表格中的斜线表头?

要在 A2 单元格中绘制一条斜线,具体操作为:删除 A2 单元格中的内容,合并单元格 A2 和 B2,设置它的行高,以保证在斜线单元格中输入的文本能够完全显示;选中 A2 单元格,打开“单元格格式”对话框;在对话框中,选择“边框”选项卡,在“边框”区域中选择“斜线”按钮,如图 10-26 所示,单击“确定”按钮;在 A2 单元格中插入文本内容。

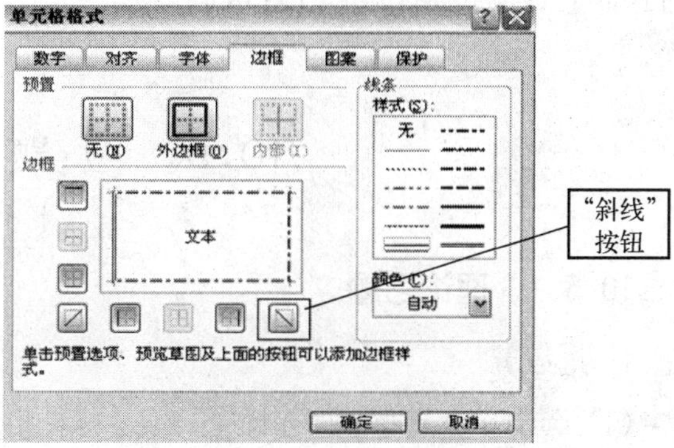

图 10-26 绘制斜线表头

10.4 小窍门

小窍门 1 案例的课程表中,对于不同的课程要设置不同的颜色,可以使用条件格式。具体的步骤如下:

第 1 步:选择课程所在单元格区域:C3∶H6 和 C8∶H10,然后选择“格式”→“条件格式”菜单,打开“条件格式”对话框。

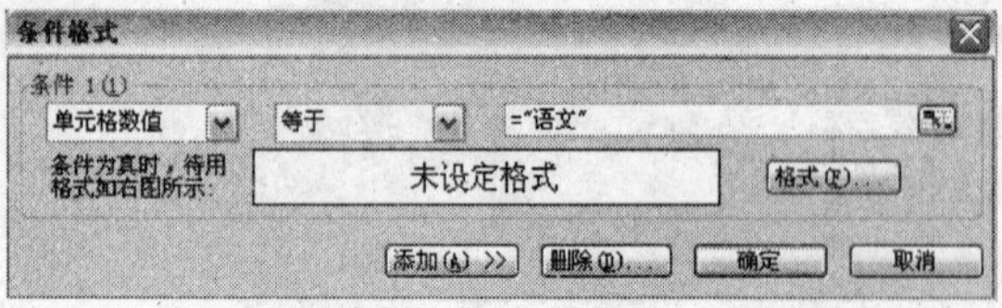

图 10－27　设置条件格式各值

第 2 步：设置“条件格式”对话框中的各项值，如图 10－27 所示。

第 3 步：单击对话框中的“格式”按钮，打开“单元格格式”对话框，在图案中选择“蓝色”。

第 4 步：单击“添加”按钮，以同样的方式设置，“数学”显示颜色为“绿色”。

第 5 步：重复第 4 步、第 3 步操作，完成对“化学”的设置，如图 10－28 所示。单击“确定”按钮。

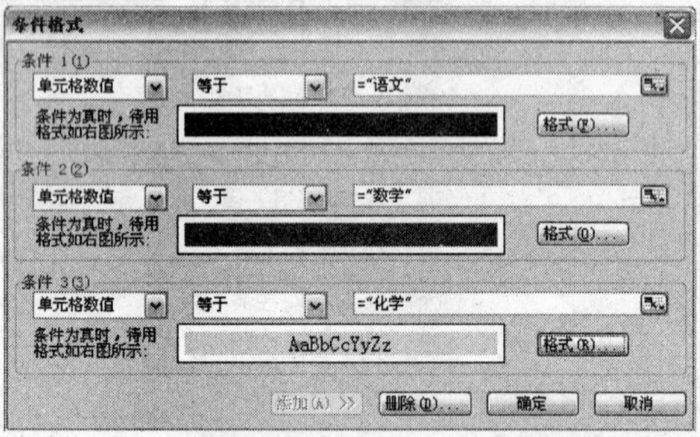

图 10－28　三门课程条件格式设置

小窍门 2　多列（或多行）需要调整成同样的宽度（或高度）时，可以多列（或多行）一起进行，方法是：选择需要调整的列（或行）；鼠标拖动某一列标右侧（或行号下方）边界线，将选中的多列（或多行）同时调整成相同的宽度（或高度）。

10.5　习题与实训

10.5.1　理论习题

1. 填空题

(1) 选中单元格区域，选择________、________后，打开________可以设置字体、对齐方式、边框等格式。

(2) 在编辑过程中，如果要撤销上一步操作，可选择________、________菜单。

(3) 设置行高为刚好容纳该行最高的字符，应选择________命令。

(4) 选择________工具栏上的________按钮可以设置数据的对齐方式为“合并及居中”。

(5) 教师在登记学生成绩时，希望若输入的成绩小于 60 分，则该数字以红色显示，可以使用________、________进行设置。

2. 简述题

(1) 试叙述设置 A1：E6 单元格区域添加边框的方法。

(2) 如何修改已设置的批注？

(3) 如何设置单元格数据的垂直与水平居中对齐？

10.5.2　实训题

实训 1

重新设置“浙江贸易学校生化 0711 班通讯录”表格，要求如下：

(1) 打开“浙江贸易学校生化 0711 班通讯录”文件，将“通讯录”中的学号和姓名列数据复制到 Sheet2 中，并将“Sheet2”改名“成绩表”，将文件另存为“学生成绩表”。

(2) 如图 10－29 所示，调整表格内容。

	A	B	C	D	E	F	G	H	I	J	K
1	学号	姓名	语文	数学	化学	英语	总分	平均分	名次		
2	0711001	刘明明	80	80	73	80					
3	0711002	赵杰	56	90	64	84					
4	0711003	张哄	78	70	82	76					
5	0711004	钱海	90	58	91	79					
6	0711005	高少保	98	40	65	81					
7	0711006	杨梨	76	67	74	80					
8	0711007	王方	59	79	80	99					
9	0711008	王光培	67	37	69	62					
10	0711009	张本	73	70	97	60					
11	0711010	关冰	69	79	92	79					
12	0711011	王立新	80	81	67	76					
13	0711012	孙大海	87	60	62	83					
14	0711013	齐国荣	82	76	54	90					
15	0711014	王得时	78	80	84	80					
16	0711015	审中军	70	92	93	81					
17	0711016	李立	73	70	59	75					
18	0711017	江三	56	60	86	76					
19	0711018	刘成	69	83	37	84					
20	0711019	欧阳韩	68	93	69	70					
21	0711020	李本国	60	75	79	93					
22	0711021	苏解	72	69	73	95					
23	0711022	纪丹	45	74	85	59					
24	0711023	叶开钱	71	82	81	80					
25	0711024	王海	81	90	90	89					
26	0711025	王回	92	68	69	91					

图 10－29　增加的数据项内容

(3) 插入标题“生化 0711 班期中考试成绩”，并设置标题行为“合并及居中，黑体，加粗，22 号”。

(4) 设置第二行数据格式为“居中、华文行楷、14 号”，并加 25％灰色底纹；表格中数字项保留 1 位小数并居中所有数据项。

(5) 为表格添加边框：黑色细实线的外边框，蓝色点画线的内边框。

(6) 将表中所有不及格的成绩用红色标记出来。

实训 2

按图 10－30 所示设计一份个人简历表，其中行高、列宽和颜色等由学生自主决定。

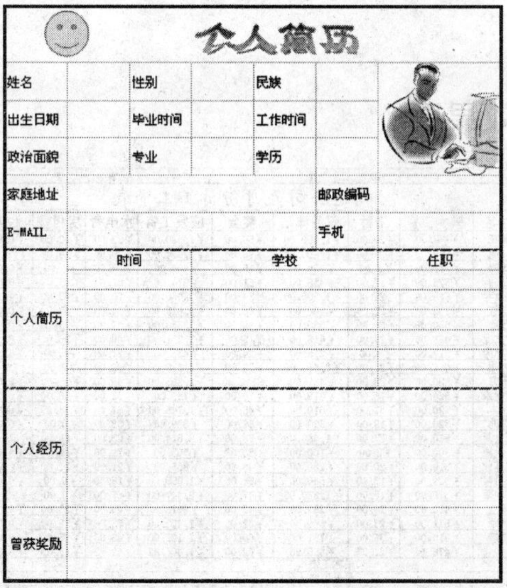

图 10－30　个人简历表

案例 11　计算“畅达公司九月份员工工资”

小米将打印出来的课程表送给表妹，她带到学校后，同学们看到了都非常羡慕，表妹更是一天到晚缠着小米要求制作座位表、班级通讯录等，这让小米烦恼的同时也充满了自豪。但是Excel就这点功能吗？那不是用Word也能实现吗？正当她洋洋得意已经自己掌握了Excel时，上司交代了新的任务：计算九月份员工工资。算钱？自己数学这么差，能算得清楚吗？工资的计算这么麻烦，而且又是最大值又是最小值的，怎么办呢？别着急，让Excel这个设计大师来帮忙轻松搞定让人头痛的计算问题吧。

本案例目标

◇ 理解公式的概念，并能创建和应用公式

◇ 区分单元格引用中的绝对引用和相对引用

◇ 能够熟练应用Excel中的常用函数

本案例最终效果图

	A	B	C	D	E	F	G	H	I	J	K
1	畅达公司九月份员工工资表										
2	工号	姓名	基本工资	工龄	职务津贴	奖金	应发工资	水电费	房租费	税收	实发工资
3	100341	吴花	￥430.00	￥20.00	￥1,000.00	￥50.00	￥1,680.00	￥32.00	￥12.00	￥0.00	￥1,636.00
4	100342	叶枫	￥768.00	￥32.00	￥1,200.00	￥96.00	￥2,384.00	￥25.00	￥15.00	￥19.20	￥2,324.80
5	100343	陈骅	￥311.00	￥5.00	￥120.00	￥15.00	￥496.00	￥30.00	￥6.00	￥0.00	￥460.00
6	100344	王书洞	￥323.00	￥17.00	￥430.00	￥51.00	￥974.00	￥67.00	￥15.00	￥0.00	￥892.00
7	100345	盛新苹	￥516.00	￥28.00	￥1,200.00	￥84.00	￥2,080.00	￥70.00	￥13.00	￥4.00	￥1,993.00
8	100346	李红	￥332.00	￥22.00	￥400.00	￥66.00	￥1,018.00	￥34.00	￥18.00	￥0.00	￥966.00
9	100347	汪萍	￥580.00	￥30.00	￥380.00	￥90.00	￥1,350.00	￥27.00	￥18.00	￥0.00	￥1,305.00
10	100348	樊文亚	￥488.00	￥25.00	￥418.00	￥75.00	￥1,231.00	￥40.00	￥16.00	￥0.00	￥1,175.00
11	100349	钟林涛	￥311.00	￥8.00	￥218.00	￥24.00	￥633.00	￥21.00	￥0.00	￥0.00	￥612.00
12	100350	方州	￥456.00	￥24.00	￥1,560.00	￥72.00	￥2,328.00	￥36.00	￥0.00	￥16.40	￥2,275.60
13	100351	王方	￥830.00	￥38.00	￥481.00	￥114.00	￥1,805.00	￥49.00	￥25.00	￥0.00	￥1,731.00
14	100352	罗瑞维	￥320.00	￥15.00	￥219.00	￥70.00	￥759.00	￥32.00	￥36.00	￥0.00	￥691.00
15	100353	张本	￥780.00	￥31.00	￥610.00	￥45.00	￥1,745.00	￥67.00	￥36.00	￥0.00	￥1,642.00
16	100354	关冰	￥320.00	￥18.00	￥320.00	￥69.00	￥889.00	￥38.00	￥0.00	￥0.00	￥851.00
17	100355	王立新	￥510.00	￥27.00	￥1,456.00	￥78.00	￥2,314.00	￥23.00	￥25.00	￥15.70	￥2,250.30
18	100356	孙大海	￥300.00	￥2.00	￥100.00	￥83.00	￥503.00	￥79.00	￥14.00	￥0.00	￥410.00
19	100357	秦基业	￥310.00	￥20.00	￥280.00	￥45.00	￥835.00	￥21.00	￥12.00	￥0.00	￥802.00
20	100358	王得时	￥329.00	￥13.00	￥540.00	￥56.00	￥1,055.00	￥16.00	￥0.00	￥0.00	￥1,039.00
21	100359	甯中军	￥370.00	￥15.00	￥1,880.00	￥47.00	￥2,447.00	￥67.00	￥0.00	￥22.35	￥2,357.65
22	100360	李立	￥410.00	￥19.00	￥259.00	￥42.00	￥901.00	￥45.00	￥23.00	￥0.00	￥833.00
23	100361	魏军	￥571.00	￥23.00	￥569.00	￥32.00	￥1,402.00	￥63.00	￥23.00	￥0.00	￥1,316.00
24	100362	刘成	￥910.00	￥36.00	￥791.00	￥60.00	￥2,121.00	￥49.00	￥25.00	￥6.05	￥2,040.95
25	平均值		￥476.14	￥21.27	￥655.95	￥62.00	￥1,406.82	￥42.32	￥15.09	￥3.80	￥1,345.60
26	最高工资										￥2,357.65
27	最低工资										￥410.00

图 11-1　员工工资表效果图

11.1 知识剖析

公式和函数是Excel最基本、最重要的应用之一,利用它们能够对电子表格进行数据处理,完成复杂的计算工作。Excel 2003提供了丰富的环境来创建复杂的公式,只需少量的运算符就能实现强大的数据分析功能。

11.1.1 公式

1. 公式

公式是对工作表的数值进行计算和操作的等式,以“=”开始,后面紧跟需要进行公式计算的元素,如“=A2+12*3”、“= SUM(A1:A10)”,公式包括以下组成:

(1) 函数:如求和函数SUM(A1:A10),返回A1+A2+…+A10的值。

(2) 引用(或名称):如A2,返回单元格A2的值。

(3) 值或常量:直接输入公式的值或文本,例如12、3。

(4) 运算符:例如 +,* 等。

2. 公式中的运算符

Excel中运算符有5类:算术运算符、文本运算符、比较运算符、逻辑运算符和引用运算符。

(1) 算术运算符。如表11-1所示,在表11-1中,运算符的优先级别由低到高排列,“+”优先级别最低,“%”优先级别最高。

表11-1 Excel算术运算符

算术运算符	含义	示例
+(加号)	加	9+7=16
-(减号)	减	9-7=2
*(乘号)	乘	9*7=63
/(除号)	除	9/7=1.285 714 286
^(乘幂)	乘方	9^2=81
%(百分号)	百分号	25%

(2) 文本运算符。Excel中只有一个文本运算符“&”。“&”的作用是将两个文本值连接起来产生一个连续的文本值。例如单元格A1中存储着“浙江”,单元格A2中存储着“贸易学校”,选中C2,在编辑栏中输入公式:“=A1&A2”,如图11-2左边所示,按“Enter”后,C2的内容如图11-2右边所示,是两个单元格文本的组合。也可以直接在C2

的编辑栏中输入：=“浙江”&“贸易学校”，按“Enter”键后 C2 中显示的值也为：浙江贸易学校。

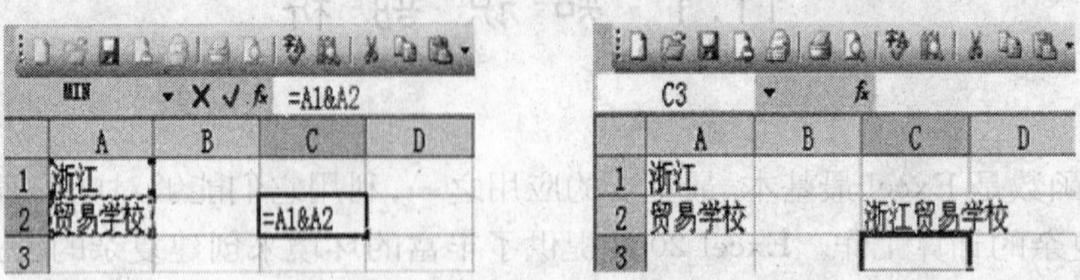

图 11－2　文本运算符的应用

(3) 比较运算符。使用比较运算符可以比较两个值的大小，比较的结果是一个逻辑值：TRUE 或 FAUSE。TRUE 表示条件成立，而 FAUSE 则表示条件不成立。如表 11－2 所示。

表 11－2　比较运算符

比较运算符	含　义	示　例	示例结果
=(等号)	等于	3=4	Flase
>(大于号)	大于	“dog”>“cat”	True
>=(大于等于号)	大于等于	23>=23	True
<(小于号)	小于	12<10	Flase
<=(小于等于号)	小于等于	1<=0	Flase
<>(不等号)	不等于	2<>3	True

(4) 引用运算符。引用运算符的功能是产生一个引用，实现将单元格区域合并计算。它包括：冒号、逗号、空格和感叹号，表 11－3 给出了它们的含义及示例。

表 11－3　引用运算符

引用运算符	含　义	示　例
:(冒号)	区域运算符，产生对包括在两个引用单元格之间的所有单元格的引用	A1:A4
,(逗号)	合并表达式，多个引用合并为一个引用	SUM (A1:A4, B1:B4)
(空格)	交叉运算符，它取引用区域的公共部分	A1:D5　C3:F7
!(感叹号)	三维引用运算符	Sheet1! C3:D5

Excel 根据公式中运算符的特定顺序“从左到右”计算公式，当同时用到多个运算符时，按照优先级别进行运算。一般情况下，优先级别顺序为：引用运算符>算术运算符>文本运算符>比较运算符。但是括号可以改变运算顺序，括号的优先级别最大。

3. 公式的创建

认识公式的面貌以后我们来应用一下,计算学生期中考试的总分和平均分吧。

第 1 步: 打开"学生成绩表"。

第 2 步: 选中单元格 G3,在单元格(或编辑栏)中输入: =C3+D3+E3+F3。

第 3 步: 按"Enter"键,此时将惊喜地发现刘明明的总分已算出来了,为 313.0 分,如图 11-3 所示。

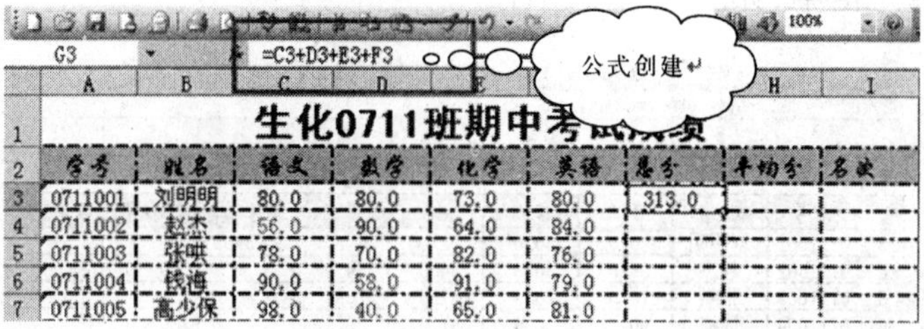

	A	B	C	D	E	F	G	H	I
1	生化0711班期中考试成绩								
2	学号	姓名	语文	数学	化学	英语	总分	平均分	名次
3	0711001	刘明明	80.0	80.0	73.0	80.0	313.0		
4	0711002	赵杰	56.0	90.0	64.0	84.0			
5	0711003	张哄	78.0	70.0	82.0	76.0			
6	0711004	钱海	90.0	58.0	91.0	79.0			
7	0711005	高少保	98.0	40.0	65.0	81.0			

图 11-3 创建公式

第 4 步: 选中 G3 单元格,拖动它右下角的填充柄到 G27,放开鼠标,此时所有学生的总分成绩都算出来了,比用计算器快多了。

第 5 步: 用同样的方法计算成绩的平均分,最后效果如图 11-4 所示。

	A	B	C	D	E	F	G	H	I
1	生化0711班期中考试成绩								
2	学号	姓名	语文	数学	化学	英语	总分	平均分	名次
3	0711001	刘明明	80.0	80.0	73.0	80.0	313.0	78.25	
4	0711002	赵杰	56.0	90.0	64.0	84.0	294.0	73.5	
5	0711003	张哄	78.0	70.0	82.0	76.0	306.0	76.5	
6	0711004	钱海	90.0	58.0	91.0	79.0	318.0	79.5	
7	0711005	高少保	98.0	40.0	65.0	81.0	284.0	71	
8	0711006	杨梨	76.0	67.0	74.0	80.0	297.0	74.25	
9	0711007	王方	59.0	79.0	80.0	99.0	317.0	79.25	
10	0711008	王光培	67.0	37.0	69.0	62.0	235.0	58.75	
11	0711009	张本	73.0	70.0	97.0	60.0	300.0	75	
12	0711010	关冰	69.0	79.0	92.0	79.0	319.0	79.75	
13	0711011	王立新	80.0	81.0	67.0	76.0	304.0	76	
14	0711012	孙大海	87.0	60.0	62.0	83.0	292.0	73	
15	0711013	齐国荣	82.0	76.0	54.0	90.0	302.0	75.5	
16	0711014	王得时	78.0	80.0	84.0	80.0	322.0	80.5	
17	0711015	甫中军	70.0	92.0	93.0	81.0	336.0	84	
18	0711016	李立	73.0	70.0	59.0	75.0	277.0	69.25	
19	0711017	江三	56.0	60.0	86.0	76.0	278.0	69.5	
20	0711018	刘成	69.0	83.0	37.0	84.0	273.0	68.25	
21	0711019	欧阳韩	68.0	93.0	69.0	70.0	300.0	75	
22	0711020	李本国	60.0	75.0	79.0	93.0	307.0	76.75	
23	0711021	苏解	72.0	69.0	73.0	95.0	309.0	77.25	
24	0711022	纪丹	45.0	74.0	85.0	59.0	263.0	65.75	
25	0711023	叶开钱	71.0	82.0	81.0	80.0	314.0	78.5	
26	0711024	王海	81.0	90.0	90.0	89.0	350.0	87.5	
27	0711025	王回	92.0	68.0	69.0	91.0	320.0	80	

图 11-4 计算总分和平均分

11.1.2 单元格引用

1. 单元格引用

在创建公式时,我们在地址栏中输入了 C3 等单元格的名称,这就是所谓的单元格引用。在 Excel 公式中经常要引用各单元格的内容,引用的作用是标识工作表上的单元格或单元格区域,并指明公式中所使用的数据的位置。

若像 Word 2003 的公式那样,每一次引用都要靠输入名称,那实在太麻烦了。在 Excel 2003 中可以直接单击单元格进行单元格引用,如计算刘明明总分时,可以用如下方法:

第 1 步:选中单元格 G3,在编辑栏中输入"="。

第 2 步:用鼠标单击单元格 C3,所选单元格周围将出现闪烁的边框,此时可看到 C3 自动输入了 G3 单元格中,如图 11-5 所示。

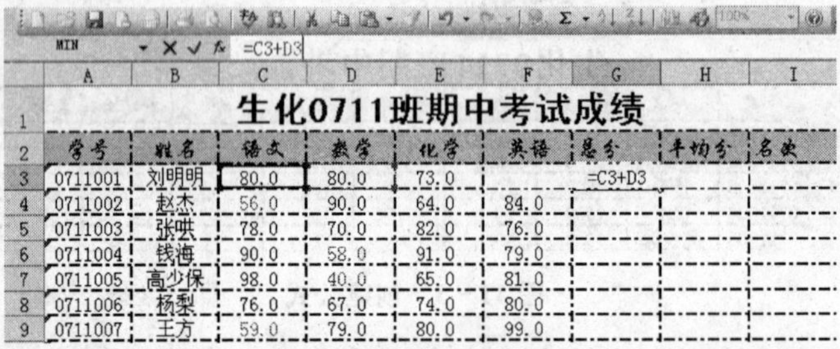

学号	姓名	语文	数学	化学	英语	总分	平均分	名次
0711001	刘明明	80.0	80.0	73.0		=C3+D3		
0711002	赵杰	56.0	90.0	64.0	84.0			
0711003	张哄	78.0	70.0	82.0	76.0			
0711004	钱海	90.0	58.0	91.0	79.0			
0711005	高少保	98.0	40.0	65.0	81.0			
0711006	杨梨	76.0	67.0	74.0	80.0			
0711007	王方	59.0	79.0	80.0	99.0			

图 11-5 单元格引用

第 3 步:在 G3 中输入"+",再单击要引用的单元格 D3,重复上述操作,把需要引用的单元格都选入,按"Enter"键完成输入,计算出结果。

2. *单元格引用的分类*

Excel 2003 中单元格的引用可分为 3 种,即相对引用、绝对引用和混合引用。

(1) 相对引用:直接用列标和行号表示的引用,在目标单元格和被引用的单元格之间建立了相对关系。前面用到的如"D3"等都是单元格的相对引用。

(2) 绝对引用:目标单元格和被引用的单元格之间没有相对关系,在列标和行号前各加一个"$"符号,如"$D$3"。

(3) 混合引用:具有绝对列和相对行,或者相对列和绝对行的引用,即只在列标或行号前面加一个"$"符号,如"D$3"和"$D3"。

11.1.3 函数

函数是内置的、完成特定计算的公式,函数形式为:=函数名(参数,参数,参数,…)。其中等号"="后面跟的是公式,函数名表示执行的操作,其后的括号必不可少,参数表示参与执行的单元格地址或数值,根据函数的不同,参数可以有 0 个或多个。例如,要将 A1 单元格的内容加 9,就可使用公式"=SUM(A1,9)",SUM 为求和函数名,A1 和 9 表示参与加法运算的两个参数。

Excel 2003 提供了丰富的函数,根据类型划分为:数学和三角函数、统计函数、日期和时间函数、财务函数、文本函数和查找与引用函数等。

1. *函数的应用方式*

(1) 直接输入。若记得住函数的名称,则可直接在单元格或编辑栏中输入函数。如前面求学生成绩总分,选择 G3 后输入"=SUM(C3:F3)",按"Enter"键即可求得刘明明的总分。

(2) 利用"插入函数"菜单输入。同样以求学生成绩总分为例，具体的方法是：选中单元格 G3 后执行 "插入"→"函数"命令，或单击编辑栏上的"插入函数"按钮" fx "，打开"插入函数"对话框，如图 11－6 所示；选择函数"SUM"，单击"确定"按钮。此时，打开"函数参数"对话框，如图 11－7 所示，在其中的"Number1"框中输入单元格区域 C3：F3，单击"确定"按钮。

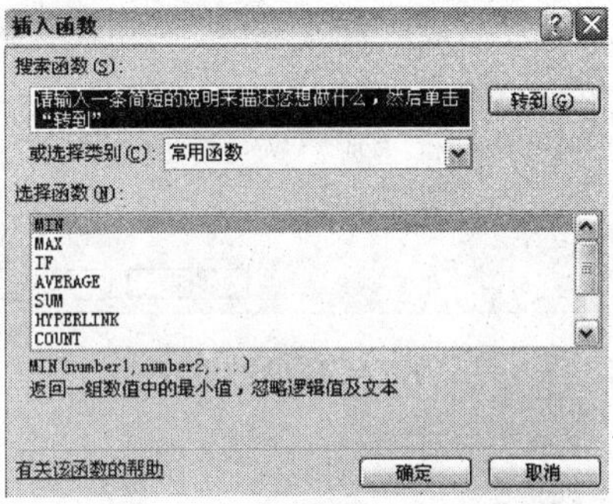

图 11－6　"插入函数"对话框

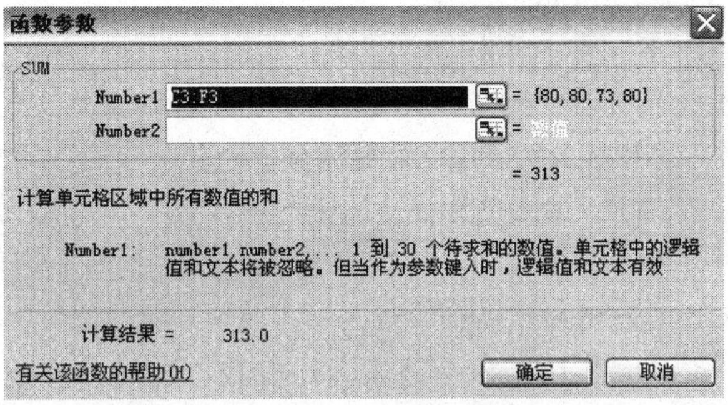

图 11－7　函数参数设置

可以单击折叠按钮"　"，选中要引用的单元格区域，然后再单击折叠按钮"　"返回，如图 11－8 所示。

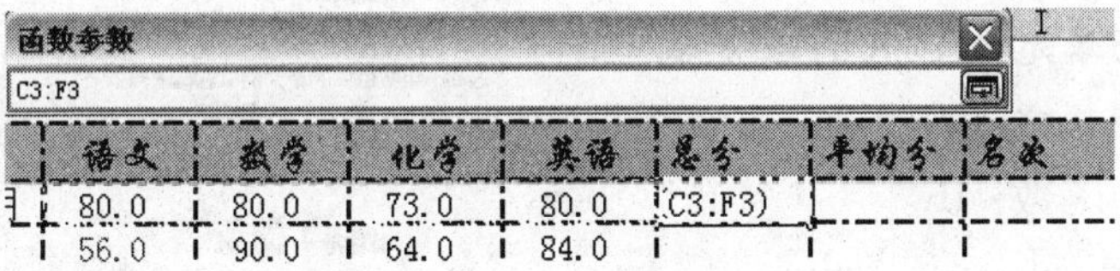

图 11－8　折叠后选择区域

2. 常用函数介绍

(1) 求和函数：SUM。

格式：SUM(number1，number2，…)。

功能：返回参数所对应的数值之和。

求和不仅能用函数 SUM，还可以点击工具栏上的"自动求和"按钮" Σ "来实现。

(2) 求平均值：AVERAGE。

格式：AVERAGE(number1，number2，…)。

功能：返回参数所对应值的算术平均数。

说明：该函数只对参数中的数值求平均数，如果区域中包含了非数值的数据，则

AVERAGE 不将其包含在内，自动忽略。

【例】 求"学生成绩表"中的平均值。

第 1 步：选中单元格"H3"，单击" "按钮。

第 2 步：在"插入函数"对话框中选择"AVERAGE"，如图 11－6 所示。

第 3 步：打开"函数参数"对话框，在"Number1"框中输入单元格区域 C3：F3，如图 11－9 所示。

第 4 步：单击"确定"按钮。

第 5 步：拖动单元格 H3 的填充柄至单元格 H27，放开鼠标，完成计算。

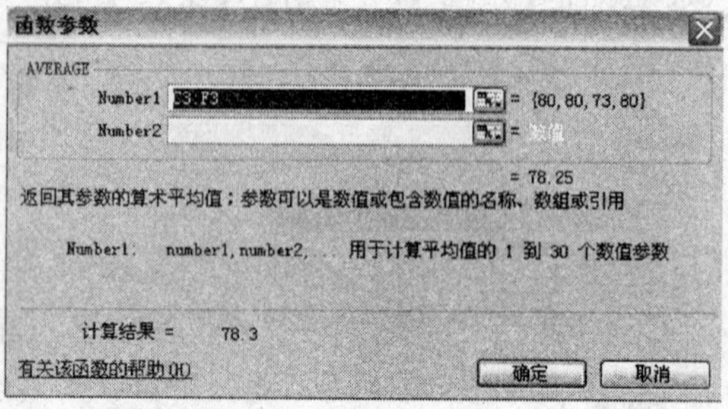

图 11－9 AVERAGE 参数设定

(3) 求最大值和最小值函数：MAX，MIN。

格式：MAX(number1，number2，…)和 MIN(number1，number2，…)。

功能：用于求参数表中对应数字的最大值或最小值。

【例】 在"学生成绩表"中求各科成绩最高分放在 C28：F28 中。(求最低分方法一致)

第 1 步：选中单元格 C28，单击" "按钮。

第 2 步：在"插入函数"对话框中选择"MAX"，如图 11－6 所示。

第 3 步：打开"函数参数"对话框，在"Number1"框中输入单元格区域 C3：C27，如图 11－10 所示，单击"确定"按钮。

第 4 步：拖动单元格 C28 的填充柄至单元格 F28，放开鼠标，完成计算。

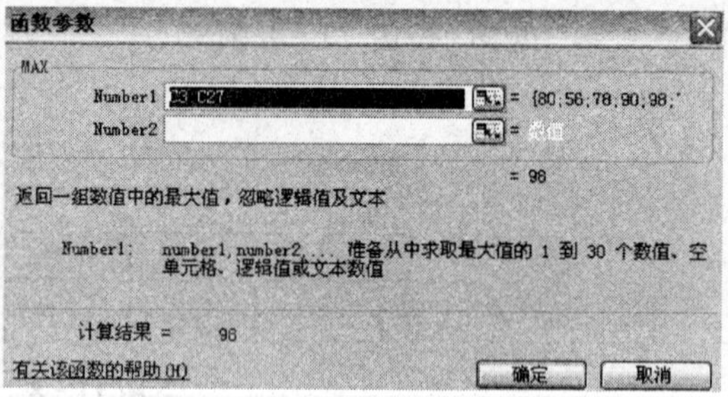

图 11－10 MAX 函数参数设定

(4) 条件选择函数：IF。

格式：IF(logical_test，value_if_true，value_if_false)。

功能：根据条件 logical_test 的真假值，若条件成立，则返回 value_if_true 的值，若条件不成立，则返回 value_if_false 的值。

【例】 在"学生成绩表"中，若平均分超过 80，则在 I 列对应单元格中显示"优秀"，否则的话显示"一般"。

第 1 步：选定单元格 I3，选择函数"IF"。

第 2 步：打开"函数参数"对话框，如图 11－11 所示，在"Logical_test"框中输入条件"H3>80"，在"Value_if_true"框中输入"优秀"，在"Value_if_false"框中输入"一般"。

第 3 步：完成设置后，单击"确定"，拖动单元格 I3 的填充柄至 I27，完成后的效果如图 11－12 所示。

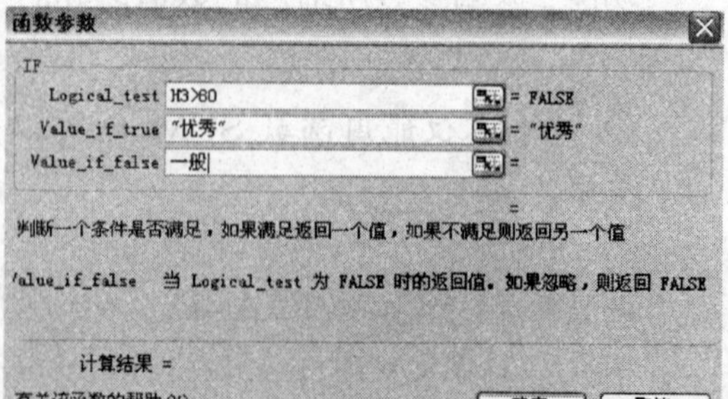

图 11－11 IF 函数的参数设置

	A	B	C	D	E	F	G	H	I
1	生化0711班期中考试成绩								
2	学号	姓名	语文	数学	化学	英语	总分	平均分	名次
3	0711001	刘明明	80.0	80.0	73.0	80.0	313.0	78.3	一般
4	0711002	赵杰	56.0	90.0	64.0	84.0	294.0	73.5	一般
5	0711003	张哄	78.0	70.0	82.0	76.0	306.0	76.5	一般
6	0711004	钱海	90.0	58.0	91.0	79.0	318.0	79.5	一般
7	0711005	高少保	98.0	40.0	65.0	81.0	284.0	71.0	一般
8	0711006	杨梨	76.0	67.0	74.0	80.0	297.0	74.3	一般
9	0711007	王方	59.0	79.0	80.0	99.0	317.0	79.3	一般
10	0711008	王光培	67.0	37.0	69.0	62.0	235.0	58.8	一般
11	0711009	张本	73.0	70.0	97.0	60.0	300.0	75.0	一般
12	0711010	关冰	69.0	79.0	92.0	79.0	319.0	79.8	一般
13	0711011	王立新	80.0	81.0	67.0	76.0	304.0	76.0	一般
14	0711012	孙大海	87.0	60.0	62.0	83.0	292.0	73.0	一般
15	0711013	齐国荣	82.0	76.0	54.0	90.0	302.0	75.5	一般
16	0711014	王得时	78.0	80.0	84.0	80.0	322.0	80.5	优秀
17	0711015	甫中军	70.0	92.0	93.0	81.0	336.0	84.0	优秀
18	0711016	李立	73.0	70.0	59.0	75.0	277.0	69.3	一般
19	0711017	江三	56.0	60.0	86.0	76.0	278.0	69.5	一般
20	0711018	刘成	69.0	83.0	37.0	84.0	273.0	68.3	一般
21	0711019	欧阳韩	68.0	93.0	69.0	70.0	300.0	75.0	一般
22	0711020	李本国	60.0	75.0	79.0	93.0	307.0	76.8	一般
23	0711021	苏解	72.0	69.0	73.0	95.0	309.0	77.3	一般
24	0711022	纪丹	45.0	74.0	85.0	59.0	263.0	65.8	一般
25	0711023	叶开钱	71.0	82.0	81.0	80.0	314.0	78.5	一般
26	0711024	王海	81.0	90.0	90.0	89.0	350.0	87.5	优秀
27	0711025	王回	92.0	68.0	69.0	91.0	320.0	80.0	一般

图 11－12　IF 函数使用后的效果

(5) 求年份函数：YEAR。

格式：YEAR(number)。

功能：返回日期序列数对应的年份。

说明：参数必须是日期格式的数据或已输入日期格式数据的单元格地址。

[例] 参加工作的年份为已输入在 D2 单元格中，计算工龄可表示为：2008－YEAR(D2)。

11.1.4　出错信息

在使用公式处理过程中，一不小心就会造成公式的计算出现错误，此时该单元格中就会出现显示错误值的信息，如“＃＃＃＃！”、“＃DIV/0！”和“＃N/A”等，了解这些错误信息将可以帮助我们及时修改单元格中的公式，图 11－13 给出了各种出错值及对应的出错原因。

错误值	出错原因
#####!	单元格中的数值太长或公式计算的结果太大，调整列宽即可
#DIV/0!	公式被零除。当单元格里为空时，在进行除法运算时会出现这个错误
#N/A	没有可以使用的数值或缺少函数参数。此错误的产生往往是输入格式不对
#NAME?	公式中使用了 Excel 不能识别的名称。当公式中删除了使用的名称时，常会产生此错误
#REF!	公式引用了无效的单元格，当该单元格被删除时，会产后此错误
#NUM!	使用的数字有问题
#NULL!	使用了不正确的单元格或单元格区域引用
#VALUE!	公式中的参数产生了运算错误或参数的类型不正确

图 11－13　出错信息

在 Word 中有对“拼音和语法”的自动检测，在 Excel 中则有对公式的审核和自动检测，具体请看“小窍门 1”。

11.2 案 例 实 现

11.2.1 案例要求

建立名为“畅达公司九月份员工工资表”的工作簿，在工资表中输入如图 11 - 14 所示的原始数据，根据已有数据计算出九月份员工应发工资(基本工资＋工龄 * 10＋职务津贴＋奖金)、税收(若应发工资在 2 000 元以上时，超过 2 000 部分按 5%计税，否则不计税)、实发工资(应发工资－水电费－房租费－税收)，最后计算各字段的平均值以及当月实发工资的最大值和最小值，最终效果如图 11 - 14 所示。

	A	B	C	D	E	F	G	H	I	J	K
1	畅达公司九月份员工工资表										
2	工号	姓名	基本工资	工龄	职务津贴	奖金	应发工资	水电费	房租费	税收	实发工资
3	100341	吴花	￥430.00	￥20.00	￥1,000.00	￥50.00		￥32.00	￥12.00		
4	100342	叶枫	￥768.00	￥32.00	￥1,200.00	￥96.00		￥25.00	￥15.00		
5	100343	陈骅	￥311.00	￥5.00	￥120.00	￥15.00		￥30.00	￥6.00		
6	100344	王书洞	￥323.00	￥17.00	￥430.00	￥51.00		￥67.00	￥15.00		
7	100345	盛新苹	￥516.00	￥28.00	￥1,200.00	￥84.00		￥70.00	￥13.00		
8	100346	李红	￥332.00	￥22.00	￥400.00	￥66.00		￥34.00	￥18.00		
9	100347	汪萍	￥580.00	￥30.00	￥380.00	￥90.00		￥27.00	￥18.00		
10	100348	樊文亚	￥488.00	￥25.00	￥418.00	￥75.00		￥40.00	￥16.00		
11	100349	钟林涛	￥311.00	￥8.00	￥218.00	￥24.00		￥21.00	￥0.00		
12	100350	方州	￥456.00	￥24.00	￥1,560.00	￥72.00		￥36.00	￥0.00		
13	100351	王方	￥830.00	￥38.00	￥481.00	￥114.00		￥49.00	￥25.00		
14	100352	罗瑞维	￥320.00	￥15.00	￥219.00	￥70.00		￥32.00	￥36.00		
15	100353	张本	￥780.00	￥31.00	￥610.00	￥45.00		￥67.00	￥36.00		
16	100354	关冰	￥320.00	￥18.00	￥320.00	￥69.00		￥38.00	￥0.00		
17	100355	王立新	￥510.00	￥27.00	￥1,456.00	￥78.00		￥23.00	￥25.00		
18	100356	孙大海	￥300.00	￥2.00	￥100.00	￥83.00		￥79.00	￥14.00		
19	100357	秦基业	￥310.00	￥20.00	￥280.00	￥45.00		￥21.00	￥12.00		
20	100358	王得时	￥329.00	￥13.00	￥540.00	￥56.00		￥16.00	￥0.00		
21	100359	审中军	￥370.00	￥15.00	￥1,880.00	￥47.00		￥67.00	￥0.00		
22	100360	李立	￥410.00	￥19.00	￥259.00	￥42.00		￥45.00	￥23.00		
23	100361	魏军	￥571.00	￥23.00	￥569.00	￥32.00		￥63.00	￥23.00		
24	100362	刘成	￥910.00	￥36.00	￥791.00	￥60.00		￥49.00	￥25.00		

图 11 - 14 员工工资初始表

11.2.2 案例实现步骤

第 1 步：打开 Excel，并将工作簿以“畅达公司九月份员工工资表”为名保存。

第 2 步：将工作表“Sheet1”改名为“工资表”，并在表格中输入如图 11 - 14 所示数据项。

第 3 步：设置单元格格式。选中 A1:K1 区域，单击格式工具栏的“ ”按钮，将标题行合并居中，并设置其格式为：楷体、蓝色、22 号；将第 2 行设置为：居中、宋体、18 号，其余各行数据居中；调整 C～G 列为最适合列宽。

第 4 步：计算应发工资。选中 G3，在编辑栏中输入“＝C3＋D3 * 10＋E3＋F3”，如图 11 - 15 所示，并按“Enter”键；然后选中 G3，拖动 G3 单元格右下角的填充柄至 G24，放开鼠标即完成了对应发工资的计算。

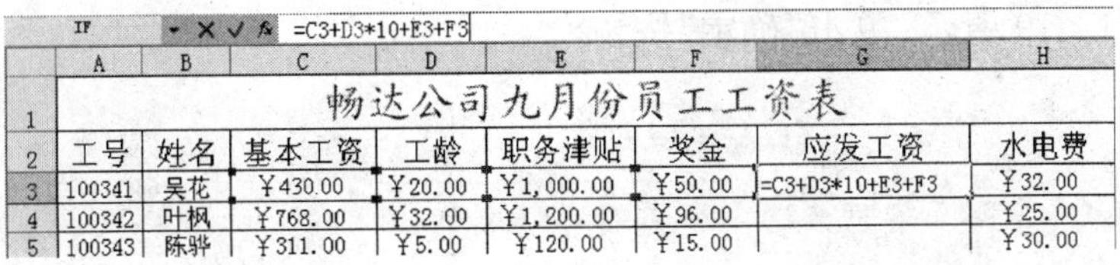

图 11-15 计算员工应发工资

第 5 步：计算税收。选中 J3，单击编辑栏左侧的“fx”按钮，打开“插入函数”对话框，选择“IF”函数单击“确定”按钮，打开“函数参数”对话框，对话框的设置如图 11-16 所示，单击“确定”按钮；然后选中 J3，拖动 J3 单元格右下角的填充柄至 J24，放开鼠标即完成了税收的计算。

第 6 步：类似上述第 4 步完成对实发工资的计算(实发工资＝应发工资－水电费－房租费－税收)。

第 7 步：在 A25 单元格中输入文字“平均值”，并合并居中单元格区域 A25:B25；选择 C25 单元格，单击编辑栏左侧的“fx”按钮，打开“插入函数”对话框，选择“AVERAGE”函数单击“确定”按钮，打开“函数参数”对话框，对话框的设置如图 11-17 所示，单击“确定”按钮；然后选中 C25，拖动 C25 单元格右下角的填充柄至 K25，放开鼠标即完成了平均值的计算。

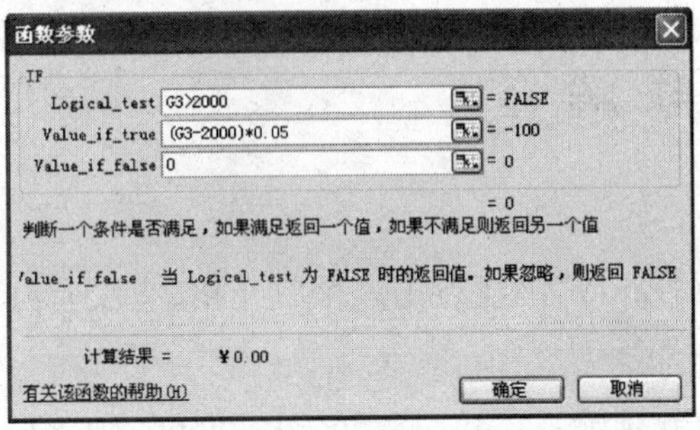

图 11-16 IF 函数“函数参数”对话框的设置

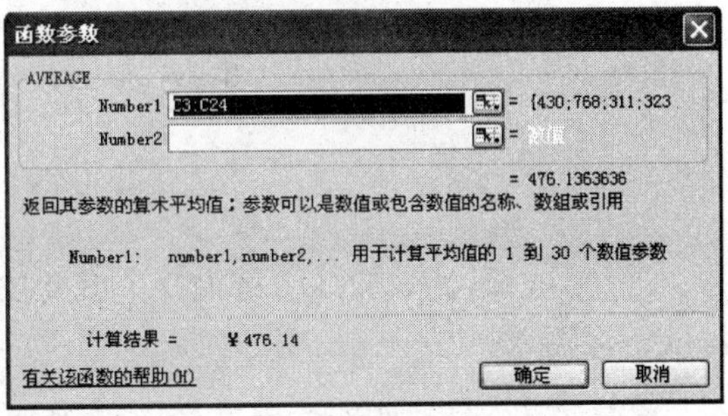

图 11-17 AVERAGE 函数“函数参数”对话框的设置

第 8 步：在单元格 A26 中输入“当月最高工资”，并合并居中 A26:J26，选择单元格 K26，单击编辑栏上的“插入函数”按钮“fx”，在弹出的“插入函数”对话框中选择求最大值的函数 MAX，单击“确定”按钮，打开“函数参数”对话框，对话框的设置如图 11-18 所示，单击“确定”按钮。

第 9 步：在单元格 A17 中输入“当月最低工资”，并合并居中 A27:J27，在单元格 K27 用第 8 步相似的方法(只是选用的函数为 MIN)求出最低工资。

第 10 步：选中单元格区域 C3:K25 和 K26:K27，打开“单元格格式”对话框，在“数字”选项卡的“货币”类中设置货币符号

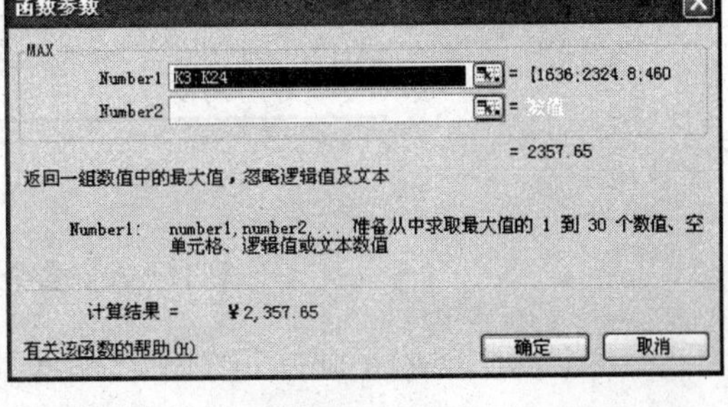

图 11-18 MAX 函数“函数参数”对话框的设置

为“￥”,如图 11－19 所示,单击“确定”按钮。

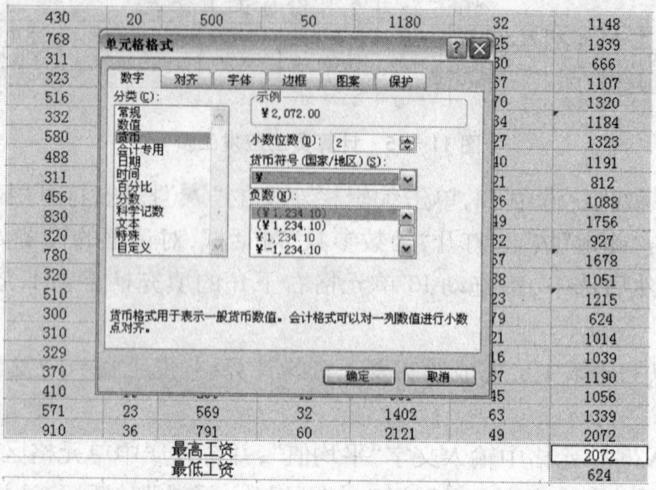

图 11－19　设置货币符号

第 11 步：为表格添加黑色双线外框和黑色单线内框。

第 12 步：完成操作,单击保存按钮“ ”,并单击“ ”退出。

11.3　疑问与解答

成绩输入的时候,每输一个就要按一次“Enter”键或点击一个单元格,有没有办法能一次输入呢?

当然有。如要在单元格区域 A3:J3 中分别输入 “39,43,56,21,55,66,80,27,79,58”,可执行以下步骤一次输入:

第 1 步：选择单元格区域 A3:J3。

第 2 步：在编辑栏中输入“＝{39,43,56,21,55,66,80,27,79,58}”。

第 3 步：按[Ctrl＋Shift＋Enter]组合键,如图 11－20 所示。

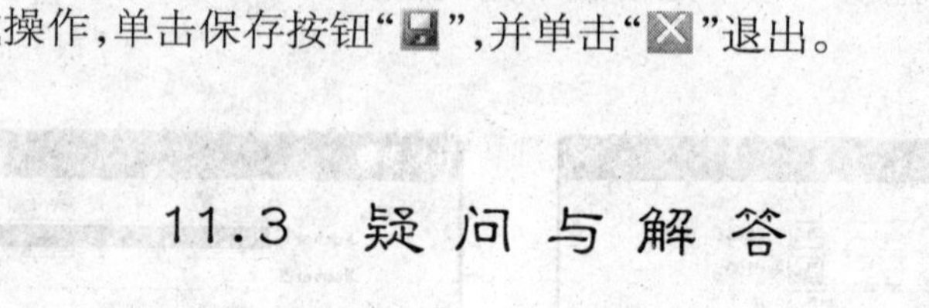

图 11－20　多个单元格一次输入

上面实现的是同一行的一起输入数字,那么能用于同一列吗？能输入文本吗?

作为设计大师的 Excel 当然能解决这些小问题啦。对于上一问中,若将 10 个数字输入在 A1:A10 单元格区域中，其操作步骤完全一样，只需在编辑栏中输入的时候将分隔符由“,”改为“;”，即输入“={39;43;56;21;55;66;80;27;79;58}”就可。

而对于文本输入的话，只要将输入的每个值用双引号括起来就可以了，如要在 A3:E3 中输入“一月、二月、八月、十二月、七月”，只要在编辑栏中输入“={"一月","二月","八月","十二月","七月"}”即可。

在不同工作表中能使用单元格引用吗？那不同的工作簿呢？

答案都是肯定的。在同一工作簿的不同工作表之间引用单元格称为“三维引用”。引用的格式为“工作表标签！单元格”。不同工作簿之间的引用格式为：“[工作簿]工作表！单元格”。

11.4 小窍门

小窍门 1 Word 中有“拼写和语法”的自动检测，在 Excel 中则有对公式的自动审查。用它可以跟踪公式的引用或从属单元格，也可以检查公式中的错误。

第 1 步：选择菜单栏上“视图”→“工具栏”→“公式审核”，调出“公式审核”工具栏，如图 11-21 所示。

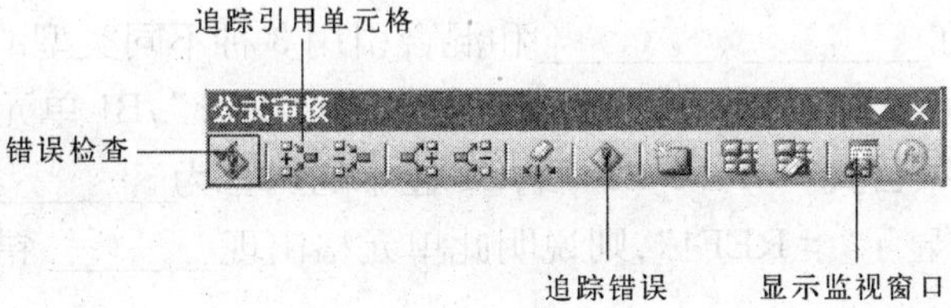

图 11-21 公式审核

第 2 步：选择工具栏上“显示监视窗口”按钮“ ”，打开监视窗口，并在窗口中添加监视点，如图 11-22 所示。

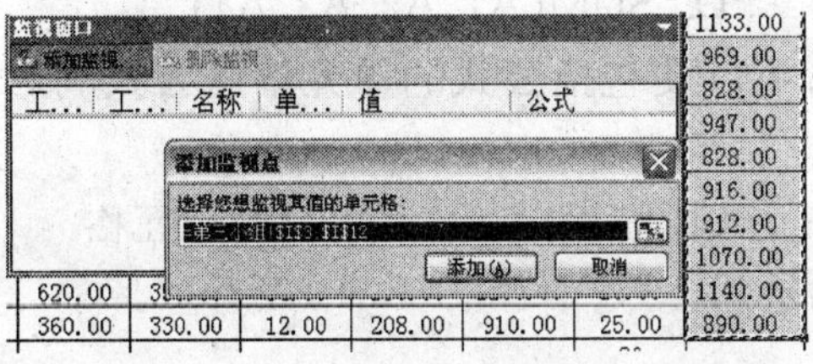

图 11-22 添加监视点

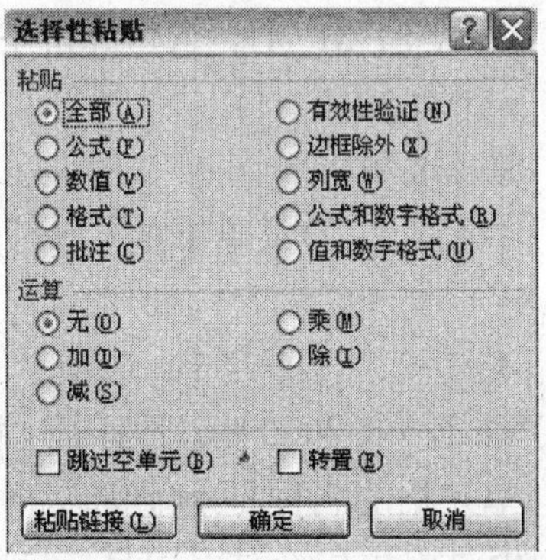

图 11-23 选择性粘贴

第 3 步：选择工具栏上的“错误检查”按钮“”，打开“错误检查”对话框，能对输入的公式自动进行检查，若出现错误还将提供解决错误的方法。

小窍门 2 如果将“学生成绩表”中的 G 列复制到工作表“Sheet3”中，此时单元格中的数字都变成了“＃REF!”，这是因为 G 列引用了单元格，而到了“Sheet3”中，它所引用的单元格不存在了，难道 G 列的内容不能复制吗？当然不是，我们可以使用选择性粘贴，只将 G 列的数值复制到“Sheet3”中。

第 1 步：选定 G 列，右击鼠标选择“复制”。

第 2 步：切换到“Sheet3”工作表中，单击单元格 A1，选择“编辑”→“选择性粘贴”（或者直接鼠标右击，在弹出的快捷菜单中选择“选择性粘贴”），打开“选择性粘贴”对话框。

第 3 步：在对话框的“粘贴”区域选择数值，如图 11－23 所示，单击“确定”退出。

11.5 习题与实训

11.5.1 理论习题

1. 填空题

(1) 可以直接在________中输入公式内容，也可以在________中输入。

(2) Excel 的公式必须以________开头。

(3) Excel 提供了________、________和混合引用 3 种不同类型的引用。

(4) 在 Excel 工作表中，如果 A1 单元格的内容是“2008”，B1 单元格的内容为“北京奥运会”，则在 C1 中输入公式“＝A1&B1”后，C1 显示的内容为________。

(5) 若单元格中显示“＃REF!”，则说明此单元格出现________错误。

2. 选择题

(1) 在 Excel 中如果某一个单元格输入的参数或操作的类型有错，则该单元格将显示(　　)。

A. ＃REF!　　B. ＃VALUE!　　C. ＃NAME!　　D. ＃NULL!

(2) 公式 SUM(A1：A4)等价于(　　)。

A. SUM(A1＋A4)　　B. SUM(A1/A4)

C. SUM(A1－A4)　　D. SUM(A1,A2,A3,A4)

(3) 执行(　　)菜单下的(　　)命令，可以使包括公式的单元格以公式的形式显示出来。

A. 工具　　B. 选项　　C. 格式　　D. 单元格

(4) 在 Excel 2003 中，下面描述错误的是(　　)。

A. 单元格的名称是不能更改的

B. 相对引用和绝对引用是一样的

C. 单元格中出现＃DIV/0!、＃NAME?、＃N/A……是因为公式中有错误

D. 通过"公式审核"工具栏可以查找出公式错误的根源

11.5.2 实训题

实训1

(1) 在D盘自己姓名文件夹中创建一个名为"原材料"的工作簿,要求在其中的工作表Sheet1中输入如图11-24所示的数据。

(2) 将标题设置为从A1到D1合并及居中,将字体设置为"黑体,24,加双下划线"。

(3) 用公式计算各材料的金额。

(4) 在第11行后插入一行,并在该行第一个单元格中输入信息"平均值",用公式求出平均值填入其余各单元格中。

(5) 在D列前插入一列"调整后单价",利用IF函数求出各商品调整后的单价,调整的原则是:单价低于"1.5"的价格上调"15%",其余价格上调"10%"。

	A	B	C	D	E	F
1	原材料总分类帐户					
2	材料名称	数量	单价(元)	金额(元)		
3	方钢	400	1.4			
4	圆钢	300	1.5			
5	钢板	400	1.7			
6	黄铜	100	3.2			
7	紫铜	600	3.5			
8	铝	1000	2.3			
9	铁	2300	0.9			
10	铅	200	5			
11	铝合金	1400	2.1			

图11-24 原材料

实训2

(1) 在D盘自己姓名文件夹中创建一个名为"工龄计算"的工作簿,要求在其中的工作表Sheet1中输入如图11-25所示的数据。

(2) 根据工作时间,用YEAR函数计算工龄的值。

(3) 将表格中工龄超过20年的人显示红色。

(4) 在E列后插入一列,该列的第一个单元格中输入"备注",其余各单元格根据职称填写内容:若职称为"高工"则输入"优秀人才",若职称为"工程师"则输入"人才",否则输入"普通"。

H29

	A	B	C	D	E	F	G
1	工号	姓名	工作时间	工龄	职称		
2	21001	王海明	7-15-81		工程师		
3	21002	李月玫	12-4-85		助工		
4	21003	张伟	10-6-63		工人		
5	56431	金亦坚	3-5-77		工程师		
6	84646	陈水君	7-12-80		助工		
7	65478	何进	11-21-78		助工		
8	43760	朱宇强	4-20-76		工程师		
9	46978	张长荣	10-12-82		高工		
10	76498	沈丽	6-6-89		工程师		
11	48465	冯志林	4-25-85		高工		
12	25456	周文萍	12-31-80		助工		
13	42841	徐君秀	9-12-84		工人		
14	58213	陈云竹	1-19-81		工程师		
15	42319	高宝根	12-12-75		高工		
16	24631	陈强	6-3-80		工程师		
17	13542	陈弦	9-27-76		工程师		
18	16524	毛阿敏	6-23-83		高工		
19	45861	张云	3-29-84		助工		
20	51684	白雪	3-6-87		工程师		
21	27954	王大刚	4-28-69		工人		

图11-25 工龄计算

案例 12　编排“客户信息表”

原来使用 Excel 还可以进行这么多计算，那真是大大弥补了小米数学知识的不足，把她从数字堆中解放了出来。秘书的工作忙碌而又充实，小米每天要接触很多人，有公司同事，有客户，还有主任的私交好友等，为了处理好每个环节的工作，还需要时刻牢记他们的特性、爱好甚至生日。才过了三个月，小米就已记录了厚厚一大本，每次翻找信息都要花去她好多时间，最好也能让 Excel 大师帮忙管理它们，将这堆庞大而又杂乱的信息整理出一个头绪来。

本案例目标

- ✧ 了解数据清单的概念
- ✧ 灵活应用排序、筛选和分类汇总等操作管理数据清单

本案例最终效果图

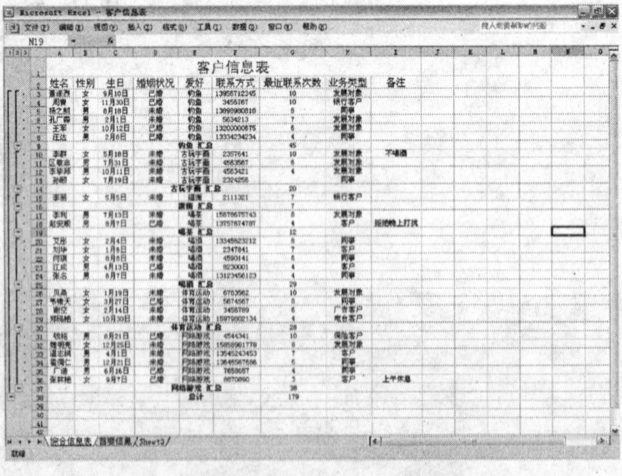

图 12－1　客户信息分类汇总效果图

>>>>>>>

12.1　知识剖析

Excel 2003 具有强大的数据分析和处理能力，在本案例中你将学会使用排序、数据筛选和分类汇总等操作对庞大、杂乱的数据进行管理维护，并且从中获得有用的信息，方便和简化我们的工作。

12.1.1　数据清单

在 Excel 中，用于管理数据的结构叫做数据清单，它是包含一系列数据的工作表行。这样听起来似乎太专业了，但是如果说数据清单就是表格，那我们都不陌生了，之前所建立的所有工作表都能称为数据清单。其中数据表的一列称为字段，一行称为记录。

数据清单的第一行具有列标志（字段名），紧随其后的行是数据行，在标题与数据、数据与数据之间没有空行，而且同一列数据必须有相同的类型和含义，如图 12－2所示，工号、姓名等都是字段名，单元格区域 A2：E21 为数据区。

	A	B	C	D	E	F	G	H
1	工号	姓名	工作时间	工龄	职称			
2	21001	王海明	7-15-81		工程师			
3	21002	李月玫	12-4-85		助工			
4	21003	张伟	10-6-63		工人			
5	56431	金亦坚	3-5-77		工程师			
6	84646	陈水君	7-12-80		助工			
7	65478	何进	11-21-78		助工			
8	43760	朱宇强	4-20-76		工程师			
9	46978	张长荣	10-12-82		高工			
10	76498	沈丽	6-6-89		工程师			
11	48465	冯志林	4-25-85		高工			
12	25456	周文萍	12-31-80		助工			
13	42841	徐君秀	9-12-84		工人			
14	58213	陈云竹	1-19-81		工程师			
15	42319	高宝根	12-12-75		高工			
16	24631	陈强	6-3-80		工程师			
17	13542	陈弦	9-27-76		工程师			
18	16524	毛阿敏	6-23-83		高工			
19	45861	张云	3-29-84		助工			
20	51684	白雪	3-6-87		工程师			
21	27954	王大刚	4-28-69		工人			

图 12－2　数据清单

> **在规定的数据清单中输入数据的方法有两种：一种是在单元格中直接输入；另一种是使用“记录单”输入。**

12.1.2　数据排序

完成基本表格数据的输入之后，发现这些信息乱七八糟，怎样让它们按照一定的顺序排列呢？Excel 中的排序就是对数据进行重新组织安排的一种方式。如果按升序排序，数字从小到大排列，文字则从 A 排到 Z，空格总是排在最后；如果是降序排序则反之。

1. 按单关键字排序

单关键字排序就是只要求按某一列的数据值（该列称为排序关键字）进行升序或降序排列。一般有两种方法：第一种是使用常用工具栏上的升序按钮“AZ↓”和降序按钮“ZA↓”；第二种是使用菜单栏上的排序命令。例如对图 12－2 中的数据清单按工号升序排列，用第一种方法：

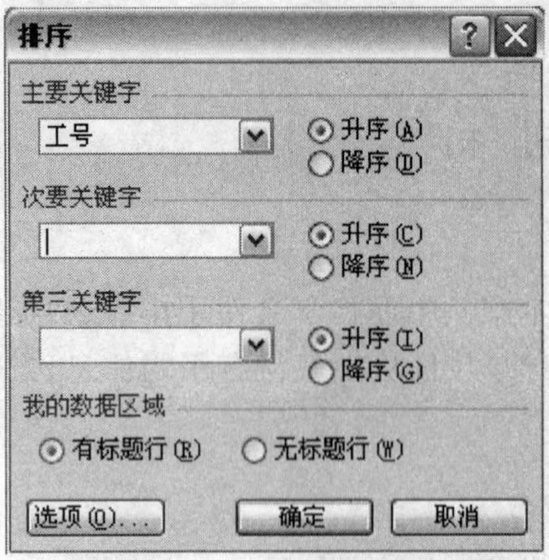

图 12-3 排序对话框图

第 1 步：单击要进行数据排序的数据列 A 列中的任一单元格。

第 2 步：在“常用”工具栏上选择升序按钮“AZ↓”，即完成了排序。

用第二种方法：

第 1 步：执行“数据”菜单中的“排序”命令，打开“排序”对话框，如图 12-3 所示。

第 2 步：在打开的对话框中，选择“主要关键字”为“工号”，此时可以看到单元格区域 A2：E21 被选定。

第 3 步：选中“升序”单选框，点击“确定”完成排序。

> 为避免字段名也成为排序对象，可选中“有标题行”。若要对某区域排序，则先选定该区域。

2. 按多关键字排序

有时按单关键字排序后，会发现有两个数值是一样的情况，如对职称排序时有几个人的职称是相同，这时就需要再设定一个排序依据了，即按多关键字排序。例如上述数据清单中要按职称升序进行排序，如果职称相同则按工号升序排列，具体步骤如下：

第 1 步：单击工作表中的任一单元格，然后选择“数据”→“排序”。

第 2 步：选择主要关键字为“职称”，并选中“升序”，然后选择次要关键字为“工号”，同样选中“升序”，如图 12-4 所示。

第 3 步：单击“确定”退出，效果如图 12-5 所示。

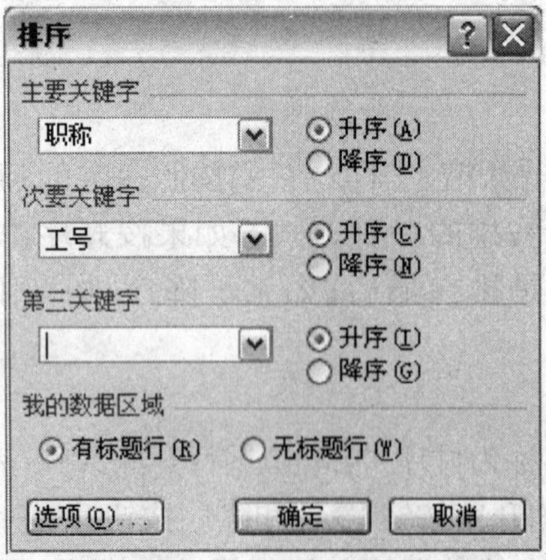

图 12-4 复杂排序

	A	B	C	D	E	F	G	H
1	工号	姓名	工作时间	工龄	职称			
2	16524	毛阿敏	6-23-83		高工			
3	42319	高宝根	12-12-75		高工			
4	46978	张长荣	10-12-82		高工			
5	48465	冯志林	4-25-85		高工			
6	13542	陈弦	9-27-76		工程师			
7	21001	王海明	7-15-81		工程师			
8	24631	陈强	6-3-80		工程师			
9	43760	朱宇强	4-20-76		工程师			
10	51684	白雪	3-6-87		工程师			
11	56431	金亦坚	3-5-77		工程师			
12	58213	陈云竹	1-19-81		工程师			
13	76498	沈丽	6-6-89		工程师			
14	21003	张伟	10-6-63		工人			
15	27954	王大刚	4-28-69		工人			
16	42841	徐君秀	9-12-84		工人			
17	21002	李月玫	12-4-85		助工			
18	25456	周文萍	12-31-80		助工			
19	45861	张云	3-29-84		助工			
20	65478	何进	11-21-78		助工			
21	84646	陈水君	7-12-80		助工			

图 12-5 复杂排序的效果

12.1.3 筛选数据记录

数据清单中有很多数据，但有时候我们只对其中的一部分感兴趣，那么如何快速找到这部分数据呢？可以使用 Excel 的数据筛选功能，将不感兴趣的记录暂时隐藏起来。

1. 自动筛选

自动筛选是一种快速的筛选方式，我们可以通过它快速地筛选出需要的数据。例如要在上述原始数据清单中把所有“工人”都找出来，并复制到“Sheet2”中。具体步骤如下：

第 1 步：单击数据清单中的任一单元格，选择“数据”→“筛选”→“自动筛选”。

第 2 步：此时所有字段名的右侧都出现了“▾”按钮，单击“职称”右侧的“▾”按钮，在其下拉列表中选择“工人”，如图 12－6 所示。

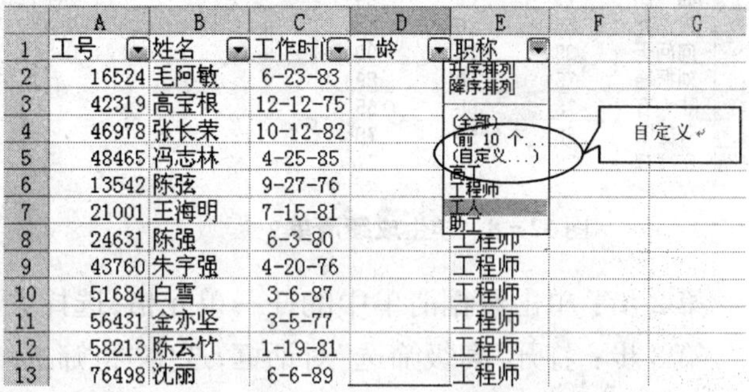

图 12－6 选择筛选条件

> 自动筛选还可以利用如图 12－8 所示的“自定义”功能来限定一个或两个筛选条件。

第 3 步：此时显示的仅为符合条件的“工人”的信息，如图 12－7 所示。

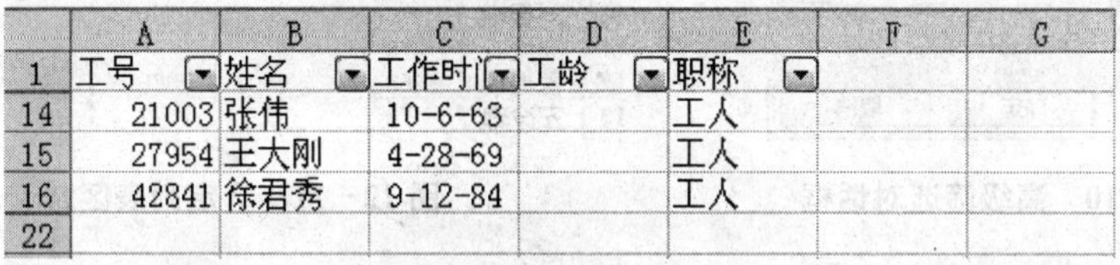

	A	B	C	D	E	F	G
1	工号	姓名	工作时间	工龄	职称		
14	21003	张伟	10-6-63		工人		
15	27954	王大刚	4-28-69		工人		
16	42841	徐君秀	9-12-84		工人		
22							

图 12－7 筛选后的效果

第 4 步：选中显示部分，复制到 Sheet2 中。

> 筛选并不意味着删除不满足条件的记录，只是暂时隐藏起来。选择下拉列表中的“全部”可以恢复被隐藏的记录。
>
> 取消自动筛选的方法是：再次执行“数据”→“筛选”→“自动筛选”命令。

2. 高级筛选

自动筛选，既方便又快速，但是该命令查找的条件不能太复杂，若要进行复杂条件查找则需要用到高级筛选。例如要在图 12－8 所示的数据清单中找出有一门功课不及格的学生，并显示在 F 列，具体步骤如下：

第 1 步：建立筛选的条件区域。方法是在工作表的空白区域输入列标记和筛选条件，如图 12－9 所示。

	A	B	C	D	E	F
1	姓名	语文	数学	英语		
2	令狐冲	90	85	92		
3	任盈盈	95	89	91		
4	林平之	89	83	76		
5	岳灵珊	80	75	83		
6	仪琳	89	77	88		
7	曲飞燕	79	68	84		
8	田伯光	50	70	63		
9	向问天	85	75	90		
10	刘振峰	75	80	89		
11	陆大有	78	95	65		
12	劳德诺	68	56	78		
13	左冷禅	78	92	77		

图 12－8　学生成绩清单

	A	B	C	D	E	F	G
1	姓名	语文	数学	英语			
2	令狐冲	90	85	92			
3	任盈盈	95	89	91			
4	林平之	89	83	76			
5	岳灵珊	80	75	83			
6	仪琳	89	77	88			
7	曲飞燕	79	68	84			
8	田伯光	50	70	63			
9	向问天	85	75	90			
10	刘振峰	75	80	89			
11	陆大有	78	95	65			
12	劳德诺	68	56	78			
13	左冷禅	78	92	77			
14							
15		语文	数学	英语			
16		<60					
17			<60				
18				<60			

图 12－9　设定高级筛选的条件

第 2 步：单击数据清单中的任一单元格，选择菜单“数据”→“筛选”→“高级筛选”。

第 3 步：打开“高级筛选”对话框，选中“将筛选结果复制到其他位置”，如图 12－10 所示，然后单击“列表区域”右侧的折叠按钮，选择单元格区域 A1：D13，如图 12－11 所示，最后再次单击折叠按钮返回对话框。

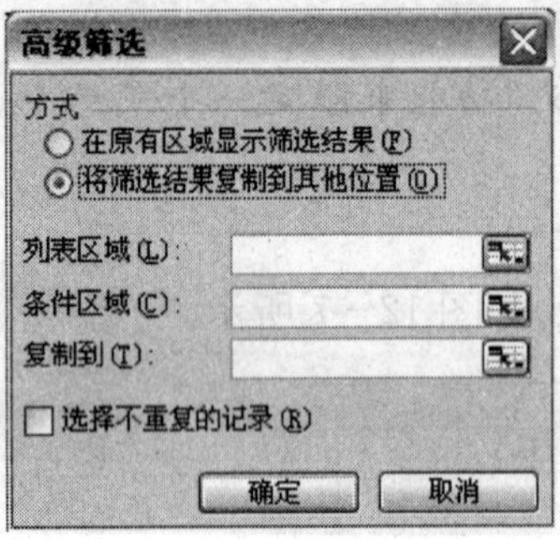

图 12－10　高级筛选对话框

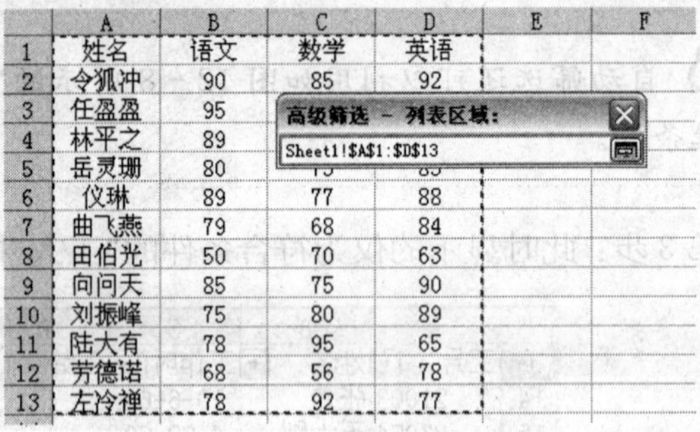

图 12－11　选定列表区域

第 4 步：用同样的方法选定“条件区域”和“复制到”区域。

第 5 步：单击“确定”退出，如图 12－12 所示，在 F1：I3 中显示了有成绩不及格的数据清单。

	A	B	C	D	E	F	G	H	I
1	姓名	语文	数学	英语		姓名	语文	数学	英语
2	令狐冲	90	85	92		田伯光	50	70	63
3	任盈盈	95	89	91		劳德诺	68	56	78
4	林平之	89	83	76					
5	岳灵珊	80	75	83					
6	仪琳	89	77	88					
7	曲飞燕	79	68	84					
8	田伯光	50	70	63					
9	向问天	85	75	90					
10	刘振峰	75	80	89					
11	陆大有	78	95	65					
12	劳德诺	68	56	78					
13	左冷禅	78	92	77					
14									
15		语文	数学	英语					
16		<60							
17			<60						
18				<60					

图 12－12　高级筛选后的结果

12.1.4 分类汇总

创建完数据清单后，我们往往还要对数据进行分类分析，Excel 提供了分类汇总功能，对数据清单的某一列或多列数据按类别进行求和、求平均值、求乘积、求方差等运算。它的特点是要先进行分类，将同类别数据放在一起，然后再进行数据求和之类的汇总运算。

1. 分类汇总

先来了解一下分类汇总的几个概念：

(1) 分类字段：表示按该字段分类。

(2) 汇总方式：表示要进行汇总的函数。

(3) 选定汇总项：表示要选定汇总函数进行汇总的对象。

下面以图 12－13 所示的数据清单为例，通过分类汇总的方式计算每种水果数量金额的总和。

第 1 步：单击数据清单中的任何一种水果名称单元格，进行排序。

第 2 步：执行“数据”→“分类汇总”命令，打开“分类汇总”对话框。

第 3 步：在对话框中，分类字段选“名称”，汇总方式选“求和”，汇总项选“数量”、“金额”，如图 12－14 所示。

	A	B	C	D	E	F	G
1	名称	级别	单价(元)	数量(斤)	金额(元)		
2	苹果	1	2	123	246		
3	香蕉	1	1.5	200	300		
4	荔枝	1	15	60	900		
5	西瓜	1	2.5	80	200		
6	梨	1	1.5	300	450		
7	柑桔	1	1.5	200	300		
8	桂圆	1	28	70	1960		
9	苹果	2	3.5	214	749		
10	香蕉	2	1.2	320	384		
11	荔枝	2	12	120	1440		
12	西瓜	2	1.8	650	1170		
13	梨	2	0.8	100	80		
14	柑桔	2	0.8	300	240		
15	桂圆	2	14	60	840		
16	苹果	3	2.5	234	585		
17	柑桔	3	0.5	234	117		

图 12－13 “水果”数据清单

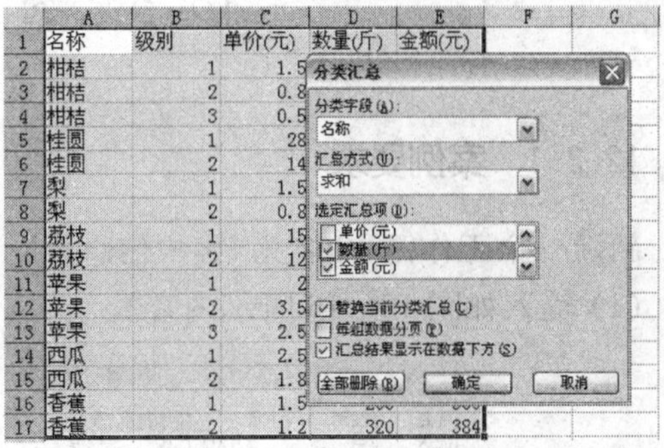

图 12－14 设置分类汇总项

第 4 步：单击“确定”按钮退出，最后效果如图 12－15 所示。

> 在分类汇总之前必须首先对数据清单按“分类字段”进行排序。

	A	B	C	D	E	F	G	H	I
1	名称	级别	单价(元)	数量(斤)	金额(元)				
2	柑桔	1	1.5	200	300				
3	柑桔	2	0.8	300	240				
4	柑桔	3	0.5	234	117				
5	**柑桔 汇总**			734	657				
6	桂圆	1	28	70	1960				
7	桂圆	2	14	60	840				
8	**桂圆 汇总**			130	2800				
9	梨	1	1.5	300	450				
10	梨	2	0.8	100	80				
11	**梨 汇总**			400	530				
12	荔枝	1	15	60	900				
13	荔枝	2	12	120	1440				
14	**荔枝 汇总**			180	2340				
15	苹果	1	2	123	246				
16	苹果	2	3.5	214	749				
17	苹果	3	2.5	234	585				
18	**苹果 汇总**			571	1580				
19	西瓜	1	2.5	80	200				
20	西瓜	2	1.8	650	1170				
21	**西瓜 汇总**			730	1370				
22	香蕉	1	1.5	200	300				
23	香蕉	2	1.2	320	384				
24	**香蕉 汇总**			520	684				
25	**总计**			3265	9961				

图 12－15 分类汇总后的效果

2. 分级显示

数据清单分类汇总后，Excel 就可以对工作表进行分级显示，这样就能根据需要显示或隐藏内容。如图 12－15 所示，数据窗口左侧有 1 2 3 字样和 − 等符号，这就是分级显示。

> 若没有显示，则可通过执行“工具”→“选项”命令，在“视图”选项卡中选择“分级显示符号”来显示分级符号。

(1)“1 2 3”分别表示1、2、3级明细数据级别，“-”是“隐藏明细数据”按钮，“+”则为“显示明细数据”按钮。

(2) 创建分级显示：分级显示可以自动建立也可以手工建立。执行“数据”→“组及分级显示”→“自动建立分级显示”菜单命令，在数据清单中自动建立分级显示。

(3) 取消分级显示：选定需要取消分级显示的行和列，选择“数据”→“组及分级显示”→“取消分级显示”即可。

> 删除分类汇总的方法是：执行“数据”→“分类汇总”菜单，在“分类汇总”对话框中选择“全部删除”按钮。

12.2 案例实现

12.2.1 案例要求

新建一个工作簿，命名为“客户信息表”。

(1) 输入如图12-16所示内容。

	A	B	C	D	E	F	G	H	I	J
1	客户信息表									
2	姓名	性别	生日	婚姻状况	爱好	联系方式	最近联系次数	业务类型	备注	
3	汪达	男	2月8日	已婚	钓鱼	13334234234	4	同事		
4	霍倜仁	男	12月21日	未婚	网络游戏	13646567686	6	同事		
5	李挚邦	男	10月11日	未婚	古玩字画	4563421	4	发展对象		
6	周胄	女	11月30日	已婚	钓鱼	3456767	10	银行客户		
7	赵安顺	男	8月7日	已婚	喝茶	13757674787	4	客户	拒绝晚上打扰	
8	钱铭	男	8月21日	已婚	网络游戏	4544341	10	保险客户		
9	孙颐	女	7月19日	未婚	古玩字画	2324256		同事		
10	李利	男	7月13日	未婚	喝茶	15678675743	8	发展对象		
11	刘华	女	1月6日	未婚	喝酒	2347841	7	客户		
12	张名	男	6月7日	未婚	喝酒	13123456123	4	同事		
13	王军	女	10月12日	已婚	钓鱼	13200000675	6	发展对象		
14	李丽	女	5月5日	未婚	逛街	2111321	7	银行客户		
15	江成	男	4月13日	已婚	喝酒	8230001	4	客户		
16	李群	女	5月18日	未婚	古玩字画	2357641	10	发展对象	不喝酒	
17	韦啸天	女	3月27日	已婚	体育运动	5674567	8	同事		
18	孔广森	男	2月1日	未婚	钓鱼	5634213	7	发展对象		
19	谢空	女	2月14日	未婚	体育运动	3456789	6	广告客户		
20	温志枫	男	4月1日	未婚	网络游戏	13545243453	7	客户		
21	广浩	男	6月16日	已婚	网络游戏	7658657	4	同事		
22	区敏非	男	7月31日	未婚	古玩字画	4563567	6	发展对象		
23	贝桑	女	1月19日	未婚	体育运动	6783562	10	发展对象		
24	艾彤	女	2月4日	未婚	喝酒	13345623212	8	同事		
25	董潆烈	女	9月10日	已婚	钓鱼	13956712345	10	发展对象		
26	郑鸥艳	女	10月30日	未婚	体育运动	15979802134	4	电台客户		
27	魏明亮	女	12月25日	未婚	网络游戏	15858981778	8	发展对象		
28	何琪	女	8月8日	未婚	喝酒	4590141	6	同事		
29	张林艳	女	9月7日	已婚	网络游戏	8870890	3	客户	上午休息	
30	杨之凯	男	8月18日	未婚	钓鱼	13898980818	8	同事		

图12-16 案例原始图

(2) 将工作表“Sheet1”改名为“综合信息表”，然后合并居中标题行，并设置为：“黑体，红色，24 号”，设置第二行为：“居中，楷体，加粗，16 号”，设置其余各项值居中。

(3) 对数据按联系方式进行排序，若联系方式一样则按姓名排序。

(4) 筛选出 10 月份过生日的人员信息，复制到“Sheet2”中，并将“Sheet2”改名为“首要信息”。

(5) 在“综合信息表”中，将数据按“爱好”对“联系次数”进行求和分类汇总。

12.2.2 案例实现步骤

第 1 步：打开 Excel，并将新建工作簿以“客户信息表”保存。

第 2 步：双击工作表标签“Sheet1”，将其改名为“综合信息表”。

第 3 步：选中单元格区域 A1：I1，点击“[合并居中]”按钮，并打开“单元格格式”对话框，在“字体”选项卡中设置字体为“黑体，红色，24 号”，单击“确定”退出。

第 4 步：用同样的方法设置第二行为：“居中，楷体，加粗，16 号”，设置其余各项值居中，完成后效果如图 12－17 所示。

客户信息表

姓名	性别	生日	婚姻状况	爱好	联系方式	最近联系次数	业务类型	备注
汪达	男	2月8日	已婚	钓鱼	13334234234	4	同事	
霍倜仁	男	12月21日	未婚	网络游戏	13646567686	6	同事	
李挚邦	男	10月11日	未婚	古玩字画	4563421	4	发展对象	
周胃	女	11月30日	已婚	钓鱼	3456767	10	银行客户	
赵安顺	男	8月7日	已婚	喝茶	13757674787	4	客户	拒绝晚上打扰
钱铭	男	8月21日	已婚	网络游戏	4544341	10	保险客户	
孙颐	女	7月19日	未婚	古玩字画	2324256		同事	
李利	男	7月13日	未婚	喝茶	15678675743	8	发展对象	
刘华	女	1月6日	未婚	喝酒	2347841	7	客户	
张名	男	6月7日	未婚	喝酒	13123456123	4	同事	
王军	女	10月12日	已婚	钓鱼	13200000675	6	发展对象	
李丽	女	5月5日	未婚	逛街	2111321	7	银行客户	
江成	男	4月13日	已婚	喝酒	8230001	4	客户	
李群	女	5月18日	未婚	古玩字画	2357641	10	发展对象	不喝酒
韦啸天	女	3月27日	已婚	体育运动	5674567	8	同事	
孔广森	男	2月1日	未婚	钓鱼	5634213	7	发展对象	
谢空	女	2月14日	未婚	体育运动	3456789	6	广告客户	
温志枫	男	4月1日	未婚	网络游戏	13545243453	7	客户	
广浩	男	6月16日	已婚	网络游戏	7658657	4	同事	
区敏非	男	7月31日	未婚	古玩字画	4563567	6	发展对象	
贝桑	女	1月19日	未婚	体育运动	6783562	10	发展对象	
艾彤	女	2月4日	未婚	喝酒	13345623212	8	同事	
董潇烈	女	9月10日	已婚	钓鱼	13956712345	10	发展对象	
郑鸥艳	女	10月30日	未婚	体育运动	15979802134	4	电台客户	
魏明亮	女	12月25日	未婚	网络游戏	15858981778	8	发展对象	
何琪	女	8月8日	未婚	喝酒	4590141	6	同事	
张林艳	女	9月7日	已婚	网络游戏	8870890	3	客户	上午休息
杨之凯	男	8月18日	未婚	钓鱼	13898980818	8	同事	

图 12－17 格式化单元格

第 5 步：单击数据清单中的任一单元格，执行“数据”→“排序”命令，在打开的“排序”对话框中，主要关键字选“最近联系次数”，选中“降序”单选框，次要关键字选“姓名”，选中“升序”单选框，“我的数据区域”选择“有标题行”，单击“确定”退出，结果如图 12－18 所示。

第 6 步：选择数据清单的任一单元格，执行“数据”→“筛选”→“自动筛选”命令，此时每个字段名后都会有“自动筛选”按钮“▾”，如图 12－19 所示。

第 7 步：点击月份字段名后的“▾”按钮，在其下拉列表中选择“自定义……”，打开“自定义自动筛选方式”对话框，设定如图 12－20 所示的筛选条件，单击“确定”后的效果如图 12－21 所示。

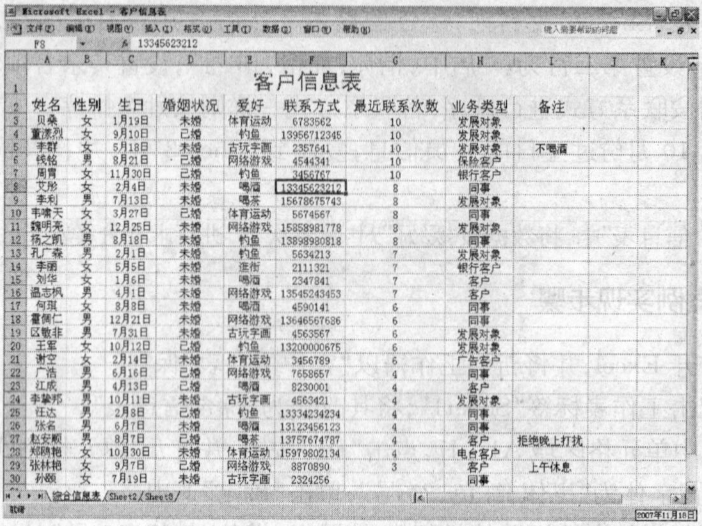

	姓名	性别	生日	婚姻状况	爱好	联系方式	最近联系次数	业务类型	备注
1	客户信息表								
3	贝桑	女	1月19日	未婚	体育运动	6783562	10	发展对象	
4	董漾烈	女	9月10日	已婚	钓鱼	13956712345	10	发展对象	
5	李群	女	5月18日	未婚	古玩字画	2357641	10	发展对象	不喝酒
6	钱铭	男	8月21日	已婚	网络游戏	4544341	10	保险客户	
7	周胃	女	11月30日	已婚	钓鱼	3456767	10	银行客户	
8	艾彤	女	2月4日	未婚	喝酒	13345623212	8	同事	
9	李利	男	7月13日	未婚	喝茶	15678675743	8	发展对象	
10	韦啸天	女	3月27日	已婚	体育运动	5674567	8	同事	
11	魏明亮	女	12月25日	未婚	网络游戏	15858981778	8	发展对象	
12	杨之凯	男	8月18日	未婚	钓鱼	13898980818	8	同事	
13	孔广森	男	2月1日	未婚	钓鱼	5634213	7	发展对象	
14	李丽	女	5月5日	未婚	逛街	2111321	7	银行客户	
15	刘华	女	1月6日	未婚	喝酒	2347841	7	客户	
16	温志枫	男	4月1日	未婚	网络游戏	13545243453	7	客户	
17	何琪	女	8月8日	未婚	喝酒	4590141	6	同事	
18	霍倜仁	男	12月21日	未婚	网络游戏	13646567686	6	同事	
19	区敏非	男	7月31日	未婚	古玩字画	4563567	6	发展对象	
20	王军	女	10月12日	已婚	钓鱼	13200000675	6	发展对象	
21	谢空	女	2月14日	未婚	体育运动	3456789	6	广告客户	
22	广浩	男	6月16日	已婚	网络游戏	7658657	4	同事	
23	江成	男	4月13日	已婚	喝酒	8230001	4	客户	
24	李挚邦	男	10月11日	未婚	古玩字画	4563421	4	发展对象	
25	汪达	男	2月8日	已婚	钓鱼	13334234234	4	同事	
26	张名	男	6月7日	未婚	喝酒	13123456123	4	同事	
27	赵安顺	男	8月7日	已婚	喝茶	13757674787	4	客户	拒绝晚上打扰
28	郑鸥艳	女	10月30日	未婚	体育运动	15979802134	4	电台客户	
29	张林艳	女	9月7日	已婚	网络游戏	8870890	3	客户	上午休息
30	孙颐	女	7月19日	未婚	古玩字画	2324256		同事	

图 12－18　排序后的效果

	姓名	性别	生日	婚姻状况	爱好	联系方式	最近联系次数	业务类型	备注
1	客户信息表								
3	贝桑	女	1月19日	未婚	体育运动	6783562	10	发展对象	
4	董漾烈	女	9月10日	已婚	钓鱼	13956712345	10	发展对象	
5	李群	女	5月18日	未婚	古玩字画	2357641	10	发展对象	不喝酒
6	钱铭	男	8月21日	已婚	网络游戏	4544341	10	保险客户	
7	周胃	女	11月30日	已婚	钓鱼	3456767	10	银行客户	
8	艾彤	女	2月4日	未婚	喝酒	13345623212	8	同事	
9	李利	男	7月13日	未婚	喝茶	15678675743	8	发展对象	
10	韦啸天	女	3月27日	已婚	体育运动	5674567	8	同事	
11	魏明亮	女	12月25日	未婚	网络游戏	15858981778	8	发展对象	
12	杨之凯	男	8月18日	未婚	钓鱼	13898980818	8	同事	
13	孔广森	男	2月1日	未婚	钓鱼	5634213	7	发展对象	
14	李丽	女	5月5日	未婚	逛街	2111321	7	银行客户	
15	刘华	女	1月6日	未婚	喝酒	2347841	7	客户	
16	温志枫	男	4月1日	未婚	网络游戏	13545243453	7	客户	
17	何琪	女	8月8日	未婚	喝酒	4590141	6	同事	
18	霍倜仁	男	12月21日	未婚	网络游戏	13646567686	6	同事	
19	区敏非	男	7月31日	未婚	古玩字画	4563567	6	发展对象	
20	王军	女	10月12日	已婚	钓鱼	13200000675	6	发展对象	
21	谢空	女	2月14日	未婚	体育运动	3456789	6	广告客户	

图 12－19　选择自动筛选

图 12－20　选择筛选条件

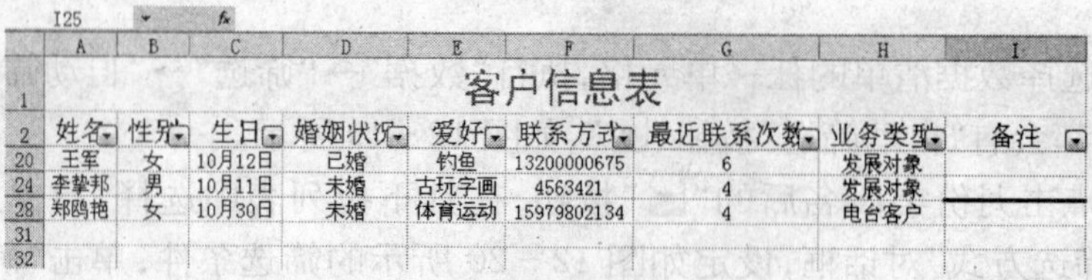

	姓名	性别	生日	婚姻状况	爱好	联系方式	最近联系次数	业务类型	备注
1	客户信息表								
20	王军	女	10月12日	已婚	钓鱼	13200000675	6	发展对象	
24	李挚邦	男	10月11日	未婚	古玩字画	4563421	4	发展对象	
28	郑鸥艳	女	10月30日	未婚	体育运动	15979802134	4	电台客户	

图 12－21　自动筛选后的效果

第 8 步：选取显示的单元格区域，在选区中右击鼠标选择"复制"，点击工作表标签"Sheet2"，在 Sheet2 中选定单元格 A1，右击鼠标选择"粘贴"，效果如图 12－24 所示，将"Sheet2"重命名为"首要信息"。

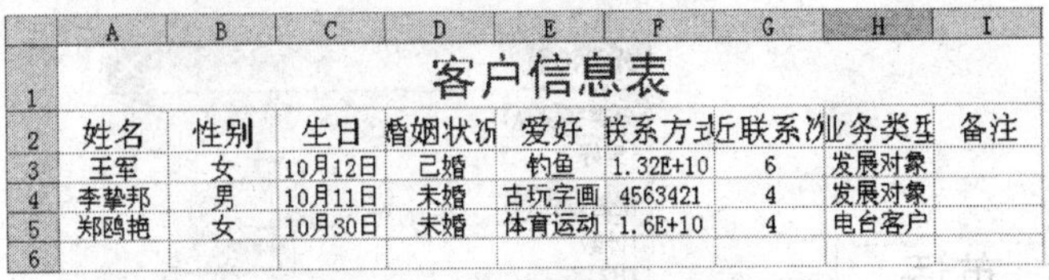

	A	B	C	D	E	F	G	H	I
1	客户信息表								
2	姓名	性别	生日	婚姻状况	爱好	联系方式	最近联系次	业务类型	备注
3	王军	女	10月12日	已婚	钓鱼	1.32E+10	6	发展对象	
4	李挚邦	男	10月11日	未婚	古玩字画	4563421	4	发展对象	
5	郑鸥艳	女	10月30日	未婚	体育运动	1.6E+10	4	电台客户	
6									

图 12－22　复制筛选区域

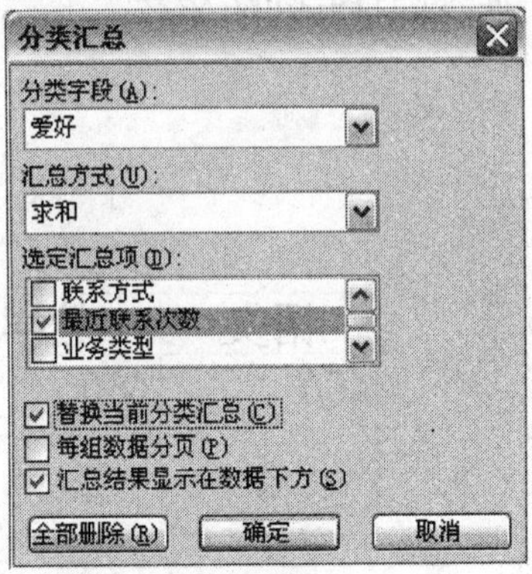

图 12－23　设定分类汇总

第 9 步：单击工作表标签"综合信息表"，执行"数据"→"筛选"→"自动筛选"取消自动筛选。

第 10 步：选中"爱好"字段下的任一单元格，点击工具栏上的升序按钮"A↓Z"，执行"数据"→"分类汇总"命令，在打开的"分类汇总"对话框中，分类字段选"爱好"，汇总方式选"求和"，汇总项选"最近联系次数"，如图 12－23 所示，单击"确定"按钮，结果如图12－24所示。操作完成后保存工作簿。

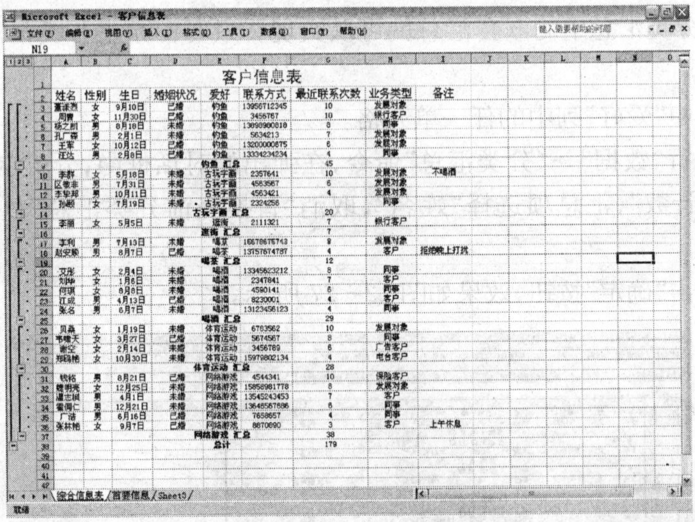

图 12－24　分类汇总后的效果

12.3　疑问与解答

在高级筛选中，我们选出了有一门课不及格的学生，如果我想要筛选出所有课程都不及格的学生，可以吗？

当然可以。只要在创建条件区域的时候如图 12－25 所示输入即可。也就是说，如果条件在同一行，则表示这几个条件是同时满足的，如果不在同一行则表示几个条件之间是“或”的关系。

语文	数学	英语
<60	<60	<60

图 12－25　条件设置

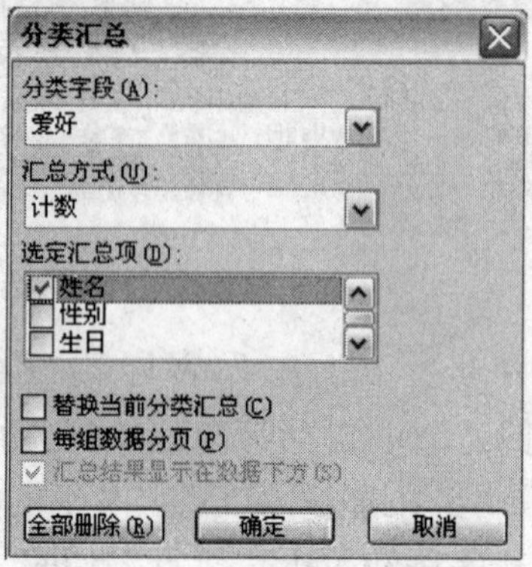

图 12－26　设置嵌套汇总

在案例中，如果又想对联系次数求和，又想统计各类爱好的人数，Excel 能实现么？

利用分类汇总中的嵌套汇总就可以实现。只要在原来分类汇总的基础上进行如下操作：

第 1 步：选中“爱好”列中的任一单元格。

第 2 步：执行“数据”→“分类汇总”命令，在弹出的对话框中，分类字段选择“爱好”，汇总方式选择“计数”，汇总项选择“姓名”，取消“替换当前分类汇总”复选框的选择，如图 12－26 所示。

第 3 步：单击“确定”按钮，效果如图 12－27 所示。

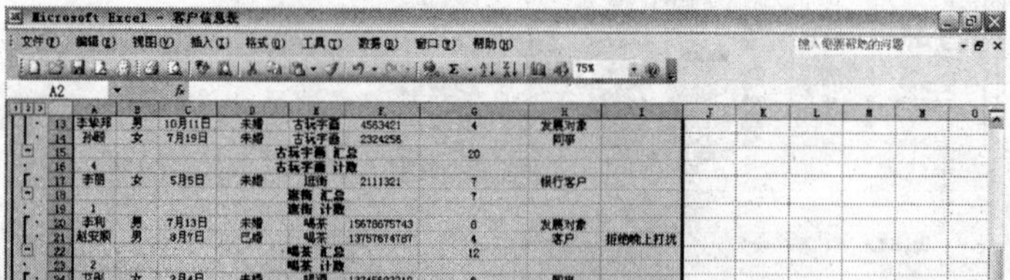

图 12－27　嵌套汇总后的结果

12.4 小窍门

小窍门 1　Excel 中的数据排序通常是指按列排序。有时需要按行排列数据，这时只需从“数据”菜单中选择“排序”，在排序对话框的左下角选择“选项”按钮，在弹出的对话框中选择“按行排序”，并设置相应关键字即可。

小窍门 2　在排序的过程中，升序和降序都是按照系统默认的方式进行的，也可以按照自己所期望的方式进行排序，如前面的数据清单中“职称”按照“高工”、“工程师”、“助工”、“工人”的顺序排列。具体的方法如下：

第 1 步：选择“工具”→“选项”，在打开的对话框中选择“自定义序列”选项卡，如图 12－28所示添加序列，单击“添加”，按“确定”退出。

第 2 步：选择“数据”→“排序”，打开“排序”对话框。

第 3 步：单击“选项”按钮，打开“排序选项”对话框，在“自定义排序次序”下拉列表中选择刚才设置的选项，如图 12－29 所示，单击“确定”按钮。

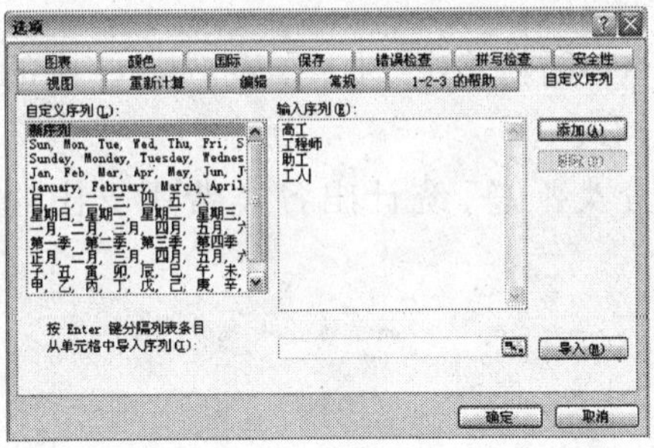

图 12－28　自定义序列

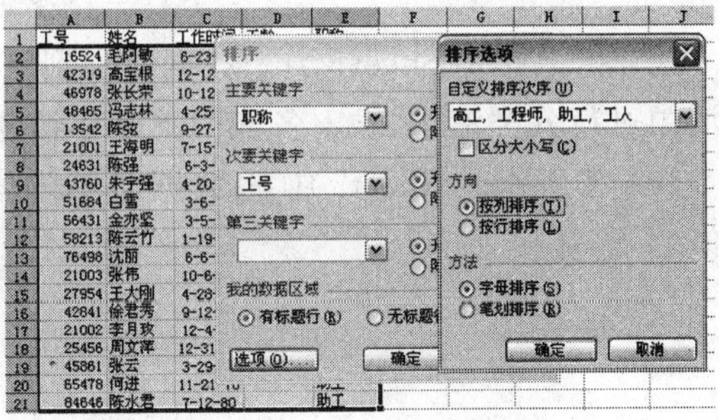

图 12－29　自定义排序

12.5 习题与实训

12.5.1 理论习题

1. 填空题

(1) 在一个包含科系、奖学金、成绩等字段的数据清单中，如果想要求各科系发放的奖学金总和，应先对科系进行________，然后执行________菜单下的“分类汇总”命令。

(2) 若要取消 Excel 中的自动筛选，必须执行________命令。

(3) 若要删除分类汇总应选择________对话框中的________按钮。

(4) 对数据清单按照多个条件进行排序时,应选择________命令。

2. 简述题

(1) 请写出分类汇总的步骤。

(2) 什么是数据清单?

(3) 多关键字段排序一般在什么情况下使用?

12.5.2 实训题

实训 1

(1) 打开 D 盘自己姓名文件夹下的“学生成绩表”,在工作表“成绩表”中用公式计算出总分和平均分。

(2) 按平均分对工作表进行降序排列(若平均分一样则按姓名升序),并在“名次”列填入相应名次。

(3) 筛选出有成绩不及格的学生,并复制到 Sheet3 中,将“Sheet3”改名为“需要努力”。

(4) 从 K 列开始建立一个有一门成绩大于等于 90 分的数据清单,标题在第一行。

实训 2

(1) 打开[案例 9]中创建的“畅达公司日常费用统计表”,并保存到 D 盘自己姓名文件夹下。

(2) 将工作表 Sheet1 中的数据复制到工作表 Sheet2 中,然后对工作表 Sheet1 中的数据清单进行分类汇总,求出各部门上半年日常费用总和。

(3) 将工作表 Sheet2 中的数据清单内容进行分类汇总,统计出各类费用支出的平均值。

案例 13　创建“畅达公司各产品销售报表”图表

每天，小米除了认真有效地完成上司交给的任务外，其他时间都用来努力学习各种知识。看到小米这么上进，同事和领导都很愿意跟她交谈。有一天午休时，一个同事打开网上的股市分析图，对着小米大谈炒股经验。小米虽然不懂股票，但是看着这图居然也能看懂股票跌涨走势，于是忍不住想：我们公司的营运表、费用表等如果也能像这样做成图，不是更有利于比较数据大小，分析数据的变化趋势吗？于是她赶紧坐到电脑前，打开 Excel，研究起图表的创建……

本案例目标

✧ 能够创建图表

✧ 掌握编辑和格式化图表的方法

本案例最终效果图

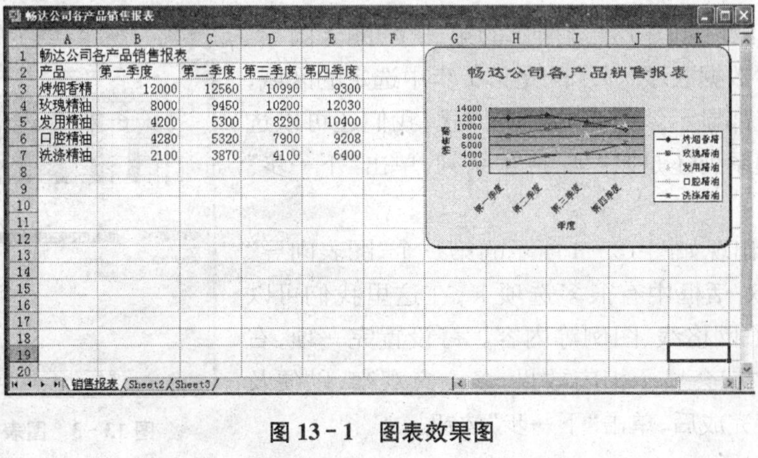

图 13－1　图表效果图

13.1 知识剖析

通过本案例的学习，我们将学会如何创建图表，对于已经创建好的图表怎样进行修改与美化。

13.1.1 创建图表

图表就是将表格数据以图形化的方式显示出来，在 Excel 2003 中，图表的形式有如下两种：

(1) 嵌入式图表：创建的图表在现有的工作表页面中，既显示表格也显示图表。

图 13-2 图表向导-1

(2) 图表工作表：创建的图表单独占据一个工作表，默认的工作表名为"Chart1"。

通常使用"图表向导"来创建图表，具体的步骤如下：

第 1 步：在工作表中选定用于生成图表的数据。

第 2 步：执行"插入"→"图表"，或者单击工具栏上的"图表向导"按钮"![]"，打开如图 13-2 所示的对话框。

第 3 步：在图 13-2 所示对话框的"图表类型"区域选择要创建的图表类型（这里选择"柱形图"），在"子图表类型"中选择一个子类型，其下方将显示该图表的名称，单击"下一步"按钮。

> 选择一种图表类型后，按下"按下不放可查看示例(V)"按钮可预览效果图。

第 4 步：出现如图 13-3 所示的第二个"图表向导"对话框，其中"数据区域"显示的是第 1 步中选定的区域，在对话框的上部显示该图表的基本样式，我们还可以选择以"行"产生系列还是以"列"产生系列，单击"下一步"按钮。

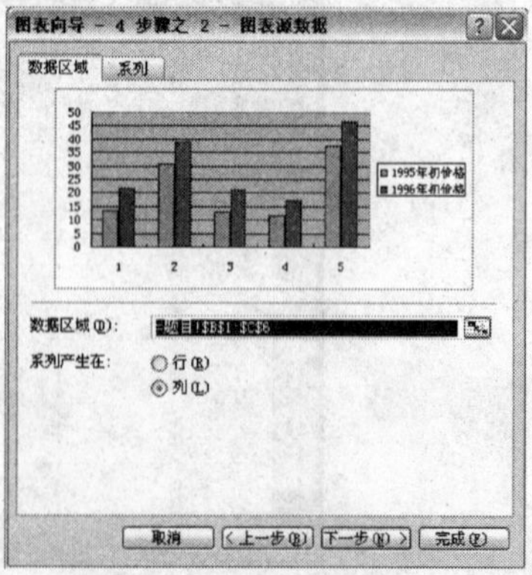

图 13-3 图表向导-2

第 5 步：出现如图 13-4 所示的第三个"图表向导"对话框，这个对话框中有很多选项卡，在这里我们可以设置图表标题、网格线、图例等内容。每设置完一项，右侧的预览图中就会显示相应效果，多注意观察，以便及时调整。设置完成后，单击"下一步"按钮。

第 6 步：出现如图 13－5 所示第四个“图表向导”对话框，在这里选择产生嵌入式图表还是图表工作表。

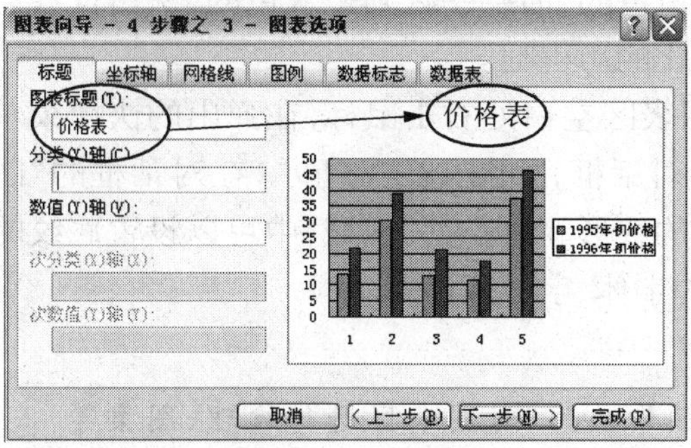

图 13－4　图表向导－3

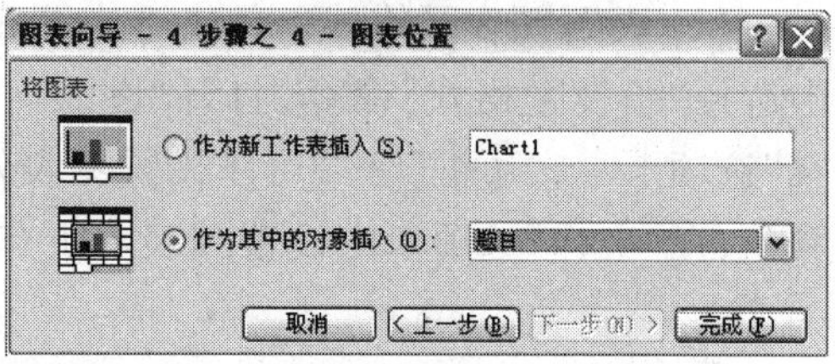

图 13－5　图表向导－4

第 7 步：选择完后单击“完成”按钮完成图表创建，嵌入式图表效果如图 13－6 所示。

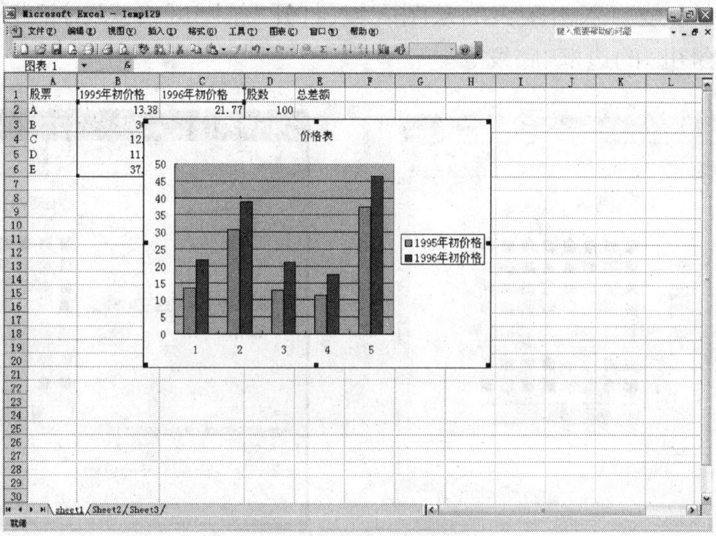

图 13－6　嵌入式图表

13.1.2　格式化图表

1. 移动图表和调整图表大小

(1) 移动图表。单击选中图表，按住鼠标左键拖动到合适的位置放开。

(2) 调整图表大小。选中图表后，在图表的四周出现 8 个小方块(即图表的操作句柄)，选中图表的某一个句柄，当光标变成双向箭头时，按住鼠标左键并拖动，直到合适大小放开鼠标。

2. 改变图表类型

如果对已创建的图表类型不满意，也可以重新选择更换。方法是：单击选定图表；选择“图表”→“图表类型”菜单，打开“图表类型”对话框；在对话框中选择想要的图表类型，单击“确定”按钮退出。

3. 设置图表区、绘图区

如图 13－6 所示，新建的图表，图表区域是白色的，而绘图区则是灰色的，灰白世界怎么能吸引人的眼球呢？接下来我们就来进行美化的历程吧。

(1) 设置图表区格式。单击选中图表，在图表区空白处右击鼠标，在弹出的快捷菜单中选择“图表区格式”命令，打开“图表区格式”对话框，如图 13－7 所示，在对话框的“图案”选项卡中，“边框”区域可以设置图表外边框的线形、颜色等，“区域”中可以设置底纹的颜色；在“字体”选项卡中设置图表内所有文字的字体、字号等格式。

单击图 13－7“区域”中的“填充效果”按钮，可以对图表区进行纹理、图案等填充。

(2) 编辑图表的绘图区格式。选中图表，右击图表绘图区，在弹出的快捷菜单中选择“绘图区格式”命令或者双击图表的绘图区域，打开“绘图区格式”对话框，如图 13－8 所示。可以设置绘图区的边框、底纹等。

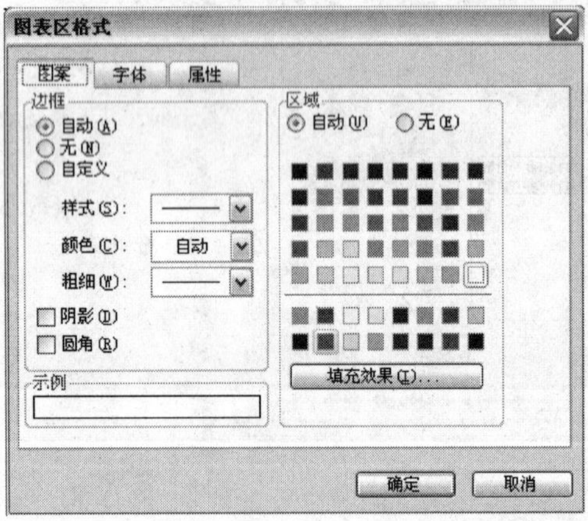

图 13－7 “图表区格式”对话框

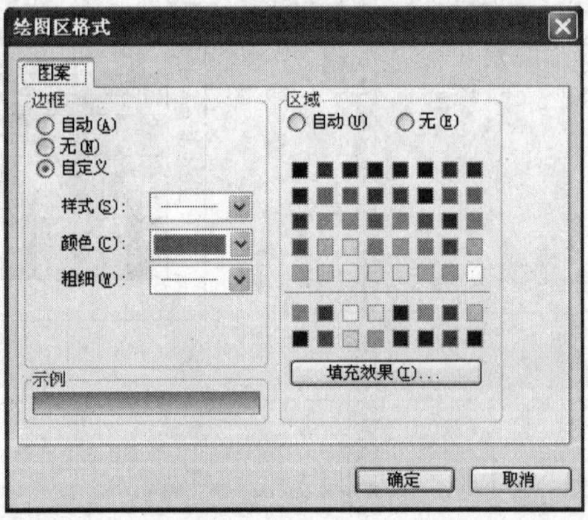

图 13－8 “绘图区格式”对话框

4. 编辑图表标题

编辑图表标题的方法是：选中图表，双击图表标题，打开“图表标题格式”对话框，如图 13－9 所示，在对话框中有“图案”、“字体”和“对齐”三个选项卡，可分别对标题文字的字体、底纹等进行设置；完成设置后，单击“确定”按钮退出。

5. 图例

图例是一种说明，用于说明图表中每个系列所对应的颜色或图案。Excel 中可以选择是否显示图例，或显示在图表的什么位置。设置的方法是：选中图表，然后选择菜单栏上的“数据”→“图表选项”菜单，在打开的“图表选项”对话框中，选择“图例”选项卡，如图13－10 所示，完成设置后单击“确定”按钮。

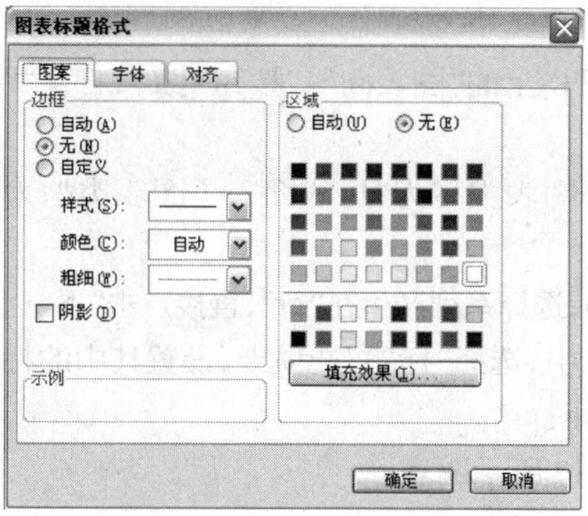

图 13－9 图表标题格式设置

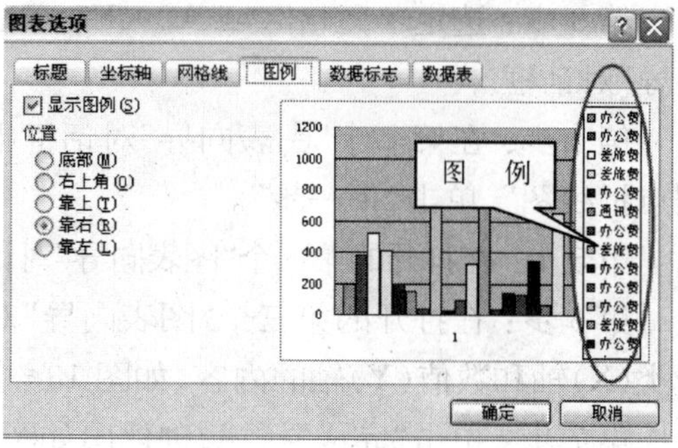

图 13－10 图例设置

在“图表选项”对话框中，还能设置网格线、坐标轴等，同学们自己慢慢去挖掘体验吧！

13.2 案 例 实 现

13.2.1 案例要求

新建一个工作簿，命名为“畅达公司各产品销售报表”，要求如下：

(1) 如图 13－11 所示，创建原始数据清单。

(2) 根据各季度销售额，建立“数据点折线图”图表，图表标题为“畅达公司各产品销售报表”，设置分类(X)轴为“季度”，数值(Y)轴为“销售额”，嵌入在工作表 G1：K12 区域。

	A	B	C	D	E
1	畅达公司各产品销售报表				
2	产品	第一季度	第二季度	第三季度	第四季度
3	烤烟香精	12000	12560	10990	9300
4	玫瑰精油	8000	9450	10200	12030
5	发用精油	4200	5300	8290	10400
6	口腔精油	4280	5320	7900	9208
7	洗涤精油	2100	3870	4100	5760
8					

图 13－11 案例原始数据图

(3) 对建立的图表进行设置：图表标题为“红色，隶书，17 号”，图表区颜色为“浅青绿”，绘图区填充成“雨后初晴”效果，并设置图表最终效果为圆角带阴影。

(4) 在图表中修改“洗涤精油”第四季度的销售额为“6 400”。

13.2.2 案例实现步骤

第 1 步：打开 Excel，并将新建工作簿以“畅达公司各产品销售报表”保存。

第 2 步：双击工作表标签“Sheet1”，将工作表 Sheet1 改名为“销售报表”，并在表格中输入如图 13－11 所示的数据内容。

第 3 步：选定单元格区域 A2∶E7，单击工具栏上的“图表向导”按钮“ ”，打开“图表向导”对话框。

第 4 步：在第一个“图表向导”对话框中选择图表类型为“折线图”，子图表类型为“数据点折线图”，单击“下一步”。

第 5 步：在打开的第二个“图表向导”对话框中，选择系列产生在“行”，直接点击“下一步”。

第 6 步：在打开的第三个“图表向导”对话框中，选择“标题”选项卡，设置其中的标题、分类(X)轴和数值(Y)轴的内容，如图 13－12 所示。

第 7 步：单击“完成”按钮，创建出如图 13－13 所示图表。

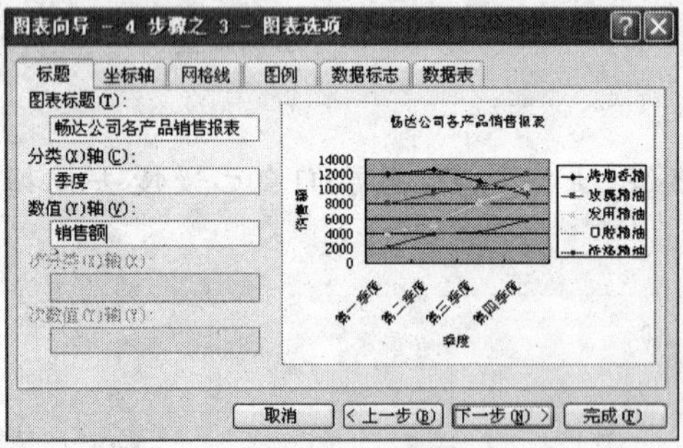

图 13－12　图表标题

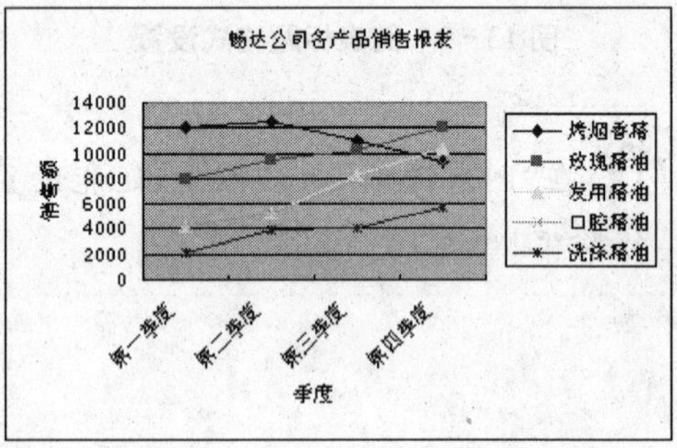

图 13－13　创建的费用图表

第 8 步：选中图表操作句柄，调节图表大小，然后拖动图表至 G1∶K12 区域。

第 9 步：双击图表标题，打开“图表标题格式”对话框，设置标题为“隶书，红色，17”，单击“确定”按钮。

第 10 步：双击图表区，打开“图表区格式”对话框，选择颜色为“浅青绿”，同时勾选“圆角”和“阴影”复选框，单击“确定”按钮。

第 11 步：双击绘图区，打开“绘图区格式”对话框。单击对话框中的“填充效果”按钮，打开“填充效果”对话框，在“渐变”选项卡中选择“预设”，在右侧的“预设颜色”中选择“雨后初晴”，如图 13－14 所示，最后单击“确定”按钮退出。

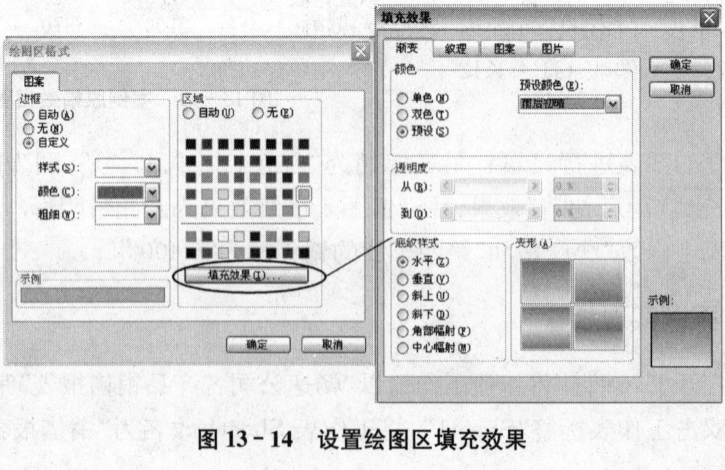

图 13－14　设置绘图区填充效果

第 12 步：单击图表中“洗涤精油”折线，在折线上出现四个控制点，单击第四季度所在控制点，按住鼠标左键拖动至刻度为“6 400”处放开，此时可以看到表格中“洗涤精油”第四季度销售额也同步变为“6 400”。最后保存文档，最终效果如图 13 - 1 所示。

13.3　疑问与解答

根据 B 列和 C 列创建完图表后，若还想在图表中加入 D 列的数据，需要重新创建图表吗？

不需要。如图 13 - 6，若想将“股数”字段数据添加到图表中，只需要：

第 1 步：选择要添加的数据区域 D2：D6。

第 2 步：单击常用工具栏中的“复制”按钮“ ”，或者使用鼠标右键选择“复制”。

第 3 步：单击图表，选择常用工具栏中的“粘贴”按钮“ ”，或者鼠标右击图表空白区域，选择“粘贴”命令。

第 4 步：完成添加任务，效果如图 13 - 15 所示。

也可以删除图表数据，单击选择要清除的序列，如上图中的“序列 3”，执行“编辑”→“清除”→“系列”命令，所选择的序列将被清除。

在制作好的图表中能改变 Y 轴的刻度差吗？刻度的最大值也能改变吗？

都可以重新设置。方法是：双击刻度轴，打开“坐标轴格式”对话框；在对话框中选择“刻度”选项卡，如图 13 - 16 所示，根据需要设置各项值后，单击“确定”按钮。

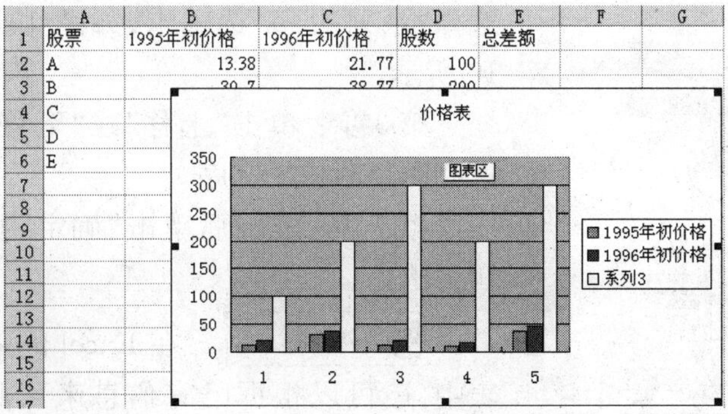

图 13 - 15　数据添加后的效果

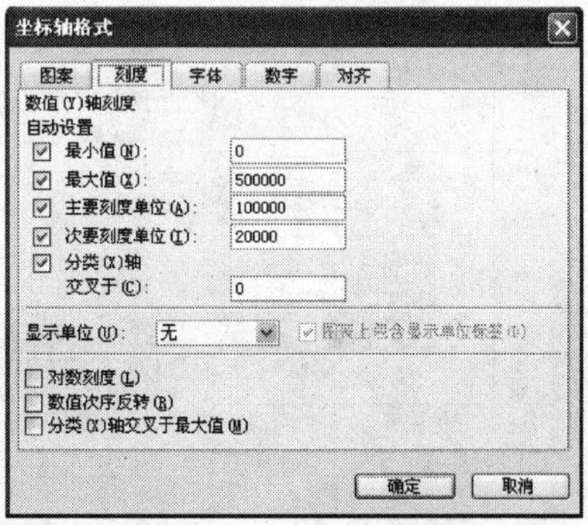

图 13 - 16　网格线格式

13.4 小窍门

小窍门 1　快速更改图表数据。创建了图表以后，在图表与表格数据之间就创建了联系，浏览图表时，如果发现有些数据需要更改，可以在单元格中更改数据，也可以在图表中直接更改。如图 13－15 中将 B 股 1996 年初的价格改为 50，具体实现步骤为：

第 1 步：单击图表上要更改的数据标志所在的数据系列，此时在系列中所有数据标记中间都出现小方块，如图 13－17 所示。

第 2 步：再次单击要更改的数据标志，其周围出现 8 个小方块。

第 3 步：拖动顶端中央位置的小方块，当数值变成“50”时放开鼠标，单元格和图表都发生了变化，如图 13－18 所示。

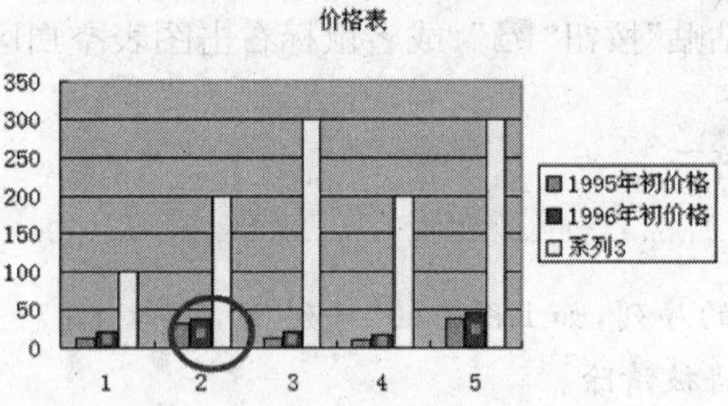

图 13－17　数据序列

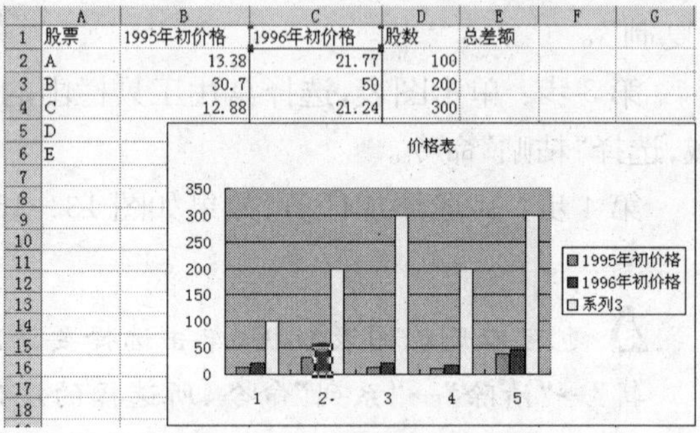

图 13－18　更改图表后的效果

小窍门 2　改变图表数据的顺序。创建图表后，根据需要可在图表中将数据序列的排序做适当的调整：

第 1 步：单击需要调整的数据系列，如选择“系列 3”。

第 2 步：选择菜单栏上的“格式”→“数据系列”，在弹出的“数据系列格式”对话框中，选择“系列次序”选项卡，如图 13－19 所示。

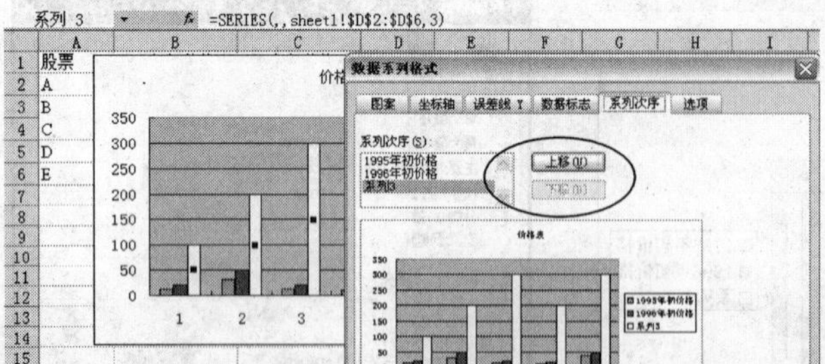

图 13－19　数据序列格式

第 3 步：单击“上移”或“下移”按钮调整数据的次序。

第 4 步：完成后单击“确定”按钮退出。

小窍门 3　在 Excel 的图表中，还可以根据已有信息来预测分析数据的变化趋势，即为图表添

加趋势线,具体操作步骤如下:

第 1 步: 鼠标右击需要添加趋势线的数据系列,在弹出的快捷菜单中选择“添加趋势线”,如图 13 - 20 所示。

第 2 步: 打开“添加趋势线”对话框,在“类型”选项卡中选择趋势线类型、阶数等,在“选项”选项卡中设置趋势线名称、趋势预测等,如图 13 - 21 所示。

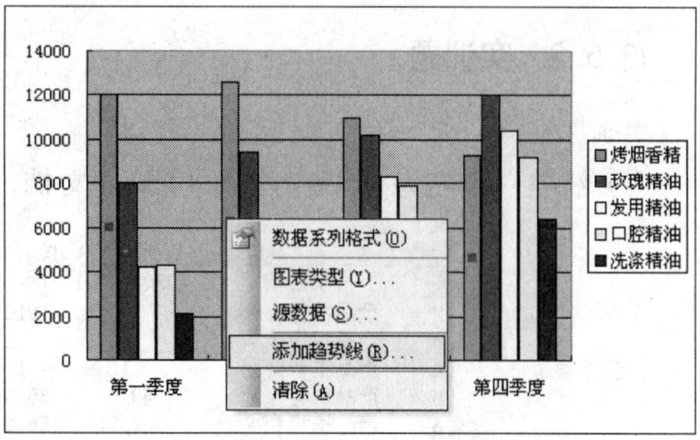

图 13 - 20 添加趋势线

第 3 步: 单击“确定”按钮,添加趋势线后的效果如图 13 - 22 所示。

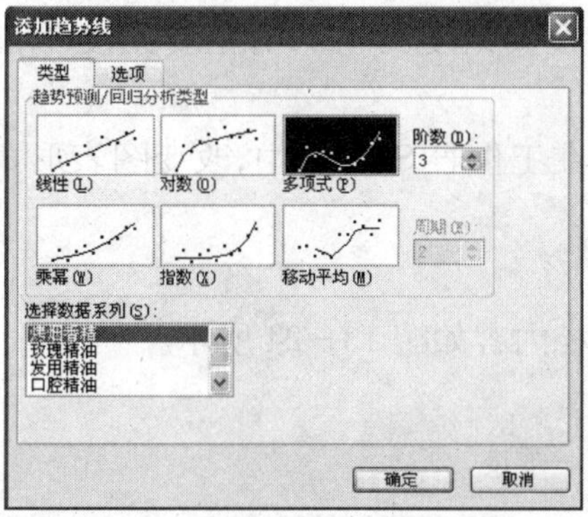

图 13 - 21 添加数据线对话框

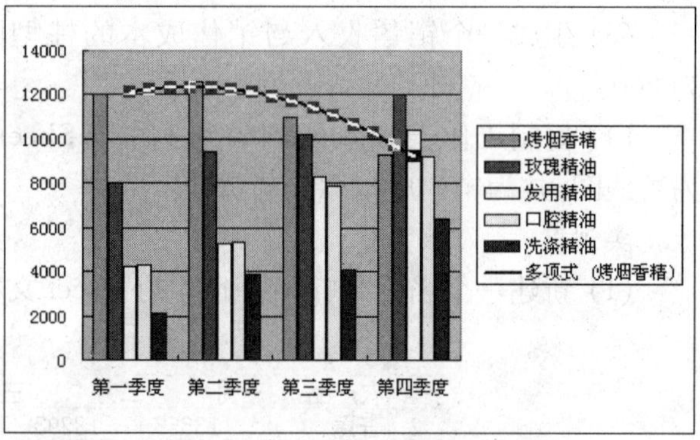

图 13 - 22 添加趋势线后的效果

13.5 习题与实训

13.5.1 理论习题

1. 填空题

(1) 在 Excel 中,创建图表的方法是:____。

(2) 在 Excel 中,若要改变图表的刻度,可选择________、________菜单。

(3) 图表的形式有________和________两种。

(4) 移动图表的方法是:____。

(5) 更改图表类型的方法是:____。

2. 简述题

(1) 如何调整图表的大小?

(2) 若有一图表的图例放在右侧区域,如何将图例移到图表的底部区域?

(3) 写出修改图表标题的方法。

13.5.2 实训题

实训 1

(1) 新建一个名为“产品销售”的 Excel 文档,文档内容如图 13-23 所示。

	A	B	C	D	E	F	G
1	项目		1990年	1991年	1992年	1993年	1994年
2	产品销售收入		900	1015	1146	1226	1335
3	产品销售成本		701	792	991	1008	1068
4	产品销售费用		10	11	12	16	20
5	产品销售税金		49.5	55.8	63	69.2	73
6	产品销售利税		139.5	156.2	160	172.8	174
7							

图 13-23 “产品销售”原始数据

(2) 在 H 列中,增加合计列,并用公式计算出各项费用的合计值。

(3) 生成一个销售收入与销售成本的柱型图表,最大刻度为 1 400,主要刻度单位为 200。

(4) 复制工作表 Sheet1 内容到工作表 Sheet2 中,在工作表 Sheet2 中,改变图表形式为折线图,并为销售成本添加趋势线。

实训 2

(1) 新建一个名为“农产品销售”的 Excel 文档,文档内容如图 13-24 所示。

	A	B	C	D	E	F
1	农产品	一月	二月	三月	一季度	
2	香蕉	13353	18293	25062		
3	萝卜	9000	12330	16892		
4	菜花	19129	26201	36521		
5	辣椒	7473	10238	14392		
6	苹果	2013	2789	3249		
7	菠萝	1791	2824	2348		
8	土豆	7164	9834	13445		
9	柠檬	6825	9210	7910		

图 13-24 农产品销售原始数据

(2) 在首行插入标题为“一季度农产品销售量”,合并居中标题行。

(3) 设置“农产品”所在列对齐方式为居中。

(4) 用公式计算一季度各农产品的平均销售量,放入“一季度”列。

(5) 将工作表 Sheet1 中第二行及月销售量低于 8 000 的农产品记录复制到 Sheet2 中,并将 Sheet2 数据清单设置为自动套用格式“彩色 1”。

(6) 用条件公式将月销售量低于 3 000 的数据用红色显示。

(7) 为“农产品”和“一季度”两列数据创建“饼图”图表,图表标题为“农产品平均销售量”,嵌入在工作表的 H1:L9 单元格区域中。

(8) 将 Sheet1 改名为“销售量比较表”。

第3篇　Power Point 2003 办公案例

公司刚开发了一种新产品，怎样介绍可以不仅让客户耳目一新更有购买的欲望呢？office家族中有一个专门用来制作宣传材料的得力工具PowerPoint2003。它不仅可以制作屏幕演示文稿、投影幻灯片、学术论文展示，还可以为演示文稿添加多媒体效果并在Internet上发布。它通过向幻灯片中添加各种对象（包括：文本、图片、图形、图示、图表和多媒体等）并利用本身的动画效果设置，然后通过幻灯片放映的形式向观众进行展示。因此，在多媒体演示、产品推介、个人演讲、电子相册等领域得到广泛应用。

案例 14　制作产品宣传演示文稿

公司准备举行一个显示器产品展示会，为了更好地对公司产品的宣传与推广，经理让小米为公司的显示器产品制作一个演示文稿。这个工作对于 Word 与 Excel 高手的小米来说还真是一个考验。虽然在学校时曾用 PowerPoint 做过简单的演讲稿，但在工作中运用还是第一次。小米不敢马虎，为了更好地完成经理交给的任务，他找来了一本教材，打算从头学起。

本案例目标

- ✧ 掌握创建与编辑演示文稿的方法
- ✧ 能灵活运用动作按钮与超级链接
- ✧ 掌握幻灯片母版与模板的应用
- ✧ 掌握幻灯片配色方案与背景的设置

本案例最终效果图

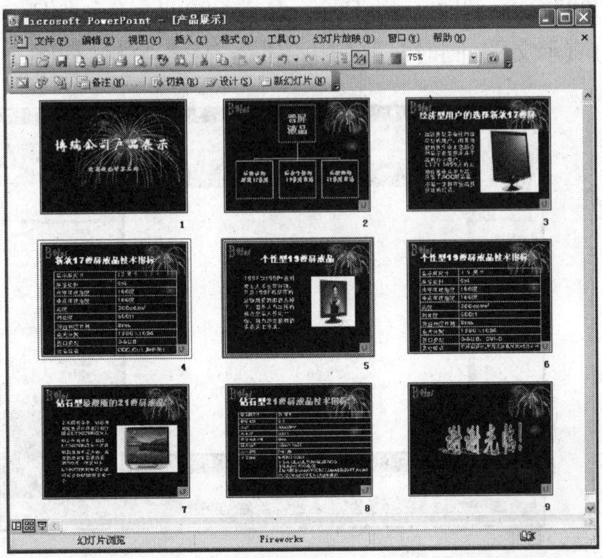

图 14－1　制作完成的产品宣传演示文稿

14.1 知识剖析

本案例主要讲述演示文稿的创建、保存、幻灯片的编辑、幻灯片的放映、幻灯片的配色方案、幻灯片背景的设置、幻灯片设计模板的应用以及在幻灯片对象上建立超级链接等知识点。通过本案例的学习,能够制作出内容丰富、形式活泼的产品展示演示文稿。

14.1.1 PowerPoint 2003 的基本概念

在用 PowerPoint 2003 制作演示文稿之前,必须先了解相关的基本概念。

(1) 演示文稿。在 Power Point 2003 中,一个 PowerPoint 文件就是一个演示文稿,演示文稿的扩展名为. ppt,因此 Power Point 文件也称 PPT 文件,每个演示文稿可包括多张幻灯片。

(2) 幻灯片。幻灯片是演示文稿的组成部分,PowerPoint 的主要功能就是制作和设计幻灯片。每张幻灯片可由标题、文本、图形、图像、声音及表格等组成。

(3) 设计模板。设计模板是专门设计的演示文稿模型,包括项目符号、字体的类型和大小、占位符大小和位置、背景的设计和填充、配色方案以及幻灯片母版和可选的标题母版。在创建新的演示文稿时可以将其用作基准格式,再根据自己的实际需要稍做修改即可。

(4) 版式。版式是指幻灯片中各种对象在整个版面中的分布情况。应用了某种版式,此幻灯片中的对象就会自动进行相应排版。

14.1.2 创建演示文稿

执行“开始”→“所有程序”→“Microsoft Office”→“Microsoft Office PowerPoint 2003”命令,即可启动 PowerPoint 2003。PowerPoint 2003 在启动时会自动创建一个空白的演示文稿,同时打开“开始工作”任务窗格,如图 14 - 2 所示。

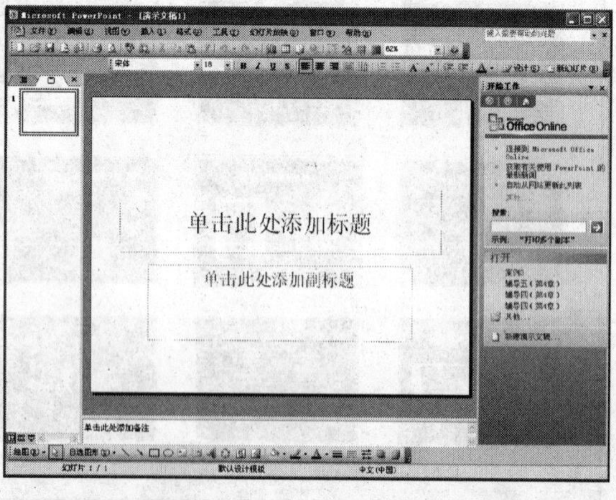

图 14 - 2 PowerPoint2003 窗口界面

图 14 - 3 “新建演示文稿”任务窗格

用户可以在自动创建的空演示文稿中进行输入与编辑，也可以通过“开始工作”任务窗格创建新的演示文稿。单击“开始工作”任务窗格底部的“新建演示文稿”链接，可切换到“新建演示文稿”任务窗格，如图 14－3 所示。通过“新建演示文稿”任务窗格可以选择用何种方式来创建新演示文稿。

执行“文件”→“新建”命令，可直接打开“新建演示文稿”任务窗格。

创建新演示文稿的方法常用以下三种：

1. 创建空白演示文稿

通过创建空白演示文稿，可以自由地组织和设计演示文稿中的幻灯片内容及样式。创建空白演示文稿的方法是：在“新建演示文稿”任务窗格中，单击“空演示文稿”链接，或者单击“常用”工具栏的“新建”按钮，即可创建一个新的空白演示文稿，并自动切换到“幻灯片版式”任务窗格，如图14－4所示。

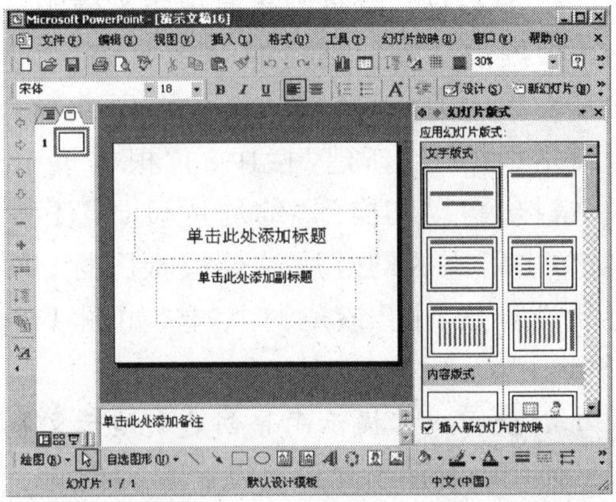

图 14－4　新演示文稿及“幻灯片版式”任务窗格

默认情况下，新演示文稿的第 1 张幻灯片的版式是“标题幻灯片”版式，若需要使用不同的版式，可在“幻灯片版式”任务窗格中单击所需的幻灯片版式图标，然后在幻灯片的占位符中添加所需的内容。

占位符是幻灯片版式中带有虚线的文本框，在占位符内可以放置标题及正文，或者是图表、表格和图片等对象。

一张幻灯片编辑完毕，单击“格式”工具栏中的“新幻灯片”按钮“新幻灯片(N)”，即可插入一张“标题和文本”版式的新幻灯片。幻灯片编辑完成后保存演示文稿(保存的方法同 Word)。

【例】 创建一份如图 14－5 所示的新演示文稿，将其保存为“登鹳雀楼”。步骤如下：

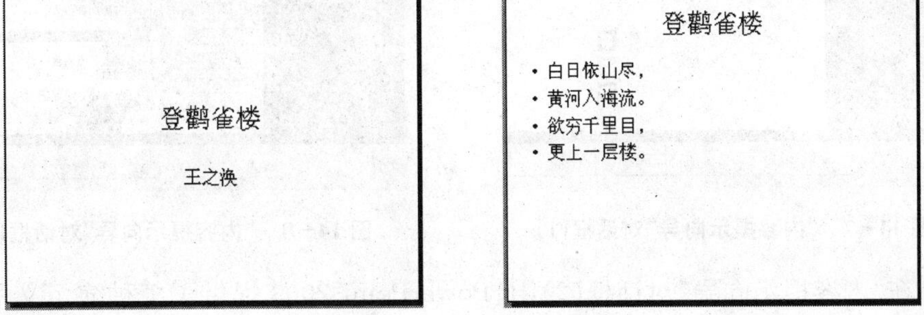

图 14－5　演示文稿示例

(1) 单击“常用”工具栏的“新建”按钮，创建一个空白演示文稿。

(2) 单击标题占位符，键入“登鹳雀楼”。

(3) 单击副标题占位符，键入“王之涣”。

(4) 单击“格式”工具栏中的“新幻灯片”按钮插入一张新幻灯片，选择“标题和文本”版式。

(5) 单击标题占位符，键入“登鹳雀楼”。

(6) 单击文本占位符，键入“白日依山尽，黄河入海流。欲穷千里目，更上一层楼”。

(7) 单击“常用”工具栏的“保存”按钮，打开“另存为”对话框，在“文件名”处输入“登鹳雀楼”，单击“保存”按钮。

2. 根据设计模板创建新演示文稿

根据设计模板创建的演示文稿，可以预先指定演示文稿的样式。利用模板建立演示文稿的方法是：在“新建演示文稿”任务窗格中单击“新建”栏中的“根据设计模板”链接，自动切换到“幻灯片设计”任务窗格，单击所需的幻灯片设计模板图标，即可将此设计应用于该幻灯片上，如图 14-6 所示。

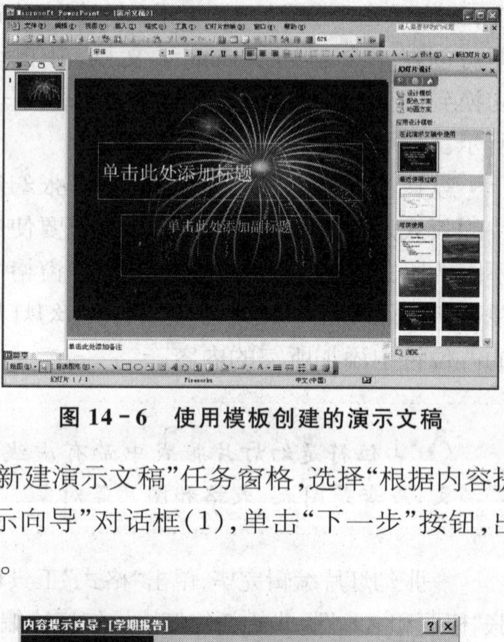

图 14-6 使用模板创建的演示文稿

3. 使用内容提示向导创建新演示文稿

使用内容提示向导可以容易地创建一份具有相应内容和一定设计方案的新演示文稿，只要修改其中的内容就可以得到所需的效果。步骤如下：

(1) 执行“文件”→“新建”菜单命令，出现“新建演示文稿”任务窗格，选择“根据内容提示向导”链接，出现如图 14-7 所示的“内容提示向导”对话框(1)，单击“下一步”按钮，出现“内容提示向导”对话框(2)，如图 14-8 所示。

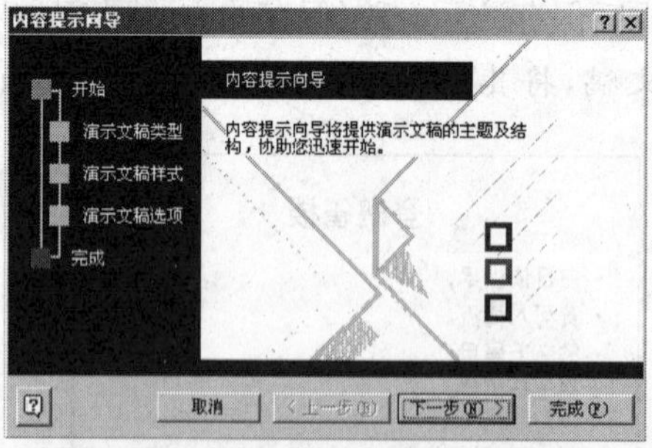

图 14-7 “内容提示向导”对话框(1)

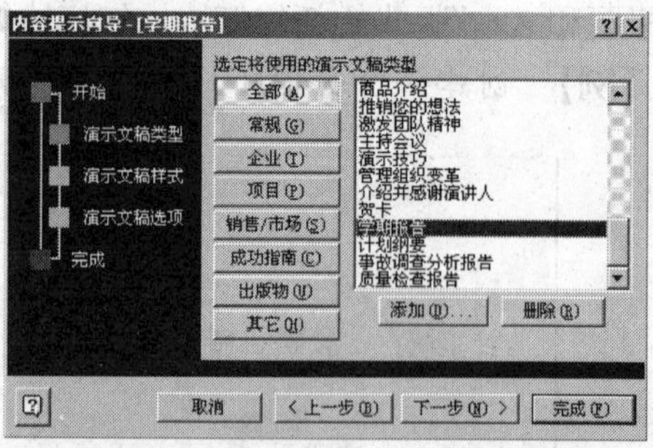

图 14-8 “内容提示向导”对话框(2)

(2) 在“内容提示向导”对话框(2)中，PowerPoint 2003 提供了 7 种演示文稿的类型，选择所需类型(此处选择“学期报告”模板选项)，单击“下一步”按钮，进入如图 14-9 所示的“内容提示向导”对话框(3)。

(3) 在“内容提示向导”对话框(3)中，选择演示文稿的输出类型，即演示文稿将用于什么用途。可以根据不同的要求选择合适的演示文稿类型，此处选择“屏幕演示文稿”单选框，单击“下一步”按钮，进入如图 14－10 所示的“内容提示向导”对话框(4)。

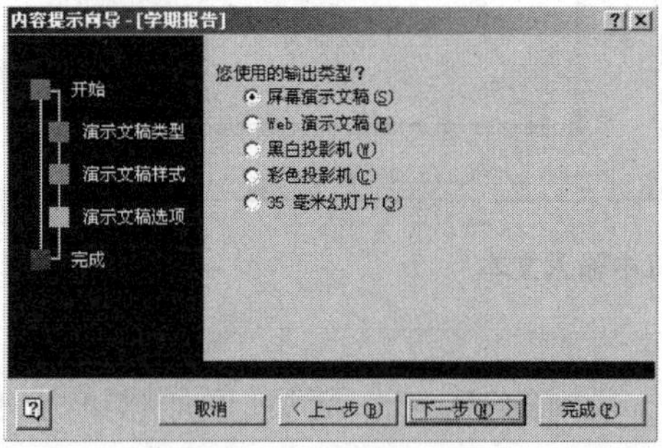

图 14－9　“内容提示向导”对话框(3)

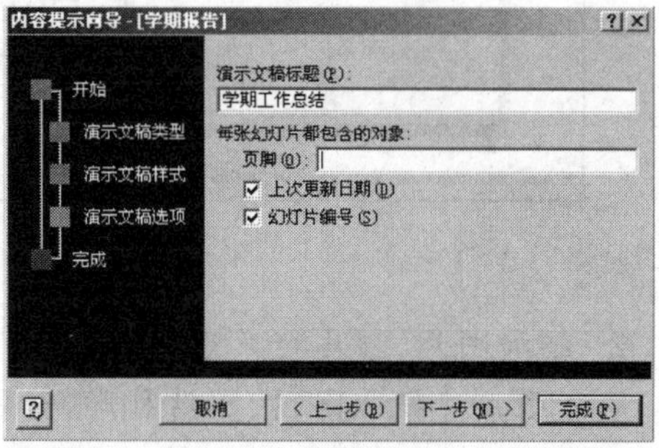

图 14－10　“内容提示向导”对话框(4)

(4) 在“内容提示向导”对话框(4)中，可以设置演示文稿的标题，还可以设置在每张幻灯片中都希望出现的信息，将其加入到页脚位置。设置完成后，单击“下一步”按钮，在出现的对话框中，单击“完成”按钮，创建出符合要求的演示文稿，如图 14－11 所示。

(5) 修改已生成的演示文稿内容，完成演示文稿的制作后，将其以指定的文件名存盘。

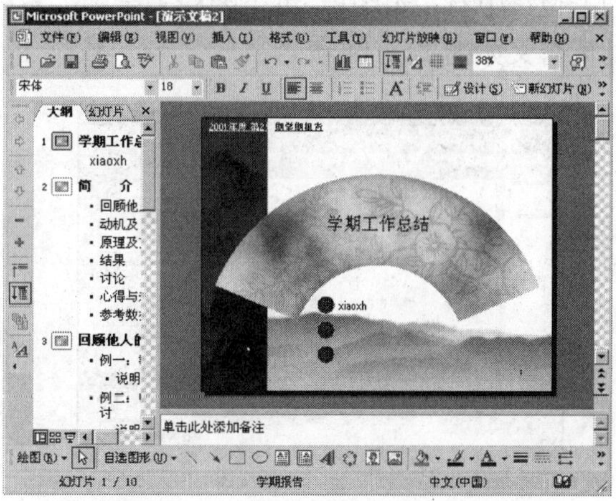

图 14－11　使用向导创建的演示文稿

14.1.3　添加演示文稿内容

在幻灯片中可以添加文字、图片、表格、图表、组织结构图、声音和艺术字等内容。不同的内容有不同的添加方式。

1. 添加文本

添加文本的方法通常包括在占位符中输入、利用文本框输入以及在“大纲”选项卡中输入等几种，在这里介绍如下两种方法。

(1) 在占位符中输入。当一张幻灯片应用了某一版式，则出现相应对象的占位符(如果是文字版式，则占位符是文本框)，单击“占位符”即可在相应的文本框中输入文字，如单击“单击此处添加标题”占位符，即可在该处输入标题，如图 14－12 所示。

(2) 自己插入文本框输入文本。如果幻灯片上的占位符不能满足文本输入的要求，可以自己插入一个文本框，然后在插入的文本框中输入内容，文本框的相关操作同 Word 文本框。

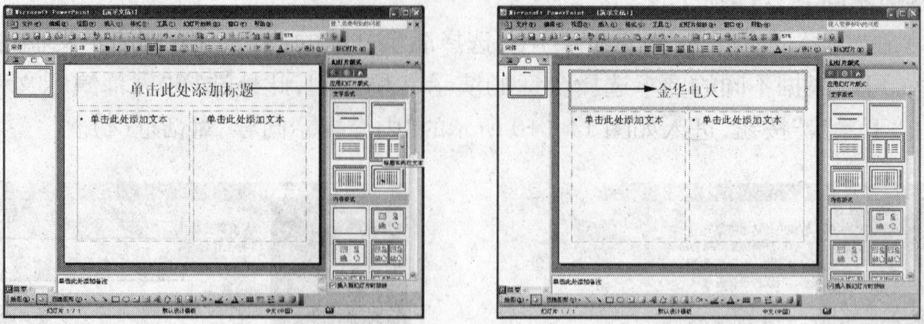

图 14-12　在占位符中输入文本

2. 添加图片、影片和声音

在幻灯片上插入图片、影片和声音可以使演示文稿变得生动、活泼，增加感染力，吸引听众。添加的方法常用以下两种：

(1) 利用对象图标添加。如果幻灯片应用了带有图片、影片等内容的版式，则幻灯片的占位符中有一组图标，每个图标表示插入不同类型的对象，如图 14-13 所示，各对象的具体含义如图 14-14 所示。

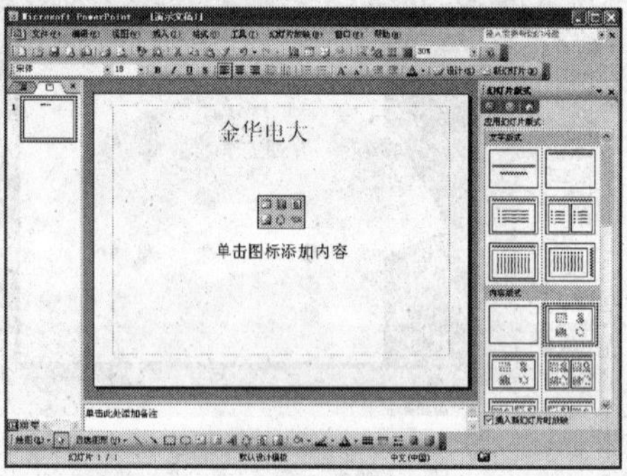

图 14-13　应用带有对象的版式效果

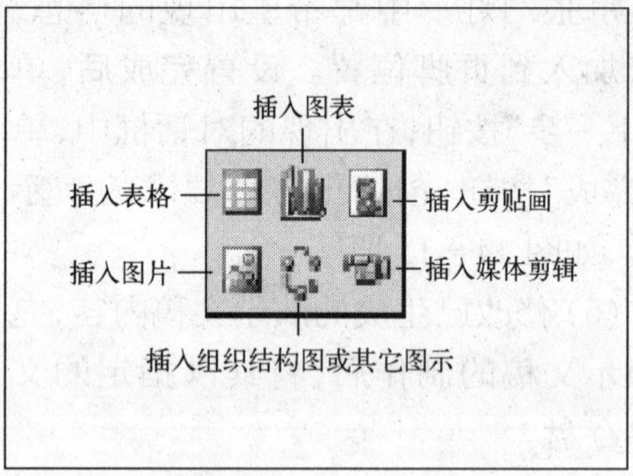

图 14-14　各图标的含义

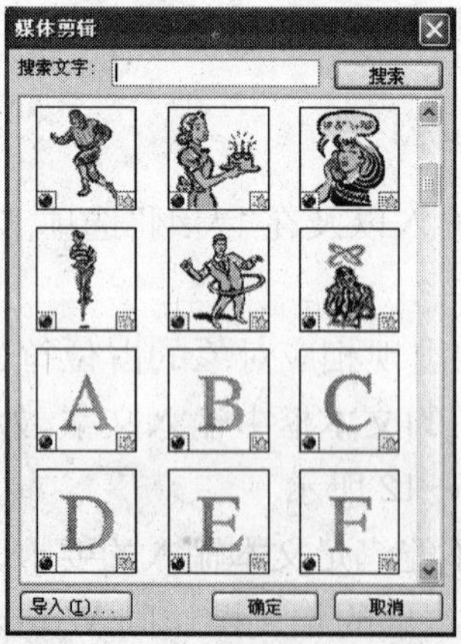

图 14-15　“媒体剪辑”对话框

单击占位符中相应的图标，进入相应对象的插入对话框，选择需要的对象或导入需要的对象即可。

例如，要在幻灯片上插入影片或声音的操作方法是：单击“插入媒体剪辑”图标，打开“媒体剪辑”对话框，如图 14-15 所示，单击选择一种媒体，如果要插入的媒体在磁盘的某个文件上则单击“导入”按钮，出现“将剪辑添加到管理库”对话框，找到需要导入的对象，如图 14-16 所示，单击“添加到”或者“添加”按钮即将对象添加到剪辑库中，在库中单击该对象即可插入。

如果插入的是声音对象，则出现如图 14-17 所示的对话框，选择一种播放方式。

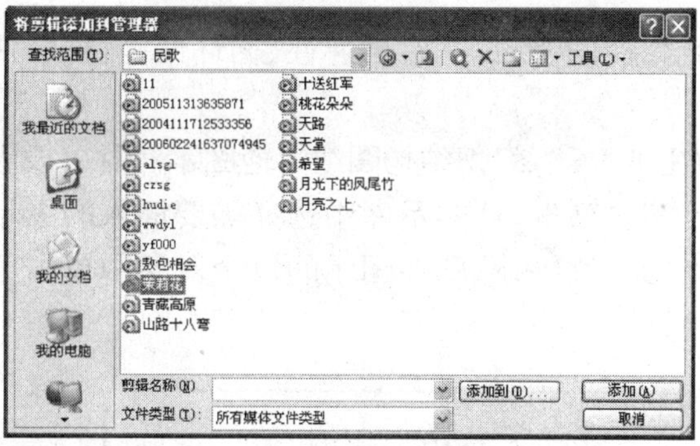

图14-16 “将剪辑添加到管理器”对话框

图14-17 插入声音媒体时的提示框

插入声音文件后,在幻灯片中会出现“ ”图标。

(2) 利用“插入”菜单添加。利用“插入”菜单中相应的菜单或子菜单命令即可。例如,在幻灯片上插入声音文件的操作方法是:执行“插入”→“影片和声音”菜单命令,选择“文件中的声音”,如图14-18所示,可以将声音文件插入到幻灯片中。

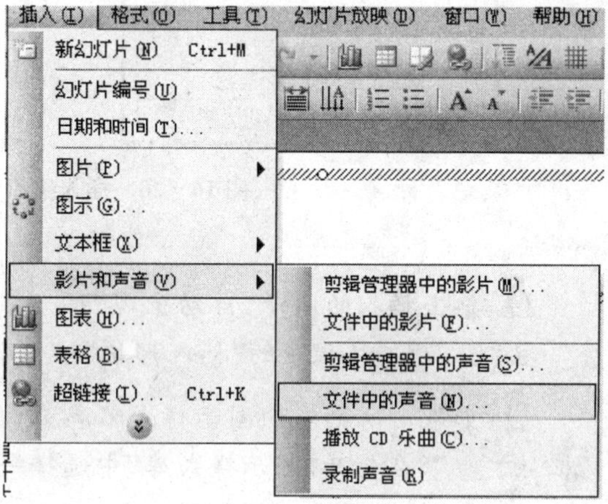

图14-18 插入“影片和声音”菜单命令

3. 添加表格

添加表格的方法除了与Word中表格插入操作相同外,还可以采用占位符上的“插入表格”图标插入表格,具体方法是:单击占位符上的“插入表格”图标,在出现的对话框中,选择表格的行、列数后单击“确定”按钮即可将表格插入幻灯片,如图14-19所示。

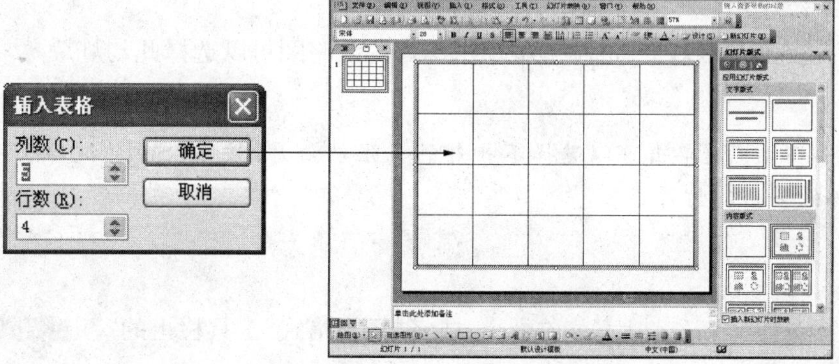

图14-19 插入表格操作图示

4. 添加组织结构图

组织结构图是用图的形式来说明各种概念性的资料，具有层递性、循环性等特征，使用组织结构图可使演示文稿更加生动形象。

添加组织结构图的方法是：单击占位符上的“插入组织结构图或其他图示”图标，或者单击绘图工具栏上的“ ”按钮，打开 “图示库”对话框，从图示库中选择需要插入的图示类型，然后单击“确定”按钮，将该图示插入到幻灯片中，然后在图示的每个对象中单击可以输入要表达的文字，如图 14－20 所示。

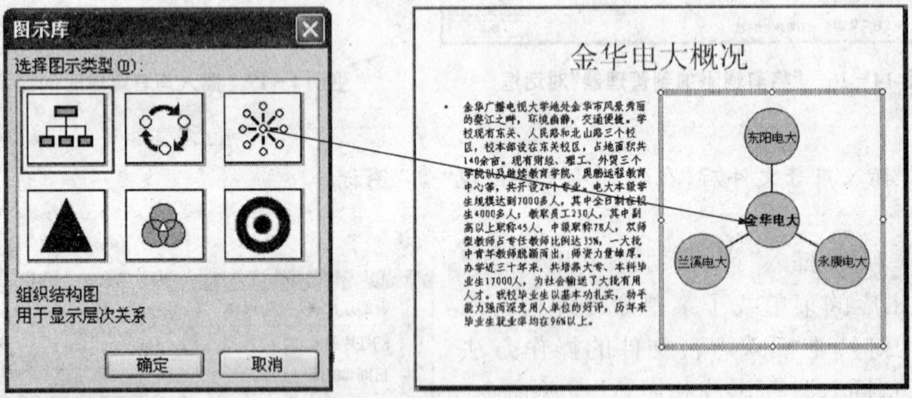

图 14－20 插入组织结构图中的“射线图”图示

单击插入的图示，自动出现“图示” 工具栏，如果所插入的图示形状不够，单击“图示”工具栏中的“插入形状”按钮即可添加一个新的形状。

如果对所插入的图示样式不满意，单击“图示”工具栏中的“自动套用格式”按钮“ ”，在打开“图示样式库”中选择一种样式，然后单击“应用”按钮即可。

14.1.4 幻灯片的基本编辑操作

1. 选择幻灯片

在窗口左侧的“幻灯片”选项卡中单击幻灯片缩略图可以选择此幻灯片。

按住“Ctrl”键单击可以选择不相邻的多张幻灯片，按住“Shift”键单击可以选择相邻的多张幻灯片。

2. 插入幻灯片

执行“插入”→“新幻灯片”菜单命令，或者单击“格式”工具栏上的“新幻灯片(N)”按钮。

3. 更改幻灯片的版式

选定要更改的幻灯片，执行“格式”→“幻灯片版式”菜单命令，调出“幻灯片版式”任务窗格，选择需要的版式即可。

4. 移动幻灯片

选择要移动的幻灯片，在窗口左侧的“幻灯片”选项卡中按住左键拖动到适当的位置放开鼠标左键即可，也可以采用“剪切”与“粘贴”命令。

5. 复制幻灯片

选择要复制的幻灯片，按住“Ctrl”键的同时，在窗口左侧的“幻灯片”选项卡中按住左键拖动到适当的位置放开鼠标左键即可，也可以采用“复制”与“粘贴”命令。

6. 删除幻灯片

选择要删除的幻灯片，按“Delete”键或者执行“编辑”→“删除幻灯片”菜单命令。

7. 放映幻灯片

演示文稿或幻灯片制作完成后就可以在计算机上进行放映了，放映的方法有以下几种：

(1) 执行“幻灯片放映”→“观看放映”菜单命令。

(2) 按“F5”键。

(3) 单击窗口左侧下方的“ ”按钮。

> 前两种方法都从第一张幻灯片开始播放，后一种方法是从当前幻灯片开始播放，单击鼠标左键，就继续下一张的放映，直到结束。如果要终止放映，按“Esc”键或单击鼠标右键，在弹出的快捷菜单中选择“结束放映”。

14.1.5 幻灯片的美化

通过设置幻灯片的格式可以从整体上统一演示文稿的格式从而美化幻灯片。

1. 调整幻灯片的“配色方案”

执行“格式”→“幻灯片设计”菜单，出现“幻灯片设计”任务窗格，在任务窗格中单击“配色方案”链接，在“应用配色方案”栏中显示了系统已经配制好的方案，直接单击将选中的配色方案应用于当前演示文稿的所有幻灯片，如果只想将配色方案应用于某张幻灯片，则单击配色方案右侧的下拉按钮，在弹出的菜单中执行“应用于所选幻灯片”命令。如图 14－21 所示。

图 14－21 应用配色方案

> 单击“幻灯片设计”任务窗格底部“编辑配色方案……”链接，可以自定义配色方案。

2. 应用“设计模板”

应用幻灯片“设计模板”是控制演示文稿外观统一最简单的方法。方法是：执行“格式”→“幻灯片设计”菜单，打开“幻灯片设计”任务窗格，在“应用设计模板”栏中选择要应用的模板，将选择的模板应用于文档中所有幻灯片，如图 14 - 22 所示。

> 单击要应用模板右侧的下拉列表按钮，在弹出的菜单中执行“应用于选定幻灯片”命令可将选中的设计模板应用于当前幻灯片。

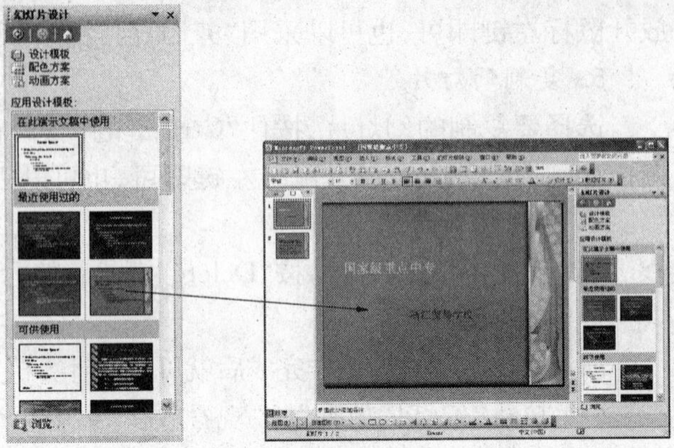

图 14 - 22　幻灯片应用设计模板及应用后的效果

3. 设置幻灯片“母版”

幻灯片“母版”可以控制幻灯片上所键入的标题和文本的格式以及背景设计和配色方案等。对幻灯片母版的修改会反映在每张幻灯片上。

> 如果需要使某些具有特征性的文本或图形，如公司的徽标和名称等在每张幻灯片上都要出现，就可以将它们放在母版中，只需要编辑一次即可。如果要使个别幻灯片的外观与母版不同，应直接修改该幻灯片而不是修改母版。

执行“视图”→“母版”→“幻灯片母版”菜单命令，打开如图 14 - 23 所示的幻灯片母板窗口，在该窗口修改幻灯片母版。根据提示修改母版上的各个元素，即可更改每张幻灯片中相应的格式。修改完毕，单击“幻灯片母版视图”工具栏中的“关闭母版视图”按钮关闭母版视图。

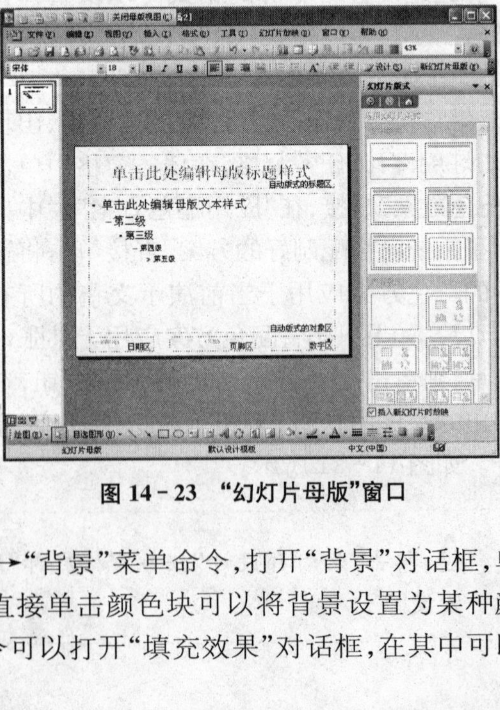

图 14 - 23　“幻灯片母版”窗口

4. 设置幻灯片“背景”

没有应用设计模板的幻灯片背景默认是白色的。如果不想使用白色的背景又不想应用设计模板，那么可通过为幻灯片设置背景颜色或图案来增强演示文稿的视觉效果。可以为幻灯片添加单色、过渡色、纹理、图案或图片背景。

选中需要更改背景的幻灯片，执行“格式”→“背景”菜单命令，打开“背景”对话框，单击“背景填充”栏中的“”按钮，直接单击颜色块可以将背景设置为某种颜色，如图 14 - 24 所示。若执行“填充效果”命令可以打开“填充效果”对话框，在其中可以

设置背景为多色、纹理、图案以及图片等效果，如图 14-25 所示。设置完成后，若单击“应用”则将设置应用于当前幻灯片，若单击“全部应用”将设置应用于所有幻灯片。

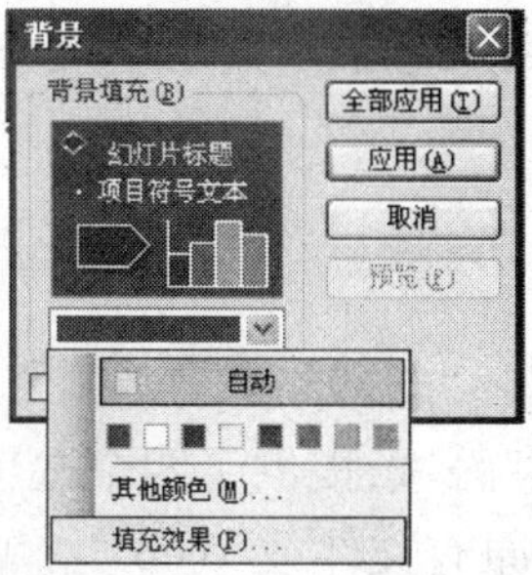

图 14-24 “背景”对话框

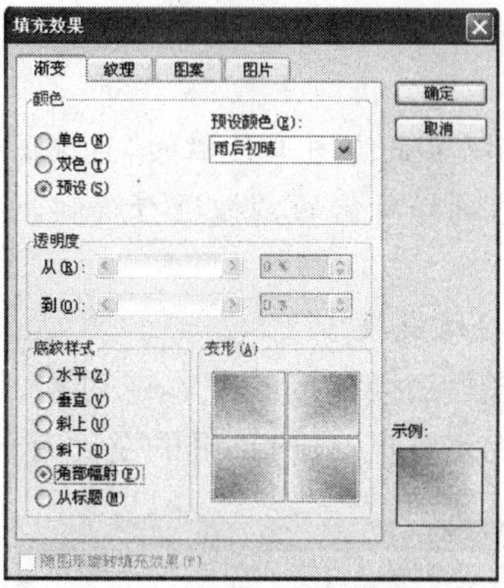

图 14-25 “填充效果”对话框

14.1.6 创建幻灯片之间的键接

在放映幻灯片时，有时根据内容的需要，需要调用其他信息，如另一组幻灯片或一段影片对象，这时可以通过添加“动作按钮”或设置超级链接实现。

1. 添加动作按钮

动作按钮是一种现成的按钮，在幻灯片放映时单击它会呈现“按下”效果。动作按钮可以很容易地实现对象之间建立超级链接关系。设置动作按钮的步骤如下：

(1) 选择要放置动作按钮的幻灯片。

> 如果要将按钮放置在每张幻灯片上，可以在母版幻灯片上设置。

(2) 执行“幻灯片放映”→“动作按钮”菜单，选择所需的按钮，如“第一张”、“后退或前一项”等，如图 14-26 所示。

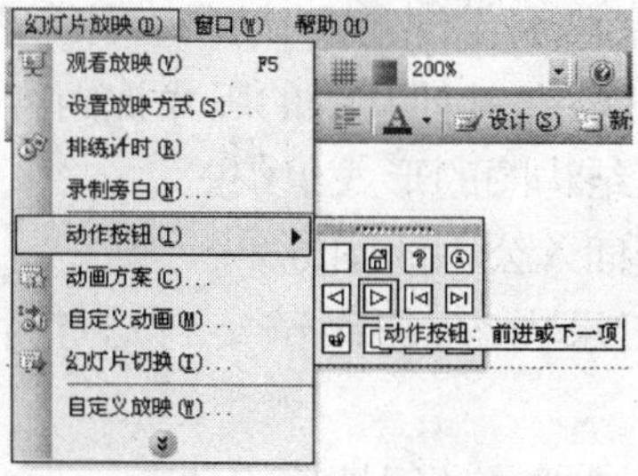

图 14-26 动作按钮

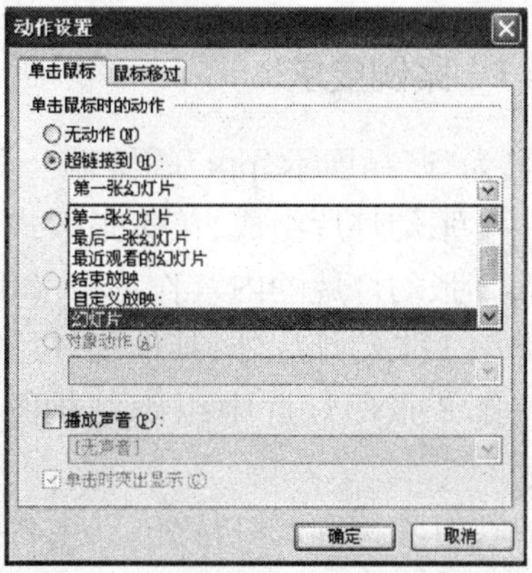

图 14-27 “动作设置”对话框

(3) 单击幻灯片，在需要的位置按住鼠标左键拖放出大小合适的按钮，放开鼠标左键，出现如图 14－27 所示的“动作设置”对话框，在“超链接到”框中，选择所需的链接。

也可以单击绘图工具栏的“自选图形”按钮在出现的菜单列表中选择“动作按钮”菜单，选择所需的按钮进行绘制。

2. 插入超级链接

选定要创建超级链接的文本或对象，执行“插入”→“超级链接”菜单命令，打开如图 14－28所示的对话框，在对话框的左部有一个“链接到”区域，提供了四个选项。

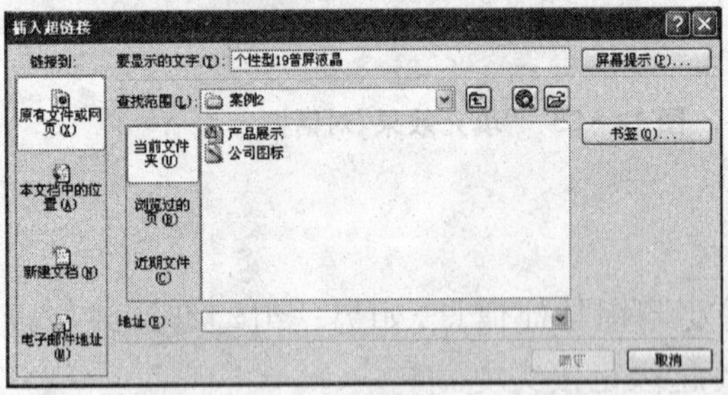

图 14－28 “插入超级链接”对话框

(1) 原有文件或 Web 页：单击此项可以链接到磁盘中的文件或网页。

(2) 本文档中位置：单击此项可以在中间的列表中选择要链接的幻灯片或自定义放映，同时还可以预览到链接的幻灯片。

(3) 新文档：单击此项，可以链接到一个新建的 PowerPoint 文档。

(4) 电子邮件地址：单击此项，输入一个电子邮件地址，可以链接到该电子邮件地址。

若要修改或删除已插入的超级链接，只要用鼠标右键单击已链接的文本或对象，在出现的快捷菜单中选择“编辑超级链接”或者“删除超级链接”。

14.2 案例实现

14.2.1 案例要求

制作名为“产品展示. ppt”的博瑞公司显示器品牌展示演示文稿，具有如下要求：

(1) 由 9 张幻灯片组成，第 1 张版式为“标题版式”，其他几张的版式视内容而定。

(2) 第 2 张幻灯片的内容作为目录用，用组织结构图的形式组织。

(3) 除第 1 张幻灯片外，其他幻灯片相应位置插入公司的图标。

(4) 将第 2 张幻灯片中组织结构图形式的目录内容，超级链接到幻灯片中相应的内容。

(5) 放映时除标题幻灯片外，其余各张均有返回到目录幻灯片的功能。

(6) 制作完成的效果如图 14－1 所示。

14.2.2 案例实现步骤

第 1 步：执行“开始”→“所有程序”→“Microsoft Office”→“Microsoft Office PowerPoint 2003”命令，创建了缺省文件名为“演示文稿 1”的演示文稿，单击“常用”工具栏的“保存”按钮，将该演示文稿保存为“产品展示. ppt”文件。

第 2 步：制作第 1 张幻灯片。默认情况下第一张幻灯片的版式是“标题幻灯片”，单击标题处的文本占位符，输入“博瑞公司产品展示”文字，单击副标题的文本占位符，输入“您身边的世界名牌”文本，然后选中文本或文本框进行格式设置，效果如图 14－29 示。

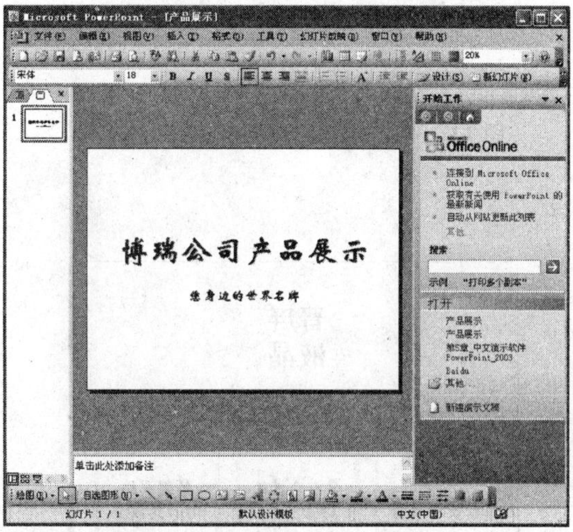

图 14－29 第 1 张幻灯片的效果

第 3 步：制作第 2 张幻灯片。单击格式工具栏上的“插入新幻灯片”按钮，插入一张新幻灯片，执行“格式”→“幻灯片版式”菜单，在打开的“幻灯片版式”任务窗格上单击“内容”版式，在出现的类型图标上单击“插入组织结构图或其他图示”图标，然后选择“组织结构图”，单击“确定”按钮，如图 14－30 所示。

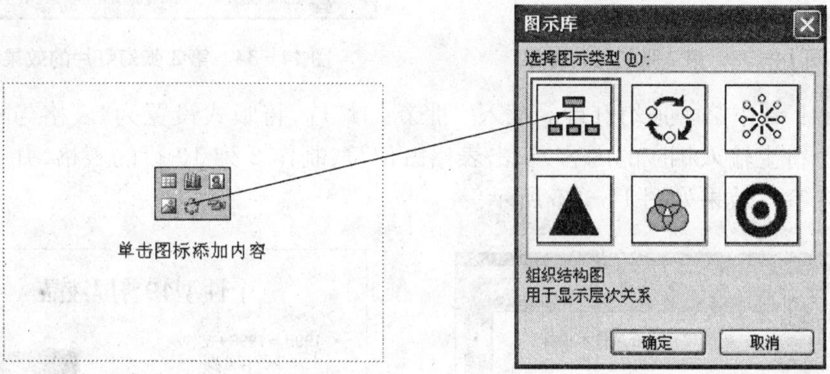

图 14－30 改变幻灯片版式操作图示

选择该幻灯片，然后单击组织结构图工具栏上的“”按钮，打开如图 14－31 所示的对话框，选择“双边框”，单击“确定”按钮，效果如图 14－32 所示。在各个框中输入相应的文本，并将文本设置成需要的格式，效果如图 14－33 所示。

第 4 步：制作第 3 张幻灯片。单击格式工具栏的“插入新幻灯片”按钮，插入一张新幻灯片，选择“标题，文本与内容”版式，在相应的文本占位符中输入文字内容，在右边对象占位符上，单击“插入图片”图标，选择已准备的相关图片插入。效果如图 14－34 所示。

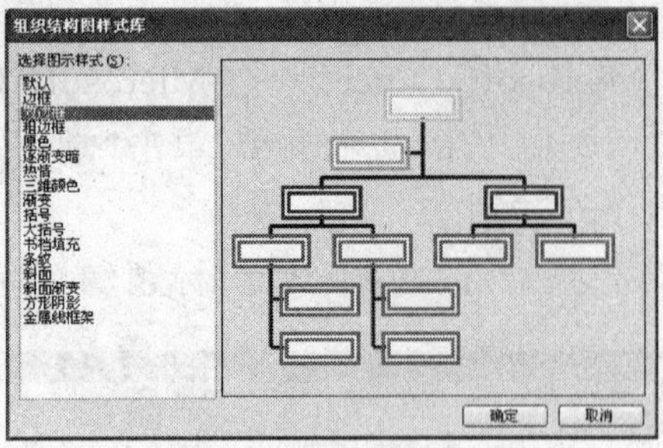

图 14－31 “组织结构图样式库”对话框

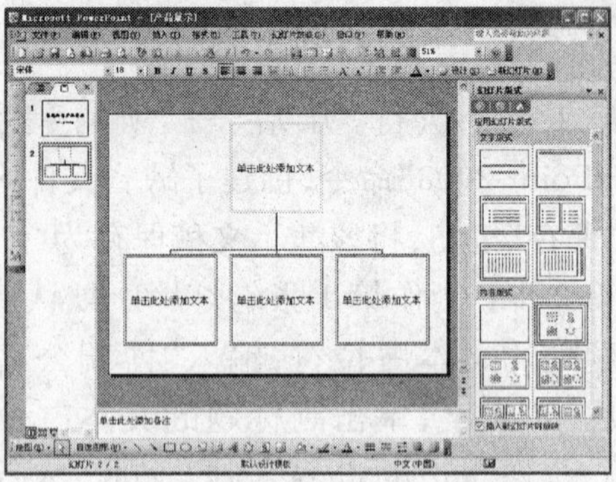

图 14－32 应用样式后的效果

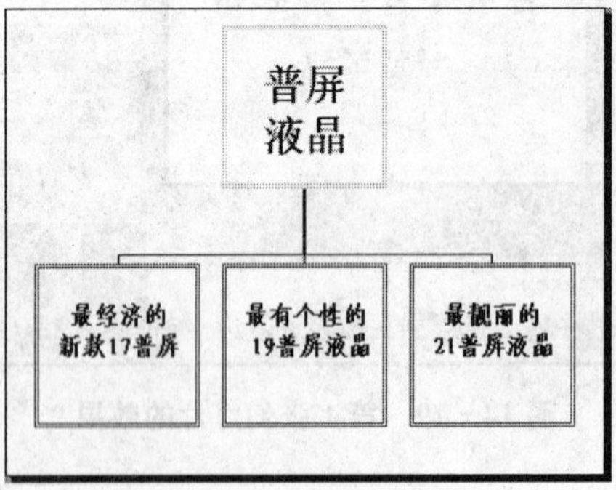

图 14－33 第 2 张幻灯片效果

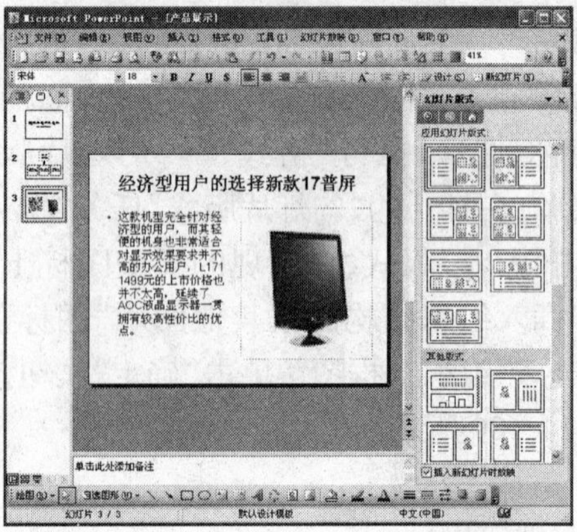

图 14－34 第 3 张幻灯片的效果图

第 5 步：制作第 4 张幻灯片。插入一张新幻灯片，将版式设置为“表格与标题”版式，在标题占位符上输入相应的内容，双击表格占位符，制作 2 列 10 行的表格，并在表格中输入相应的内容。效果如图 14－35 所示。

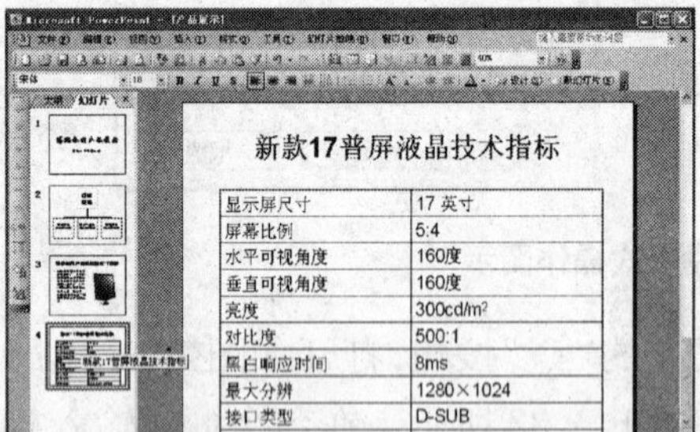

图 14－35 第 4 张幻灯片效果

图 14－36 第 5 张幻灯片效果图

第 6 步：为了使各种产品版式统一，利用幻灯片复制的方法制作下面 4 张幻灯片。方法是：先选择第 3、4 两张幻灯片，单击格式工具栏的“复制”按钮“ ”，再单击格式工具栏的"粘贴"按钮" "两次,这样复制了四张幻灯片;然后选择第 5 张幻灯片,将原来的文本与图片删除,插入新的文本与图片,如图 14－36 所示。其他几张同样处理,第 6 张幻灯片的效果如图 14－37 所示,第 7 张幻灯片的效果如图 14－38 所示,第 8 张幻灯片的效果如图 14－39 所示。

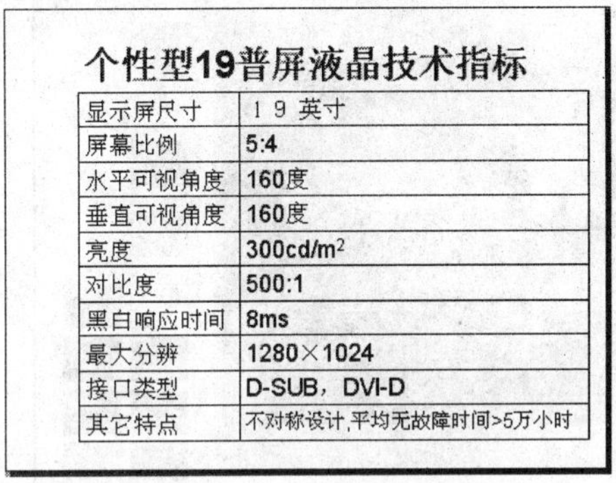

个性型19普屏液晶技术指标

显示屏尺寸	1 9 英寸
屏幕比例	5:4
水平可视角度	160度
垂直可视角度	160度
亮度	300cd/m²
对比度	500:1
黑白响应时间	8ms
最大分辨	1280×1024
接口类型	D-SUB，DVI-D
其它特点	不对称设计,平均无故障时间>5万小时

图 14－37　第 6 张幻灯片效果图

图 14－38　第 7 张幻灯片效果图

第 7 步:在第 8 张幻灯片后插入一张空白版式的幻灯片,插入艺术字"谢谢光临!"。效果如图 14－40 所示。

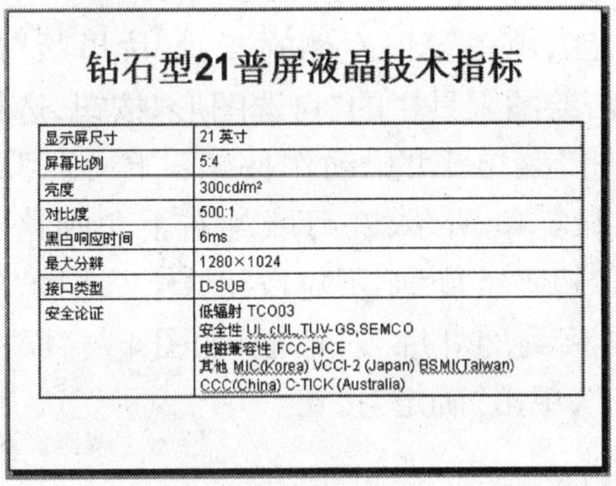

钻石型21普屏液晶技术指标

显示屏尺寸	21 英寸
屏幕比例	5:4
亮度	300cd/m²
对比度	500:1
黑白响应时间	6ms
最大分辨	1280×1024
接口类型	D-SUB
安全论证	低辐射 TCO03 安全性 UL,cUL,TUV-GS,SEMCO 电磁兼容性 FCC-B,CE 其他 MIC(Korea) VCCI-2 (Japan) BSMI(Taiwan) CCC(China) C-TICK (Australia)

图 14－39　第 8 张幻灯片效果图

图 14－40　最后一张幻灯片的效果

第 8 步:应用设计模板。执行"格式"→"幻灯片设计"菜单,打开"幻灯片设计"任务窗格,在"应用设计模板"栏中选择如图 14－41 所示的模板,即将该模板应用到"产品展示"演示文稿中,如图 14－42 所示。

第 9 步:插入超级链接。选择作为目录的第 2 张幻灯片,单击选择"最经济的新款 17 普屏"所在的对象,执行"插入"→"超级链接"菜单命令,打开"插入超链接"对话框,在"链接到"栏中选择"在文档中的位置",在"请选择文档中的位置"框中选择幻灯片标题为"3. 经济型用户……",如图 14－43 所示,然后单击"确定"按钮,这样就将该对象与第 3 张幻灯片链接；单击选择“最有个性的 19 普屏液晶”所在的对象，以同样的方法将它与第 5 张幻灯片链接；同样方法将“最靓丽的 21 普屏液晶”所在对象与第 7 张幻灯片链接。利用放映视图验证一下是否设置了链接的效果。

图 14－41　应用设计模板

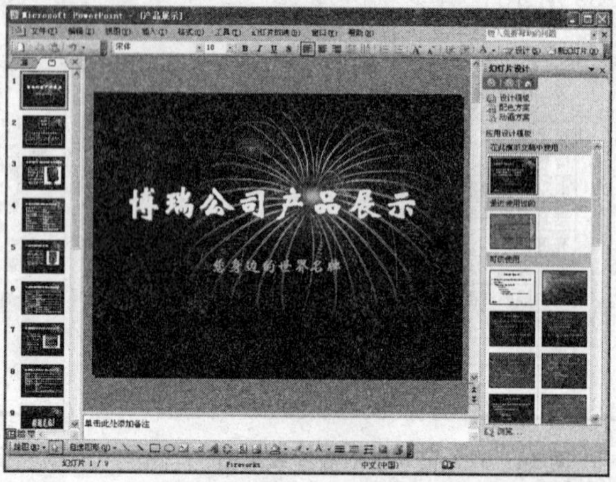

图 14－42　应用模板后的效果

第 10 步：在“幻灯片母版”中插入动作按钮，该按钮实现返回到作为目录的第 2 张幻灯片的功能。方法是：执行“视图”→“母版”→“幻灯片母版”菜单命令，进入如图 14－44 所示的母版视图，单击窗口左侧的“幻灯片母版”幻灯片，单击绘图工具栏的“自选图形”按钮，选择“动作按钮”菜单下的“动作按钮：上一张”按钮，如图 14－45 所示，在母版的右下角画这个动作按钮，放开鼠标后打开“动作设置”对话框，单击“超级链接到”下拉按钮“▾”，选择“幻灯片”，如图 14－46 所示，单击“确定”按钮，打开“链接到幻灯片”对话框，如图 14－47 所示，在对话框的“幻灯片标题”栏中选择“2. 幻灯片 2”，单击“确定”按钮。

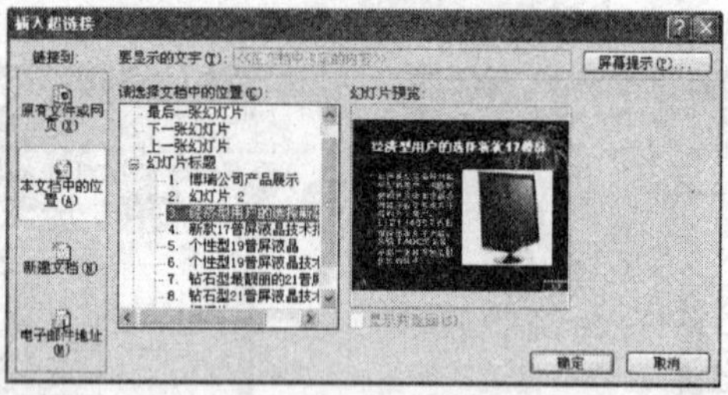

图 14－43　“插入超链接”对话框的设置

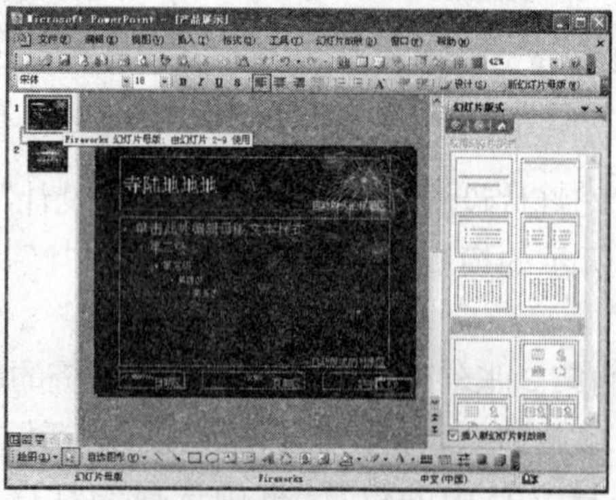

图 14－44　幻灯片母版视图

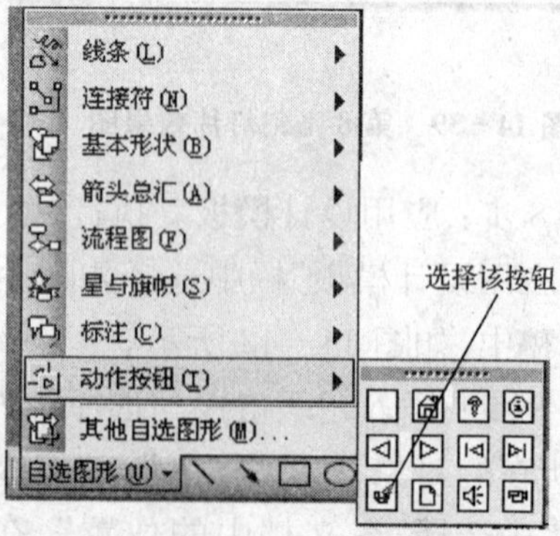

图 14－45　选择动作按钮

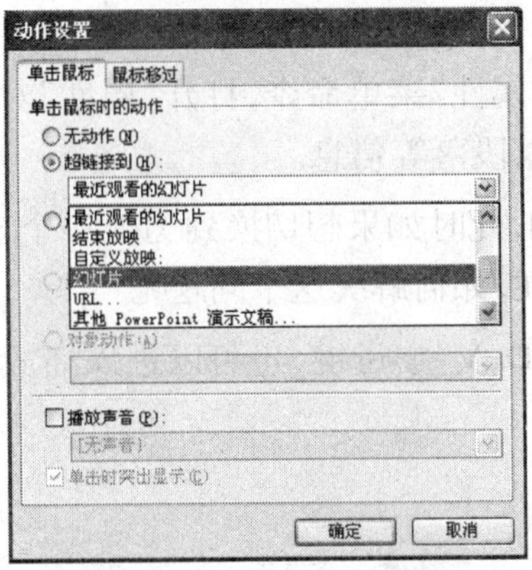

图 14-46 “动作设置”对话框

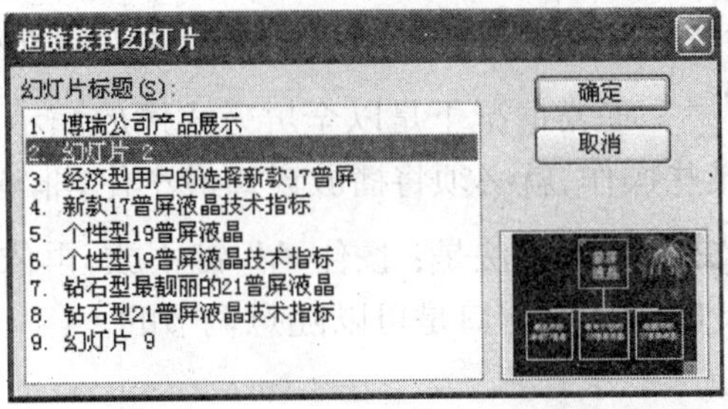

图 14-47 “链接到幻灯片”对话框

第11步：在“幻灯片母版”视图中，执行“插入”→“图片”→“来自文件”菜单命令，插入原先准备好的公司图标，将插入的图标移动到幻灯片母版的左上角即可，然后单击“关闭母版视图”按钮，关闭母版。

第12步：保存幻灯片，然后按F5键放映幻灯片观察效果。

14.3 疑问与解答

我有一张在Excel中制作好的表格，能否插入到PowerPoint演示文稿中？

答案是肯定的。方法是：定位到相应的幻灯片中，执行“插入”→“对象”命令，打开“插入对象”对话框，如图14-48所示。选中“由文件创建”选项，通过其中的“浏览”按钮，选中需要插入的Excel表格文件，单击“确定”按钮返回，将表格插入其中，调整一下大小即可。仿此操作，也可以将Word文档插入到幻灯片中。

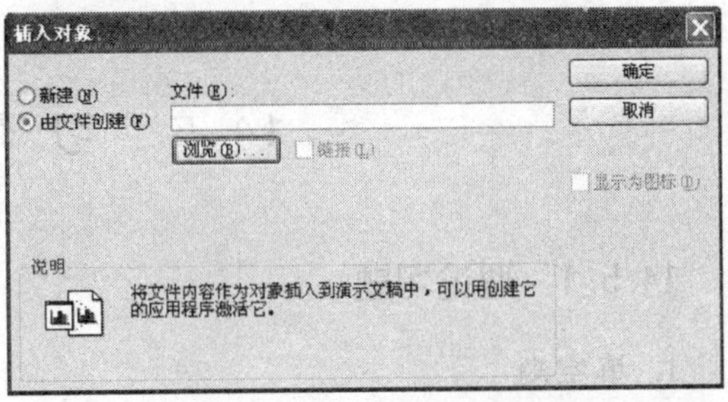

图 14-48 “插入对象”对话框

在PowerPoint中制作的一张漂亮幻灯片，能否指定作为桌面背景？

当然可以。方法是：在PowerPoint中，首先利用各种编辑功能把要设置成桌面背景的幻灯片编辑好；执行“文件”菜单下的“保存”或“另存为”命令，在弹出的“另存为”对话框中给定保存位置和文件名，在“保存类型”列表框中选择“设备无关位图”，单击“保存”命令，此时会弹出一个对话框，如果你只是把当前幻灯片保存为设备无关位图类型，单击“否”按钮，这样就按照要求保存了这张幻灯片，这张幻灯片即可作为桌面背景来应用了。

在Word中的“工具”菜单里有个“字数统计”项，很容易了解文稿中的字数，那么如何在 PowerPoint 获知演示文稿中的字数呢？

在 PowerPoint 中执行"菜单"→"文件"→"属性"菜单命令，打开"属性"对话框，单击"统计"选项，就会列出当前编辑的演示文稿字数、段落等信息。

通常情况下是以全屏方式播放演示文稿的，此时如果想切换到另外一个窗口中进行某些操作，就必须将播放窗口最小化，非常不方便，如何解决这个问题呢？

解决方法是：按住 Alt 键不放，再依次按"D、V"字母键，也可以进入播放状态，不过此时的播放窗口是可以随意调节的。

14.4 小窍门

小窍门 1 插入声音的幻灯片在播放时会出现"🔈"图标而影响美观，只要右击该图标，选择"编辑声音对象"菜单，在出现的对话框中选择"幻灯片放映时隐藏图标"即可。

小窍门 2 在对于演示文稿中不准备放映的幻灯片可以执行"幻灯片放映"→"隐藏幻灯片"菜单命令来隐藏它。

小窍门 3 对于任何一个自选图形对象，都可以将其选中，然后通过"幻灯片放映"→"动作设置"菜单命令调出"动作设置"对话框对其进行超级链接设置。这使动作按钮更加丰富多彩。

14.5 习题与实训

14.5.1 理论习题

1. 填空题

(1) 演示文稿是由多张________构成的。

(2) 在 PowerPoint 中设计幻灯片时，可以添加各种素材，如________、________和________等。

(3) 创建演示文稿通常用三种方法即：________、________和________。

(4) 演示文稿的播放通常可按________键。

(5) 要在 PowerPoint 2003 中插入文本对象，可采用的方法一般有________、插入文本框输入和________3 种。

(6) 在 PowerPoint 中，插入图片的两种方法分别是________和________。

(7) 要创建一个文本或对象的超级链接，方法是________。

(8) PowerPoint 演示文稿的扩展名是________。

2. 简述题

(1) 放映幻灯片的常用方法有哪些？它们有什么异同？

(2) 若要改变幻灯片版式应如何操作？

(3) 若要删除多张连续的幻灯片应如何操作？

(4) 如何只删除超级链接而不删除原来的文本或对象？

14.5.2　实训题

实训 1

以唐诗《出塞》为内容建立一个演示文稿，并以“出塞.ppt”为文件名将其保存。唐诗内容如下：

出　　塞

王之涣

黄河远上白云间，
一片孤城万仞山。
羌笛何须怨杨柳，
春风不度玉门关。

操作要求：

(1) 第 1 张幻灯片用“标题幻灯片”版式，在标题处输入“出塞”，副标题处输入“王之涣”。

(2) 在第 1 张幻灯片中插入一个声音文件。

(3) 第 2 张幻灯片选用“标题、文本与内容”版式，标题处输入“出塞”，文本处输入诗的内容，插入一幅相关的图片。

(4) 将演示文稿应用一种设计模板(模板的类型自定)。

(5) 将第 2 张幻灯片中的图片对象插入超级链接，链接到相应的图片文件。

实训 2

以“我们的校园”为主题制作演示文稿，并以“校园.ppt”文件保存。要求如下：

(1) 幻灯片张数至少 6 张，主题鲜明、文字大小适中，色彩搭配合理，画面生动活泼。

(2) 第 1 张幻灯片必须是标题版式，其他几张版式自定。

(3) 演示文稿中必须含有适当的图片、声音等多媒体元素。

(4) 演示文稿必须应用一种设计模板。

(5) 在合适的位置设置超级链接。

(6) 第 1 张幻灯片必须设置与其他幻灯片不同的背景(背景的样式自定)。

(7) 文字与图片素材到学校网站获取。

案例 15　制作电子相册

妈妈喜欢茶花，小米在茶花节时用数码相机摄下了一棵棵、一朵朵艳丽动人的茶花。小米利用 PowerPoint 2003 将这些图片制作成了一个电子相册，想送给妈妈。电子相册演示文稿制作完成后，一系列的疑问随之而来，能不能以动画的形式播放呢？如何将该电子相册设置成自动播放呢？要是妈妈的计算机上没有 PowerPoint 她该怎么看呢？没关系，只要跟着学完下面的知识，小米的难题就迎刃而解了。

本案例目标

- ✧ 掌握幻灯片动画的设置方法
- ✧ 灵活应用演示文稿放映方式
- ✧ 掌握演示文稿的打包方法

本案例最终效果图

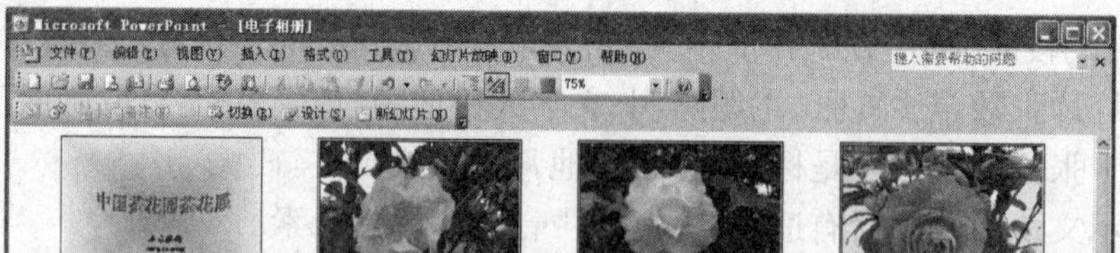

图 15－1　电子相册效果图

15.1 知识剖析

本案例主要讲述在幻灯片中如何设置动画效果，如何设置幻灯片的放映方式以及幻灯片的打包等知识点。通过本案例的学习，能够在幻灯片中添加特殊的视听和动画效果以突出重点，提高演示文稿的趣味性；能够针对不同的观众制定不同的演示内容与演示方式使演示更符合实际需要。

5.1.1 演示文稿中动画的设置

为了使演示文稿在放映时更精彩，更生动、有趣，必须在幻灯片中进行一些动画配置。

1. 翻页动画设置

翻页动画又称幻灯片切换效果，也称之为“换片”效果。

翻页动画的设置方法是：选择要设置动画的幻灯片，执行“幻灯片放映”→“幻灯片切换”菜单命令，打开“幻灯片切换”任务窗格，如图15－2所示。在其中的“应用于所选幻灯片”栏中选择一种切换方法，如“盒状展开”，在选择了相应效果后，当前幻灯片会在“幻灯片视图”中播放效果。

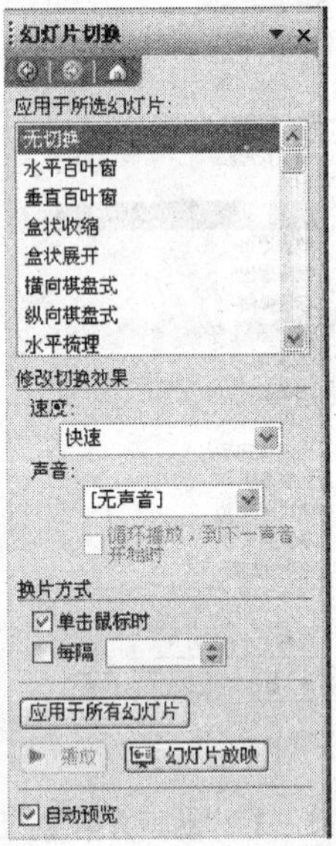

图15－2 “幻灯片切换”任务窗格

在“修改切换效果”栏的“速度”下拉列表框中选择一种速度，在“声音”下拉列表框中选择一种切换时的声音，在“换片方式”栏中选择所需的换片方式，若选中“单击鼠标时”复选框，则放映时需要单击鼠标才能在幻灯片之间进行切换，若选中“每隔”复选框，在其后的数值框中设置时间，一般为几秒，则在放映时每隔一个所设置的时间段就会自动播放下一张幻灯片。

如果想将设置的翻页动画方式应用于整个幻灯片，只要在“幻灯片切换”任务窗口中单击“应用于所有幻灯片”按钮。

2. 幻灯片中对象动画的设置

幻灯片对象动画是指幻灯片中各个对象的动画。PowerPoint 2003 提供了两种设置幻灯片对象动画的方法：即“幻灯片放映”菜单中的“动画方案”命令和“自定义动画”命令。这两种方法各具特点，其中“自定义动画”更灵活，功能更丰富。

(1) 利用“动画方案”设置。选定要加入动画效果的一个或多个对象，执行“幻灯片放映”→“动画方案”菜单命令，在“幻灯片设计”任务窗格中，显示“动画方案”的链接，如图15－3所示，在“应用于所选幻灯片”下拉列表中选择一种效果，单击任务窗格中的

“幻灯片放映”按钮即可播放动画效果。

（2）利用“自定义动画”菜单设置。如果用户不满足于预设动画的样式，可以利用“自定义动画”设定特殊的动画效果，比如可设定对象的进入、强调和退出的效果，甚至可以自己绘制对象的动作路径。具体的方法如下：

选中要设置动画的对象，执行“幻灯片放映”→“自定义动画”菜单命令，打开“自定义动画”任务窗格，单击“添加效果”按钮，在弹出的菜单中选择需要的命令及链接的效果。如图 15－4 显示了“进入”命令链接的动画效果，可以单击“其他效果”链接，打开“添加进入效果”对话框，该对话框中包括了更多的动画效果，如图 15－5 所示，选择一种效果，单击“确定”按钮。

图 15－3　“动画方案”对话框

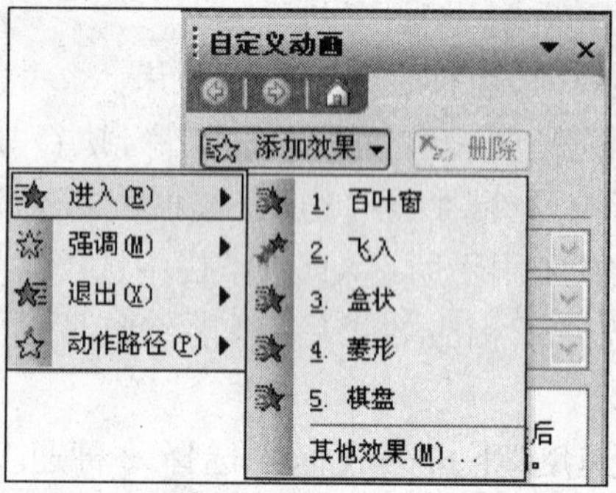

图 15－4　“自定义动画”任务窗格

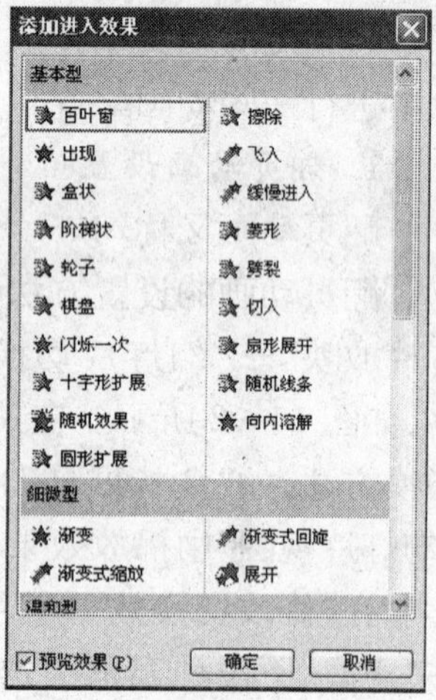

图 15－5　“添加进入效果”对话框

3. 幻灯片中对象动画效果的修改与控制

对幻灯片中的对象设置动画效果后，如果对各个对象的动画、动画播放的顺序等不满意，可以随意修改。

（1）动画效果的修改。选中需要修改动画效果的幻灯片，然后执行“幻灯片放映”→“自定义动画”菜单命令，在打开的“自定义动画”任务窗格的“对象动画”列表中选择需要修改的动画对象，如图 15－6 所示，此时“添加效果”按钮会自动转换为“更改”按钮，单击“更改”按钮，从弹出的菜单中选择相应命令中的一种效果即可。

（2）设置动画效果的播放顺序。放映时对象动画会按照设置时的先后顺序进行播放，同时给予从小到大的编号。如果要改变其中某个动画的播放顺序，方法是：选择要改变的幻灯片，执行“幻灯片放映”→“自定义动画”菜单命令，在打开的“自定义动画”任务窗格的“对象动画”列表中，选择需要调整顺序的动画对象直接拖放到需要播放的位置，或者单击重新排序的“上移”按钮“”或“下移”按钮“”，即可将对象调整到需要播放的位置，如图 15－7 所示。

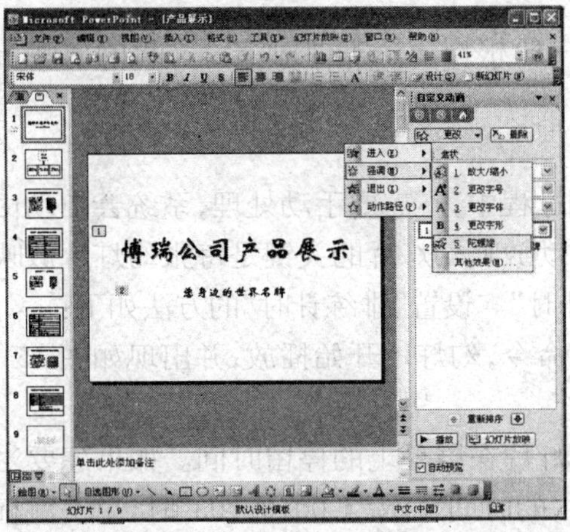

图15-6 更改对象的动画效果

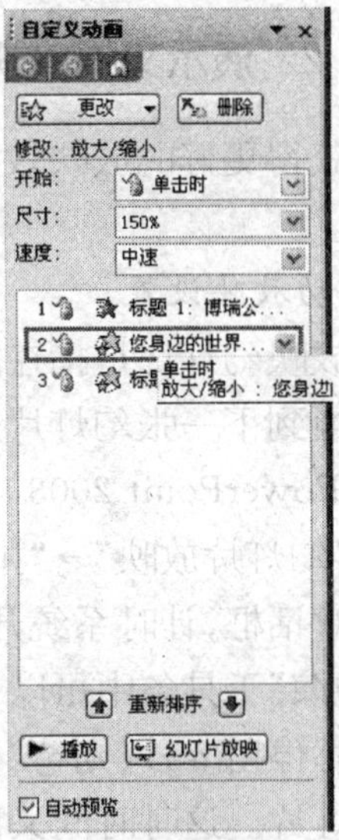

图15-7 设置动画效果的播放顺序

(3) 设置动画效果的定时播放。在放映幻灯片时，可以将对象的动画效果设置为单击开始播放或每隔一定时间自动进行播放，也可以设置为幻灯片连续自动放映。

在“自定义动画”任务窗格的“对象动画”列表中选择需要设置为定时播放的动画对象，然后单击该对象右侧的“▾”按钮，在弹出的菜单中执行“计时”命令，打开一个对话框，并自动切换到“计时”选项卡，在其中进行设置，如图15-8所示。图中对话框设置是表示该对象为单击后0.5秒执行的动画效果，并以慢速进行循环播放，直到下一次单击鼠标才停止播放。

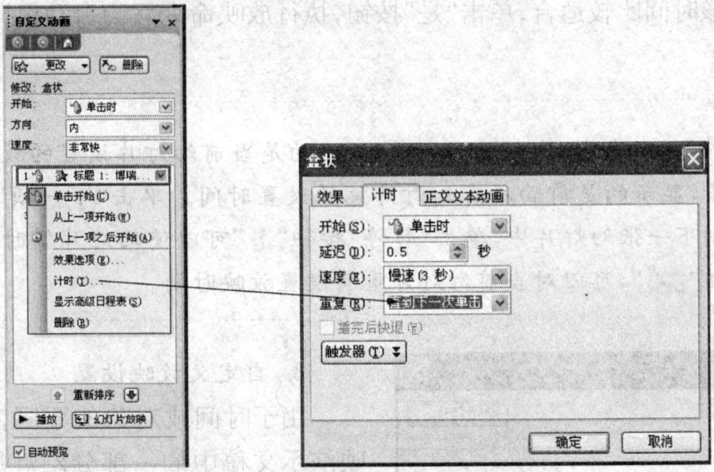

图15-8 动画效果的定时播放示例

在“计时”选项卡的“开始”下拉列表中选择“之前”或“之后”可以设置连续播放动画。

15.1.2 演示文稿放映设置

为了获得更好的放映效果，在放映前一般根据演示需要对演示文稿的放映方式进行一些设置。

1. 自动放映设置

自动放映幻灯片是指在放映幻灯片的过程中，不需要手动处理，系统会自动由上一张幻灯片切换到下一张幻灯片进行放映。自动放映幻灯片的关键是每张幻灯片放映时间的控制。在 PowerPoint 2003 中称为“排练计时”。设置“排练计时”的方法如下：

执行“幻灯片放映”→“排练计时”菜单命令，幻灯片开始播放，并出现如图 15－9 所示的“预演”对话框，计时系统开始计时。

在“预演”工具条中可以设置放映时幻灯片在屏幕上的停留时间。如果想要当前幻灯片在放映时停留 3 秒，则待“预演”工具条中的时间显示为“00:00:03”时，单击鼠标切换到下一张幻灯片。这时时间又以“00:00:00”开始计算，用相同的方法设置第 2 张幻灯片停留时间，当所有幻灯片设置完成后会打开如图 15－10 所示的对话框，用于确定在以后放映时是否采用本次设置的排练计时。

图 15－9 “预演”对话框

图 15－10 确定是否保留设置的幻灯片排练时间。

如果觉得该时间比较适合，单击“是”按钮，执行放映命令后会自动根据设置时间自动放映。

> 在“预演”工具条上，中间的时间段，显示的是当前幻灯片设置的放映时间；右侧的时间段，显示的是前面所有幻灯片总的设置时间。单击“下一项”按钮“➡”可以切换到下一张幻灯片中，单击“暂停”按钮“⏸”可以使幻灯片暂时不计时，单击重复按钮“↺”，可以对当前幻灯片重新设置放映时间。

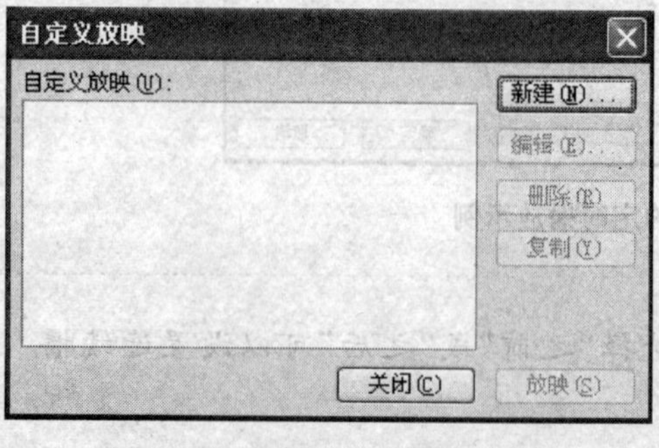

图 15－11 “自定义放映”对话框

2. 自定义放映设置

由于时间或对象的不同，可能希望只放映演示文稿中的一部分幻灯片，这时就需要通过创建自定义放映来达到目的。自定义放映的设置方法如下：

执行“幻灯片放映”→“自定义放映”命令，打开“自定义放映”对话框，单击“新建”按钮，如图 15－11 所示。

单击“新建”按钮后会打开“定义自定义放映”对话框，在“幻灯片放映名称”框中输入自定义放映时需要的名称，在“在演示文稿中的幻灯片”栏中单击选择要放映的幻灯片，然后单击“添加”按钮将选定的幻灯片添加到右侧“在自定义放映中的幻灯片”栏中，重复操作将需要在自定义放映中出现的幻灯片都添加到右侧的“在自定义放映中的幻灯片”栏中，如图 15 - 12 所示。

单击“确定”按钮后返回到“自定义放映”对话框中，此时在“自定义放映”栏中会出现刚才设置的名称，如图 15 - 13 所示，单击“关闭”按钮即可，也可以单击“放映”按钮立即放映设置为自定义放映的幻灯片。

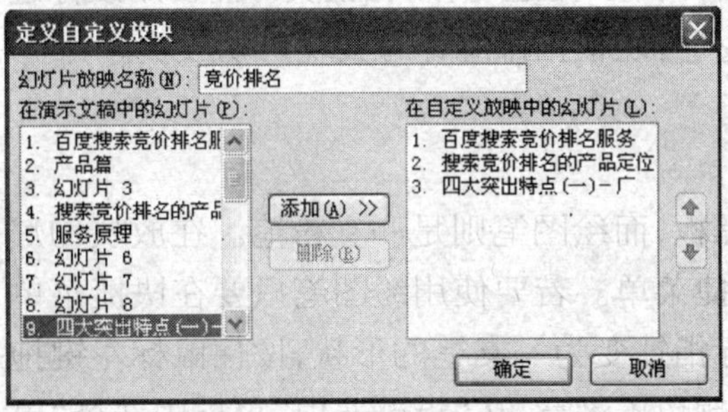

图 15 - 12 “定义自定义放映”对话框

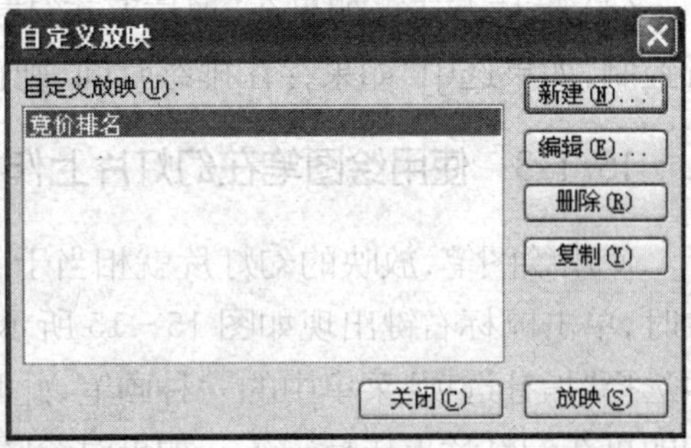

图 15 - 13 添加了自定义放映后的“自定义放映”对话框

设置完成后，在进行放映时没有被设置为自定义放映的幻灯片将不会被放映。

3. 放映方式设置

在放映幻灯片之前，可以根据实际需要设置放映方式。如放映类型为全屏还是窗口、放映全部幻灯片还是放映部分幻灯片、换片方式为手动还是自动等。

执行“幻灯片放映”→“设置放映方式”菜单命令，在打开的“设置放映方式”对话框中设置放映类型、换片方式等，如图 15 - 14 所示。

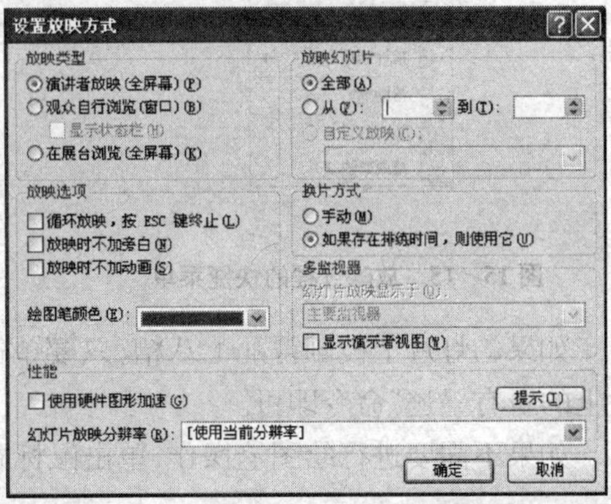

图 15 - 14 “设置放映方式”对话框

(1) 放映类型。放映类型包括“演讲者放映(全屏幕)”、“观众自行浏览(窗口)”和“在展台浏览(全屏幕)”3 种方式。

① 演讲者放映(全屏幕)：是 PowerPoint 默认的放映方式。在这种方式下，演讲者对演示文稿的播放具有完整的控制权，一般用于公司召开会议、教师教课等大屏幕放映。

② 观众自行浏览(窗口)：选择这种方式播放演示文稿，幻灯片会出现在计算机屏幕窗口内，并提供命令在放映时移动、编辑、复制和打印幻灯片。一般用于在局域网或网络中浏览演示文稿。

③ 展台浏览(全屏幕)：常用于某个产品或会议中需要自行放映演示文稿的场所，放

映时不需要进行控制就能自动进行播放。除了保留鼠标光标用于选择屏幕对象进行放映外，其他的功能将全部失效，终止放映只能使用“Esc”键。

(2) 放映选项。在“放映选项”栏中可以设置在放映时是否添加旁白、动画，是否循环播放等，还可以设置绘图笔的颜色。要进行某个设置只需选中相应的复选框即可。

(3) 放映幻灯片。在“放映幻灯片”栏中选中“全部”单选项，则放映时播放演示文稿中的所有幻灯片；如果选中“从”单选项，则需要在其后的数值框中设置需要放映幻灯片的区间编号，这样放映时数值框中的幻灯片都参加放映；如果设置了自定义放映，选中“自定义放映”单选项，从下拉列表框中选择已设置的自定义放映的幻灯片名称。

(4) 换片方式。如果在“换片方式”栏中选中“手动”单选项，则在放映时需要用鼠标进行控制，如果选中“如果存在排练时间，则使用它”可以根据排练计时实现自动放映。

15.1.3 使用绘图笔在幻灯片上作标记

使用绘图笔，放映的幻灯片就相当于一个黑板，而绘图笔则是一支粉笔。在放映幻灯片时，单击鼠标右键出现如图 15－15 所示的快捷菜单。若要使用绘图笔只要在快捷菜单中选择“指针选项”菜单中的一种画笔，此时鼠标指针变为一支笔的形状，按住鼠标左键拖动即可在幻灯片上作标记了。如果对绘图笔的颜色不满意，从“指针选项”菜单中选择“墨迹颜色”菜单，在出现的颜色中选择需要的颜色如图 15－16 所示。

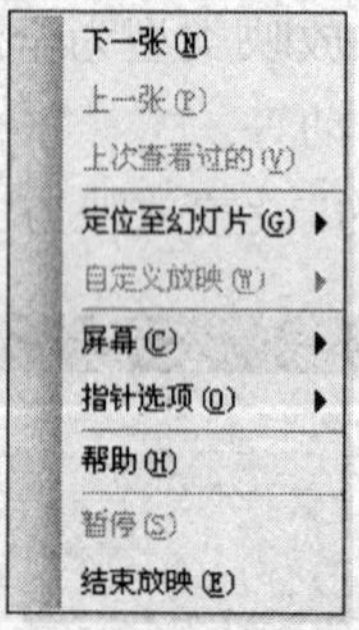

图 15－15　放映过程的快捷菜单

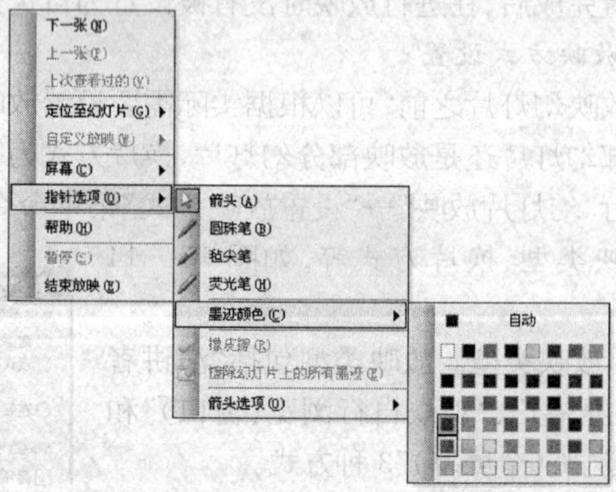

图 15－16　绘图笔颜色的设置

如果幻灯片上被画得乱七八糟，只要单击鼠标右键，在“指针选项”中选择“擦除幻灯片上的所有墨迹”命令即可。

如果不需要进行绘图笔操作，单击鼠标右键，在“指针选项”中选取“箭头”即可。

15.1.4 演示文稿的打包

要想将编辑好的演示文稿在其他计算机上进行放映，可使用 PowerPoint 的“打包成 CD”功能。利用“打包”功能可以将演示文稿中使用的所有文件(包括链接文件)和字体全部打包到磁盘或网络地址上。默认情况下会添加 Microsoft Office PowerPoint Viewer。

(这样，即使其他计算机上没有安装 PowerPoint，也可以使用 PowerPoint Viewer 运行打包的演示文稿)打包的方法如下：

执行“文件”→“打包成 CD”菜单命令，打开如图 15-17 所示的对话框。

如果需要将多个演示文稿打包在一起，可以通过按“添加文件”按钮来进行添加，在“选项”中可以设置多个演示文稿的播放顺序，如图 15-18 所示。

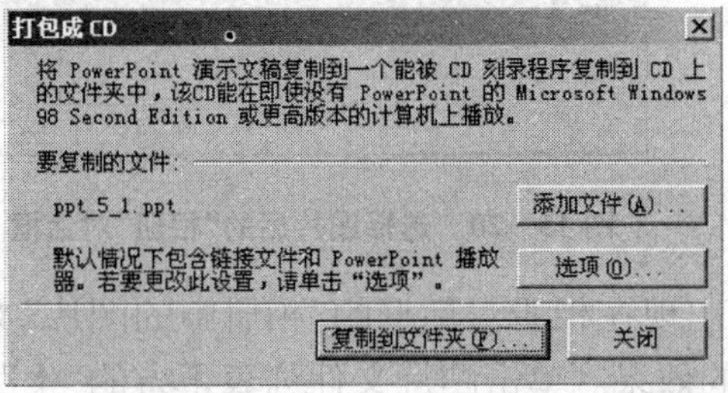

图 15-17 “打包成 CD”对话框

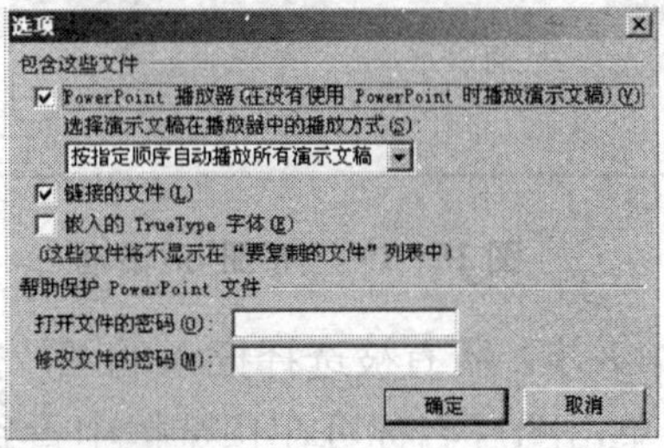

图 15-18 “选项”对话框

然后单击“复制到文件夹”按钮，则打开“复制到文件夹”对话框，为文件夹取一个名称，并设置好保存路径，然后单击“确定”按钮，系统将上述演示文稿复制到指定的文件夹中，同时复制播放器及相关的播放配置文件到该文件夹中。以后用刻录软件，将上述文件夹中所有的文件全部刻录到光盘的根目录下，也可以制作出具有自动播放功能的光盘。

15.2 案例实现

15.2.1 案例要求

将磁盘上保存的图片文件制作成电子相册演示文稿，该演示文稿要求如下：

(1) 第1张幻灯片是标题版式，设置背景、插入音乐，标题文本设置动画效果。

(2) 为每张幻灯片配置“盒状展开”、慢速的翻页动画效果，翻页时声音为“风铃”。

(3) 设置自动放映效果，每张幻灯片的停留时间为 15 秒。

(4) 打包演示文稿。

15.2.2 案例实现

第1步：启动 PowerPoint 2003，新建一个空白演示文稿。执行“插入”→“图片”→“新建相册”命令，弹出“相册”对话框。如图 15-19 所示。

第2步：单击“文件/磁盘(F)……”按钮，弹出“插入新图片”对话框，在“查找范围”下拉列表中选择图片文件所在的文件夹，在出现的图片文件框中可按住“Shift”键(连续的)或“Ctrl”键(不连续的)选择图片文件，选好后单击“插入”按钮返回相册对话框，如图 15-20 所示。

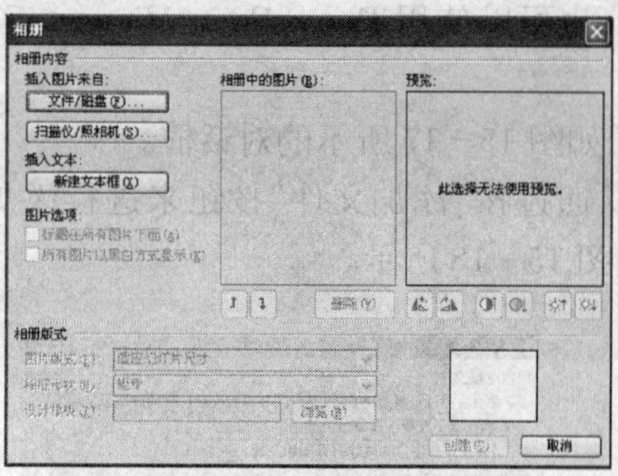

图 15-19 “相册”对话框

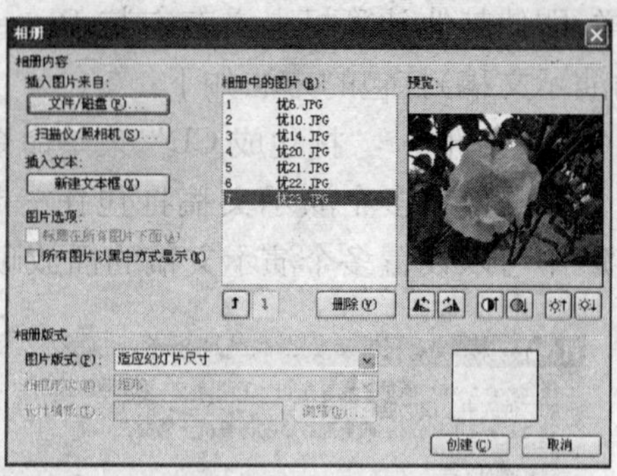

图 15-20 选择图片后的“相册”对话框

第 3 步：所有被选择插入的图片文件都出现在相册对话框的“相册中的图片”文件列表中，单击图片名称可在预览框中看到相应的效果。单击图片文件列表下方的“↑”、“↓”按钮可改变图片出现的先后顺序，单击“删除”按钮可删除被加入的图片文件。通过图片“预览”框下方提供的六个按钮，我们还可以旋转选中的图片，改变图片的亮度和对比度等。

第 4 步：设置相册版式。在图 15-20 对话框中单击“图片版式”右侧的下拉列表，可以指定每张幻灯片中图片的数量和是否显示图片标题。单击“相框形状”右侧的下拉列表可以为相册中的每一个图片指定相框的形状，但该功能必须在“图片版式”不选择“适应幻灯片尺寸”选项时才有效。本案例中在“图片版式”下拉列表中选择“适应幻灯片尺寸”。

第 5 步：以上设置完成后，单击“创建”按钮，就自动生成了一个电子相册。效果如图 15-21 所示。

图 15-21 自动生成的电子相册

第 6 步：对第 1 张幻灯片的编辑。选择第 1 张幻灯片，删除“相册”文本框，单击“绘图”工具栏的插入“艺术字”按钮，插入“中国茶花园茶花展”艺术字。在副标题处输入“小米摄影”、“2008 年 3 月于金华”，并对字体字号进行设置。执行“格式”→“背景”菜单设置自己喜欢的背景，然后单击“应用”将设置的背景应用于第 1 张幻灯片。

第 7 步：设置幻灯片的翻页动画。执行“幻灯片放映”→“幻灯片切换”菜单，出现“幻灯片切换”任务窗格，在任务窗格中作如图 15－22 所示的设置，然后单击“应用于所有幻灯片”按钮。

第 8 步：设置第 1 张幻灯片中各对象的动画。选择“中国茶花园茶花展”艺术字，执行“幻灯片放映”→“自定义动画”菜单，在出现的“自定义动画”任务窗格中，单击“添加效果”按钮，选择“强调”子菜单中的“放大→缩小”动画效果，该艺术字其他项目的设置如图 15－23 所示。

选择“小米摄影”、“2008 年 3 月于金华”所在的文本框，单击“添加效果”按钮，选择“进入”子菜单中的“盒状”动画效果，该文本框其他项目设置如图 15－24 所示。

图 15－22　“幻灯片切换”任务窗格中的设置

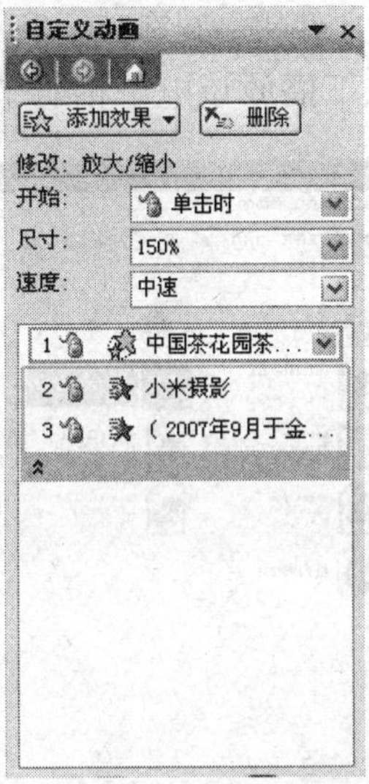

图 15－23　“艺术字”其他项目设置

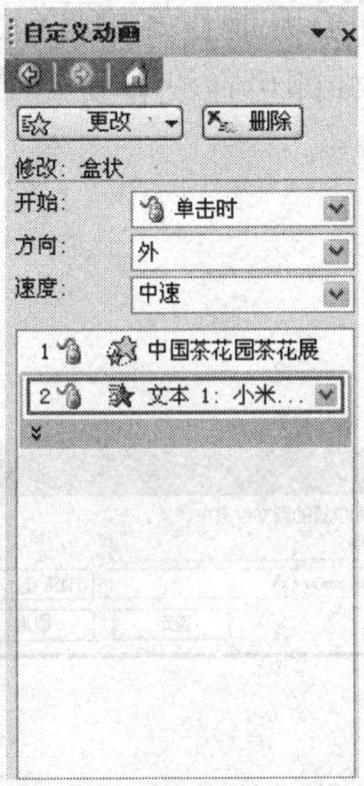

图 15－24　“文本框”其他项目设置

第 9 步：在第 1 张幻灯片中插入背景音乐。选择第 1 张幻灯片执行“插入”→“影片和声音”→“文件中的声音”打开“插入声音”对话框，选择准备好的声音文件，单击“插入”按钮。在第一张幻灯片中出现“🔈”图标，右击该图标，在出现的快捷菜单中选择“编辑声音对象”菜单，出现如图 15－25 所示的对话框，选择“幻灯片放映时隐藏声音图标”，单击“确定”按钮。

第 10 步：执行“幻灯片放映”→“排练计时”菜单命令，幻灯片开始播放，并出现 “预演”对话框，计时系统开始计时。待“预演”工具条中的时间显示为“00:00:15”时，单击鼠标切换到下一张幻灯片。这时时间又以“00:00:00”开始计算，用相同的方法设置其他几张幻灯片停留时间，设置完成后保存排练计时。

第 11 步：打包该演示文稿。先执行“文件”→“保存”菜单命令保存该演示文稿，再执行“文件”→“打包成 CD”菜单命令，弹出如图 15－26 所示对话框。单击“复制到文件夹”按钮，则打开“复制到文件夹”对话框，为文件夹取一个名称(这里取名为“电子相册”)，并设置好保存路径，然后按下“确定”按钮，如图 15－27 所示。系统将上述演示文稿复制到指定的文件夹中，同时复制播放器及相关的播放配置文件到该文件夹中。

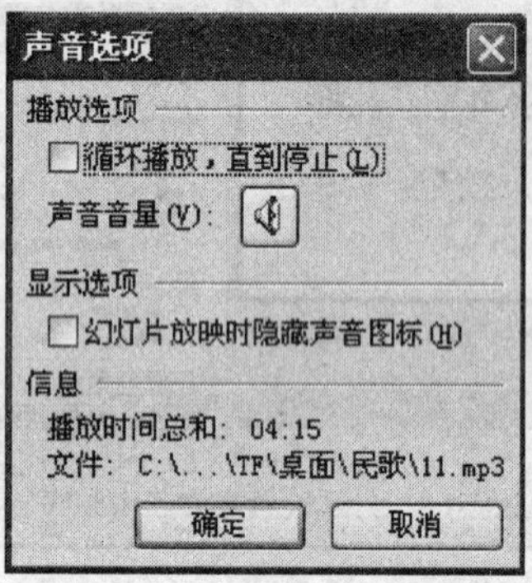

图 15－25 “声音选项”对话框

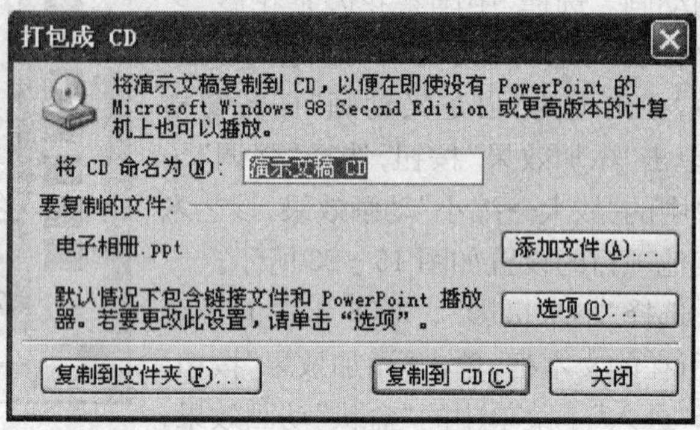

图 15－26 “打包成 CD”对话框

第 12 步：打开制作好的打包文件夹即“电子相册”文件夹，如图 15－28 所示。双击名为“play”的文件即可在没有安装 PowerPoint 2003 状态下播放该电子相册了。

图 15－27 “复制到文件夹”对话框

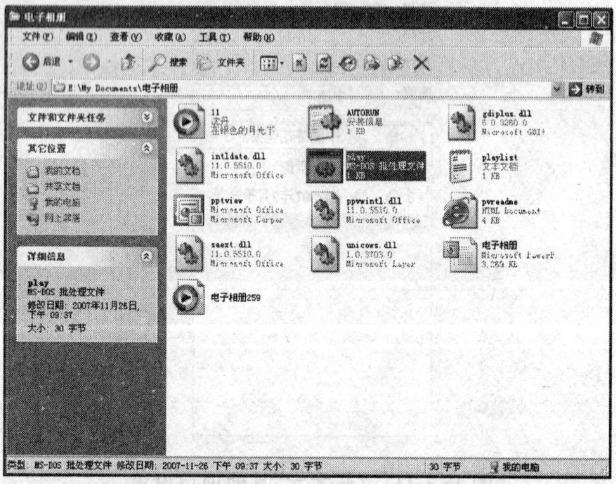

图 15－28 “电子相册”文件夹中的文件

15.3 疑问与解答

?? 我们通常有这样的担心，在一台电脑上制作的演示文稿，复制到另一台电脑上播放时，可能由于两台电脑安装的字体不同，影响到演示文稿的播放效果。那么，能不能将自己设置的字体一并带走呢？

如果你所设置的是“TrueType 字体”，那么完全可以将其一并带走，方法是：执行“工具”→“选项”命令，打开“选项”对话框如图 15－29 所示，切换到“保存”选项卡，选中其中的“嵌入 TrueType 字体”选项，单击“确定”按钮，然后再保存(或另存为)相应的演示文稿即可。

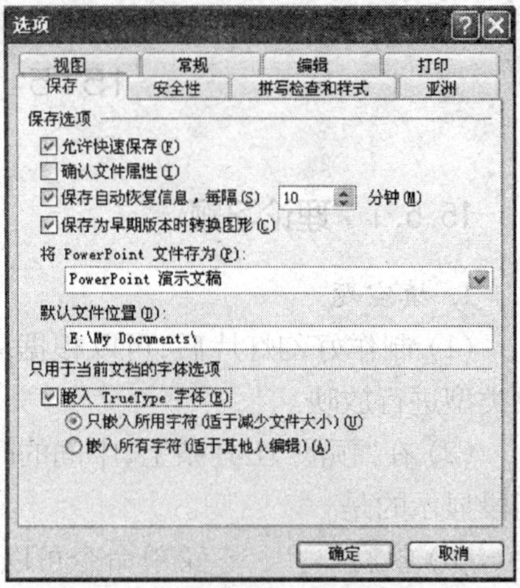

图 15－29 “选项”对话框

执行“插入”→“影片与声音”菜单下的“录制声音”与执行“幻灯片放映”→“录制旁白”都可以给幻灯片录制声音，它们有什么区别？

区别一是“录制旁白”是在幻灯片放映状态下录音，而“录制声音”是在编辑状态下录音。区别二是利用“录制旁白”录制的声音优先于所有其他的声音，如果运行包含旁白和其他声音的幻灯片放映，只有旁白会被播放。而“录制声音”录制的声音是把声音作为对象来处理，播放声音时，不会影响其他声音。

15.4 小 窍 门

小窍门 1　放映幻灯片时，按空格键、回车键可以切换到下一张幻灯片，按 Backspace 键可以切换到上一张幻灯片，输入编号后按回车键可以直接切换到指定编号的幻灯片放映。

小窍门 2　播放声音时想要循环播放声音直至幻灯片结束，只要选中“🔈”图标，在该声音的下拉列表中选择“效果选项”命令，如图 15－30 所示，在打开的对话框中进行如图 15－31 所示的设置，单击“确定”按钮。这里的设置为 100 张之后停止播放，100 数

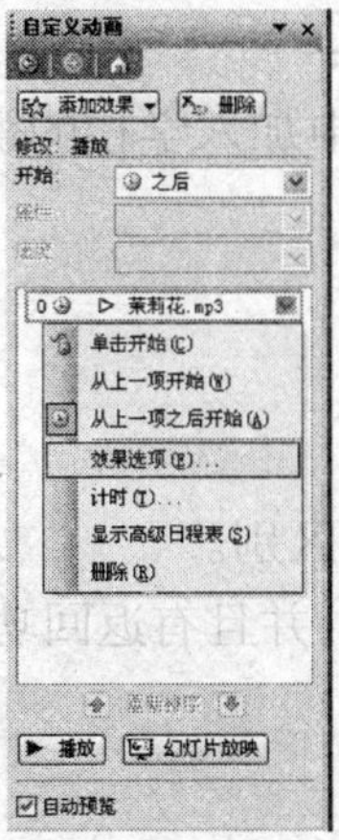

图 15－30 “声音效果”选择

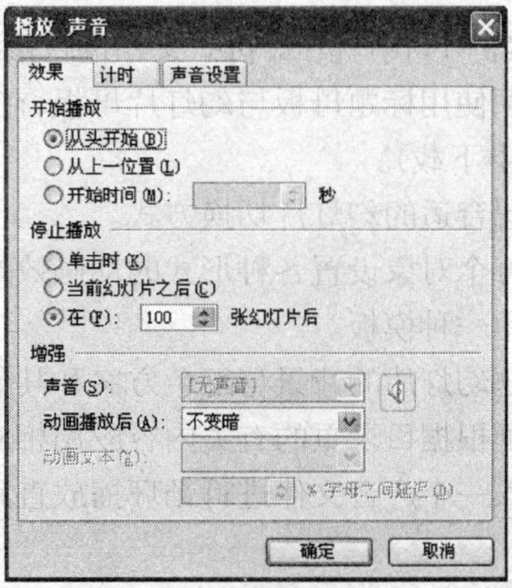

图 15－31 播放声音的设置

据是不一定的,只要大于或等于幻灯片总张数即可。

15.5 习题与实训

15.5.1 理论习题

1. 填空题

(1) 制作好幻灯片后,可以根据需要选择________、________和展台浏览(全屏幕)放映类型进行放映。

(2) 在“预演”工具条上,中间的时间段显示的是________设置的放映时间,右侧的时间段显示的是________。

(3) 执行________菜单命令可以设置自定义放映。

(4) 自动放映幻灯片是指________。

(5) 翻页动画可以实现________,所以又称为幻灯片切换效果。

(6) 设置翻页动画可执行________来实现。

(7) 在换片方式栏中选中“单击鼠标时”复选框,则放映时________才能在幻灯片之间进行切换。

2. 简述题

(1) 简述“自定义放映”的定义方法。

(2) 简述通过设置“排练计时”方法设置幻灯片自动放映时间的操作步骤。

(3) 简述设置所有幻灯片的切换效果为百叶窗,换片速度为中速,换片声音为风铃的操作步骤。

15.5.2 实训题

实训 1

打开[案例 14]中“校园. ppt”文档进行修改,要求如下:

(1) 必须使用标题母板与幻灯片母板,在每张幻灯片中加入学校的徽标(徽标可以到本校的网站中下载)。

(2) 设置合适的幻灯片切换方式。

(3) 为每个对象设置各种形式的动画效果。

(4) 应用一种模板。

(5) 标题幻灯片的背景与配色方案和其他幻灯片有所区别。

(6) 必须根据目录页的有关内容应用相应的超级链接,并且有返回功能。

(7) 插入一个声音文件进行循环播放直到播放结束。

实训 2

利用 PowerPoint2003 为自己制作一个电子相册。

第4篇 Internet使用案例

4

小米所在的公司自从建立了自己的企业网站，重视在Internet上对企业形象的宣传与产品的销售，近来各类电子产品的销售量蒸蒸日上，公司的知名度不断上升，老总体会到了高科技带来的高收益。但公司中部分老同志对这无所不能的Internet知之甚少，老总决定由小米负责在公司内开设“网上冲浪”培训班，要求在短期内让这些老同志走进Internet世界。这难不倒小米，因为畅游Internet、收发电子邮件这是小米在办公室每天都离不开的工作，小米愉快地接受了这项光荣的任务，培训班如期举行。

案例 16 畅游 Internet 海洋

明年就要退休的老刘是培训班里年纪最大、学习最认真的学员了，今天一上班就带着记着问题的小本子来找小米了。小米打开小本子一看问题还真不少：如何快速查找资料，如何收藏经常浏览的网站，如何下载需要的文件等一系列问题，下面我们就和老刘一起听听小米是怎么说的。

本案例目标

✧ 能熟练使用 IE 浏览器浏览网页

✧ 能收藏喜欢的网站

✧ 会使用搜索引擎搜索网上信息

✧ 能够保存网页及网页上的图片

✧ 能够下载网上资源文件

本案例解决问题

✧ 如何设置 IE 的起始页

✧ 如何从网易首页出发浏览网上各类信息(如新闻、财经等)

✧ 如何利用搜索引擎查找列车时刻表

✧ 如何利用 FlashGet 下载网上资源(如腾讯 QQ 软件)

16.1 知识剖析

Internet是一个全球性的计算机网络系统。它拥有最丰富的信息资源,用户通过它可以与世界同步,了解全球最新的科技动态、热点新闻,同时也可以和世界上任意位置的用户进行交流。Internet可以说是一个知识和信息的海洋,正等待着我们攫取无尽的宝藏。

本案例主要讲述如何利用IE浏览器浏览网上信息、如何搜索网上资源、如何从网上下载文件等知识点。通过本案例的学习能在Internet这个虚拟的世界中轻松遨游。

16.1.1 WWW概述

1. 什么是WWW

Internet上大多数信息资源是指Internet上的万维网(即WWW)信息。那么什么是万维网呢?

万维网也称WWW或Web,是Internet上全球范围的超文本信息查找工具,可以利用WWW来浏览全球信息。在WWW站点上,还可以建立具有自己特色的起始网页来吸引其他访问者。一个公司可以在此展现自己公司的形象和进行产品介绍,还可以利用WWW网页来娱乐,传播各种信息。

2. Web地址

Web地址即Internet地址,通常称为网址。网址一般由三部分组成:协议名称、管理站点的主机域名以及资源文件名,如图16-1所示。

http://www.tsinghua.edu.cn/userl.asp

协议名称(http)　主机域名(www.tsinghua.edu.cn)　资源文件名(userl.asp)

图16-1 网址的组成

3. WWW浏览器

用户想获取Web上的信息,必须通过Web浏览器进行信息检索。Netscape公司的Navigator和Microsoft公司的Internet Explorer(简称IE)是两个最著名的浏览器软件。本案例以IE为例介绍WWW浏览器的使用。

16.1.2 利用IE网上冲浪

1. 使用IE浏览网页

启动IE浏览器的主要方法有:

(1) 双击桌面上的Internet Explorer图标“ ”。

(2) 单击快速启动栏中的“ ”图标。

(3) 选择“开始”→“所有程序”→“Internet Explorer”命令。

启动 IE 浏览器后，将打开 IE 浏览器的窗口，在地址栏中输入要浏览的网址，即可打开该 Web 页。如 16－2 所示是“腾讯”网首页。

图 16－2　“腾讯”网首页

浏览网页时，当鼠标的形状由箭头变成手指时单击鼠标，就会打开新的页面，这就是“超级链接”。依靠“超级链接”可以随时在感兴趣的内容上点击，轻松而直观地获得所需要的信息。

2. 查找最近访问过的 Web 页

在 IE 窗口，有多种方法可查找过去几天、几小时或几分钟内曾经浏览过的网页。

(1) 查找刚才访问过的 Web 页。查找方法是：若要返回刚才访问的最后一页，单击后退按钮“后退”；若要查看在单击后退按钮前查看的 Web 页，单击前进按钮“ ”；若要查看刚才访问的 Web 页列表，单击后退或前进按钮旁边的下拉按钮，进行选择。

> 按住“Alt”键的同时按“←”或“→”箭头键，可以翻阅最近浏览过的网页。

(2) 通过历史记录栏查找最近几天访问过的 Web 页。查找方法是：单击工具栏上的历史按钮“ ”，在浏览器左边出现“历史记录”栏，其中包含了最近几天或几星期内访问过的 Web 页和站点的链接。在“历史记录”栏中，选择星期或日期，单击文件夹以显示各个 Web 页，然后单击 Web 页图标显示该页。如图 16－3 所示。

> 在“历史记录”列表中保留 Web 页的天数可以更改。更改的方法是：执行“工具”→“Internet 选项”菜单命令，打开“Internet 选项”对话框，单击“常规”选项卡，在“历史记录”选项区单击“网页保存在历史记录中的天数”框旁的微调按钮，更改“历史记录”列表来改变保存天数。

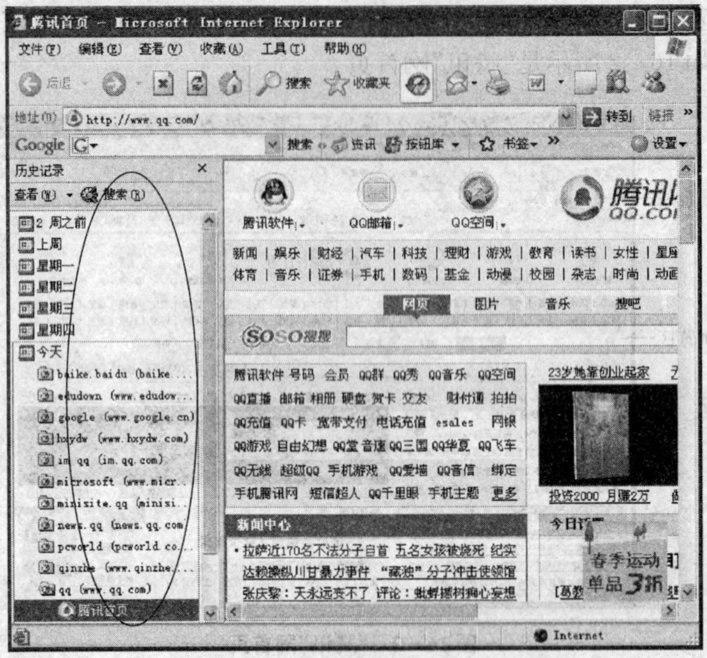

图 16-3　通过“历史记录”栏查找

3. 设置 IE 浏览器的起始页

起始页是指启动 IE 时最先显示的网页，又称为主页。如果有访问最频繁的站点，可以将它设置为主页。这样每次启动 IE 时，该站点就会第一个显示出来，或者在用户单击工具栏的主页按钮“ ”时立即显示。设置方法如下：

(1) 在 IE 中打开希望作为浏览器起始页的网页。

(2) 执行“工具”→“Internet 选项”命令，打开“Internet 选项”对话框。

(3) 单击“常规”选项卡，在“主页”选项区单击“使用当前页”按钮。

> 要恢复原来的主页，单击“使用默认页”按钮即可。

4. 保存信息

在浏览过程中，如果找到自己感兴趣的信息和资料，可以十分方便地保存，以便断线后慢慢阅读。

(1) 保存整个页面信息。执行“文件”→“另存为”菜单命令，在弹出的对话框中输入文件名，并选择要保存的文件夹、保存类型，单击“保存”即可。

(2) 保存图片。如果要单独保存图片，可将鼠标移到要保存的图片上，单击鼠标右键，在弹出的快捷菜单中选择“图片另存为”命令，出现“保存图片”对话框，选择保存位置、保存类型以及文件名，单击“保存”按钮即可。

5. 收藏喜欢的网站

如果找到喜欢的网站，可以保存其地址，将该站点添加到收藏夹列表中。以后就能轻松地打开这些站点了。收藏网站的具体步骤如下：

(1) 在IE窗口中打开要收藏的页面。

(2) 执行"收藏"→"添加到收藏夹"命令，打开"添加到收藏夹"对话框，如图16-4所示。

(3) 如果需要，可以在"名称"框中输入该页的新名称，单击"确定"按钮。

图16-4 "添加到收藏夹"对话框

当需要打开收藏的网站时，只需在工具栏上单击"收藏夹"按钮，浏览器中显示"收藏夹"列表如图16-5所示，在列表中单击名称，就可以进入该页面了。

要"删除"或"重命名"已收藏的网站，只要在"收藏夹"列表中右击需要的名称，在弹出的快捷菜单中选择"删除"或"重命名"即可。

6. 信息海洋中的航标——搜索引擎

搜索引擎是某些网站提供的用于网上查询信息的搜索工具，常用的搜索引擎包括：yahoo(http://www.yahoo.com)、google(http://www.google.cn)、百度(http://www.baidu.com)、新浪(http://www.sina.com.cn)等。

在使用搜索引擎查找信息时，应该尽可能地缩小搜索范围。缩小范围的简单方法就是添加搜索词、指定网域或设置搜索类别。

例如，使用搜索引擎google，搜索"黄山"相关的图片，方法是：启动IE后，在地址栏输入http://www.google.cn，进入到google网站的主页，单击"图片"分类按钮，然后输入搜索词"黄山"(如图16-6所示)，单击"搜索图片"按钮，这样一幅幅黄山风景的缩略图即可映入你的眼帘。

图16-5 "收藏夹"列表

图16-6 google中搜索的设置

16.1.3 下载网上资源

Internet 上有许多提供资源下载的网站，可以通过下载的方式将应用软件、音乐、电影和动画等保存到自己的电脑硬盘中，下载通常有以下两种方法。

1. 从网页直接下载

有些网页中建立了软件下载的超级链接，这时可以直接通过超级链接以保存的方式进入下载。以下列出几个常用的软件下载网站。

新浪下载中心：http：//download. sina. com. cn

电脑之家：http：//www. pchome. net

华军软件园：http：//www. onlinedown. net

【例】 从新浪下载中心下载 winRAR 3. 71 软件，步骤如下：

(1) 启动 IE，在地址栏输入 http：//download. sina. com. cn，进入新浪下载中心。

(2) 在“分类列表”中单击“应用软件”类中的“压缩解压”链接，并从打开的页面中找到“winRAR 3. 71”项目并单击，打开如图 16－7 的页面，然后单击“点击下载”按钮。

(3) 在打开的“文件下载-安全警告”对话框(如图 16－8 所示)中，单击“保存(S)”按钮。

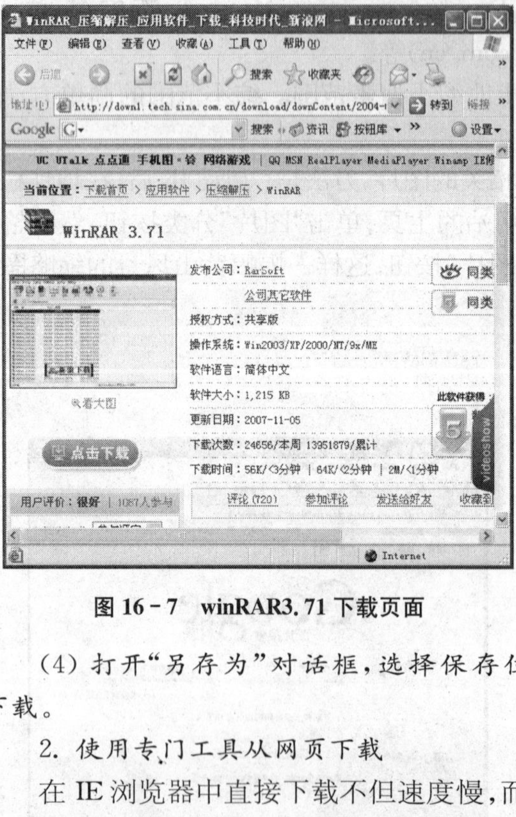

图 16－7 winRAR3. 71 下载页面

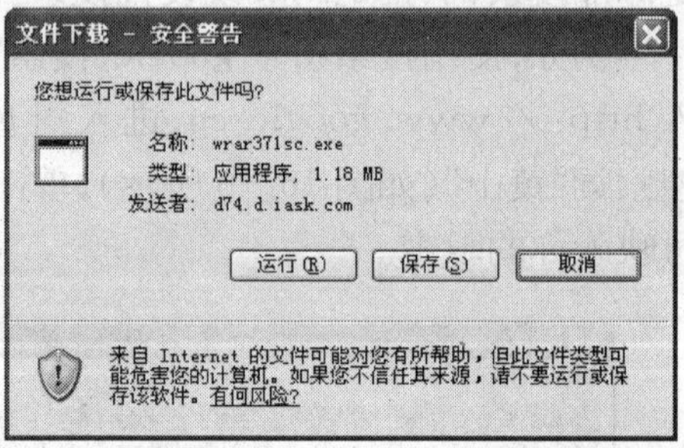

图 16－8 “文件下载-安全警告”对话框

(4) 打开“另存为”对话框，选择保存位置，输入文件名，单击“保存(S)”按钮开始下载。

2. 使用专门工具从网页下载

在 IE 浏览器中直接下载不但速度慢，而且在下载过程中突然意外中断就会前功尽弃。如果使用专业的下载软件下载就能解决这些问题，常用的下载软件有很多，如网际快车(FlashGet)、迅雷等。下面就以网际快车为例，说明使用下载工具进行下载的方法。

(1) 找到所需下载资源的网页，在下载的超级链接上单击鼠标右键，在弹出的菜单上选择“使用快车(FlashGet)下载”命令。

(2) 系统将自动启动 FlashGet 软件,并打开下载对话框,在其中设置下载资源的保存位置和名称,单击“下载”按钮开始下载。

16.2 案例实现

16.2.1 案例要求

(1) 将网易首页设置成 IE 的起始页。

(2) 从网易首页出发浏览网上各类信息,如新闻、财经等。

(3) 利用 google 搜索引擎,查找“金华至北京”的列车时刻表。

(4) 使用 FlashGet 下载腾讯 QQ 软件(2008 贺岁版),并保存到“D: \常用软件”文件夹中。

16.2.2 案例实现步骤

第 1 步: 打开 IE 浏览器,在地址栏中输入网易首页地址: www. 163. com,并按回车键,进入网易首页。

第 2 步: 执行“工具”→“Internet 选项”命令,打开“Internet 选项”对话框,然后单击“常规”选项卡,在“主页”选项区单击“使用当前页”按钮,然后单击“确定”按钮。

第 3 步: 单击导航栏中的“新闻”链接或其他链接,打开相应的页面,选择感兴趣的内容链接,进行浏览。必要时利用“后退”或“前进”按钮在浏览过的网页中切换。

第 4 步: 在地址栏中输入“www. google. com”并按回车键,进入 google 页面,输入“金华至北京列车时刻表”关键词,显示相关的查询信息链接页面,单击相应的链接即可打开“火车票网”中“金华到北京”的列车车次信息页面,如图 16－9 所示。

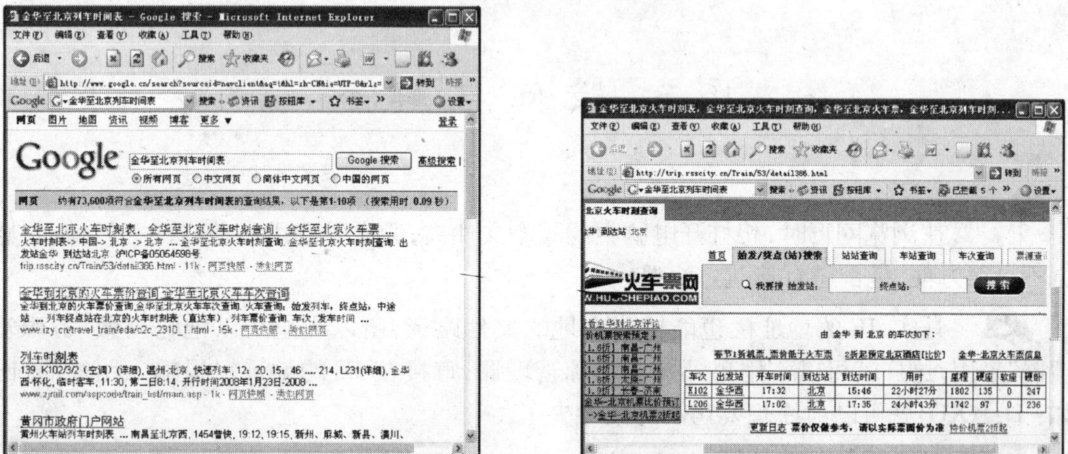

图 16－9 搜索到的信息链接及“金华到北京”列车车次页面

第 5 步：在地址栏中输入“http：//www. qq. com”，进入腾讯网站首页。

第 6 步：单击首页上的“腾讯软件”图标，如图 16－10 所示。

图 16－10 软件图标

第 7 步：进入如图 16－11 所示的下载页面，在页面的“立即下载”链接上单击鼠标右键。在弹出的菜单上选择“使用快车(FlashGet)下载”。

第 8 步：启动 flashGet 软件，并打开如图 16－12 所示的对话框，在其中单击“浏览(B)...”按钮。在打开的“浏览文件夹”对话框中设置文件的保存位置为“D：\常用软件”；在“文件名”文本框中输入“腾讯 QQ”；单击“下载”按钮。

图 16－11 “QQ2008 贺岁版”下载页面

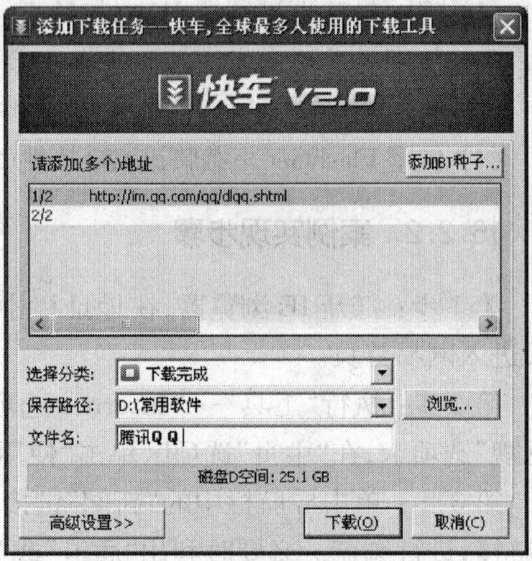

图 16－12 FlashGet 下载对话框

开始下载 QQ 软件，并在窗口的任务列表中显示下载进度、速度、所用时间、完成的百分比以及剩余时间等。

16.3 疑问与解答

在浏览网页时，想打开电脑中的某个文件夹，通常要调用“资源管理器”窗口，感觉不是很方便，是否还有其他方法呢？

其实，IE 的地址栏也能输入本地的文件路径，所以完全可以把它当做“资源管理器”来用，这样就可以不用另外开启资源管理器，直接在 IE 的地址栏里输入路径后(比如：D：\XD)就可以前往想要访问的文件夹了。

在浏览网页时，想在当前窗口打开新链接，而不是用新窗口打开该怎么办？

如果想让它在当前窗口中打开，只要用鼠标左键将它拖到地址栏中(此时地址栏中鼠标会变成一个箭头状)，这样就能在当前 IE 窗口中打开该链接了。

16.4 小窍门

小窍门1 精美图片一拖即存。想保存网上的图片，通常用“图片另存为”的方法，其实你只要打开保存图片的文件夹，然后从 IE 中用鼠标左键按住图片，拖动到文件夹窗口，松开鼠标左键，此时出现如图 16－13 所示的对话框，单击“是”按钮图片就被保存下来了。一拖一放，比“另存为”更快捷方便。

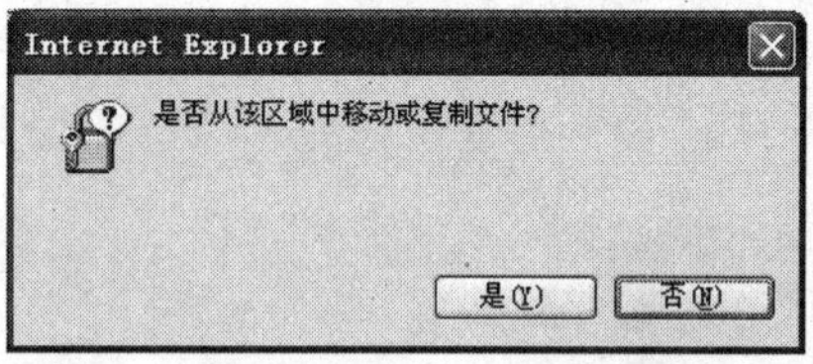

图 16－13 拖动图片放开鼠标出现的提示框

小窍门2 上网有时会遇到有的网页鼠标被屏蔽了，想复制内容、保存图片等不能进行。你可以执行 IE 窗口的“文件”→“保存”命令，把当前的网页保存下来，然后再到 XXXX. image 文件夹下找，你想要的信息准在那里等着你了。

16.5 习题与实训

16.5.1 理论习题

1. 填空题

(1) 用户想获取 Web 上的信息，必须通过________进行信息检索。

(2) ________和________是最著名的浏览器软件。

(3) 启动 IE 浏览器的三种常用方法分别是：____________、____________和____________。

(4) Web 地址，通常又称为________。网址一般由三部分组成，即：协议名称、________以及资源文件名。

(5) ________是某些网站提供的用于网上查询信息的搜索工具。

(6) 写出三个常用搜索引擎的网址____________、____________和____________。

2. 简述题

(1) 什么是 IE 的起始页？

(2) 如何查找最近使用过的 Web 页？

16.5.2 实训题

实训 1

浏览北京大学 Web 站点(Web 地址为：http：//www. pku. edu. cn)和清华大学 Web

站点(Web 地址为 http://www.tsinghua.edu.cn),并通过链接浏览南京大学等其他大学 Web 站点。

实训 2

将教育部的 Web 首页(地址为 http://www.moe.edu.cn)设置为起始页。

实训 3

收藏华军软件园首页(地址为 http://www.onlinedown.net)。

实训 4

利用 FlashGet 下载工具,下载"同花顺证券行情分析软件 2008 4.40.52"软件。

案例 17　收发电子邮件

老刘今天又来找小米了，说远在外地的弟弟向他要E-mail地址，准备给他发送几幅生日时拍的照片，想借用小米的邮箱一用。听了老刘的话，小米忍不住笑出声来。小米告诉老刘，你自己可以在网上申请一个免费邮箱。在小米的指导下，老刘顺利地申请了属于自己的免费邮箱，高兴地接收了弟弟发来的照片，并且还给弟弟发送了一份精美的生日礼物（生日贺卡）呢！下面就让我们跟着老刘一起体验学习的快乐吧！

本案例目标

✧ 认识电子邮件
✧ 申请电子邮箱
✧ 进入电子邮箱
✧ 撰写并发送电子邮件
✧ 接收电子邮件

本案例解决问题

✧ 如何申请自己的免费邮箱
✧ 如何用申请的邮箱给朋友发送带附件的邮件
✧ 如何利用申请的邮箱接收带附件的邮件
✧ 如何给好友发送一份免费贺卡

17.1 知识剖析

电子邮件服务是 Internet 最重要的服务之一。Internet 用户可以向 Internet 上的任何人发送和接收信息。

本案例主要讲述借助浏览器使用 WWW 上的邮件系统收发电子邮件。通过本案例的学习能与朋友通过邮件的形式进行信息交流。

17.1.1 认识电子邮件

1. 什么是电子邮件

电子邮件也称“E-mail”,它是一种通过网络实现异地之间消息传送和接收的现代化通信手段。电子邮件类似于邮局收发信件,也需要经过书写、发送、接收和阅读等几个步骤,只是更快捷、方便、准确与省钱,在内容上也更丰富。电子邮件不仅可以传送文本,还能传送声音、视频和图片等多种类型的文件。

2. 电子邮件的地址格式

在使用电子邮件之前,必须有一个电子邮件账号(即电子信箱),申请到的电子信箱有一个唯一的地址,它由用户名、“@”符号和保存邮件服务器名三部分组成。电子邮箱地址的格式是:用户账号名@服务器名,如图 17-1 所示。

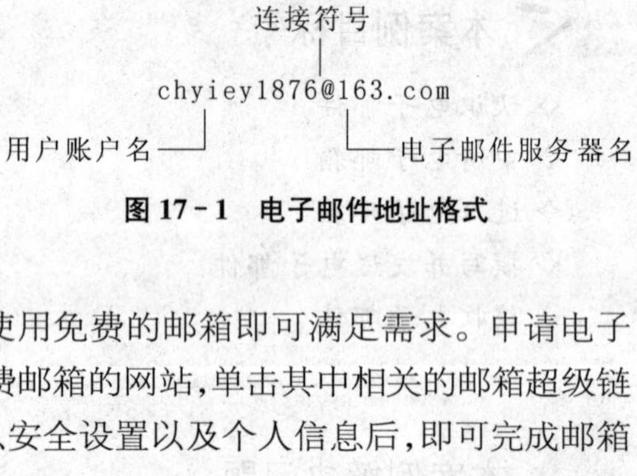

图 17-1 电子邮件地址格式

17.1.2 邮件收发基础

1. 申请免费邮箱

电子邮箱分为收费与免费两种,一般用户使用免费的邮箱即可满足需求。申请电子邮箱的方法:启动 IE 浏览器,打开提供申请免费邮箱的网站,单击其中相关的邮箱超级链接;在打开的相关页面中填写申请的账号、密码、安全设置以及个人信息后,即可完成邮箱的注册。

2. 免费邮件的使用

成功申请电子邮箱后就可以通过 Web 方式直接登录到邮件服务器,进入自己的邮箱收发邮件。方法是:先登录到邮箱所属的网站,然后在电子邮件网页中输入电子邮件用户名和密码,登录到邮箱。单击要查看的邮件的主题可浏览或下载该电子邮件的内容;单击“写信”按钮可创建和发送新邮件。

3. 发送电子贺卡

赠送贺卡是在喜庆之日向亲友表达美好祝愿的一种方式。互联网给贺卡也带来了新时尚,现在国内外都有许多提供免费贺卡的网站。通过网络,可以迅速地为远在天涯海角的亲朋好友送上一张温馨漂亮的电子贺卡。

提供免费贺卡服务的网站,贺卡发送方式主要有两类,一类是按类别提供数量众多的贺卡供用户选择,下载后可以作为邮件附件发送;另一类是在网页中选定贺卡,网页提供输入收件人地址、寄信人地址、简短祝词等栏目,甚至还可以再选择一段优美的乐曲,直接发送给收件人。

17.2 案例实现

17.2.1 案例要求

(1) 在“网易(http://www.163.com)”网站或网易邮箱的网址(http://mail.163.com)上申请一个免费的电子邮箱。

(2) 从“网易(http://mail.163.com/)邮箱”网站中登录到前面申请的电子邮箱,给地址 chunyf@126.com 发送几张照片。

(3) 接收来自 chunyf@126.com 发来的带附件的邮件。

(4) 给好友发送一份 QQ 免费贺卡。

17.2.2 案例实现步骤

第 1 步:在 IE 浏览器的地址栏中输入网易邮箱的网址 http://mail.163.com,打开“网易邮箱”Web 页,单击“注册3G网易免费邮箱”按钮。

第 2 步:填写注册信息。打开“网易通行证”页面如图 17-2 所示,在该页上根据要求填写好用户名、密码等信息,单击“注册账号”按钮“注册账号”。

第 3 步:成功注册账号。若你的用户名没有被其他用户申请则打开如图 17-3 所示的页面,表示注册成功。若你填写的用户名已经被人申请,则应重新填写用户名进行注册。

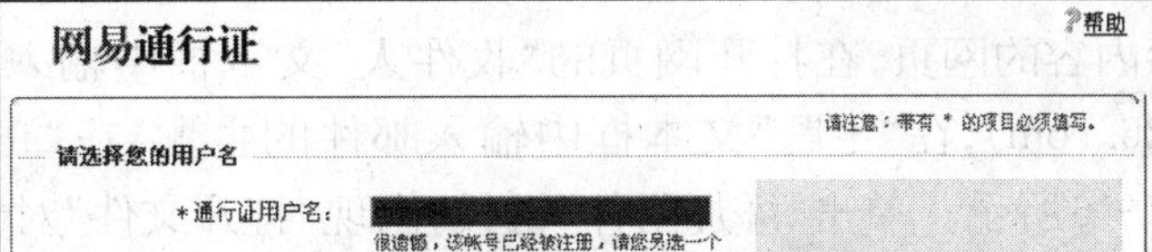

图 17-2 “网易通行证”页面

> 在注册成功页面单击“进入 3G 免费邮箱”按钮,即可进入申请的邮箱。

第 4 步:打开“网易(http://mail.163.com)”网站,在“用户名”和“密码”文本框中输入邮箱名和密码,单击“登录”按钮,进入邮箱页面,在窗口左侧提供了管理邮箱的内容,右侧显示了当前邮箱的邮件数量等信息,如图 17-4、图 17-5 所示。

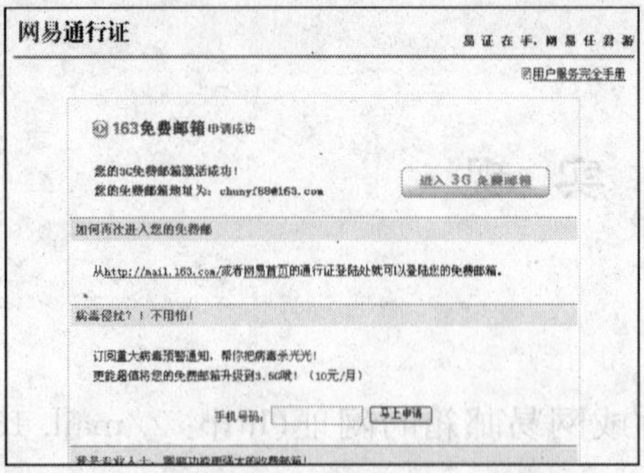

图 17-3 “注册”成功页面信息

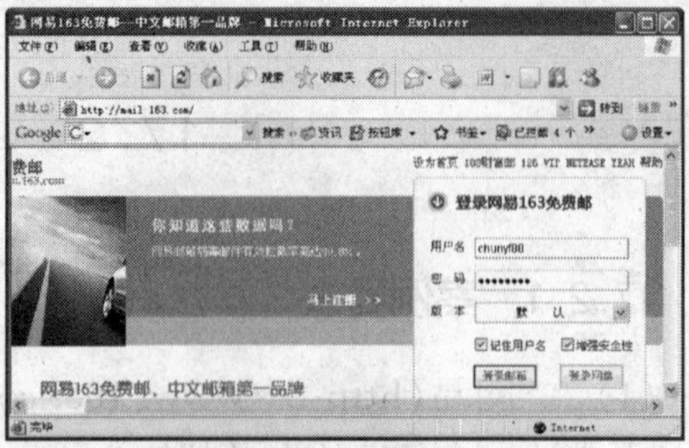

图 17-4 “网易邮箱”登录页面

在邮箱页面左侧的列表中单击相关链接,可以进入到收件箱、草稿箱等页面中。

第 6 步:撰写并发送电子邮件。单击邮箱页面左侧的“写信”按钮,即可打开撰写邮件内容的网页,在打开网页的“收件人”文本框中输入邮件接收人的邮箱地址(chunyf@126. com),在“主题”文本框中输入邮件的主题,在“正文”文本框中输入邮件内容,如图 17-6所示。单击“添加附件”链接,出现“打开文件”对话框,选择照片所在的文件夹,选定要作为附件发送的照片,单击“打开(O)”按钮。

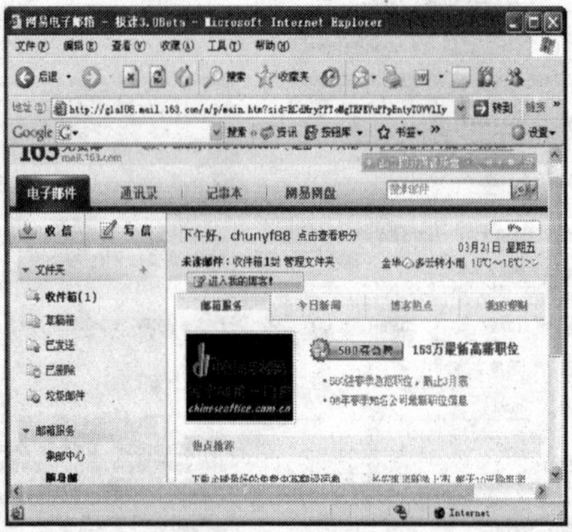

图 17-5 邮箱页面

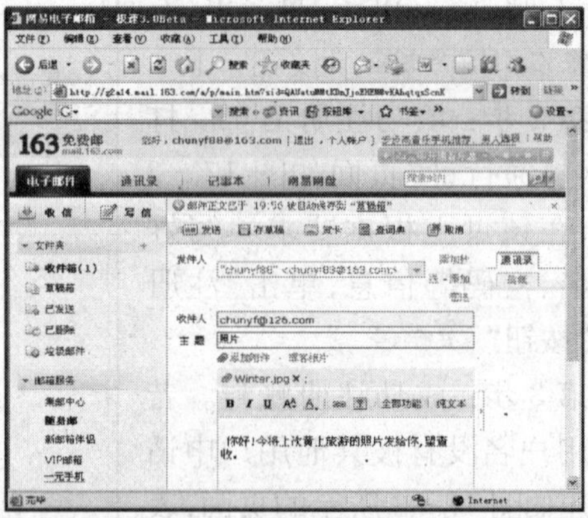

图 17-6 写信页面

第 7 步:附件选择完成后,单击“发送”按钮,即可将邮件发送到指定的邮箱中。若邮件发送成功,将在屏幕上显示邮件发送成功的提示信息。

第 8 步:在邮箱页面中单击“收信”按钮。打开“收件箱”页面,在其中可以看到收到的新邮件,单击需要查看的邮件主题链接。在打开的页面中可以查看收到邮件的日期和时间、收件人、发件人、主题以及邮件的主要内容。单击“下载附件”链接,在打开的“另存为”对话框中选择保存路径,单击“保存(S)”按钮,将附件保存到本地磁盘中。

查看邮件后，单击“回复”按钮，可以向发件人回复邮件，单击“转发”按钮，可将该邮件转发给其他人。

第 12 步：启动 IE 浏览器，链接 QQ 贺卡首页（http://www.qqjia.com/mu/card.htm），如图 17－7 所示。根据要求选择某一类，例如选择“生日祝福”类（也可以在“酷卡排行”中直接选择贺卡），这时屏幕上显示“生日祝福”类所有的贺卡，双击需要的贺卡图，进入如图 17－8 所示的贺卡预览页面，单击“将这个贺卡 E-mail 给朋友”链接。

第 13 步：显示如图 17－9 所示的贺卡内容设置，填写贺卡人的姓名、E-mail 地址，收卡人的姓名、E-mail 地址，以及贺词等。

图 17－7 QQ 贺卡主页

图 17－8 选择的贺卡预览页面

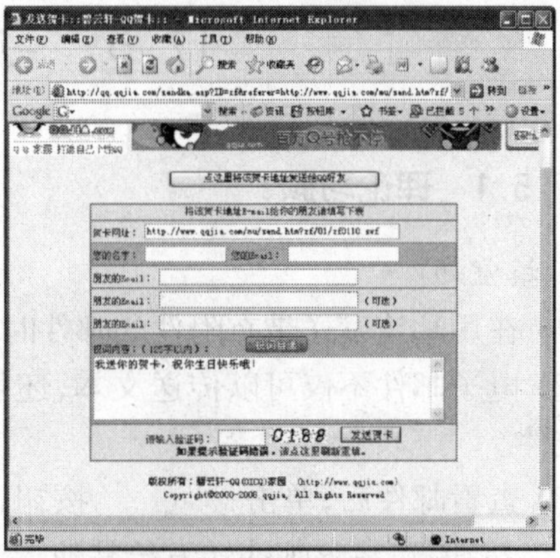
图 17－9 贺卡内容设置

第 14 步：单击“发送贺卡”按钮，贺卡发出之后，屏幕上会显示贺卡已被寄出的信息。

17.3 疑问与解答

为什么有时添加了几个附件后，邮件就发送不出去了呢？

原因可能是添加的附件太大了。附件的总大小不能超过邮件服务器所支持的大小，如网易（http://www.163.com/）可支持单个附件 20 M，或者多个附件累加20 M。

如何擒获携带病毒的电子邮件？

一般情况下，当遇到带有附件的邮件时，如果附件是可执行文件(?. exe、?. com)或 Word 文档时，不要选择打开，可以用两种方法来检测是否带有病毒。一种方法是利用杀毒软件的邮件病毒监视功能来过滤掉邮件中可能存在的病毒；另一种方法是把附件先另存为硬盘上的文件，然后利用杀毒软件查毒。

17.4 小窍门

小窍门 1　在“收件人”文本框中直接输入用英文逗号隔开的多个用户的邮箱地址，可以将一封邮件同时发送给多个用户。

小窍门 2　通过 Web 方式收发邮件时，结束后一定要退出邮箱，不能只是简单地关闭 IE 浏览窗口，以免信息被盗或被人利用。

17.5 习题与实训

17.5.1 理论习题

1. 填空题

(1) 在用邮箱发送带有附件的邮件时，附件总容量不能超过________。

(2) 电子邮件不仅可以传送文本，还能传送________、________和________等多种类型的文件。

(3) 查看邮件后，单击________按钮，在打开的页面中可以向发件人回复邮件，单击________按钮，可将该邮件转发给其他人。

2. 简述题

(1) 目前提供免费贺卡服务网站的贺卡发送类型有哪几种?

(2) 什么是电子邮件？举例说明 E-mail 的地址格式。

17.5.2 实训题

实训 1

给自己申请一个免费邮箱。

实训 2

利用申请的邮箱给朋友发送一封带附件的邮件。

实训 3

给你的朋友发送免费电子贺卡。

第5篇　办公设备使用与维护案例

做完了公司的报表，总是需要把它打印出来交给上司，也许你会说：这很简单，用打印机打呀。那么什么是打印机呢？怎么使用打印机呢？万一它罢工了又该怎么办呢？另外，如果自己录了一首歌，也可以学歌星一样把它录到光盘上，过一把明星瘾吗？再如果，看到一张很漂亮的照片，可以把它弄到电脑里面永久保存吗？其实这一系列的问题都有专门的机器为我们实现，无论是生活还是工作，我们都需要它们来简化和美化。

案例 18 打印机的使用与维护

办公室中唯一的老式 HP-LasekJet 6L 激光打印机在打印时罢工了，原因是卡纸。虽然被卡的纸已经基本取出，但可能还留有小纸片，因此还不能进纸，只好等待专业人员上门维修了。小米恨透了这台打印机了，卡纸罢工是常有的事，早就有换掉它的想法，趁这次罢工机会，向主任提出更换打印机的要求。想不到主任爽快地答应了，小米高兴之余又想，虽然打印机经常使用，但还有许多关于打印机的知识不了解，因此小米找来了相关的资料认真地学习起来。

本案例目标

✧ 了解打印机的类型
✧ 掌握打印机的安装与使用
✧ 了解打印机日常的保养与维护

本案例解决问题

✧ 如何安装打印机驱动程序
✧ 如何设置默认打印机
✧ 如何实现打印机更省墨
✧ 如何对打印机进行日常维护
✧ 如何排除常见的故障

18.1 知识剖析

打印机是现代办公中最常用的输出设备之一，可以通过打印机将计算机处理的文件、图形图像等输出到纸上。

本案例主要讲述打印机的类型、打印机驱动程序的安装、打印机的日常保养与维护等知识。通过本案例的学习能正确使用打印机打印文件，并且知道在日常使用打印机时应注意的问题，从而延长打印机的寿命。

打印机的种类很多，按打印原理进行分类主要可分为针式打印机、喷墨打印机和激光打印机3种类型。现在办公室与家庭普遍使用激光打印机和喷墨打印机，用户可根据需要选择。

18.1.1 针式打印机

针式打印机有打印成本低廉、容易维修、价格低、打印介质广泛等优点，它是唯一靠打印针击打介质形成文字及图形的打印机。同时针式打印机可以打印穿孔纸，它在银行、机关、企事业单位中发挥了很大的作用；宽行打印机可以打印A3幅面的纸，窄行打印机一般只能打印A4幅面的纸张。但是针式打印机打印质量差、打印速度慢，更有打印钢针撞击色带时产生很大噪音的致命缺点，所以它在办公自动化中的地位已逐步被喷墨和激光打印机所取代。图18-1是爱普生LQ-1600K4针式打印机。

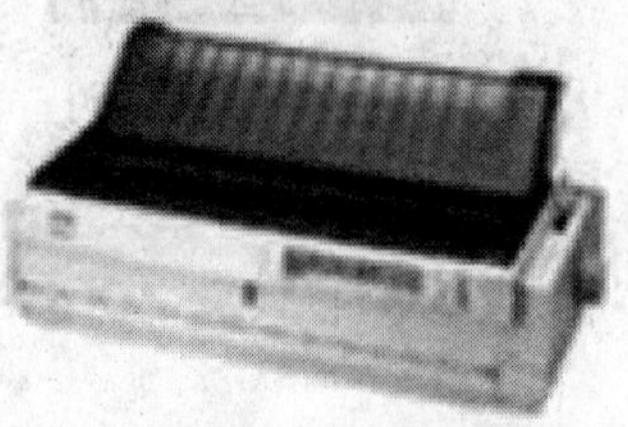

图18-1 爱普生LQ-1600K4

18.1.2 喷墨打印机

喷墨打印机是目前最为流行的打印机，其工作原理是利用喷墨头把细小的墨滴喷到打印纸上，形成文字或图像。墨滴越小打印内容越清晰。该类打印机有体积小、价格低廉、操作简单方便、打印噪音低等特点。图18-2所示是一款喷墨打印机。

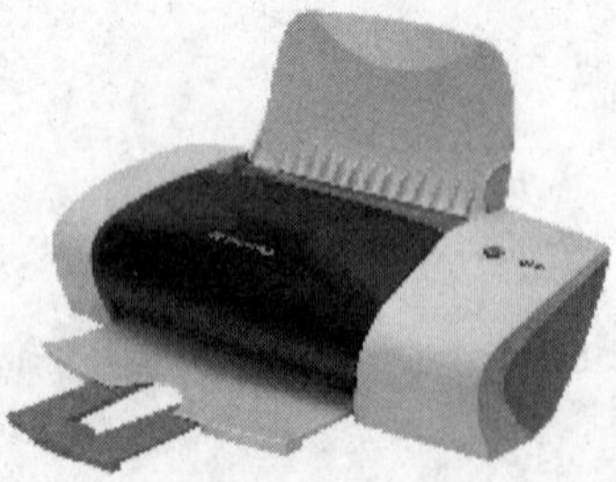

图18-2 联想3310喷墨打印机

图18-3 HP Color LaserJet 2605激光打印机

18.1.3 激光打印机

激光打印机是目前打印机家族中打印质量最好的打印装置之一，它具有打印速度快、分辨率高、打印质量好、不褪色等优点，一些新型的激光打印机甚至还增加了网络功能。但是它价格高、纸张要求高、打印成本高，一般适用于打印质量要求高、打印速度要求快的企业。

按照激光打印机是否能够打印彩色，分为黑白激光打印机与彩色激光打印机两种类型。由于彩色激光打印机的价格过于昂贵，主要在专业领域应用，图18-3所示是一款彩色激光打印机。目前普遍流行的是黑白激光打印机。

18.2 案例实现

18.2.1 案例要求

本案例主要学习安装打印机，设置默认打印机，让打印机更省墨的方法和常用打印机的日常维护。

18.2.2 案例实现

1. 安装打印机

打印机的安装分为两部分：一是打印机的硬件连接，只有将打印机与计算机连接，才能进行打印；二是相应驱动程序的安装。具体的方法如下：

第1步：将打印机的数据线以对应的接口方式连接到计算机主机上。打印机数据传输线的接口类型有多种，除了并行口外，还有串行口、USB接口等。并行打印机都含有两条线，一条是数据线，另一条是电源线。数据线将打印机与电脑相连，电源线将打印机与电源插座相连。但不管属于什么类型，只要在打印机背面板中找到和对应接口类型相吻合的接口，直接插入即可。

第2步：安装打印机驱动程序。完成打印机与计算机硬件的正确连接后，就可以在计算机系统中添加打印机的驱动程序了。对于即插即用的打印机，系统会自动检测并添加新设备。

若没有自动添加打印机驱动程序安装向导，可以执行“开始”→“控制面板”命令，打开“控制面板”对话框，单击“经典视图”切换到经典视图模式下的“控制面板”对话框，在对话框中双击“打印机与传真”图标，打开如图18-4所示的对话框。在对话框中，单击左上方的“添加打印机”按钮，打开打印机添加向导，跟着向导完成打印机的安装。

2. 设置默认打印机

如果一台计算机安装了多台不同型号、不同规格的打印机，那么需要打印时，将文档发送到哪一台打印机上打印呢？

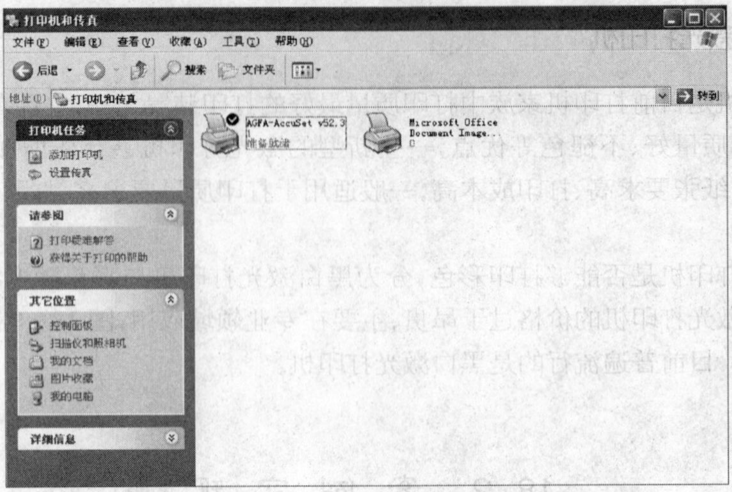

图 18-4　打印机和传真窗口

可以根据需要，将最常用的打印机设置为默认打印机，当执行“打印”操作命令后，计算机默认将要打印的文档发送到该打印机。设置默认打印机的方法是：

执行“开始”→“控制面板”命令，打开“控制面板”对话框。单击“经典视图”切换到经典视图模式下的“控制面板”对话框，在对话框中双击“打印机与传真”图标，打开如图 18-4所示的窗口，此窗口中列出了本计算机所安装过的所有打印机。在需要设置为默认打印机的图标上，单击鼠标右键，在弹出的快捷菜单中选择“设为默认打印机”命令。此时打印机右上角出现“✔”标记，表示该打印机已被设置为默认打印机。

若要查看当前打印机的状态，只需双击该打印机图标，系统就打开打印机的状态窗口，如图 18-5 所示。在窗口中，可以看到打印文件的名称、状态、所有者等信息。若要删除打印任务，只要选择窗口中的打印任务，执行“文档”→“取消”命令即可。

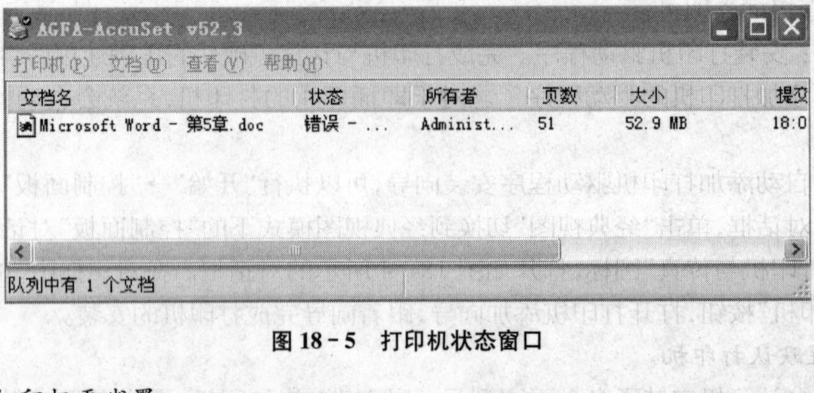

图 18-5　打印机状态窗口

3. 让打印机更省墨

(1) 节省打印墨盒。若打印的文档质量要求不高，则可以适当降低打印分辨率和启用

节省打印墨盒,以达到省墨的目的。具体方法是:

第 1 步:打开需要打印的文档,按[Ctrl+P]快捷键,打开“打印”对话框。

第 2 步:在对话框中单击“属性”按钮,打开相应的属性对话框。

第 3 步:选择“纸张/质量”选项卡,单击“高级”按钮,在“打印质量”下拉列表中,降低分辨率,如图 18-6 所示(不同的打印机类型,对话框的样式可能有所不同)。

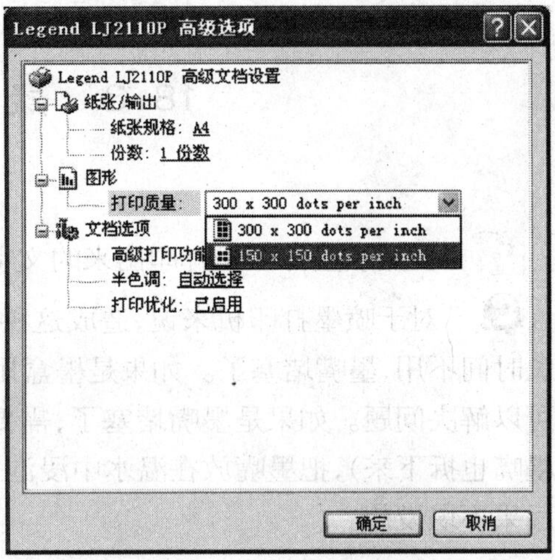

图 18-6 打印机的高级选项

(2) 使用省墨字体。为了省墨,如果制作的文档没有特殊要求,尽量不要用黑体和加粗字体,并且可以将文本的“字体颜色”设置为灰色。

4. 打印机的日常保养与维护

(1) 针式打印机。针式打印机的日常保养与维护要注意以下几点:

① 装纸时一定要平稳端正,如果打印时进纸歪斜就会形成折皱,轻则浪费纸张,重则造成断针。

② 打印不同厚度的纸张时,要调整纸张厚度调节杆,使打印头与胶辊的距离与纸张相适应。

③ 打印连续的打印纸时,要将打印纸两边的纸孔与送纸器的齿轮装好,并且将打印纸放在合适的位置以免卡纸。

④ 长时间不使用打印机时,将色带盒从打印机中取下,放在密封的地方,以免色带上的墨水蒸发影响色带寿命。

⑤ 更换色带时,一定要将色带理顺,不要让色带在色带盒中扭曲,否则会造成色带无法转动甚至损坏打印机。

(2) 喷墨打印机。喷墨打印机的日常保养与维护要注意以下几点。

① 不要随意拆下喷头;不能用水清洗喷头;不要磕碰喷头。

② 不要用纸巾、镜片布等擦拭喷头表面。

③ 不要在关机状态下更换墨盒,以免墨水供应不上。

④ 墨盒在长期不使用时,应放在室温条件下,并且避免日光直射。

⑤ 打印时如果输出不太清晰、有条纹或其他缺陷,可以用打印机的自动清洗功能清洗打印头。若连续清洗几次之后仍不满意,表明墨水可能已经用完,需要更换墨盒。

⑥ 喷墨打印机的墨水有使用温度的限制,在规定的温度范围内可以发挥墨水的最佳性能(一般为 5℃~35℃)。温度过低墨水可能会冻结,而温度过高则会影响墨水的化学性能。

(3) 激光打印机。激光打印机的日常保养与维护要注意以下几点。

① 要注意防尘,不要使用粉尘较多或质量不好的纸张。

② 装纸前要先释放掉纸上的静电，并将纸张抖开，以免影响进纸和打印质量。

③ 更换硒鼓时，轻摇粉盒使墨粉均匀分布会有助于取得好的打印效果。

④ 对于其他传输部件，不需要特殊的维护，平常只要保持清洁就可以了。

18.3 疑问与解答

使用喷墨打印机打印出来的文字、字符不全或者字迹不清晰是什么原因？

对于喷墨打印机来说，造成这种现象的原因可能是墨盒用完了，也可能是打印机长时间不用，墨嘴堵塞了。如果是墨盒用完了，只要更换一个新的墨盒或注入新的墨水就可以解决问题。如果是墨嘴堵塞了，需要取下墨盒(如果墨盒跟墨嘴不是一体的，还要将墨嘴也拆下来)，把墨嘴放在温水中浸泡一段时间，不过千万不能让电路板部分浸湿，否则后果不堪设想。

打印时一次送入多张打印纸，如何解决？

如果是打印纸不符合要求，如纸张粘在一起则应将粘在一起的打印纸分开，重新装入。如果是进纸盘中的纸装入得太多了，则应适当取出一些纸。若装入了厚度不同的打印纸，送厚纸的同时将薄的一起带入，则应是取出打印纸，装入同一类型、重量、尺寸的打印纸。

打印机卡纸该如何解决？

造成卡纸的原因可能是纸张的皱折、卷曲或纸边不整齐，使得纸夹在打印机中，出现卡纸现象。处理方法是首先关掉打印机，打开打印机盖，再取出纸匣，清除卡纸，并仔细检查送纸通路上是否有碎纸及异物。确保清除干净后再装入出纸匣，关闭打印机顶盖。

18.4 小窍门

小窍门 1　喷墨打印机每启动一次，打印机都要清洗打印头和初始化打印机，对墨水输送系统充墨，这个过程要浪费较多的墨水。在使用喷墨打印机的时候，应该将需要打印的东西集中到一起进行打印，尽量避免频繁地启动打印机。

小窍门 2　激光打印机在有纸的情况下显示无纸信号，导致打印失败，这可能是因为用于测纸的光电传感器被污染了，可以用脱脂棉球擦拭相应传感器表面，使它们保持干净，始终具备传感灵敏度。

18.5 习题与实训

18.5.1 理论习题

1. 填空题

(1) 目前办公常用的打印机有________、________和________三大类。

(2) 连接打印机时,连接打印机与电脑的是________,连接打印机与电源插座的是________。

(3) 分辨率最高、打印质量最好的打印机为________打印机。

(4) 常用的办公打印机中属于击打式打印机的是________。

2. 选择题

(1) 在打印机中可以打印多层纸的是(　　)。

A. 激光打印机　　B. 喷墨打印机　　C. 针式打印机　　D. 以上都不是

(2) 下列各项中,不属于喷墨打印机特点的是(　　)。

A. 打印分辨率高　　B. 价格昂贵　　C. 噪声很小　　D. 重量轻

18.5.2 实训题

实训 1

在计算机上安装联想 Legend LJ6P 型号的打印机,并且将它设置为默认打印机。

实训 2

启动 Word 2003 中打开[案例 5]中创建的“产品满意度调查表”,启动打印机打印该文档。

案例 19 其他办公设备的使用与维护

会议进行到一半，发现要分发的文件忘记复印了。小米拿着文件冲到文印室却发现负责文印的小妹不在，怎么办呢？面对着复印机上有点熟悉却又完全不知如何下手的按键，小米只能干着急地等文印小妹回来。放眼文印室，小米发现除了打印机外，还有很多自己不认识甚至没见过的家伙，于是就暗下决心：一定要攻克这些硬家伙，不再出现今天这样无从下手的尴尬局面！

本案例目标

- ✧ 认识复印机、刻录机等常用办公设备
- ✧ 掌握复印机等设备的使用方法
- ✧ 了解复印机等设备的日常保养与维护

本案例解决问题

- ✧ 如何使用复印机复印文件
- ✧ 如何安装并使用刻录软件
- ✧ 如何利用传真机实现文件传输
- ✧ 如何对常用办公设备进行日常维护
- ✧ 如何排除常见的故障

19.1 知 识 剖 析

除了打印机外，常用的办公自动化设备还包括复印机、传真机、刻录机等。本案例主要讲述复印机、扫描仪等 4 种办公常用设备的类型、应用以及日常保养与维护等知识。通过本案例的学习能正确使用常见的办公自动化设备，并且能解决设备日常使用过程中的简单故障，从而提高办公效率。

19.1.1 复印机简介

目前的复印机，从基本技术来讲，主要可以分为模拟复印机和数字复印机两大类。其中数字复印机正以如下优点，成为人们办公自动化的好帮手：一次扫描，多次复印；更加整洁、清晰的复印质量；能够进行电子分页；无废粉、低臭氧、自动关机节能，更加的环保；具有强大的图像编辑功能；复印速度更快。图 19－1 所示是一款东芝 E－STUDIO 358 的数字复印机。其中：① 为输出纸盘；② 为原稿盖板；③ 为自动送搞器(ADF)；④ 为控制面板；⑤ 为进纸盒。

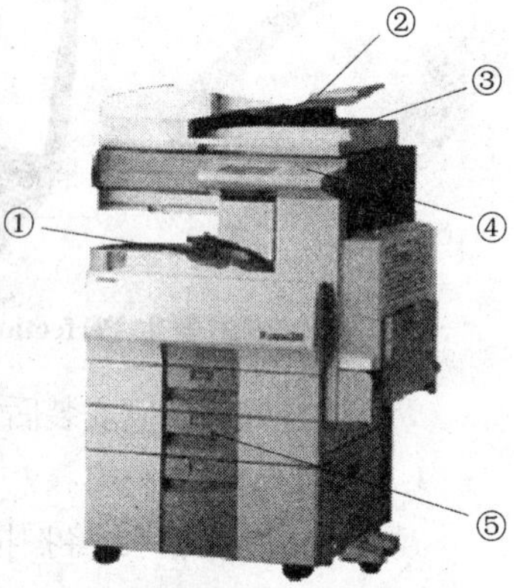

图 19－1 东芝 E－STUDIO 358 复印机

19.1.2 刻录机简介

刻录机又称为“光盘写录器”，除具有一般 CD－ROM 的只读功能外，还具有录制 CD 光盘的功能，利用它可以制作影像光盘、制作音乐光盘、制作应用程序光盘、长期保存资料等。如图 19－2 为一款明基刻录机。

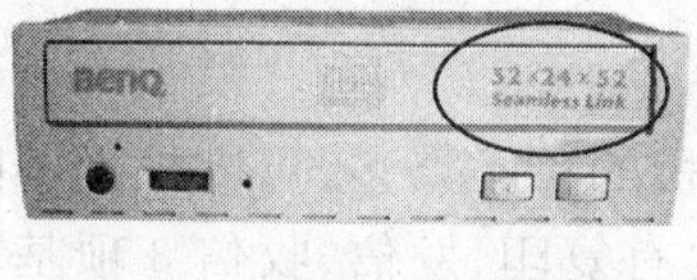

图 19－2 明基 52 倍速刻录机

目前市面上的刻录机种类繁多，可以按照接口类型、规格等多种方式进行分类。从规格上来看，常用的刻录机包括CD-R 和 CD－RW。CD－R 刻录机为一次性写入 CD 驱动器，具有一次写入多次读取的特点；CD－RW 刻录机为重复写入 CD 驱动器，可以提供反复擦写光盘的功能。

刻录机和普通光驱一样也有倍速之分，只不过刻录机有 3 个速度指标：刻录速度、复写速度和读取速度。如图 19－2 所示，刻录机标称速度为 52×24×52，说明此刻录机刻录 CD－R 盘片的最高速度为 52 倍速(1 倍速的数据传输速率为 150 kb/s)，复写和擦写 CD－RW 盘片的最高速度为 24 倍速，读取普通 CD－ROM 盘片(包括 CD－R 和 CD－RW)的最高速度为 52 倍速。

除刻录机外，CD－R 和 CD－RW 盘片也都有标准的刻录速度，对于仅支持低速刻录的盘片，如果强行采用高速刻录方式，有可能会造成记录层烧录不完全，从而导致数据读取失败甚至盘片报废，所以选择支持相应刻录速度的盘片是非常重要的。

19.1.3 扫描仪简介

扫描仪是一种常用的计算机外部输入设备,可以将纸上的文字、图像等转换成供计算机识别和编辑的数字化信息。对于大量纸制文件上的信息输入,可以先将其扫描到计算机中,然后使用相应的识别软件对文字进行识别,完成纸制文件到数字文档的转换,从而减少文字输入的工作量,提高办公效率。

扫描仪的主要工作原理是通过光源照射到被扫描的材料上来获得材料的图像。材料将光线反射到叫做 CCD(Change Coupled Device,电荷耦合器件)的光敏元件上,根据材料不同位置反射的光线强弱不同,CCD器件将光线转换成数字信号,并传送到计算机中,此时我们就获得了材料的图像。如图19－3所示为爱普生 v200 扫描仪的外观,其中① 为扫描仪文稿盖;② 为文稿垫;③ 为文稿台;④ 为扫描头。

图 19－3 爱普生 Perfection V200 Photo

只有将扫描仪正确安装后才可以使用它,扫描仪的安装也分硬件连接和软件驱动两个步骤。

1. 扫描仪的硬件连接

硬件连接方法是:将扫描仪的电源线一端插入扫描仪背面的电源插座,另一端连接外部交流电源;接下来连接 USB 数据线,将数据线的一端插入扫描仪的数据端口,另一端则插入计算机机箱的 USB 接口。

2. 扫描仪驱动程序的安装

完成扫描仪与计算机硬件连接后,计算机系统将自动弹出发现新硬件的提示对话框,将已经准备好的扫描仪自带光盘插入到光驱中,在对话框中选中"自动安装软件(推荐)"单选按钮,再单击"下一步",按照向导提示完成驱动程序安装。

19.1.4 传真机简介

传真机是现代办公中必不可少的另一个外设。传真机的种类繁多,可以根据不同的方法对其进行分类,但是无论怎么分,传真机一般都具有复印、发信、收信 3 项基本功能。

目前市面上比较常用的传真机有以下 4 类:热敏纸传真机(也称为卷筒纸传真机);热转印式普通纸传真机;激光式普通纸传真机(也称为激光一体机);喷墨式普通纸传真机(也称为喷墨一体机)。

如图 19－4 所示为惠普激光一体机,其中① 为纸盘;② 为优先进纸槽;③ 为出纸槽;④ 为自动文档进纸器(ADF)出纸槽;⑤ 为自动文档进纸器(ADF)进纸盘;⑥ 为控制面板;⑦ 为碳粉盒档门释放按钮。

图 19－4 HP LaserJet 3050

19.2 案例实现

19.2.1 案例要求

此案例要求学生掌握复印机的使用，刻录软件的安装及使用，照片或文稿的扫描及如何利用传真机传输文件和设备的日常维护。

19.2.2 案例实现

1. 复印机的使用

复印机在复制文稿时可以对复印数量、缩放文件、复印速度等进行设置，所有的操作都通过控制面板上的按键实现。下面以东芝 E-STUDIO 358 为例，介绍复印机使用的基本步骤，如图 19-5 所示为该复印机的控制面板。

图 19-5 东芝 E-STUDIO 358 控制面板

第 1 步：单击复印机电源开关，确保控制面板上方电源指示灯亮着。

第 2 步：查看纸盒内是否有纸。根据纸盒外面标识纸型(A3、A4 等)放置所需复印纸。

第 3 步：放置原稿。打开复印机原稿盖板，将原稿面朝下贴着玻璃板放好。根据所印纸张的大小，原稿放置的位置有所不同，在玻璃板边缘有相应的标记。

第 4 步：通过面板触摸屏选择纸型、缩放比例、颜色深度等选项。

第 5 步：按面板上的数字键选择要复印的份数。

第 6 步：所有的内容都设置完毕后，单击“Start”启动按钮开始复印。

2. 刻录软件安装及使用

将刻录机连接在计算机上后，并不能直接进行刻录，还必须安装一个合适的刻录软件。目前比较常用的刻录软件有 Nero、Disc Juggler、WinOnCD、FunCD 等，这里以 Nero 7 为例介绍刻录软件的安装及简单的使用。

Nero 是一个由德国公司出品的光盘刻录程序，支持 ATAPI(IDE)的光盘刻录机，支持中文长文件名刻录，可以刻录多种类型的光盘片，更吸引人的是它的汉化界面非常友好，是一个相当不错的光盘刻录程序。它的安装及使用都非常简单。

(1) 安装步骤。

第 1 步：解压缩已下载的 Nero7 压缩包，如图 19-6所示。

第 2 步：双击安装程序进行安装，如图 19-7 所示。

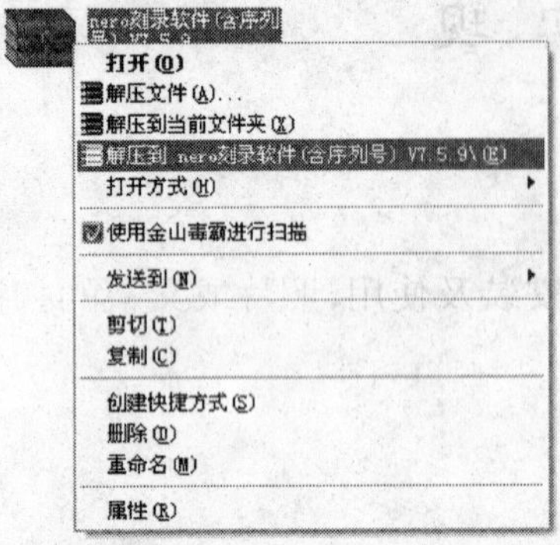

图 19－6　解压缩软件包

图 19－7　运行安装程序

第 3 步：在之后跳出的窗口中一直点击“下一步”，直到出现如图 19－8 所示的界面。用户名和组织可以随意输入。此处显示的序列号大多已过期，需要再下载一个注册机来产生序列号，图 19－9为注册机运行后的界面，点击“Generate”产生一个新的序列号并复制到安装向导中，然后点击下一步。

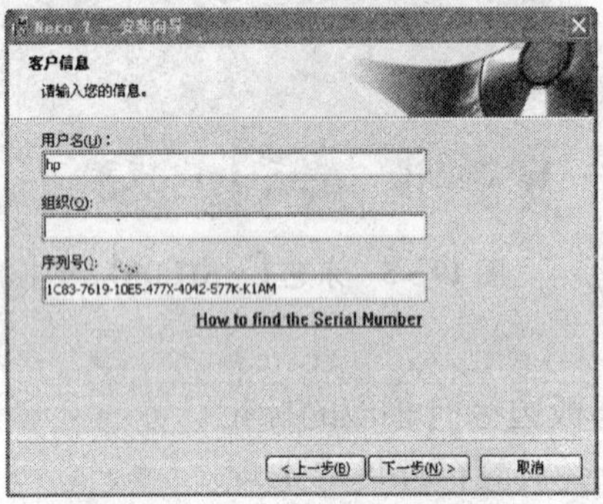

图 19－8　客户信息界面

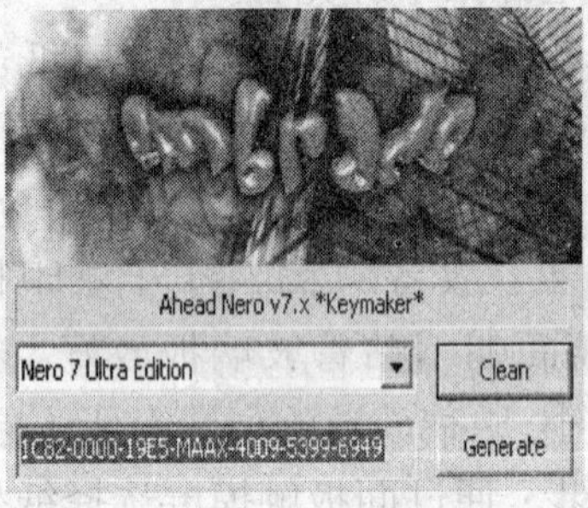

图 19－9　运行注册机

第 4 步：在跳出的窗口中选择“典型”安装，并单击“下一步”，如图 19－10 所示。

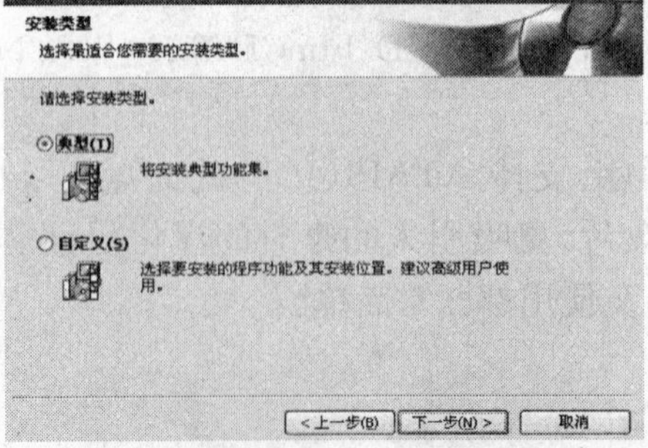

图 19－10　安装类型选择界面

图 19－11　正在安装显示界面

第 5 步：然后点击“安装”，此时将出现如图 19－11 所示的安装界面，这个过程可能持续几分钟。之后将出现“设置”界面，如图 19－12 所示，上面的选项建议都不要选，否则之后的视频、音乐等都将以 Nero 的形式打开。设置完后点击“下一步”。

第 6 步：如图 19－13 所示单击“完成”按钮，完成对刻录软件的安装。

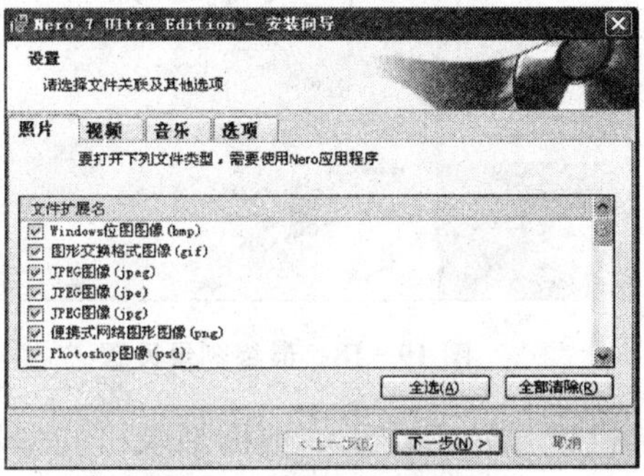

图 19－12　设置界面

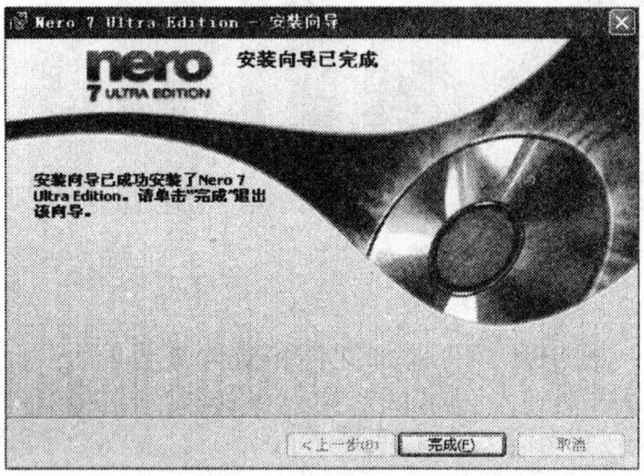

图 19－13　安装完成界面

第 7 步：安装完成后必须重新启动计算机才能使用软件。

(2) 利用 Nero 软件制作 CD。刻录机安装完成后，桌面就多了两个小图标，如图 19－14 所示。一个是 Nero Home，这是用于访问所有媒体文件以在 TV 或 PC 上进行查看或管理的应用程序。另一个是 Nero StartSmart，这是所有音频、视频、备份和刻录任务的起始点。

第 1 步：双击“Nero StartsSmart”，打开刻录界面，如图 19－15 所示。

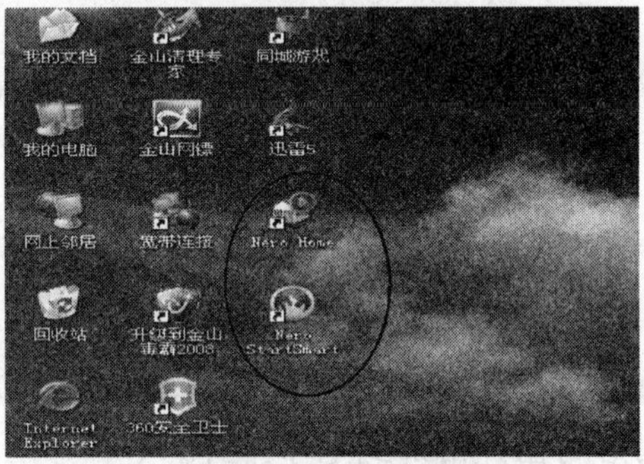

图 19－14　桌面图标

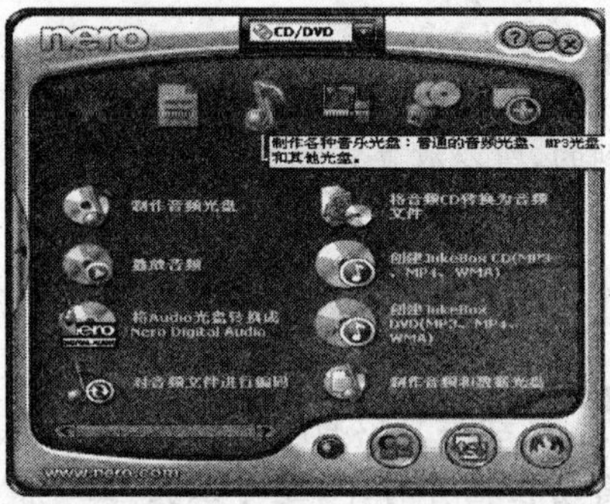

图 19－15　Nero 刻录界面

第 2 步：选择一种类型，此处选择“音频”，点击“制作音频光盘”项。

第 3 步：在弹出的“Nero Express”界面中单击“添加…”按钮，如图 19－16 所示。

第 4 步：在出现的“添加文件和文件夹”对话框中，选择需要刻录的音频文件，如图19－17 所示，选定后再单击“添加”按钮。

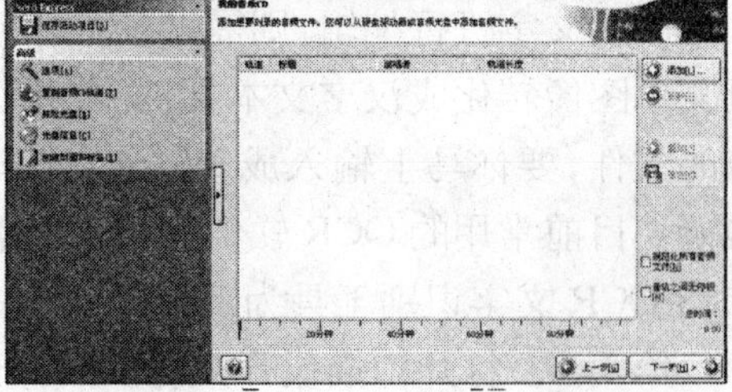

图 19－16　Nero Express 界面

第 5 步：回到“Nero Express”对话框，单击“下一步”按钮，出现“最终刻录设置”，如图 19-18所示。

图 19-17　添加文件和文件夹界面

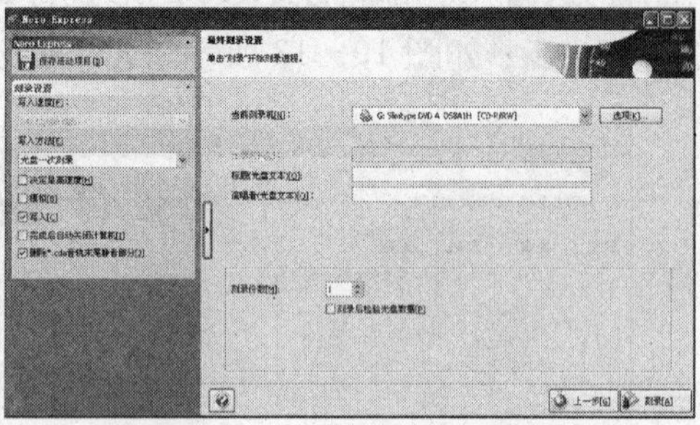

图 19-18　最终刻录设置

第 6 步：设置完毕后，单击“刻录”按钮，刻录机就开始工作了。根据刻录机的型号、性能以及刻录内容大小等不同，刻录一张光盘所需要的时间也都不一样。

3. 照片或文稿的扫描

不同品牌的扫描仪无论在外形、颜色还是在功能使用上都有所不同，这里以爱普生 Perfection V200 Photo 为例介绍扫描仪的简单应用。这一款扫描仪可以采用多种方法扫描图像，比较常用的有使用扫描仪按键直接扫描和使用 epson scan 进行各种模式扫描，下面我们来认识一下使用按键进行扫描的基本步骤：

第 1 步：打开扫描仪文稿盖，确保文稿垫安装在文稿盖内部。

第 2 步：将原始文稿或照片正面朝下放置在扫描仪文稿台上，并合上文稿盖。

> 因为距离文稿台玻璃面水平和垂直边缘上 3 毫米(0.12 英寸)的区域是不能扫描到的，所以放置文稿的时候不能太靠近文稿台的边角，应该稍微向中间移动一点。

第 3 步：按下扫描仪上的“”键，计算机自动启动 epson scan。

> 启动后可以按“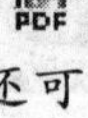”键直接将文稿扫描至 PDF 文件，也可以按“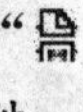”键让照片自动扫描并打印，还可以按“”键将扫描后的图片附加到电子邮件。

进行上面步骤的扫描之后，扫描得到的文稿都是以图片的形式保存的。如果想要对扫描后的文字进行编辑，则需要使用中英文 OCR 识别软件，它能够将扫描仪扫描到的整页文本图像转化成汉字文本文件，与手工输入的一模一样。当某天老板突然拿了一叠厚厚的文件，要你马上输入成 Word 文档时，你就可以直接用扫描仪扫描了，这样既快速又准确。目前常用的 OCR 软件有尚书、紫光 OCR、汉王等，这里以 Office 2003 自带的 Office 2003 OCR 文字识别工具为例讲述文本文字的扫描和识别。

第 1 步：打开扫描仪开关，然后打开文稿盖，将需要扫描的文件正面朝下放在文稿台上并盖好盖子。

第2步：单击“开始”→“所有程序”→“Microsoft Office”→“Microsoft Office 工具”→“Microsoft Office Document Imaging”，启动如图19-19所示的窗口。

第3步：执行“文件”→“扫描新文档”命令，打开“扫描新文档”对话框。如图19-20所示，在“选择扫描预设”列表中选择“黑白模式”。

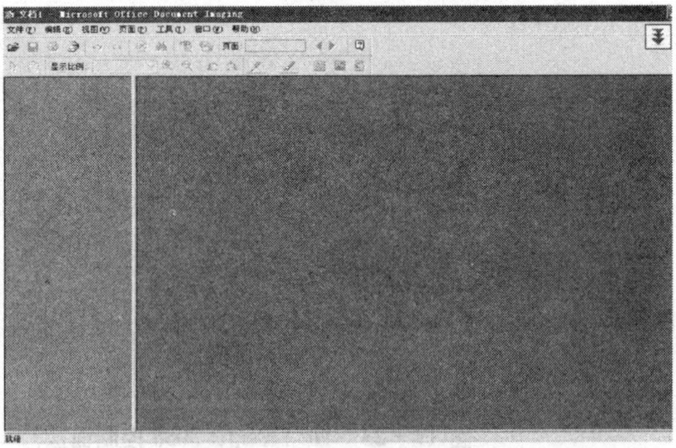

图19-19 Microsoft Office Document Imaging 窗口

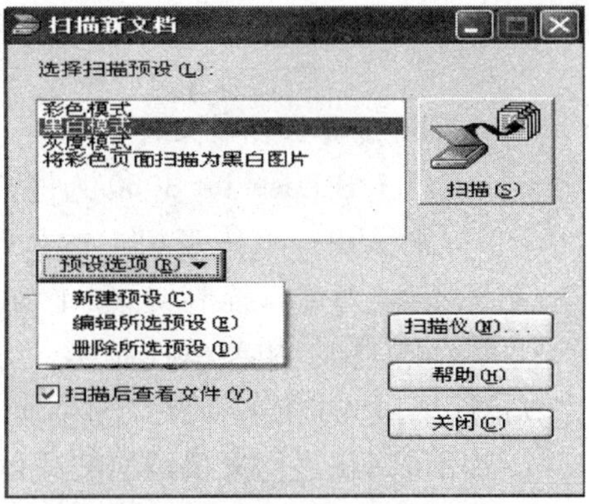

图19-20 扫描新文档对话框

扫描对象不同，扫描的模式也不相同。“选择扫描预设”列表中可供选择的有彩色模式、黑白模式、灰度模式和将彩色页面扫描成黑白图片四种，其中以前三种较为常用。一般扫描彩色照片选择“彩色模式”，扫描白纸黑字的文件选择“黑白模式”，扫描既有图片又有文字的文件，则一般选择“灰度模式”。

第4步：单击“扫描新文档”对话框中的“预设选项”按钮，选择“编辑所选预设”。

第5步：在打开的“预设选项”对话框中(如图19-21所示)，选择“处理”选项卡，选中“使用OCR来识别扫描图像中的文本”复选框，如图19-22所示，单击“确定”按钮退出。

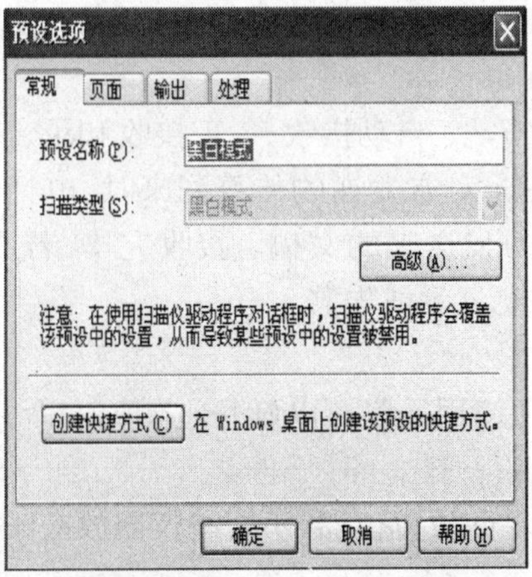

图19-21 预设选项对话框

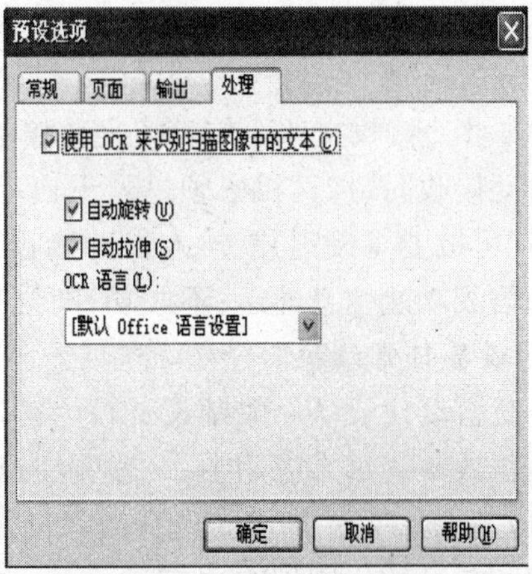

图19-22 OCR 自动文本识别

第6步：返回“扫描新文档”对话框，单击右上角的“扫描”按钮，扫描仪开始扫描。

第 7 步：扫描完成后，Microsoft Office Document Imaging 将自动启动 OCR，扫描生成的文件将显示在“Microsoft Office Document Imaging”窗口中，单击“工具”→“将文本发送到 Word”，这样文件就已转换成为 word 文本了。

扫描生成的文档存在一定的错误，需要仔细核对，手工修改。

4. 利用传真机传输文件

下面以 HP LaserJet 3050 为例介绍传真机的使用。首先来认识一下传真机上的按键，如图 19－23 所示；① 区域为传真控制键；② 区域为字母数字按钮；③ 区域为显示和菜单控制键；④ 区域为复印控制键；⑤ 区域为扫描控制键。

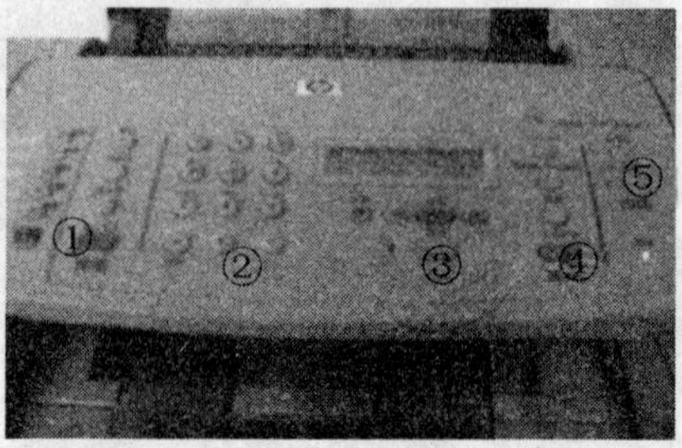

图 19－23　HP LaserJet 3050 控制面板

使用传真机进行文稿输送的具体步骤如下：

第 1 步：连接传真机。将电源线的一端连接传真机背后的电源接口，另一端连接电源插座，将传真线一端连接传真机上标有“L”的端口，另一端连接电信局来的电话线。

第 2 步：打开传真机电源。此时传真机面板上的电源指示灯亮起。

第 3 步：装入原稿。将要传真的文稿打印面朝下装入 ADF 进纸盘，并按介质尺寸调整介质导板，使它紧挨文件边缘。

第 4 步：复印操作。复印操作是传真机最为简单的操作，此传真机带有专门的复印键，只需直接按“复印”按键即可。大部分的传真机复印和启动是一键的，即按“START/COPY”键。

第 5 步：发送文件。首先按“菜单”按键，使用“或”按钮进行系统设置，可以设置时间、日期和传真标题等项，如果安装了多功能一体机软件，该程序将自动运行提示时间设置等。然后使用字母数字按钮输入传真号、公司名称或标题。最后单击“传真”按键发送传真。

第 6 步：接收文件。传真机文稿接收有三种方法：自动接收、人工接收和录音电话接收。自动接收时，传真机必须是处于自动接收状态，对方发送的传真到来时，电话铃响若干声后(可按要求设置)就转入自动接收，接收对方发送来的文稿。接收完毕，若成功，则会有通信成功的信息显示；不成功，则会有出错信息显示或告警。

5. 设备日常维护

办公自动化设备一般都设计较为精密，合理地使用不仅可以延长它们的寿命，更可以提高工作效率。日常应用中，一般要注意以下几点：

(1) 保证良好的环境。选择通风良好的稳固平面放置仪器，不要将仪器放在阳光直射或温度和湿度变化剧烈的地方。

(2) 注意日常清洁。空气中本身就有很多灰尘，设备又经常接触各类原稿，难免出现脏污现象，要根据各设备的特点定期地擦洗设备。

(3) 定期检查和维护。设备长期使用,某些零件难免耗损,因此要经常定期予以检查和维护。如对于复印机,可定期复印几张样品,比对复印件与原件的差别以进行处理;定期检查复印机的各操作键是否能正常使用等。

19.3 疑问与解答

复印机复印出来的稿件颜色太浅怎么办?

复印件颜色浅,可以使用浓度按键来加深复印浓度。如果加深颜色后稿件颜色还是比较浅,则可能是由碳粉量不足、原稿色淡、复印纸受潮等原因引起的,一一改正即可,当然也可能是元件故障,如果是元件问题就需要通知维修员上门了。

扫描仪扫描出来的图片颜色模糊怎么办?

这可能是由于扫描仪脏引起的,首先检查扫描仪的平板玻璃,脏的话就用干净的棉布擦拭;如果是干净的话,那就可能是扫描仪分辨率不够引起的,扫描仪的分辨率要根据图片的分辨率进行调节。

刻录机的光头如果脏了,将严重影响读盘能力,我们自己有办法清洗么?

当然有,下面以内置式刻录机为例介绍清洗的步骤。

第1步:首先拆下刻录机。拆光驱之前最好先打开光驱托盘,不然就要用回形针捅紧急退盘孔来打开了。

第2步:取下光驱后可以把托盘的一部分放进光驱里面,拧下光驱反面的螺丝。如图19-24所示。

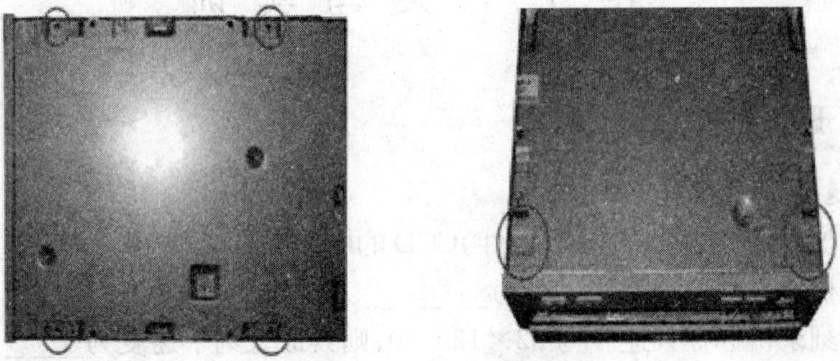

图19-24 拆下光驱背面螺丝

第3步:把光驱的面板拆下来。由于光驱的面板一般是利用自身带有的正反各两个突起的小钩卡在光驱上的,所以在拆面板的时候要先把这四个小钩按下去。

第4步:取下面板后,从尾部掀起光驱的外壳,这时就可以看到光头了。如图19-25所示,用干脱脂棉棒轻轻擦拭光头。千万不要用纸巾、棉布之类的短纤维织物擦。

第5步:按原步骤装回光驱。

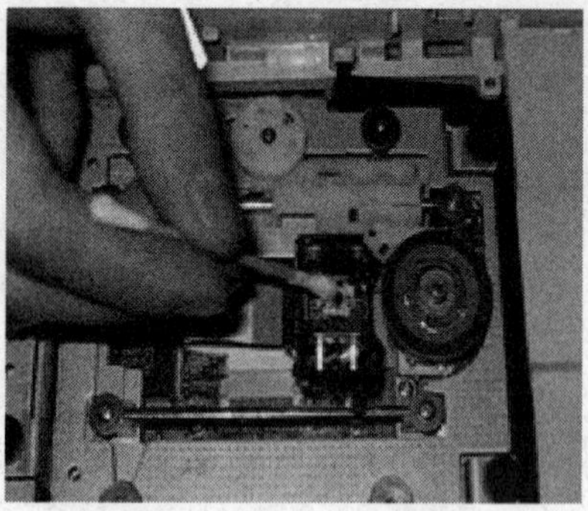

图 19-25　清洗光驱光头

19.4　小窍门

小窍门 1　利用传真机传真或者打印文件的时候有可能会出现白线或者黑线，这种现象一般是由于传真机比较脏引起的。如果是 CCD 传真机，可能是反射镜头脏了，如果是 CIS 传真机，那就有可能是透光玻璃脏了。可以按照传真机使用手册进行拆洗。

小窍门 2　两面有图像的原稿，要想在复印时图像清晰，而又不至于透出背面的图像污脏复印品，最简便的方法就是在要复印的原稿背面垫一张黑色纸。这一方法在制作各种图纸时经常用到，原因是图纸上的线条要浓度大，而空白部分又必须洁净。

19.5　习题与实训

19.5.1　理论习题

1. 填空题

(1) 扫描仪中的关键部件(核心部件)CCD 的中文名称是________。

(2) 传真机传送文稿的幅面一般为________。

(3) 若某刻录机标称其速度为 32×12×40，则其最大刻录速度为________。

(4) 传真机的文稿接收方式有________、________和________三种。

(5) 从基本技术来看，复印机可以分为________和________两种。

2. 选择题

(1) 复印时，应尽量减少感光版的(　　)现象。

A. 充电　　B. 亮衰　　C. 曝光　　D. 暗衰

(2) 扫描仪可扫描(　　)。

A. 黑白和彩色图片　　B. 黑白图片
C. 彩色图片　　D. 位图文件形成图片

(3) 由传真机发送的电信号是通过(　　)传输的。
A. 数据网　　B. 有线电视网　　C. 电话网　　D. 数据线

(4) 如果要刻录音乐 CD,应选择“应用程序”下的(　　)程序。
A. Nero Burning ROM　　B. Nero Express
C. Nero Back It Up　　D. Nero Cover Designer

19.5.2 实训题

实训 1

使用 Internet 查询,复印机的主要技术指标有哪些?

实训 2

将[案例 19]“实训 2”中打印的“产品满意度调查表”复印 10 份。

实训 3

安装一个刻录软件,并将所有案例中的实训题答案刻录至光盘进行备份。